Management & Leadership

경영과 리더십

신구범 권혁기 김경원

도서출판 청람

머리말

리더십은 투심(投心)을 제고(提高)하는 기술(art)이다. 리더는 사람이기 때문에 인식능력에 일정한 한계가 있고 조직과 집단의 모든 일을 자기 혼자 힘으로 수행할 수 없다. 따라서 리더가 성공하기 위해서는 소속집단이나 조직구성원들의 진정한 협조를 받아야 한다. 이러한 협조를 저자는 투심이라고 이름 붙였다. 투심이란 추종자들이 리더의 비전이나 목표를 성취하는 데 그들의 마음을 던진다는 뜻이다. 리더는 어떤 위치에 있든 다른 사람의 손과 머리와 마음을 빌려야 집단이나 조직의 목표를 성공적으로 달성할 수 있다.

한국사회는 지난 시대를 이끌어오던 규범이 무너지고 새로운 사회를 이끌어갈 규범은 아직 형성되지 않은 전이사회(轉移社會) 혹은 전환기사회이다. 저자가 수행한 '한국인의 리더십 개념에 대한 연구'에서 사람들에게 "어떤 리더가 좋은 리더인가?"를 질문했더니 "구성원들의 의견을 수렴하고, 사람들 간의 갈등을 해결하며, 집단이나 조직의 통합을 잘 하는 리더"라고 답했다.

요즘 한국사회에는 '조직의 3D'라는 말이 있다. 각종 규제의 철폐(deregulation), 하부로의 권한위임(delegation), 분권화(decentralization)가 소위 3D이다. 이러한 상황에서는 관리자가 지위에 따른 권한과 권력만으로는 효율적인 영향력을 행사하기 어렵다. 전환기사회의 집단과 조직에서는 조직의 3D현상 때문에 관리자의 권력이 구성원들로 이동하고 있기 때문이다.

이러한 사회적 여건에서 정보화시대의 대표적 지식생산자인 관리자들의 리더십을 변화시켜야 할 필요성이 어느 때보다도 절실하다. 이러한 시점에서 한국의 사회조직에 적절한 리더십 모델을 제시하는 것이 이 책의 목적이다.

요즘 교육기관과 기업조직 할 것 없이 리더십 개발이 유행하고 있다. 그러한 프로그램을 관찰해보면 '리더십이 인간조종술이거나 처세술'이라는 느낌을 받는다.

이상과 같은 생각 위에 이 책의 구체적인 목적은, 첫째 리더십의 본질을 밝히는 것이다. 관리, 경영전략, 그리고 인사관리와 리더십은 다르다. 관리나 경영도 영향력을 행사하는 하나의 방법이지만 그것은 어디까지나 직위와 권력에 의한 영향력이다. 저자가 연구하고 관찰하고 경험한 것에 의하면 리더십은 '인간중심의 영향력'이다. 따라서 관리자가 효율적인 영향력을 행사하기를 원한다면 먼저 자기 자신을 계발해야 한다. 이것이 내적 리더십이다.

둘째, 지금까지 연구된 다양한 리더십 모델의 장점과 한계점을 분석함으로써 현장의 관리자들이 자기의 상황에 적합한 리더십 모델을 선택할 수 있도록 도와주는 것이다. 어떤 엔진을 장착하느냐에 따라 자동차의 모양과 힘이 달라지듯이 리더가 어떤 리더십 모델, 즉 마음의 모델(mental model)을 장착하느냐에 따라서 리더십의 유효성은 달라지기 때문이다.

셋째, 만약에 관리자가 특정의 리더십 모델을 선택했다면 이제 그 모델에 따라서 자신의 리더십 근육을 단련해야 한다. 근육은 자신이 단련해야 하고, 매일 단련해야 한다.

이상과 같은 목적을 달성하기 위한 이 책의 구성은 다음과 같다.

제1부에서는 리더십이론의 틀을 다루었다. 리더십의 기초와 경영학의 전통적 리더십과 현대적 리더십이론으로 구성되어 있다. 기업은 경쟁이 심하고 성과에 대하여 민감하기 때문에 경영학의 리더십이론은 다른 학문에서 보다 정치(精緻)하고 검증가능한 부분이 많다.

제2부에서는 조직경영과 리더십을 다루었다. 경영과 리더십, 비전과 비전리더십, 조직의 변화리더십을 설명하였다.

제3부에서는 문화와 리더십을 다루었다. 문화와 리더십, 문화적 리더십과 조직문화의 변화, 내적 리더십과 동양의 리더십으로 구성되어 있다. 문화의 발생과정과 리더십의 발생과정은 동일하기 때문에 리더십을 문화적 맥락에서 다룰 필요가 있다.

제4부는 리더십의 개발이다. 퍼스낼리티 발달과 리더십, 긍정주의 심리학과 리더십, 감성지능과 리더십으로 구성되어 있다.

끝으로 어려운 여건에도 불구하고 이 책의 출판을 허락하여 주신 도서출판 청람의 이수영 사장님과 편집관계자 여러분의 노고에 감사를 드린다.

2014년 8월
저자 일동

차례

Part 01 | 리더십이론의 틀

Part 01

리더십이론의 틀

Chapter 01

리더십의 기초

제1절 리더십의 의미와 중요성
제2절 리더십의 특성(인간적 영향력 : 투심(投心)의 기술)
제3절 리더십의 원천-영향력
제4절 리더십의 수련

제1절 리더십의 의미와 중요성

바이킹족의 선장에 대해서 전해 내려오는 이야기가 있다. 바이킹족은 적의 배와 싸움을 할 때는 대장이 먼저 적의 배에 올라가야 한다고 한다. 이는 다른 문화권과는 다른 전통이다. 부하들을 먼저 승선시켜 죽기도 하고 살기도 한 후에 대장은 지면 퇴각하고 이기면 승리를 확인하기 위해 적의 배에 승선하는 것이 일반적이다. 전리품의 분배에서도 바이킹족들은 다른 문화권과는 다르다. 바이킹들은 전리품을 대장과 구성원들이 평등하게 나누었다고 한다. 다른 문화권의 경우 대장이 좋은 것을 먼저 챙기고 그 다음 높은 대장들이 가져가고, 부하들은 맨 마지막에 남은 것을 가져가는 것이 일반적이다. 전쟁에 패했을 경우는 대장을 작은 배에 태워 불을 지르고 수장시켰다고 한다. 오늘날 이들 나라에서 전통 장법(葬法)이 수장인 것은 바이킹들의 이런 전통을 반영한 것이라고 한다. 노블레스 오블리제라는 말이 바로 여기서 나온 것이다.

바이킹족의 리더에게는 오로지 큰 책임만 있다. 사람을 그렇게 관리하고 영향력을 행사하는 전통에 뿌리를 둔 나라들이 국민의 복지를 중요하게 생각하는 것은 당연한 일인지도 모르겠다.

1. 리더십의 정의

리더십(leadership)에서 lead는 바이킹 언어에서 온 것으로 배의 방향을 잡는 사람을 의미한다. ship은 배라는 뜻인데 이 말은 17세기경에 스코틀랜드 군(軍)과 잉글랜드 군이 축구시합 중 패싸움이 발생했을 때 시합을 관전하고 있던 리처드 킹스턴 경이 "우리는 같은 배에 탄 사람들이다. 이 배(ship)를 침몰시켜서는 안 된다. 이 스포츠맨을 위한 배를…"에서 처음 사용했다고 전해진다.

주지하다시피 바이킹족들은 북유럽에서 그 세력이 매우 강성했던 종족으로 오늘날 노르웨이, 덴마크, 스웨덴 등이 바이킹족의 후손들이다. 오늘날 leader라는 말의 어원이 된 lead는 한 배의 선장인 셈이다.

리더십, 권력, 권한, 경영, 관리, 통제, 감독 등은 영향력을 설명하기 위한 용어들이다. 세계적인 리더십 연구가인 베니스(Bennis)도 리더십만큼 그 의미를 파악하기 힘든 용어가 없다고 하였다. 리더십은 기업과 정부와 수많은 집단과 조직에 매우 필요한 것이기는 하지만 그것에 대한 태도는 매우 다양하다. 이하에서는 리더십을 정의하고 그 이론이 전개되어 나온 과정을 살펴보고자 한다.

리더십에 대한 학자들의 정의는 매우 다양하다. 그러나 이 모든 정의를 종합하면 리더십은 리더, 추종자, 그리고 상황을 포함하는 복잡한 현상이다. 리더십에 대한 연구들 중에 어떤 것은 리더에, 어떤 것은 추종자에, 그 외의 것들은 상황에 초점을 두기 때문에 리더십을 설명하는 방식이 모두 다르다.

스톡딜(Stogodill, 1974)은 리더십은 정의하는 데 있어서 연구하는 학자의 수만큼이나 그 개념 정의도 다양하다고 하면서 리더십의 정의를 10가지 범주로 요약하고 있는데 ① 집단과정의 초점, ② 퍼스낼리티(personality)와 그 효과, ③ 복종을 유도하는 기술, ④ 영향력의 행사, ⑤ 활동 또는 행동, ⑥ 설득의 형태, ⑦ 목표달성의 수단, ⑧ 상호작용 효과, ⑨ 분화된 역할, ⑩ 구조의 주도와 유지 등이다. 테리(Terry, 1960)는 리더십을 "사람들로 하여금 집단의 목표를 기꺼이 달성하게끔 영향을 미치는 활동"으로 정의하고 있으며, 쿤쯔와 오도넬(Koontz and O'Donell, 1976)은 리더십이란 "한 개인이 구성원에게 이미 설정된 공동목표를 달성하는 데 따라 오도록 영향력을 행사하는 과정"이라 하였다.

로빈스(Robbins, 1984)는 리더십을 "목표달성을 지향하도록 집단에 대하여 영향을 미칠 수 있는 능력"으로 정의하였고, 트렉커(Trecker, 1977)는 리더십을 "공동목표의 달성에 있어서 사람들이 협동하여 일하도록 영향을 주는 능력"으로 정의하였다.

표 1-1 | 다양한 리더십의 정의

학자	정의
C. E. Munson	사기를 창조하기 위한 창조적이고 지적인 힘
W. G. Bennis	부하가 바람직한 방법으로 행동하도록 하는 과정
E. P. Hollander 등	2인 이상 간의 특별한 영향력을 행사하는 관계
F. E. Fiedler	집단구성원들의 일을 지시하고 조정하는 것
R. K. Merton	타인이 자발적으로 순응하도록 하는 대인관계
B. M. Bass, N. M. Tichy 등	부하를 변화시키고 목표달성을 위해 비전을 창출하여 부하들이 이 목표를 달성하도록 비전을 선포하는 것
C. F. Roach 등	목표달성을 위하여 조직화된 집단에 영향력을 행사하는 과정
J. P. Campbell 등	바람직한 기회를 창조하기 위해 자원을 집결시키는 행동

[표 1-1]에서의 모든 정의들은 리더, 추종자, 상황 중 어느 하나를 말하거나 일부를 설명하고 있다. 이들의 정의를 종합하면 리더십은 일정한 상황에서 구성원들이 목표를 달성할 수 있도록 영향력을 행사하는 과정이다. 말하자면 리더십의 유효성 $L=f(f, l, s)$(f : 추종자, l : 리더, s : 상황)로 표시할 수 있다.

2. 리더십의 중요성

현대사회나 조직에 있어서 리더십은 아무리 강조해도 지나치지 않는 역할을 수행한다. 리더십이 중요한 이유를 설명하면 다음과 같다.

첫째, 기업조직시스템의 변환과정에 속하는 관리과정인 계획-조직-충원-지휘-통제에서 리더십 없이는 여타의 기능이 수행될 수 없다. 이 과정에서 리더십은 다양한 인적자원과 정보, 기술, 물적자원 등을 결합시켜 시너지 효과를 유발시킨다.

둘째, 리더십은 구성원의 동기부여에 중요한 영향을 미친다. 인적자원을 사용한 성과 $P=f(A, M)(A$: 능력, M : 동기부여)에서 능력이 동일할 경우 동기부여의 수준이 조직의 성과를 결정한다. 리더는 달성해야 할 목표를 설명하고 필요한 노력의 수준을 제시하며 비전을 창출하여 선포함으로써 구성원들의 노력의 수준과 방향, 즉 동기부여에 영향을 미친다.

셋째, 리더십은 조직의 변화와 혁신에서 중요한 역할을 수행한다. 리더는 외부 환경을 감시하여 변화되어야 할 조직에 대한 바람직한 이미지를 만들고 그곳으로 나갈 수 있도록 견인차 역할을 한다.

이와 같은 조직의 변화와 혁신을 위한 리더의 역할을 나들러(Nadler) 등은 [그림 1-1]과 같이 제시하였다.

그림 1-1 | **조직변화에서 리더십의 역할**

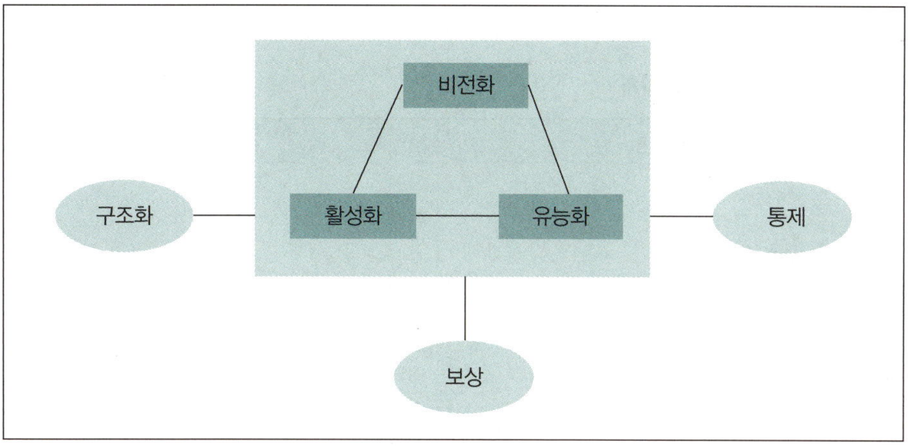

[그림 1-1]에 나타난 조직변화에 대한 리더의 역할을 설명하면 다음과 같다.

① 리더는 비전화(envisioning)를 통해 바람직한 조직의 미래상을 창조한다.

② 조직구성원들을 비전의 달성을 향해 움직이도록 활성화(energizing)한다.

③ 도전적 역할을 잘 수행할 수 있도록 구성원들을 유능하게 한다(enabling).

④ 이러한 바탕 위에 조직의 변화를 추진할 수 있는 구조를 만들고 실천한다.

⑤ 변화에 필요한 행동과 합치되는 정도에 따라서 보상과 처벌을 관리한다.

⑥ 시스템의 변화와 혁신을 측정하고 교정하기 위한 통제조치를 한다.

3. 리더십의 4가지 역할

리더는 책임을 떠맡고, 일이 이루어지도록 하며, 꿈을 꾸고, 꿈을 현실로 나타나게 만든다. 리더는 부하들을 자발적으로 참여하게 만들고, 그들에게 활기를 불어넣으며, 조직을 변혁하여 조직의 생존잠재력과 성장 및 우수성을 강화한다. 효과적인 리더십은 조직의 능력을 강화시켜 구성원들과 시회복지에 대한 공헌을 극대화한다. 관리자가 문제를 해결하는 기술에 정통하다면 리더는 조직의 설계와 구축에 정통하다. 리더는 조직의 미래를 설계한다.

베니스는『On Becoming a Leader』에서 리더는 상황에 굴복하기보다 상황을 지배하는 사람이라고 규정하면서 리더와 관리자를 [표 1-2]와 같이 구분하였다.

물론 관리자인 동시에 리더일 수 있지만 리더의 과업, 역할, 관점, 기술, 성공의 평가지표, 그리고 조직에서 담당하는 기능 등은 관리자의 그것과 다르다.

표 1-2 | 리더와 관리자

관리자	리더
관리	혁신
복사본	원본
체제와 구조에 초점	사람에 초점
통제에 의존	신뢰
단기적인 견해	장기적인 관점
방법과 시기	내용과 이유
눈앞의 현실에 급급함	지평선 멀리 시선
모방	새로운 것 창조
현상 수용	현상에 도전
병사(역할의 모범적 수행)	주체적 · 자주적 행동
일을 올바르게 함	옳은 일을 함

나누스(Nanus)는 내부환경, 외부환경, 현재, 미래 등의 4개의 차원을 활용하여 [그림 1-2]와 같이 리더십의 역할을 4가지로 분류하였다(박종백 외 역, 1995).

그림 1-2 | 리더십의 역할

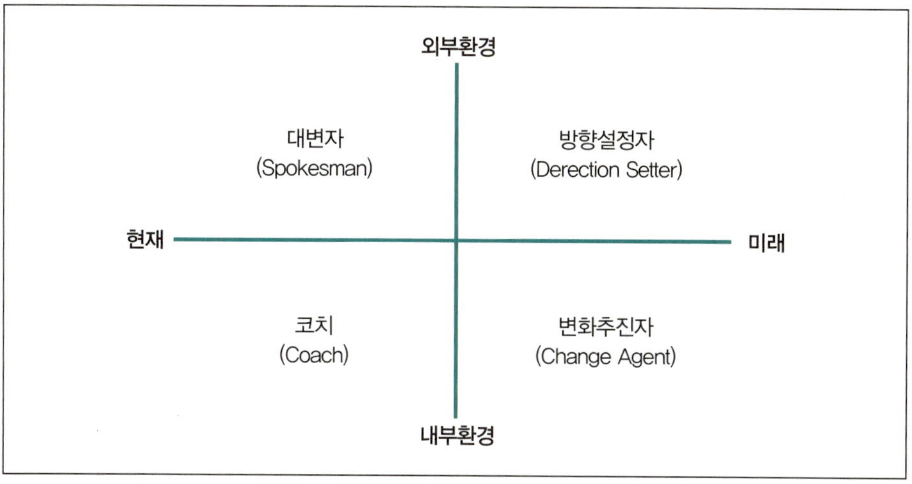

자료 : 박종백 외 역, 버트 나누스 지음, 리더는 비전을 이렇게 만든다. 21세기북스, 1995, 39쪽.

방향설정자는 미래의 외부환경에 있는 목표를 선정하여 명확하게 제시함으로써 조직이 그 목표달성에 노력을 집중하도록 한다. 훌륭한 방향설정자가 되기 위해서는 목적지로 가는 길을 설정하여 구성원들로 하여금 조직이 정말로 발전할 수 있도록 해야 한다. 이때 조직발전은 유효성이나 효율성의 측면에서 한 걸음 앞선다는 것을 의미한다. 새로운 고객을 만족시킬 수 있는 능력을 강화하거나 신제품 영역에서 리더로서 인정을 받는 것 등이 그 예이다.

변화추진자는 내부환경의 변화를 촉발하여 바람직한 조직의 미래상, 즉 비전을 설정하고 그 비전이 달성되도록 하는 리더십을 실천한다. 훌륭한 변화추진자가 되기 위해서는 외부환경의 발전을 예측하고, 이러한 발전이 조직에 의미하는 바를 평가하여 위기의식을 불러일으키고, 비전이 요구하는 변화의 우선순위를 만들어 내며, 부단한 실험정신을 조장한다. 또한 조직구성원들에게 활력을 불어넣어 필요한 변화를 달성한다. 뿐만 아니라 조직의 운영방식에 있어 유연성을 향상시키고 모험정신을 고무시킨다.

대변자는 현재의 상황에서 외부환경에 대하여 조직을 대변하는 리더십이다. 외부환경에 대하여 조직의 비전을 옹호하는 역할을 한다. 예를 들어 리 아이아코카(Lee Iacocca)는 크라이슬러 자동차회사의 대변인으로서 고객과 공급자, 주주와 언론, 의회 등을 상대로 회사의 목적, 사업의 우선순위, 기대 등을 잘 설명함으로써 크라이슬러를 위기에서 구해냈다. 효율적인 대변자 역할을 하기 위해서는 조직을 위한 유용한 아이디어, 자원, 정보 등을 제공하기 위한 이해관계 조직이나 네트워크를 구축하고 그들과 협상할 수 있어야 한다. 이 경우 리더와 리더의 비전은 가치 있고, 매력적이며, 조직을 흥분시킬 수 있는 매개체인 동시에 메시지가 될 수 있어야 한다.

코치는 현재의 상황에서 조직의 내부환경에 초점을 두는 리더십이다. 이때 리더는 팀 구축자로서 구성원들에게 활력을 불어넣고 열정적으로 비전을 생활화한다. 리더는 본보기와 교사로서의 역할을 수행한다. 효과적인 코치가 되기 위해서는 모든 조직구성원들을 존중함으로써 신뢰를 구축하고, 구성원들이 배우고 성장할 수 있도록 도와주며, 비전의 성취를 위해서 그들의 능력을 신장시킬 수 있는 방법을 가르쳐 준다. 이러한 역할을 수행함으로써 리더 자신이 어디에 서 있는지, 비전은 리더에게 어떤 의미를 지니는지, 그리고 비전을 실천하기 위해서는 리더가 무엇을 할 것인지를 사람들에게 알려주어야 한다.

위대한 리더들은 뚜렷한 목표를 가지며 결과지향적이다. 가능하고 바람직한 비전을 찾기 위해 도전을 무릅쓰고 사람들에게 비전을 전파하며, 새로운 비전에 적극적으로 참여함으로써 비전의 성취를 위해 자신이 갖는 에너지를 기꺼이 쏟는다.

리더는 개척자이다. 리더는 아무도 탐험하지 않는 곳으로 위험을 무릅쓰고 나가는 사람이다. 리더는 사람들을 때로는 새롭고 낯선 곳으로 안내한다. 리더는 변화과정의 첨병 역할을 한다. 리더가 있어야 하는 이유는 사람들을 앞으로 나아가게 하기 때문이다. 리더는 사람들을 어떤 곳으로 가도록 해준다.

제2절 리더십의 특성(인간적 영향력 : 투심(投心)의 기술)

리더십은 인류의 역사와 함께 시작된 현상이지만 그것에 대한 과학적 연구는 약 80~100년의 역사를 가지고 있을 뿐이다. 이 기간의 연구 중에서 어떤 학자에 의하면 리더십에 대한 정의가 5,000~8,000개에 이른다고 한다.

수많은 리더십에 대한 정의에도 불구하고 지금까지 리더십이 무엇인가에 대하여 합의된 것은 드물다. 합의된 것 중 가장 대표적인 것이 리더십은 영향력이며, 그 영향력을 결정하는 공식은 리더십의 성과(L)=f(f. l. s)라는 것이다. 즉 리더가 집단, 조직, 그리고 사회에서 영향력을 행사하여 달성한 성과는 추종자의 특성, 리더의 특성, 그리고 양자를 둘러싸고 있는 상황의 특성이 상호작용하여 결정된다는 것이다.

예를 들면, 1960년대 이후 한국의 눈부신 경제발전이라는 사회적 성과는 박정희라는 뛰어난 리더의 비전과 추진력, 그리고 그가 제시한 비전인 가난에서 벗어나자는 것에 대한 국민들의 열정과 근면 및 정치적으로 안정된 국내외의 상황 등이 상호작용한 결과라는 것이다.

리더십을 인식론으로 다루는 학자들도 많다. 사람들은 집단이나 조직, 혹은 사회에 좋은 결과가 일어났을 때 그것을 훌륭한 리더의 탓으로 돌리는 본성이 있다는 것이다.

관리와 리더십의 차이는 여러 가지가 있지만 그 중에서 가장 큰 차이는 리더십이 인간적 영향력이라는 것이다.

필자가 리더십에 대하여 연구하고, 상담하고, 현장을 관찰한 경험에 의하여 리더십을 정의하면 리더십은 투심(投心)을 받아내는 기술(art)이다. 리더는 인간일 뿐이고 그의 인식능력에는 한계가 있기 때문에 리더로서 성공하기 위해서는 다른 사람들, 특히 구성원들의 진심 어린 협조를 받아야 한다. 투심이란 추종자가 리더의 비전이나 목표의 달성에 그들의 마음을 던진다는 뜻이다. 리더는 어떤 자리에 있든지 다른 사람의 손과 머리와 마음을 빌어 집단이나 조직의 목표를 달성해야 성공할 수 있다.

리더와 구성원들 간에는 마음과 에너지가 오고 가는 게임, 그리고 상호기대가 거래되는 게임, 신뢰와 사랑을 주고받는 게임이 있다.

1. 권력을 사용하는 패–패 게임(lose–lose game)

리더와 그 구성원들이 lose–lose 게임에 종사할 경우 게임규칙은 “너는 내가 원하는 것을 하라. 그렇지 않으면 너는 손해를 볼 것이다"이다. 이러한 게임에 종사하는 리더가 가진 것이라고는 힘밖에 없다. 힘을 사용하여 한 수 아래인 구성원들을 움직인다.

일반적으로 이러한 게임은 그 외양이 어떠하든 간에 이면에는 '협박'이 깔려 있다는 공통점이 있다. 부하에게 행사할 영향력의 원천이 힘밖에 없는 리더는 사실은 리더가 아니고 보스나 두목에 불과하다(어떤 사람은 이러한 영향력을 headship이라 한다). 이런 리더십은 전형적으로 국가가 주로 사용한다.

패-패의 게임은 부(負)의 게임(negative game)이다. 리더가 가진 영향력의 원천이 힘밖에 없을 경우 그것을 휘두를 때 구성원들은 손해를 보지 않기 위해 순응하는(compliance) 정도의 협조를 할 뿐이고, 더 이상 힘을 휘두르지 않으면 협조는커녕 경우에 따라서 그 보스는 위험해질 수도 있다. 따라서 영향력의 원천으로서 힘밖에 가진 것이 없는 리더는 장기적으로 구성원들의 투심을 받아 낼 수도 없을 뿐만 아니라, 구성원들도 적응하는 존재들이기 때문에 힘을 가하지 않으면 움직이지 않는다. 또한 더욱 문제인 것은 동일한 힘을 계속 사용하면 거기에 익숙해져서 리더는 점점 더 힘의 강도를 증가시켜야 한다는 것이다. 나중에는 극약처방이 아니면 움직이지 않게 된다.

한국에는 '사회공적(社會公賊)'이라는 말이 있다. 한국사회의 공적의 특징은 첫째, 무식한 사람이 높은 자리에 앉는 것이다(이때 무식하다는 것은 달성해야 할 목표와 구성원들과 상황에 대해서 모른다는 뜻이다). 둘째, 무식한 사람이 소신 있는 것이다. 셋째, 무식한 사람이 부지런한 것이다. 우리의 조직생활의 경험을 돌이켜 보면 이러한 세 가지의 조건을 모두 갖춘 기관장이나 상사, 심지어 대통령을 만났을 때는 참으로 기(氣)가 막힐 지경이었다. 기가 막힌 구성원이나 부하나 국민이 무슨 일할 에너지가 있겠으며 살맛이 나고 신명이 나겠는가? 그런 조건에서 어떻게 투심이 발생하겠는가? 상 · 하 간에 이런 게임을 계속하게 되면 둘 다 손해를 본다. 성과도, 창조성도, 발전도, 일의 보람도, 자아실현도, 그리고 만족도 없다. 피차는 소위 마르크스가 말하는 악마의 마음만 상호 간에 품게 된다. 따라서 장기적으로는 아무것도 남는 것이 없는 부(負)의 게임이 되는 것이다.

2. 교환을 사용하는 승-패 게임(win-lose game)

상 · 하 간에 승-패의 게임이 영향력 행사의 주요 수단일 경우 양자 사이에는 "너는 나를 위하여 이것을 하라. 그러면 나는 너에게 무엇을 주겠다"고 하는 등가 교환의 게임이 진행된다.

상사는 부하의 협조대가로 돈, 직위, 칭찬, 인정 등의 보상을 해준다. 이것을 승-패 게임으로 부르는 이유는 어느 한편이 얻은 이익과 다른 편의 손해를 합하면 영(zero)이 되기 때문에 양자는 서로 손해를 보지 않기 위해 아귀다툼적인 경쟁을 하기 때문이다. 예를 들어 대부분의 노사갈등에서 보면 근로자들의 임금인상이나 경영참여의 요구를 들어주면 사용자 측에서는 그것만큼 이윤이 적어지고 영향력에 손상을 받게 된다. 한쪽이 덕을 본 것과 다른 쪽이 손해를 본 것을 합하면 영(zero)이 되기 때문에 제로섬(zero sum : 영화(零化)의 게임)이라 부른다. 말하자면 시소(seesaw) 패러다임에 의한 게임이다. 이러한 리더십은 기업조직이 주로 사용한다.

현장에서의 많은 실험적 연구와 사례에서 보면 이 게임도 장기적으로 성공하는 경우는 드물다고 한다. 양쪽은 항상 손해를 보는 것이 아닌가 하는 피해망상에 젖거나 겉으로 보기에는 보상=공헌(너는 내가 원하는 것을 하라. 그러면 나도 네가 원하는 것을 주겠다)처럼 보이지만, 복잡한 관리전략으로 무장한 한 수 위인 리더의 깊숙한 의도 속에는 한 수 아래인 부하나 구성원들을 조종하고 착취하고자 하는 고도의 관리기법이 도사리고 있어 타락한 게임을 하는 경우가 많기 때문에 부하나 구성원들이 그 의도를 알아차리면 거기에 적응하게 된다.

이 게임은 최고로 성공하면 동조(conformity) 정도의 협조를 받아낼 뿐이다. 리더, 지도자, 관리자, 상사 등이 정직하고 신뢰할 만하며, 무엇보다 본받을 만하기 때문에 동조하는 것이 아니라 자신이 원하는 것을 얻을 수 있는 도구로서 리더가 원하는 것을 하는 것이다. 노력에 상응하는 보상이 없으면 투심은 더 이상 발생하지 않는다. 이런 것을 도구적 행동(instrumental behavior)이라 한다. 이 게임은 최고로 성공하면 준 것만큼 받아낼 뿐이다.

여기에서는 조직의 관리자가 구성원들의 투심을 증가시키기 위하여 계속적으로 보상원천을 증가시킬 수 있는가를 따져볼 필요가 있다.

3. 인간됨을 사용하는 승–승 게임(win-win game)

상 · 하 간에 승–승의 게임이 실천될 경우의 규칙은 "나처럼 하라. 내가 가르쳐 주겠다. 네가 알아서 하라. 나는 너를 믿는다"이다. 이러한 상 · 하 간에는 상사가 목표와 방향만을 전해주고 나머지는 구성원들이나 부하에게 위임한다. 구성원들에게 권한을 위임할 줄 아는 상사는 평소에 부하들을 잘 가르친다. 자신이 가지고 있는 노하우(know-how)나 비법을 경계하지 않고 가르쳐 준다.

이러한 상사는 명령만 하고 내버려두었다가 결과만 가지고 보상을 하거나 처벌을 하는 관리를 하지 않는다. 이러한 경영을 leave alone and zap(평소에는 아무런 관심도 없다가 월말이나 데드라인에 가서 결과가 잘못되면 엉덩이를 걷어찬다는 뜻임)이라 함.

임파워먼트(empowerment)는 상사가 부하에게 목표를 할당하고, 그것을 수행할 방법을 가르쳐 주고 필요한 지원을 한 후에는 등 뒤에 바짝 붙어 서서 일일이 간섭하지 않고 부하의 자율성에 맡겨 두면 부하는 높은 성과를 달성할 뿐 아니라 부하도 리더처럼 유능하게 된다는 뜻이다. 문제가 있을 때는 언제나 지원할 수 있기 때문에 사사건건 간섭하지 않지만 항상 관심을 가지고 부하를 지켜본다. 흡사 독수리가 새끼를 훈련시키듯이, "고공에서 새끼를 떨어뜨리고 날갯짓이 이상하면 쏜살같이 내려가서 다시 낚아채고, 또 떨어뜨리고"하는 방식을 통해서 결국은 혼자 날 수 있도록 만드는 것이다. 능력과 신뢰성이 있는 상사는 임파워먼트를 통하여 결국은 부하도 자기와 같은 리더로 성장시킨다.

상 · 하 간에 이러한 관계가 성립되면 리더는 비전을 개발하는 일에 전념할 수 있고 부하도 자신의 능력을 개발하여 미래의 리더로서 성장할 수 있는 것이다.

제3절 리더십의 원천-영향력

1. 누가 영향력을 행사하는가?

보통 구성원으로 있을 때는 아무 문제가 없던 사람이 권한 있는 자리에만 앉으면 다른 사람들의 의견에 귀를 기울이지 않는 경향이 강하다. 부하나 다른 사람들의 의견에 귀가 막히는 것이다. 이것을 '장병(長病)'(top disease)이라 한다. 리더십을 권력의 행사로 오해하는 것이다. 멀쩡하던 사람이 조그만 모임의 회장이 되면 그만 그 순간부터 사람들의 의견을 무시하는 경향이 있는 경우를 지칭하는 말이다.

리더십에 대한 세계적 연구자이며 조직상담자인 베니스는 리더십은 'doing right things'이며 관리는 'doing things right'라고 정의하였다. 즉, 리더는 옳은 일을 하는 사람이며, 관리자는 정해진 목표를 옳게 실천하는 사람이라는 뜻이다.

『군주론』의 저자 마키아벨리는 일찍이 관리자들에게 아래로부터 오는 힘을 활용하는 것보다는 위로부터 오는 힘을 활용하라고 권고한 바 있다. 그것은 혼란한 시대적 상황과 정보와 지식 및 자본이 특정인 혹은 특정집단에 집중되어 있던 시대에 적합한 인간조종술이다.

권력과 권한 및 리더십은 모두 영향력을 행사하는 힘이라는 점에서는 동일하지만 권한은 지위의 합법성에 근거한 영향력으로서 'the right to do something'이며, 권력은 합법성과 상관없는 사실상의 영향력으로서 'the ability to do something'이다.

권력의 핵심은 의존성이다. B가 A에게 의존하는 정도가 크면 클수록 A의 B에 대한 권력은 강해진다. 이러한 의존성은 A가 가진 것에 대해 B가 원하는 것이 B에게 얼마나 중요한가에 의하여 결정되고, 이것이 권력의 크기를 결정한다.

2. 권력과 권한 및 리더십

영향력은 리더십의 핵심요소이다. 리더는 사람들에게 영향을 미쳐서 맡긴 일을 수행하도록 하고, 사람들이 리더의 제안을 지지하며 결정을 실행하도록 할 필요가 있다. 대규모 조직에서 관리자의 효율성은 부하에 대한 영향력뿐만 아니라 상사와 동료에 대한 영향력에 좌우된다. 한 방향의 영향력은 다른 방향의 영향력을 강화시키는 경향이 있기 때문이다.

1) 권력(power)

권력은 어느 한 사람(agent)이 다른 사람(target)에게 영향을 미칠 수 있는 능력이다. 이때 target은 단일표적일 수도 있고, 다수일 수도 있다. 영향을 미칠 수 있는 범위는 태도와 행동뿐만 아니라 사물과 사건에 대한 것일 수도 있다. agent는 개인이 아닌 집단일 경우도 있다.

표 1-3 | 여러 학자의 권력에 대한 정의

학자	정의
베버 (M. Weber)	권력은 사회적 관계 속에 있는 한 개인이 다른 개인이나 집단의 저항에도 불구하고 자신의 의지를 관철시킬 수 있는 능력이다.
달 (R. Dahl)	A가 B에 대해 권력을 갖는다는 것은 B가 하고 싶지 않은 일일지라도 A의 요구에 따라 B가 그 일을 하도록 하게 하는 힘이다.
에머슨 (R. Emerson)	권력이란 A가 B의 저항을 자신의 잠재적인 힘으로 극복할 수 있는 능력이다.
로빈스 (S. Robbins)	권력은 A가 B로 하여금 자신이 원하는 것을 하도록 B의 행위에 영향을 미칠 수 있는 능력이다.

2) 권한(authority)

권한은 조직 내의 직위와 관련된 권리, 특권, 책임, 의무 등과 관련된 영향력이다. 대상인물에게 권한을 가진 리더는 권한에 상응하는 요구를 할 수 있고 대상인물은 복종할 의무를 지닌다.

3) 리더십

권력과 리더십은 밀접한 관계가 있다. 왜냐하면 리더가 목표달성을 위하여 권력을 그 수단으로 사용하는 경우가 많기 때문이다. 영향력의 행사라는 점에서 양자는 동일하지만 권력은 의존성을 목표로 하고 리더십에서는 리더의 목표와 추종자의 목표 간에 일치성이 필요하다. 권력은 오로지 순응을 획득하기 위한 전술일 뿐이다. 오늘날 한국사회의 집단 및 조직의 관리자들은 권력의 행사를 리더십으로 보는 경향이 심하다(신구범, 2005).

권한, 권력, 리더십, 그리고 영향력의 개념적 관계를 표시하면 [그림 1-3]과 같다.

그림 1-3 | 권한, 권력, 리더십, 영향력의 개념적 관계

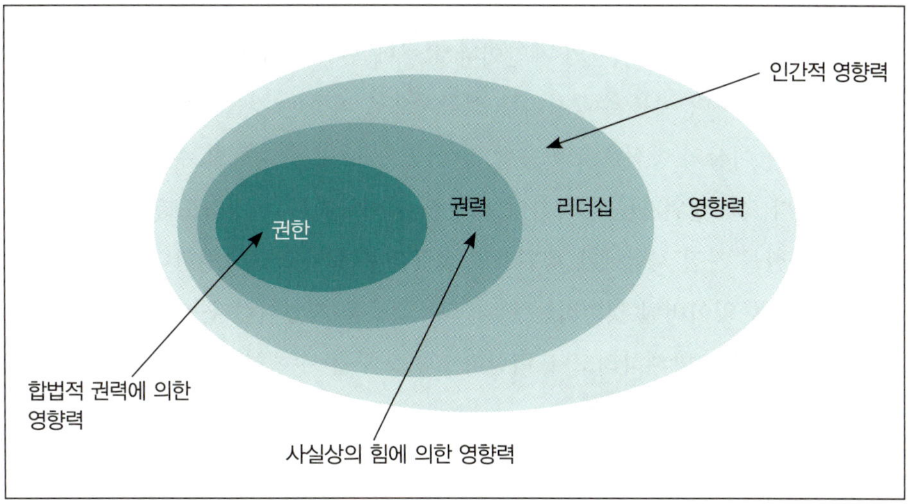

자료 : 신구범, 2005, 297쪽.

영향력을 행사하여 상대에게서 나타나는 결과는 다음과 같다.

(1) 몰입

몰입(commitment)이라는 용어는 대상인물이 행위자의 결정이나 요구에 내적으로 동의하고 요구를 수행하거나 결정을 효과적으로 실행하기 위해 많은 노력을 기울이는 결과를 말한다. 복잡하고 어려운 과제의 경우에 영향을 미치려고 시도하는

행위자의 관점에서 보면 몰입은 가장 성공적인 결과이다.

(2) 순응

순응(compliance)은 행위자가 요구하는 것을 대상인물이 하고자 하지만 열성적이기보다는 무관심하며 최소한의 노력만을 하는 결과를 말한다. 행위자는 대상인물의 행동에 영향을 미쳤으나 태도에 대해서는 그렇지 못했기 때문이다. 대상인물은 결정이나 조치가 최선인지를 확신하지 못하며, 심지어는 목적을 달성하는 데 효과적인지조차 확신하지 못한다. 복잡하고 어려운 과제일 경우 순응은 몰입보다는 성공적이지 못한 결과이다. 그러나 일상적이고 단순한 과제의 경우에 과제 목표를 달성하기 위해서는 대상인물의 순응만 있으면 될 수도 있다.

(3) 저항

저항은 대상인물이 행위자의 제안이나 요구에 단순히 무관심하기보다는 제안이나 요구에 반대하며 이를 수행하기를 적극적으로 피하는 것을 말한다. 대상인물은 다음 중 하나 이상의 방식으로 반응할 것이다. ① 요구를 수행할 수 없는 이유에 대해 변명한다. ② 행위자를 설득하여 요구를 철회하거나 변경하도록 노력한다. ③ 더 높은 권한을 가진 사람에게 행위자의 요구를 취소하도록 요청한다. ④ 행위자가 요구했던 것을 잊어버릴 것이라는 희망으로 행동을 지연시킨다. ⑤ 응하는 체하지만 과제를 고의로 방해하려고 노력한다. ⑥ 요구를 수행하기를 거절한다(이상욱 역, G. A. Yukl 저, 2004, 170쪽).

표 1-4 | 영향력의 결과

몰입	상대의 요구나 결심에 동의하고 이를 실행하기 위해 열과 성을 다하여 충실히 수행하는 것으로서 상대방과 융화되어 처음 요구했던 것 그 이상을 해내는 형태
순응	요구받았던 것을 하려고는 하나 열정을 갖지 않음. 단지 요구받은 것을 하는 것뿐 그 이상의 의미가 없는 형태
저항	영향력을 발휘하는 자가 요구했던 것과 반대로 수행하거나 요구받은 것의 수행을 거부하는 형태

3. 영향력과 반응의 깊이

켈만(Kelman, 1958)은 리더가 영향력을 행사할 경우 그 반응의 깊이를 수단적 순응(instrumental compliance), 개인적 동일시(individual identification), 그리고 내면화(internalization)로 분류했다. 물론 이 세 가지 유형은 하나 이상의 과정이 동시에 발생할 수도 있다. 3가지 반응의 내용은 다음과 같다.

1) 수단적 순응

대상인물은 유형적인 보상을 얻거나 리더가 통제하는 처벌을 피하기 위해서 리더가 요구하는 행동을 수행한다. 행동의 동기는 매우 수단적이다. 순응을 하는 유일한 이유는 리더로부터 유형적인 혜택을 얻기 때문이다. 기울이는 노력의 정도는 보상을 얻거나 처벌을 피하는 데 필요한 최소한의 양이 될 것이다.

2) 개인적 동일시

대상인물은 리더를 기쁘게 하고 리더처럼 되기 위해 리더의 행동을 모방하거나 동일한 태도를 채택한다. 대상인물의 동기는 아마도 대상인물의 수용 및 자존심욕구에 관계된다. 대상인물은 리더로부터 승인을 확보하기 위해 일을 함으로써 수용욕구를 만족시키는 관계를 유지할 수 있게 된다. 매력적인 행위자와 밀접한 관계를 유지하는 것은 다른 사람들로부터 존경받고자 하는 대상인물의 욕구를 만족시키는 데 도움이 될 수 있으며, 매력적인 리더처럼 되는 것은 대상인물이 보다 긍정적인 자아상을 유지하는 데 도움을 준다.

3) 내면화

대상인물이 리더의 제안을 지지하고 실행하는 데 몰입하는 이유는 제안이 대상인물의 가치, 신념, 자아상과 관련하여 본질적으로 바람직하고 옳은 것처럼 보이기 때문이다. 사실상 리더의 제안(예 : 목적, 계획, 전략, 방침, 절차)은 대상인물의 배후에 있는 가치 및 신념과 통합된다. 어떠한 유형적인 혜택의 기대와는 관계없이

몰입이 이루어지며, 대상인물의 충성심은 아이디어를 전달한 리더가 아닌 아이디어 그 자체에 대해서 이루어진다(이상욱 역, G. A. Yukl 저, 2004).

표 1-5 | 영향력에 대한 반응

영향력에 대한 반응	내용
복종 (compliance)	관리자의 보상이나 처벌에 대한 하급자들의 반응이다. 하급자들은 보상의 확대와 함께 처벌을 최소화하고자 한다.
동일화 (identification)	하급자가 상급자를 존경하여 상급자의 요구에 따르는 경우이다. 준거적 권력과 관계가 있다.
내면화 (internalization)	상급자의 요구와 하급자의 가치의 일치를 바탕으로 한다. 전문적 권력이나 정보의 확보와 관계가 있다.

프렌치와 레이븐(Fremch and Raven, 1959)은 영향력의 원천을 [표 1-6]과 같이 분류하였다.

표 1-6 | 영향력의 원천

보상적 권력	대상인물은 리더가 통제하는 보상을 얻기 위해 순응한다.
강제적 권력	대상인물은 리더가 통제하는 처벌을 받기 위해 순응한다.
합법적 권력	대상인물은 요구를 할 수 있는 권리를 리더가 가지고 있으며 그에 순응할 의무가 있다고 생각하기 때문에 순응한다.
전문적 권력	대상인물은 어떤 일을 하는 최선의 방법에 대한 구체적인 지식을 리더가 가지고 있다고 믿기 때문에 순응한다.
준거적 권력	대상인물은 리더를 존경하거나 동일시하며 리더의 승인을 얻기를 원하기 때문에 순응한다.

이상과 같은 영향력의 원천을 직위관련 영향력과 인간적 영향력으로 구분하면 보상, 강제, 합법성 등은 직위관련 영향력이고 전문, 준거 등은 인간적 영향력이다. 이것을 자세하게 설명하면 다음과 같다(신구범, 2005).

(1) 강제적 권력(coercive power)

강제적 권력은 힘을 통하여 다른 사람에게 영향력을 행사하는 것으로부터 발생한다. 처벌, 신체적 위해(危害), 예상되는 보상의 박탈 등이 힘에 해당된다.

강제적 권력과 보상적 권력은 상호 관련성이 있다. 예를 들어 어떤 근로자가 상급자의 처벌이 두려워서 상사의 지시에 따를 경우 그것은 강제적 권력의 작용이다. 그러나 승진, 칭찬 등의 보상을 받기 위하여 상사의 지시에 따랐다면 그것은 보상적 권력의 작용이다.

(2) 보상적 권력(reward power)

이것은 권력행사자가 보상할 수 있는 능력을 가지고 있기 때문에 발생하는 권력이다. 경영자들의 경우 봉급인상, 승진, 과업할당 등과 같은 보상을 통하여 권력을 행사할 수 있다. 권력이 영향력을 발휘하기 위해서는 보상이 권력수용자에게 의미있는 것이어야 한다.

(3) 준거권력(referent power)

준거권력은 어떤 사람이 특별한 자질을 가지고 있을 경우 다른 사람이 그 자질을 닮으려고 하는 과정에서 발생하는 권력이다. 타인과 동일시과정에 원천을 둔 권력으로서 이 경우 준거인(referent people)은 모델이 된다. 준거권력을 발생시키는 자질에는 인간성, 도덕적 수준, 인간관계능력 등이 있다.

(4) 전문권력(expert power)

이것은 특정인이 전문성을 가지고 있을 때 발생하는 권력이다. 높은 수준의 지식이나 기술, 그 외 정보 등을 소유하고 있을 경우에 전문권력이 발생한다. 조직에서의 계층과 관계없이 직무에 대한 전문지식을 가지고 있을 경우는 그가 심지어 부하라도 상사에 대하여 권력을 행사할 수 있다.

(5) 합법적 권력(legitimate power)

이 권력은 수용자의 입장에서 권력행사자가 당연히 영향력을 행사할 권리를 가지고 있으며 자신은 그것에 따라야 할 의무가 있다고 생각할 때 발생한다. 합법적 권력은 권한에서 나온다. 조직의 직위나 직무를 보유하고 있기 때문에 권한이 발생한다.

이상과 같은 5가지의 권력은 상호 배타적인 것이 아니라 보완적이며 상호 관련성을 가지고 있다. 예를 들어 자신이 좋아하는 사람이 보상권력을 행사할 경우 준거권력의 영향력이 증가하지만 싫어하는 사람이 강제권력을 강요하면 준거권력의 영향력이 감소한다. 또한 합법적 권력을 가진 사람을 좋아할 경우 준거권력의 영향력이 증가하며 그 사람이 전문적 지식이 있을 경우 전문권력 또한 영향력을 갖게 된다.

어떤 권력의 행사가 가장 큰 영향력을 발휘하는가에 대한 결론은 없다.

보상권력을 행사하는 사람과 수용자 간의 관계는 제로섬(zero-sum)의 관계, 즉 교환관계이다. 이 관계에서는 "너는 나를 위하여 이것을 하라. 그러면 나는 너에게 무엇을 주겠다"와 같은 교환의 게임규칙이 작용한다. 이 관계에서는 피차가 등가의 교환에 의하여 행동하기 때문에 어느 한쪽이 얼마의 득을 보면 다른 쪽은 그만큼의 손해를 본다. 손해와 득을 합하면 영이 되기 때문에 제로섬게임이다.

강제적 권력을 행사할 경우에는 "너는 나를 위하여 이것을 하라. 그렇지 않으면 손해를 볼 것이다"와 같은 게임규칙을 사용한다. 이 경우는 네거티브게임(negative game)이 진행된다. 어느 한쪽은 항상 손해를 볼 가능성이 있다. 대단한 물리력을 동원하거나 권력의 수용자가 미성숙하지 않는 한 이 관계가 장기적으로 지속될 가능성은 희박하다.

준거권력이 행사될 경우 양자 사이에는 포지티브게임(positive game)이 진행 될 가능성이 있다. "나는 너를 믿는다. 네가 원하는 것을 주겠다. 알아서 해다오"와 같은 게임규칙이 사용된다.

볼딩(Boulding)은 이와 같은 포지티브섬게임이 작용되는 조직을 통합 시스템이라 불렀다.

그림 1-4 | 영향력의 과정

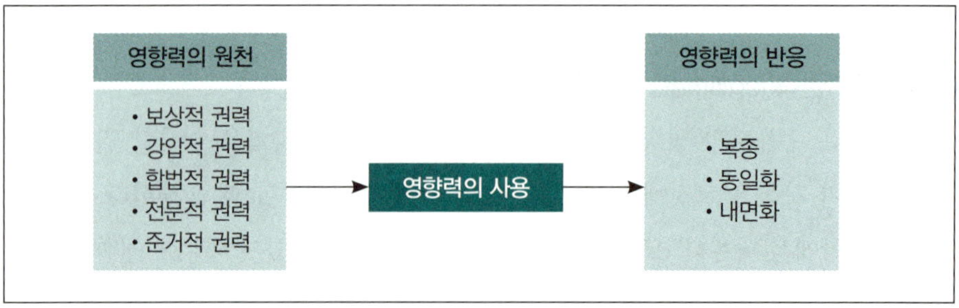

4. 권력과 의존성

1) 의존성의 의미

의존성(dependency)은 권력에서 가장 중요한 측면이다. 권력은 의존성의 함수이다. B가 A에 의존하는 정도가 클수록 A가 B에 행사할 수 있는 권력은 커진다. 만약 어떤 사람이 다른 사람이 필요로 하는 것을 혼자 가지고 있어서 그것을 통제할 수 있을 경우 그 사람은 다른 사람에게 권력을 행사할 수 있다. 따라서 의존성에서는 권력의 행사와 수용관계에서 획득하려는 것의 대체가능성 여부가 중요하다. 어떤 권력의 원천이 풍부하다면 설사 누군가가 그것을 소유한다 할지라도 그 자체가 권력을 향상시키지는 않는다. 맹인만 사는 나라에서는 한쪽 눈만 있어도 왕이 된다는 속담은 이러한 관계를 잘 표현하는 말이다. 대체성이 확장될수록 의존성은 감소하고 따라서 권력은 약해진다.

2) 의존성의 원천

의존성을 결정하는 요인에는 권력원천의 중요성, 희귀성, 대체불가능성 등이 있다.

(1) 중요성

자신이 가진 것을 갖기 원하는 사람이 아무도 없을 때는 그 권력의 원천은 의존성을 발생시키지 않는다. 권력을 발생시키기 위해서는 원천이 중요한 것으로 인식되어야 한다.

조직은 불확실성을 회피하기 위해 적극적인 노력을 한다. 조직이 직면한 불확실성을 흡수할 수 있는 개인이나 집단은 중요한 원천에 대한 통제력을 갖는다. 예를 들면 기업조직이 직면한 불확실성이 시장과 소비자일 경우 마케팅 관리자나 그 부서가 권력을 갖게 된다. 마찬가지로 노사분규기간에는 인사부서의 협상자가 권력을 증가시킬 수 있다. 인텔(Intel)에서 엔지니어가 마케팅 관리자보다 더 큰 권력을 행사할 수 있는 것은 엔지니어들이 조직이 불확실성의 회피를 위하여 추구하는 원천에 대한 통제력을 가지고 있기 때문이다.

(2) 희귀성

권력의 원천이 희귀하다고 인식될 경우 의존성이 발생한다. 조직에서 낮은 계층에 속한 사람들이라도 매우 중요한 직무관련 지식을 가지고 있을 경우 높은 계층의 관리자들이라도 그들에게 의존해야 한다. 가끔씩 조직의 하위계층 사람들이 그들이 사용하는 직무 매뉴얼을 공개하지 않거나 그들의 독특한 언어를 만드는 것은 희귀성을 유지하기 위한 활동이다.

(3) 대체불가능성

권력의 원천이 되는 자원의 대체불가능성이 높을수록 의존성은 커진다. 기업의 조직구성원들이 현재의 직무 외에 다른 직무를 얻을 기회가 많은 경우 조직이나 상사에 대한 의존성은 줄어들고 따라서 상사나 조직은 그런 근로자에 대해서는 큰 영향력을 행사할 수 없다.

이상의 논의를 요약하면 권력은 보상, 강제, 전문성, 준거, 합법성 등의 원천이 있고 그 원천이 권력수용자의 입장에서 중요하고 희귀성이 있으며 대체불가능한 것일수록 권력은 강해진다는 것을 알 수 있다.

이상 설명한 권력의 원천과 권력수용자의 특성, 권력원천의 상황, 권력행사전략, 피수용자의 행동에 미치는 영향, 권력의 특성 등의 관계를 요약하면 [그림

그림 1-5 | 권력의 원천과 행사과정

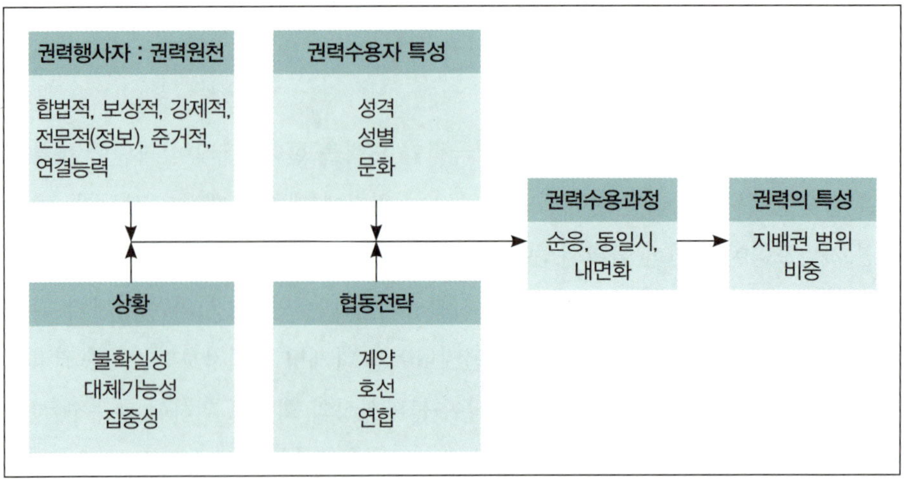

1-5]와 같다.

그림에서 권력원천 중 연결능력은 권력행사자가 조직 내의 영향력 있는 인물과의 교섭력이나 연줄을 가지고 있다는 사실에 기초를 둔 권력이다.

권력의 행사는 행사자와 권력수용자가 처한 상황의 영향을 받는다. 특히 상황변수는 의존관계에 영향을 미친다. 집중성은 권력행사자의 활동이 조직 내에서 얼마나 중심적인지를 나타낸다. 권력행사자가 불확실성을 효과적으로 처리할 수 있으면 보다 많은 권력을 행사할 수 있다. 협동전략 중에서 호선(co-opting)은 권력행사자가 다른 사람 혹은 집단을 자신에게로 흡수하는 전략이다(신구범, 2005).

제4절 리더십의 수련

오늘날 조직현장이 붕괴되고 관리자들의 권위가 땅에 떨어져 리더십공황이라는 말이 신문지상을 장식하고 있다. 이와 같은 현실에서 리더로서 관리자들에게 요구되는 리더십은 어떤 것일까? 리더십은 다른 사람의 행동에 개입하여 영향력을 행사하는 것이기 때문에 일생의 수련이 필요한 기능이다.

리더십의 수련은 인격의 수련이며 인격의 수련은 정원을 가꾸는 것과 같다. 좋은 리더십은 예술작품으로서 잘 가꾸어진 정원과 같다. 리더는 나무의 가지를 손질하기 위한 리더십의 시간을 가져야 한다. 무사에게 칼이 필요하듯이 우리의 의식도 리더십에서 필수적인 도구이다. 무사의 칼처럼 의식이 깨어 있으면 겹겹이 쌓인 착각을 절단하여 새로운 가능성으로 나가는 길을 닦을 수 있다. 우리의 의식도 칼과 같아서 매일 닦고 빛을 내지 않으면 끝이 무디어지고 녹이 쓴다.

조직관리자의 리더십 수련에 필요한 자질은 다음과 같다.

첫째, 리더의 첫 번째 과업은 명백한 나팔 소리를 내는 것이다. 리더의 목표는 조직과 구성원들의 사명을 명확히 규정하고, 그것에 기초하여 조직의 목표를 정하며, 무엇이 바람직한지에 대한 우선순위를 정하는 것이다.

둘째, 리더는 리더십을 계급이나 특권이 아니라 책임으로 보아야 한다. 리더는 책임지는 사람이다. 효과적인 리더는 자신이 최종적인 책임자라는 것을 알기 때문에 동료나 부하가 자신보다 능력이 뛰어나도 두려워하지 않는다.

셋째, 리더가 갖추어야 할 마지막 요건은 신뢰성을 확보하는 것이다. 리더는 추종자들을 거느린 사람이기 때문에 신뢰성은 리더의 생명이다.

참 | 고 | 문 | 헌

박종백 외 역, 버트 나누스 지음, 리더는 비전을 이렇게 만든다, 21세기북스, 1995, 39쪽.

신구범, 조직행위론, 형설출판사, 2005.

이상욱 역, G. A. Yukl 저, 현대조직의 리더십 이론, 시그마프레스, 2004.

French J. and B. H. Raven, The Bases of Social Power, D. Cartwright (ed.), *Studies in Social Power*, Ann Arbor, MI., University of Michigan Press, 1959, pp.118~149.

Nanus, B., *Visionary Leadership: Creating A Compelling Sense of Direction for Your Organization*, San Francisco, CA., Jossey-Bass, 1992.

Chapter **02**

전통적 리더십이론

기업은 공동의 목표를 달성하고자 하는 두 사람 이상이 모인 유기적인 조직체이다. 이러한 기업이 그 조직의 목표를 원만히 달성하기 위해서는 구성원들의 행위를 협동적이고 조직적으로 이끌어낼 필요가 있다. 오늘날 이러한 활동은 리더십(leadership)으로 불려지고 있으며 경영관리 자체와 동일시되기도 한다. 이러한 리더십은 집단의 구성원들로 하여금 특정목표를 지향하게 하고 그 목표달성을 위해 실제행동을 하도록 영향력을 행사하는 것이다. 즉, 특정목적을 달성하기 위하여 집단구성원에게 영향력을 행사하는 과정이 리더십인 것이다.

따라서 리더십은 모든 조직체 내에서 관찰되는 보편적인 현상이다. 그러나 리더십은 지구상에서 가장 많이 관찰되는 현상 중의 하나이지만 가장 잘 이해가 되지 아니한 현상이라고 지적한 스톡딜(Stogdill)의 견해에서 알 수 있는 것과 같이 리더십에 대한 연구는 연구자의 수만큼이나 관점이 다양하고 연구결과가 복잡하다.

제1절 리더십이론의 전개과정

리더십에 대한 연구자들은 어떤 리더는 성공하며 또 성공하지 못하는 리더는 왜 그렇게 되는가를 규명하고자 노력하였다. 만약 간단한 답이 있다면 어느 누구도 실패한 리더는 되지 않을 것이다. 그러나 성공적인 리더십에 대한 답은 결코 간단하지 않다. 리더십에 대한 연구가 시작된 1440년대 이후로 리더십에 대한 많은 이론들이 존재해 왔다. 리더십에 대한 이론은 세 가지가 있는데, 각각의 이론에 따라 강조하는 측면이 서로 상이하다.

초기의 리더십 연구에서는 성공적인 리더는 남과 다른 특성을 지니고 있다는 가정을 바탕으로 리더의 특성을 연구하는 데 초점을 맞추었다. 이러한 연구를 특성이론(traits theory) 혹은 자질이론이라 한다. 이 이론의 연구자들은 성공적인 리더들의 공통적인 특성을 찾아내지 못하여 성공적인 리더십과 리더의 특성 간의 관련성을 규명하지 못하는 한계에 부딪히게 되었다.

특성이론의 한계를 보완하기 위하여 연구된 리더십이론이 리더십 행동이론(behavioral theory)이다. 이 이론은 리더와 부하 간의 관계를 중심으로 리더의 행동유형을 중점적으로 연구하였다. 이 이론 역시 어떤 행동유형의 리더가 가장 효율적인 성과를 이룰 수 있는가에 대하여는 완전한 해답을 주지 못했다.

표 2-1 | 다양한 리더십의 정의

특성이론	가정	강조점
특성이론 (1930~1950)	개인특성 → 리더와 비리더 구분	리더와 비리더를 구별할 수 있는 개인적 특성이 존재한다.
행동이론 (1950~1960)	리더의 행동 → 성과 종업원유지	리더십에서 가장 중요한 것은 리더의 행동으로, 성공적인 리더와 비성공적인 리더를 구분하는 것은 리더십 스타일이다.
상황이론 (1970~)	성과 리더의 행동 → 만족 기타 상황요인	리더십의 유효성을 결정하는 것은 리더의 특성, 추종자의 특성, 상황의 특성의 상호작용이다. $L=f(f, l, s)$

근래에 와서 출현된 이론은 리더십의 상황이론(contingency theory)이다. 이 이론에 따르면 상황이 리더를 만드는 것이므로 가장 효과적인 리더란 상황에 적합한 리더십을 적절히 행사하는 리더라는 것이다(김성국, 1997).

이상과 같은 리더십이론의 전개과정을 정리하면 [표 2-1]과 같다.

제2절 리더십의 특성이론

자기성찰, 타입 A, 갈등 및 성별변수

최근의 몇몇 연구들은 성별변수, 자기성찰, 타입 A 행동들이 조직 내의 갈등과 리더십에 미치는 영향을 조사하였다.

- 자기성찰능력이 높은 사람들이 낮은 사람들보다 리더로 부상하는 경우가 더 많다.
- 남자가 여자보다 리더로 부상할 가능성이 더 많다.
- 부하들을 상대하는 데는 타입 A가 타입 B형 성격보다 갈등의 소지가 더 많다.
- 자기성찰능력이 높은 사람들은 부하들을 상대하거나 상급자들을 상대할 때 모두 갈등을 협조적으로 해결할 가능성이 많다.
- 하급자와 상급자들을 상대하는 데 여성이 남성보다 일반적으로 갈등의 소지가 적다.
- 자기성찰능력이 높은 여성은 조직의 다양한 신호에 극히 예민하여 더욱 많은 갈등을 인식하는 것 같다.

아직 많은 부분이 연구되지 않고 있는 상태지만, 자기성찰은 리더십에 관한 흥미 있는 시사점들을 제공한다. 자기성찰능력이 있다는 것이 리더들에게 자신의 행동을 조절하는 데, 그리고 어쩌면 새로운 기술을 학습하는 데도 도움을 주는 유용한 특성이라는 것은 분명하다. 자기성찰능력이 높은 성격은 이질적인 문화에 대처하는 데 유리하다는 주장이 제기되기도 한다. 왜냐하면, 그러한 상황은 애매하며 환경적 신호를 해석하는 능력을 필요로 하기 때문이다. 비슷한 논리로, 변화하는 리더십의 역할들 때문에 리더들이 처한 상황은 20년 전보다 더 예측하기 어렵고 더 불확실하게 되었다. 오늘날의 리더들은 다양한 문화 및 참여와 자율에 대한 부하들의 요구를 상대해야 되며 점점 더 복잡해지고 있는 세계적 경영환경을 이해해야 한다. 이러한 새로운 업무를 수행하는 데 자기성찰은 매우 중요한 특성일 수 있다.

자료 : Baron(1989); Becker, Ayman, and Korabik(1994); Dobbins, et al.(1990)

1. 특성이론의 의미와 내용

리더십에 대한 초기의 이론가들은 리더의 개인적인 특성을 규명하는 데 관심을 두었다.

초창기에 리더십을 연구하였던 학자들이 관심을 둔 대상은 역사상 유명했던 위대한 인물들이었다. 연구자들은 이 위대한 인물들이 어떻게 막강한 영향력을 행사하는 리더가 될 수 있었던가에 관심을 집중하였다. 그 결과 연구자들은 거의 공통적으로 이 리더들이 보통사람보다 우수한 어떤 자질을 지니고 있기 때문이라는 데 의견을 모으게 되었다. 이러한 의견은 전통 있는 가문에서 훌륭한 리더가 많이 배출되었다는 주장들에 의해서 더욱 강조되었다.

따라서 이 이론에 의하면, 사람은 이러한 자질에 의하여 성공적인 리더가 되고 그렇지 않는 사람은 성공적인 리더가 되지 못한다. 이러한 주장으로 특성이론은 리더십의 위인론(偉人論 : great man theory of leadership)으로 불리기도 한다.

표 2-2 | 주요 리더의 성격특성연구

학자	리더십 특성
Stogill(1948)	지능, 민감성, 통찰력, 책임감, 진취성, 지속성, 자신감, 사교성
Mann(1959)	지능, 남성적 기질, 적응성, 지배성, 외향성, 보수적 기질
Stogdill(1974)	성취욕, 지속성, 통찰력, 진취성, 자신감, 책임감, 협동성, 참을성, 영향력, 사교성
Lord, DeVader, and Alliger(1986)	지능, 남성적 기질, 지배성
Kirkpatrick and Locke(1991)	추진력, 동기유발, 성실성, 자신감, 인지적 능력, 사업지식
Zaccaro, Kemp & Baeder(2004)	인지적 능력, 외향성, 양심적(성실성), 정서적 안정, 개방성, 동조성, 동기유발, 사회적 지능, 자기관찰 및 조정, 정서적 지능, 문제해결력

리더십에 대한 특성이론은 선천적이든지 혹은 후천적이든지 간에 성공적인 리더들이 가지고 있는 공통적인 특성을 규명하고자 하였으며, 초기의 리더십에 대한 연구의 주류를 이루었다. 테드(Tead)는 육체적 및 정신적인 에너지, 목표의식과 지시

능력, 정열, 친근감과 우의, 성품, 기술적인 우월성, 과감성, 지능, 교수능력, 그리고 신념의 10가지를 들고 있으며, 버나드(Barnard)는 기술적인 측면과 심리적인 두 가지의 측면을 강조하고 있는데, 기술적인 측면에서는 체력, 기능, 기술, 지각력, 지식, 기억, 상상력 등을 들고 심리적인 측면에서는 결단력, 지구력, 인내력, 그리고 용기 등을 들고 있다.

그리고 리더특성이론에 대한 대표적인 연구자인 스톡딜은 [표 2-3]에서 보는 바와 같이 육체적인 특성, 사회적 배경, 지능, 성격, 과업특성, 그리고 사회적인 특성으로 리더의 특성을 나누고 있다.

리더특성이론은 많은 연구에도 불구하고 아직도 성공적인 리더와 그렇지 않는 리더를 구분할 수 있는 명확한 특성을 밝히지는 못하고 있다. 즉, 성공적인 리더의 특성으로 제시되었던 것이 어떤 경우에는 실패한 리더의 특성으로 밝혀지기도 하였다. 뿐만 아니라 리더특성이론에서 제시되고 있는 특성들의 상당수가 서로 모순되고 갈등을 일으키기도 하여 어떤 특성이 진정한 성공적인 리더의 공통적인 특성인지가 불명확하다.

표 2-3 | 리더의 특성

육체적 특성	사회적 배경	지능	성격	과업특성	사회적 특성
• 연령 • 체중 • 신장 • 외모	• 교육 • 아동성 • 사회적 지위	• 판단력 • 결단성 • 표현능력	• 독립심 • 자신감 • 지배성 • 공격성	• 성취욕구 • 지구력 • 책임감 • 결과지향성	• 관리능력 • 협동성 • 대인관계기술 • 권력욕구 • 성실성

1) 신체적 특성(physical characteristics)

신체적 특성의 구성요인은 리더의 활동성, 에너지, 연령, 신장, 체중, 외모 등이다. 이들 신체적 특성은 리더십 기능을 발휘할 수 있는 능력과 밀접한 관계가 있다고 본다. 예를 들면, 치안담당자는 신장이나 체중이 보통사람보다 우위에 있는 사람이 더 효과적인 리더십을 발휘할 수 있다는 것이다. 그러나 성공적인 리더의 특성은 상황과 환경에 따라서 모두 다르기 때문에 일률적으로 결론을 내리기는 어렵다.

리더의 신체적 특성과 효과적인 리더십의 관계에 대한 많은 연구에서, 신체적으로 우위에 있는 사람들이 보통사람들보다 리더의 지위를 얻는 데 별다른 이익을 보지 못한 것으로 나타났다. 대표적인 예로 트루만(Truman), 간디(Gandhi), 나폴레옹(Napoleon), 스탈린(Stalin), 박정희와 같은 사람은 왜소한 체구와 보잘것없는 외모에도 불구하고 강력한 리더십을 발휘할 수 있었다.

2) 사회적 배경(social background)

사회적 배경의 요인으로는 사회적 신분, 교육, 이동성(mobility) 등이 있다. 베스 등은 사회적 배경에 대한 많은 연구결과를 종합하여 다음과 같은 결론을 도출하였다. 첫째, 일반적으로 높은 사회 · 경제적 신분은 리더십의 지위를 유지하기에 유리하다는 점, 둘째, 사회적 신분이 낮은 계층(흑인, 여성, 소수민족 등)에서도 과거보다 산업체의 고위직에 승진한 리더가 많이 배출되고 있다는 점, 셋째, 관리직에 대해서는 MBA 등과 같은 석사학위의 요구가 증가하고 있다는 점 등에서 볼 때 사회적 배경 자체가 리더십 직위의 결정적 요인은 아니라는 것이다.

위에서 언급한 바와 같이 사회적 배경의 결론은 어떤 리더가 다른 사람보다 높은 사회적 배경을 가지고 있으면 리더의 지위를 향상시키는 데 도움이 될 수 있다는 점이다. 그러나 오늘날과 같이 급변하는 환경변화 속에서 사회적 배경보다도 빠른 기회의 포착과 꾸준한 노력이 리더십 유효성에 더 큰 영향을 미치고 있다고 볼 수 있다.

3) 지능과 능력(intelligence and ability)

1948년부터 1970년 사이에 발간된 25개의 연구보고서에 의하면 리더십은 지능 및 능력과 정(正)의 상관관계를 갖는 것으로 나타났다. 여러 가지 연구의 결과들은 리더가 부하들보다 판단력, 결단력, 지식, 화술 등이 일반적으로 훨씬 뛰어나다고 지적하고 있다. 그러나 리더의 지능과 능력이 부하들과 너무 높은 차이를 보이게 되면 극도로 자기중심적으로 될 수도 있고, 또 리더의 생각이 너무 앞서 있게 되면 부하들에게 받아들여지기 어렵기 때문에 리더와 부하 사이의 사고방식, 지각, 의사소통 등에 많은 문제가 발생할 수도 있다.

4) 퍼스낼리티(personality)

한 개인의 특성인 성격은 리더십과 밀접한 관계를 가지고 있으며 리더십 유효성에 많은 영향을 미치고 있다. 성공적인 리더가 가지는 성격적 특성으로는 적응성, 강한 신념, 공격성, 독립성, 객관성, 판단력, 자신감, 지배성, 창조성, 기민성, 조정력, 추진력, 열성, 외향성, 긴장에 대한 지구력 등 많은 요인들이 있다. 그러나 리더의 성격특성은 조직이 처해 있는 환경이나 부하들의 특성 등에 따라 리더십에 미치는 유효성이 각각 다르며, 더욱 어려운 문제는 위에 열거한 모든 특성을 포함한 리더를 찾기도 어려울 뿐만 아니라 성격상의 특성을 정확하게 측정하기도 어렵다는 것이다.

5) 과업관련 특성(task-related characteristics)

리더는 다양한 성격의 사람들과 잘 어울려야 하고 제반 환경에도 적극적으로 참여하지 않으면 안 된다. 그러므로 훌륭한 리더는 다른 사람들로부터 쉽게 받아들여지고 협력을 잘 이끌어내는 능력을 가지고 있다. 이러한 성격은 다른 사람들로부터 협동심을 불러일으키게 할 뿐만 아니라 조직목표 달성에 보다 적극적으로 참여케 하는 관리능력을 발휘함으로써 리더십 유효성을 증대시킬 수 있다. 이 밖에도 리더의 사회적 특성으로는 매력적이고 인기가 있으며 부하들을 잘 보살피는 능력 등을 들 수 있다.

2. 특성이론의 한계

위에서 살펴본 리더특성이론은 리더십에 대한 초기의 이론이었으며 나름대로 공헌한 바도 있지만 많은 한계를 가지고 있다. 리더특성이론의 한계는 우선 특성이론이 상황요인을 고려하지 않고 있다는 점을 들 수 있다. 예를 들면, 사무실에서 리더가 되는 데 필수적인 특성이 연구실에서는 효과적인 리더가 되는 데 맞지 않을 수도 있다. 따라서 상황이 다르면 다른 특성이 요구된다고 볼 수 있다. 이 점을 특성이론에서는 미처 깨닫지 못하였다.

둘째, 특성이론은 개인의 특성에만 초점을 맞춤으로써 개인이 리더십 상황에서 실제로 어떻게 하는가를 밝혀 주지 못하고 있다. 이 이론은 누가 리더인가를 확인해 주기는 하나 리더가 어떻게 해서 하급자들에게 영향력을 행사하는지를 제시해 주지 못한다. 즉, 특성이론은 하급자들이 리더십에 미치는 효과를 무시하고 있다. 영향력이라는 것이 둘 이상의 사람 간의 관계임을 감안할 때 누가 고유하게 리더가 될 것인지를 파악하지 못하고 있다.

각각의 리더가 우수한 특성을 구비하여야 한다는 것은 리더십 발전에 더 큰 가능성을 갖게 하지만, 이것만으로 반드시 효과적인 리더십이 보장되는 것은 아니라는 인식이 생기게 된 것이다. 이것이 리더십 연구를 다음 단계로 이행시키는 계기가 되었다.

그러나 이러한 결점들이 있다고 해서 특성이론이 전혀 의미가 없다고 말할 수는 없을 것이다. 우리는 아직도 리더가 될 수 있는 고유한 특성이나 자질이 있다는 주장을 전적으로 무시하기 어렵다. 그런 점에서 리더십을 상황에만 좌우되는 것으로 보는 견해는 리더십의 개인적 성격을 지나치게 경시하고 있는 것이라는 스톡딜의 주장은 재삼 음미해 볼 필요가 있다.

미국에서는 어떤 사람이 최고의 경영진 위치에 도달하는가?

미국 최고경영자들의 개인적 특성

- 44% 이상이 장남
- 대부분이 중산층 출신
- 평균연령 58세
- 61%가 177~180cm 사이의 키
- 80% 이상이 오른손잡이
- 94% 정도가 술을 즐겼는데, 그 중 60%는 술이 약한 수준
- 98%가 기혼
- 99% 이상이 대졸
- 44%가 경영학 전공, 24%가 엔지니어링, 12%가 예체능
- 47%가 대학원 이상의 학력 보유, 대부분 MBA 전공
- 대다수가 국립대 출신

리더들의 개인적 특성을 이해하기 위한 한 가지 접근방법은 인구통계적 특징들을 살펴보는 것이다. 약 800명에 가까운 미국의 기업임원들을 조사한 1987년의 서베이연구는 최고경영자의 인구통계적 특징들에 관한 흥미로운 사실들을 밝혀냈다. 몇 가지 결과들은 예측가능한 것들이었다. 예를 들면, 선발된 표본에는 여성경영자가 한 명도 없었는데, 최고경영진 계층에 오직 극소수의 여성만 존재하는 현실과 일치하는 통계였다. 비록 여성임원들의 숫자가 점진적으로 증가추세에 있기는 하지만, 대부분의 추산에 의하면 미국의 여성임원비율은 3~6%에 불과하다. 임원들에 대한 인구통계적 분석결과는 연구대상이 된 표본집단의 동질성을 잘 보여주고 있다. 대부분은 동북부(rust-belt)지방의, 부모가 이혼하지 않은, 중산층 가정출신이었다. 90% 정도가 기혼자이고 많은 사람들이 자신들을 종교적이라고 생각하고 있었다. 이들은 일반대중의 평균비율보다 키가 큰 편이며 담배 피우는 사람들도 적었고, 상당히 운동을 규칙적으로 하고 있었다. 흥미있는 결과 중 하나는 교육과 관련된 것이다. CEO들의 경우 일반대중의 평균보다 교육수준이 상당히 높았으며, 47%가 석사학위 이상을 가지고 있었다. 대다수가 주립대학(사립대학이 아닌)출신이었으며 이들 중 많은 사람들이 자신의 학비를 적어도 일부분은 자신이 벌어서 충당하였다.

비록 산업에 따라 차이가 있지만(예를 들면 금융과 전기산업에서는 중하층 출신의 CEO 비율이 높았다) 쿠르츠(Kurtz)와 그의 동료들이 수행한 기업임원 서베이의 가장 놀랄 만한 결과는 임원들의 동질성(homogeneity)이다. 비록 이 서베이조사가 무작위추출방법을 사용하지 않았기 때문에 편파적인 결과일 수 있지만, 그 결과의 강도와 방향은 여전히 흥미로운 결과를 보여준다. 미국의 CEO들은 서로 매우 비슷한 것처럼 보인다. 그들은 동일한 연령층에 속해 있고, 신념, 가치관 그리고 행동에서 공통점을 가지고 있었고, 유사한 교육경험 및 스포츠관련 경험을 가지고 있었으며 동일한 인종적 · 사회적 집단에 속한 사람들이었다. 그러나 인구통계적 배경에서 유사성을 가졌다고 해서, 기업의 경영방법과 부하들을 이끌어가는 데 이들의 접근방법까지 반드시 비슷한 것은 아니다. 그럼에도 이러한 배경의 유사성은 경영에 대한 접근방법과 생각에서 서로 매우 이질적으로 만들 수는 없을 것이다. 만약 목표의 단일성이 요구되는 상황이라면, 동질성은 강점이 될 것이다. 하지만 다른 공공부문조직들과 함께 미국기업들이 처해 있는 변화무쌍한 환경을 고려할 때, 다양하고 혁신적인 접근방법이 필요하다고 할 수 있다. 현재의 기업리더들의 동질성을 고려할 때 그러한 혁신이 가끔 결여된 것처럼 보이는 것은 놀랄 만한 일이 아니다. 한편, 많은 연구들(Hackman, 1990; Nahavandi and Aranda, 1994)에 따르면 혁신적인 경영방법을 실행에 옮기는 데 핵심적인 장애물의 하나가 바로 최고경영진의 지원결여이다. 미국 경영진의 동질성은 이 현상의 주요 원인들 중 하나라고 생각되며, 이것은 미국 기업사회의 리더십을 보다 다변화시켜야 할 또 다른 이유를 지적하고 있다.

자료 : Extracted from Kuetz, D. L. Boone, L. E. and fleenor, C.P. (1989)

제3절 리더십의 행동이론

#1

일본 교토지역에 소재하고 있는 야마모토정공은 입사 경쟁률 620 : 1을 자랑하는 일본 청년들이 입사하고 싶은 기업의 상위권을 차지하고 있는 우수 중소기업이다.

야마모토 부사장은 일하고 싶은 기업을 즐거운 회사로 정의하고 화장실과 식당 등 인테리어까지 변경을 단행하고 일본특유의 관리방법인 감시 관리를 지양하고 누구나 하고싶은 일을 자유롭게 하도록 배려하였다.

야마모토 부사장은 "감시관리는 일본의 지배적인 경영방식이나 이제 이 회사에서는 중요한 것은 아니다. 오직 모티베이션의 유지가 중요하다"고 하며 "직원의 잠재력을 폭발시키기 위해 장애물을 치워주는 것이 회사의 주요한 업무다. 일하는 공간은 즐거운 공간이 되어야 한다"라고 이야기 하였다.

이러한 결과로 2012년에는 4명의 신입사원을 모집하는데 2,500여 명이 지원하며 620 대 1이라는 경이로운 입사경쟁률을 보였다고 한다.

현재 야마모토정공은 총재직자수 70명, 연매출 10억 엔이며 생산량의 80%가 하청이 아닌 독자 개발의 개별아이템으로 이제는 단순 철공회사에서 연구개발중심회사로 성장하고 있다.

#2

일본 교토지역에 소재하고 있는 야마오카제작소는 일본 철도인 신칸센의 브레이크라이닝 50% 납품하고 있으며 자동차용 휴즈분야에서는 일본 전체 50%의 점유율, 혈당측정기 부품분야에서는 연 80만 개를 제작하는 강소기업으로 일본 굴지의 제조업체이다.

회사주도의 체계적인 사내교육으로 직원들의 내부 역량을 끌어올리면서 이를 극복했다. 지금은 2년마다 5~6명 정도를 뽑는데, 보통 경쟁률이 10 대 1이 넘는다.

야마오카 제작소는 사내교육시스템에 직원이 반드시 참여하도록 유도한다.

다수의 직원들이 야마오카제작소의 교육시스템을 이수하면 최우수 엔지니어로 성장한다는 것을 인지하고 있으며, 대기업으로부터 스카웃 제의도 받을 수 있다는 것이 이미 소문이 나 있다.

요코타 공장장은 "회사 작업환경 개선과 능력개발을 위한 교육투자로 기존 직원의 능력을 최대한으로 끌어올려 신입 사원 부족을 채울 수밖에 없다"며 직원들의 역량 축적이 이뤄지고, 이후 이 같은 내용이 알려지면 자연스럽게 젊은 층은 모여든다. 우리 회사의 가장 큰 매력은 철저한 사내교육제도로, 이 점이 젊은 층에게 좋은 평가를 받고 있다"고 설명했다.

1. 행동이론의 의미

리더특성이론의 한계점을 보완하기 위하여 리더행동이론(leader behavior theory)이 발전되었다. 리더행동이론은 행동과학(behavioral science)의 영향을 많이 받았으며, 이 이론은 어떠한 특성을 가진 리더가 성공적인가에 초점을 두기보다는(what the leader is?) 어떠한 행동을 하는 리더가 성공적인가(what the leader does?) 하는 리더의 행동패턴에 초점을 두었다. 만약에 특성이론에 따른다면 조직이나 집단에 가장 적합한 사람을 선발하면 조직은 성공할 수 있다. 공식적 직위가 요구하는 자질을 가진 사람을 선발하면 되기 때문이다. 그러나 행동이론에 따를 경우 요구되는 행동을 하도록 사람을 훈련시켜야 한다. 특성이론을 적용하면 리더는 태어나는 것이고 행동이론을 적용하면 조직의 효율성을 향상시키기 위해 필요한 리더의 행동을 가르치면 된다. 행동이론도 특성이론과 마찬가지로 모든 상황에서 가장 잘 작용할 수 있는 유일 최선의 리더십 유형을 찾으려는 시도를 하였다.

행동이론을 분류하는 기준은 학자에 따라 상이하다. 리더의 행동 차원을 기준으로 분류하는 방법이 있다. 예를 들면 리더의 행동을 분류하는 차원을 2원론, 3원론 등으로 분류할 경우 2원론에는 민주적 리더십과 전제적 리더십, 종업원중심적 리더십과 생산중심 리더십, 배려와 구조주도, 관계지향적 리더십과 과업중심적 리더십, P형과 M형 등의 이론이 있고, 3원론은 과업지향적인 스타일과 관계지향적인 스타일에 유효성을 결합한 것이다.

리더십의 행동이론을 연구자와 연구기관별로 분류하면 아이오와(Iowa)대학의 연구, 오하히오(Ohio)대학의 연구, 미시간(Michigan)대학의 연구, 블레이크와 모우턴(Blake and Mouton)의 연구, 미스미의 연구 등이 있다. 여기에서는 아이오와대학의 연구, 오하이오대학의 연구, 미시간대학의 연구, 블레이크와 모우턴의 연구 등의 순으로 리더십의 행동이론을 살펴보기로 한다.

2. 아이오와대학의 연구 : 민주적 리더십과 전제적 리더십

아이오와대학(university of lowa)의 연구자들인 레빈, 리피트 그리고 화이트(Lewin, Lippitt, and White) 등은 1430년대 후반 의사결정과정에서 나타나는 리더의 행동유형을 중심으로 리더의 유형을 독재형, 민주형, 자유방임형으로 나누고, 각 유형에 따른 집단의 성과와 구성원의 만족에 미치는 영향을 분석하였다.

세 가지 리더십 유형의 기본적인 차이점은 그룹 내에서의 의사결정권한이 어디에 집중되느냐 하는 것이었다. 권위적 리더는 그룹을 위해 리더가 의사결정을 하고, 결정된 사항을 그룹구성원에게 알린다. 반면에 민주적 리더는 그룹구성원들이 그들의 활동에 대하여 스스로 의사결정을 하도록 한다.

세 가지 유형의 리더십에 대한 두 번에 걸친 실험결과 그룹구성원들은 권위적 리더보다 민주적 리더를 더 선호하고, 그룹 내에서의 적대행위는 민주적 그룹에서보다 권위적 그룹과 방임적 그룹에서 분명히 더 높은 것으로 나타났으며, 또한 그룹의 생산성은 다른 두 유형의 리더보다 민주적 리더가 더 높은 것으로 나타났다.

그 후에 탄넨바움(Tannenbaum)과 슈미트(Schmidt)는 리더십 유형을 권위적 리더와 민주적 리더로 양극화하여 [그림 2-1]과 같이 광범위한 리더의 행위유형을 구분하였다. 그림에서 보는 바와 같이 의사결정과정에서 리더의 권한영역과 부하의 자유재량영역이 어느 정도인가에 따라서 권위적 리더와 민주적 리더를 하나의

그림 2-1 | **리더십 스타일의 연속성**

리더가 의사결정을 하고 이를 공표한다	리더가 행한 의사결정을 부하에게 수락하도록 한다	리더가 아이디어를 제시하고 질문을 하도록 한다	리더가 변경할 수 있는 임시적인 의사결정을 한다	리더가 문제를 제시하여 부하들이 제안을 하도록 하고 이에 따라 의사결정을 한다	리더가 한계를 명시하여 집단으로 하여금 의사결정을 하도록 한다.	리더가 부하에게 위양한 권한 내에서 자율적 활동을 하게 한다

자료 : R. Tannenbaum and W. H. Schmidt, How to Choose a Leadership Pattern, *Harvard Bussiness Review*, May-June, 1973, 167.

연속선 위에서 파악하여 그 가운데 리더의 다양한 행위유형을 나타내고 있다. 그러나 연속선 위에서 무수히 많은 리더의 행위유형 중 정확히 어떠한 행위유형을 선택해야 할 것인가에 대하여는 엄밀하게 제시하고 있지 않다.

① 독재형 : 독재형 리더(autocratic leader)는 명령적이며 부하의 의사결정에의 참여를 허용하지 않는 일방적인 의사결정을 행한다.

② 민주형 : 민주형 리더(democratic leader)는 의사결정에 집단이 참여하는 것을 권장하며 집단이 스스로 작업의 방법을 결정하게 하고 전반적인 목표를 인지하게 만들며 코치의 수단으로 피드백을 활용한다.

③ 자유방임형 : 자유방임형 리더(laissez-faire leader)는 집단의 완전한 자유를 주며 필요한 것을 제공하기는 하지만 질문에만 답하며, 피드백을 하지 않는다. 다시 말하면, 그들은 거의 아무것도 하지 않는다.

레빈과 그의 동료 연구자들은 어떠한 리더십 스타일이 효과적인가를 분석하기 위하여 성인을 각 리더십의 행동을 하게끔 훈련시킨 뒤 청소년클럽의 지도를 맡도록 하였다. 그 결과 전제적인 집단이나 민주적인 집단보다도 자유방임형 리더가 이끄는 집단이 모든 기준에 있어 성과가 낮음을 발견할 수 있었다. 그리고 작업성과면에서는 독재적인 집단이나 민주적인 집단의 작업성과가 동일하였으나 작업의 질과 집단의 만족은 민주적인 집단이 높은 것으로 나타났다. 따라서 민주적인 리더십이 작업의 양과 질, 그리고 만족에 있어 보다 나은 것으로 밝혀졌다.

그러나 불행하게도 이 연구 이후의 이와 유사한 연구들에서는 연구결과가 혼돈되고 있다. 즉, 부하들의 만족수준은 독재적인 리더십보다 민주적인 리더십하에서 높게 나타나고 있지만, 성과에 있어서는 어떤 연구에서는 민주적인 리더가 독재적인 리더보다 높게 나타나지만, 또 다른 연구에서는 민주적인 리더가 독재적인 리더보다 성과가 낮거나 거의 유사한 수준에 그치기도 한다는 것이다.

이러한 연구결과는 경영자에게는 딜레마이다. 민주적인 리더십 스타일이 부하들을 보다 만족하게 하는 반면에 그것이 언제나 높은 성과를 가져오지는 않는다는 것이다. 더욱이 많은 관리자들은 민주적인 형태에 익숙해 있지 않다.

의사결정 유형과 관련한 이러한 딜레마를 해결하기 위하여 탄넨바움과 슈미트(Tannenbaum & Schmidt)는 리더행동의 연속모형을 제시하였다. [그림 2-1]에서 보는 연속선은 전제적인 리더십 스타일에서 민주적인 리더십 스타일에 이르는 리더십 스타일의 단계적인 모형을 나타내고 있다. 전제형에서 멀어질수록 민주적인 스타일을, 그리고 민주적인 스타일에서 멀어질수록 전제적인 스타일을 나타내고 있는 것이다.

탄넨바움과 슈미트는 경영자는 그들이 취할 의사결정 유형을 결정함에 있어 자신들과 부하들 그리고 상황적인 요인의 제 영향력을 고려할 필요가 있다고 주장하였다. 단기적인 측면에서 경영자는 상황에 따라 그들의 행동패턴을 유연하게 변화시켜야 할 필요가 있다는 것이다. 그리고 장기적으로는 경영자들은 부하들에 중심을 둔 형태로 나아가야 하며, 이는 이러한 형태의 리더십이 종업원의 동기부여에 대한 잠재력과 의사결정의 질, 팀워크, 사기 그리고 종업원의 개발에 보다 성공적일 수 있기 때문이다.

아이오와대학의 연구는 일반적으로 민주적 리더십 유형의 효과성을 지지하는 결과를 도출해 내었고, 당시 싹트기 시작했던 인간관계운동에 크게 기여하였다. 이 연구가 20명 정도의 청소년을 표본으로 하였기 때문에 연구결과를 일반화하는 데 제약이 있기는 하지만, 리더십 연구의 관심을 특성연구에서 행동연구시대로 진입하게 하는 계기가 되었다(김성국, 1997).

3. 오하이오대학의 연구

제2차 세계대전 이후인 1440년대 후반에 진행된 리더십에 대한 연구 가운데 가장 규모가 큰 연구프로그램 중의 하나가 오하이오대학(Ohio State university)의 연구이다.

미시간대학보다 약 2년 앞선 1945년부터 시작된 연구는 그들이 독자적으로 개발한 리더행위기술설문지(LBDQ : Leader Behavior Description Questionnaire)를 사용하여 여러 형태의 집단과 상황에서 리더십을 분석하였다. 여기서의 질문지에 대한 회답은 리더 자신이 아닌 그의 상급자나 하급자 또는 동료로부터 나온 것을 사용하였다. 리더 자신에 대해서도 별도의 설문지에 의해 자기평가를 했으나 분석은 주로 LBDQ의 결과에 기준하여 실시하였다. 여기서 얻어진 자료를 요인분석

(factor analysis)에 의해 처리한 결과, 리더십이론의 이요인이론이 나타나게 되었다. 그들은 일련의 연구과정을 통하여 리더십의 이요인을 규명해 내었는데 구조주도(initiating structure)와 배려(consideration)가 그것이다.

구조주도는 리더가 그 자신과 부하들의 역할을 목표달성을 성취하려는 측면에서 정의하는 정도로 표현된다. 여기에는 많은 기본적인 관리과정활동, 즉 계획, 조직, 그리고 지휘가 포함되며, 과업과 관련된 일에 우선적인 초점이 주어진다. 구조주도는 뒤에서 살펴볼 미시간 연구에서의 과업지향적 리더행위와 유사하지만 그보다는 관리자의 기능을 보다 포괄적으로 포함하고 있다. 구조주도는 이와 같이 과업과 관련된 이슈를 강조한 것이다.

배려는 리더가 부하들과 상호적인 신뢰를 구축하고 부하들을 존중하며 그들에게 정감적인 관심을 보이는 정도를 의미한다. 따라서 배려지향적인 리더는 부하들에게 보다 친근하며, 상호적인 의사소통을 유지하고, 의사결정에의 참여를 지지한다. 배려는 미시간 연구에서 나타난 종업원지향적인 행동과 유사하다. 이것은 종업원과 관련된 이슈를 강조하는 것이다.

이들 연구에서 특기할 만한 것은 구조주도와 배려라는 것이 별개의 다른 한 차원이라는 것을 알아냈다는 점이다. 종전의 리더십 연구, 즉 전제적 · 민주적 리더십 스타일은 말할 것도 없고, 리더십 스타일을 비슷하게 구분한 미시간대학의 초기연구나 리커트의 연구에서까지 일관되게 리더십 스타일을 단일 차원에 의한 양극단으로 나누어 생각하는 것이 상례였다. 그러나 오하이오대학의 연구에서는 처음으로 리더의 행위를 단일차원이 아닌 두 개의 다른 차원으로 표시하였다. 즉, 구조주도와 배려라고 하는 리더의 행위유형은 서로 독립적인 관계로 이해되기 때문에 리더가 이 두 가지의 행위유형의 배합을 어떻게 지니고 있는지는 전혀 예측할 수 없다는 것이다. 다시 말하면 리더가 구조주도와 배려를 동시에 많이 나타낼 수도 있고, 또 두 가지 행위유형을 모두 적게 나타낼 수도 있다는 것이다.

구조주도와 배려의 여러 가지 배합은 [그림 2-2]와 같다.

그림 2-2 | 구조주도와 배려

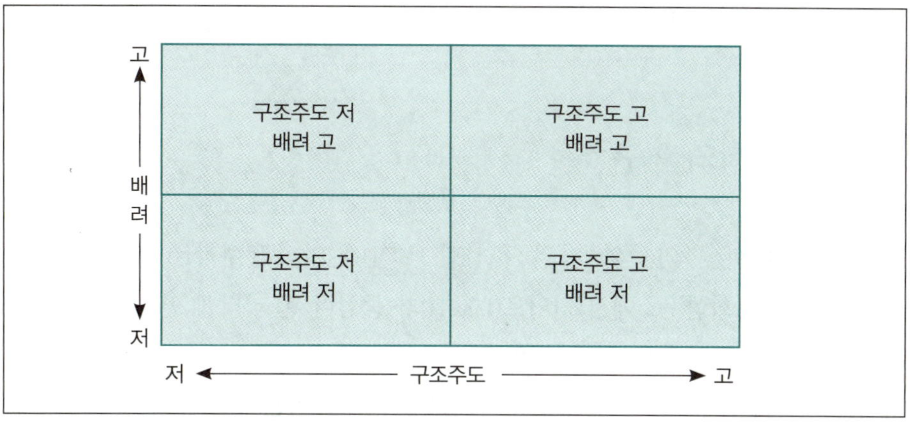

오하이오대학의 연구결과들을 요약하면 다음과 같다.

① 구조주도는 종업원의 성과와 적극적인 관련이 있으며, 동시에 결근율이나 고충과 같은 부정적 결과와도 관련성을 갖고 있다.

② 고려는 결근율이나 고충이 낮은 것과 관련성을 맺고 있으나 성과와는 부(負)의 관련성을 맺고 있거나 혹은 관련성이 없는 것으로 나타나고 있다.

③ 구조주도와 배려가 둘다 높을 때는 생산성과 만족이 모두 높은 경향이 있다.

그림 2-3 | 구조주도, 배려와 이직률과의 관계

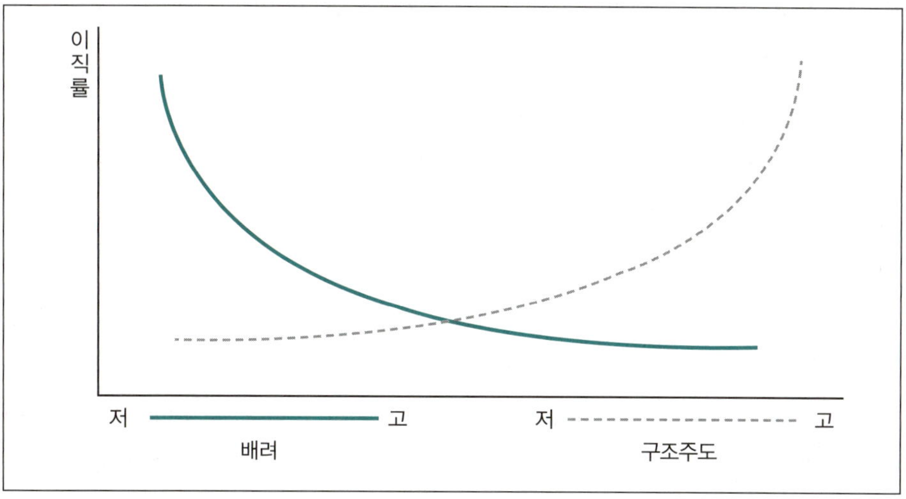

자료 : E. A. Fleishman & E. F. Harris, "Pattern of Leadership Behavior Related to Employee Grievances and Turnover," *Personnel Psychology*, 1962(15), pp.43–56.

그러나 어떤 경우에는 높은 생산성에 결근율과 고충의 문제가 수반되기도 한다.

4. 미시간대학의 연구

오하이오대학의 연구와 거의 유사한 시기에 미시간대학(university of Michigan)의 사회연구소에서 리커트(Likert)가 중심이 된 리더십 연구가 행하여졌다. 이 연구의 주된 목적은 효과적인 리더십의 방법과 원칙을 규명하는 것이었다. 그들은 성과와 만족이라는 목표를 달성하기 위하여 개인들의 노력을 가장 잘 관리하는 방법을 연구하기 시작하였다.

여러 조직에 대한 연구의 결과 연구자들은 두 가지 형태의 리더 스타일을 발견하였으며 이를 생산중심 리더십(production-centered leadership style)과 종업원중심 리더십(employee-centered leadership style)으로 명명하였다. 생산중심 리더는 부하들이 명시된 절차에 따라 그들의 과업이 수행되도록 세밀한 감독을 실시하는 리더이다. 이러한 리더는 부하들의 행위와 성과에 영향을 미치기 위하여 공식적인 권력과 보상 그리고 강제의 의존한다. 이와는 대조적으로 종업원중심 리더는 의사결정을 위양하고, 부하들이 보다 만족할 수 있는 지원적인 환경을 조성함으로써 부하들이 그들의 욕구를 충족할 수 있도록 도와준다. 이와 같은 종업원중심 리더는 종업원의 개인적인 발전과 성장 그리고 성취에 관심을 두고 있다. 이러한 활동으로 집단의 형성과 발전이 유도되는 것이다.

리더십 스타일을 조직체 내에서 생산직과 사무직을 대상으로 연구 · 비교한 결과, 리더십 스타일과 집단생산성 및 구성원의 만족감 사이에 밀접한 관계가 있다는 것을 발견하였다.

즉 생산성이 높은 집단일수록 관리자들이 종업원중심적인 리더십 스타일을 사용하는 정도가 높게 나타났고, 생산성이 낮은 집단일수록 관리자들이 과업지향적 스타일을 사용하고 있는 것이 뚜렷이 나타났다. 그리고 집단구성원의 만족감도 종업원중심적 리더십에서 높게 나타났다. 그러나 집단의 생산성과 구성원의 만족감 사이에는 높은 수준의 일관성 있는 관계가 나타나지 않았다.

그러나 종업원중심적 리더십은 집단생산성과 밀접한 관계를 보였다. 이것은 리더가 종업원에게 관심을 갖고 이들의 문제를 해결해 주고, 과업의 목표를 설정해 준 다음에는 종업원 자신에게 모든 것을 위임하였기 때문이다. 따라서 집단의 성과를 높이기 위해서는 이러한 종업원 중심적인 리더의 태도와 행동이 효과적이라는 것이 리더십 행동이론의 일반적인 결론이다.

표 2-4 | 오아이오대학과 미시간대학의 리더십 연구 비교

연구팀	공통점	차이점
오하이오 대학	① 과업과 직원의 차원으로 구분한다. ② 리더십의 성공에 관련된 일정한 리더행태를 규명할 수 있다.	구조와 배려행태가 독립적이기 때문에 리더는 구조와 배려에 있어서 동시에 높은 행태를 나타낼 수도 있고 한 행태가 높고 다른 행태가 낮을 수도 있다.
미시간 대학		리더의 업무중심 행태와 직원중심 행태가 단일한 리더십 행태의 연속선의 양극단에 위치한다. 따라서 두 가지 행태를 동시에 나타낼 수 없다.

5. 블레이크와 모우턴의 매니제리얼 그리드

과업과 인간에 초점을 둔 리더의 행위를 강조한 대표적인 모형이 매니제리얼 그리드(managerial grid)이며, 이는 블레이크와 모우턴(Blake & Mouton)에 의하여 개발되었다. 이 접근법은 오하이오 연구에 의하여 주장된 리더행동에 직접적인 초점을 두지 않고 리더의 태도−인간에 대한 관심과 생산에 대한 관심에 초점을 두었다.

그들은 인간에 대한 관심(concern for people)과 생산에 대한 관심(concern for production)을 어느 정도 가지고 있느냐에 따라 리더의 행동을 유형화하였으며, 이 모형에 의하면 경영자는 인간과 생산에 대한 관심의 정도에 따라 그리드의 어느 곳에도 위치할 수 있다. 블레이크와 모우턴은 [그림 2-4]와 같은 매니제리얼 그리드를 만들어서 리더가 지향할 수 있는 방향을 두 차원으로 구분하였다.

X축은 생산에 대한 관심의 정도를 파악할 수 있도록 9등급으로 나누고, Y축은

그림 2-4 | 매니제리얼 그리드

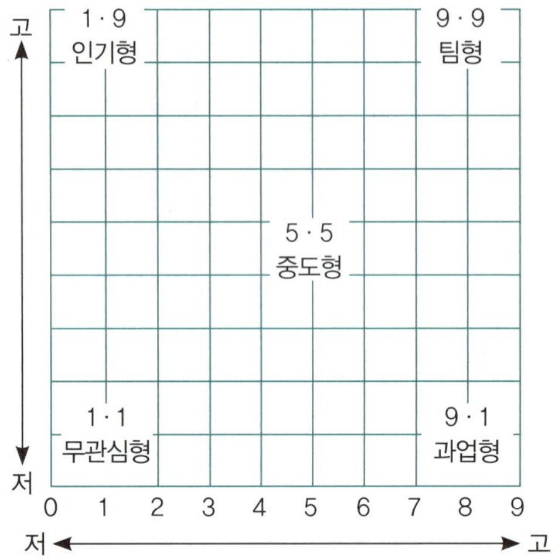

인간에 대한 관심의 정도를 파악할 수 있도록 역시 9등급으로 나누었다. 따라서 이론적으로는 81가지의 리더의 유형이 있는 것으로 이해할 수 있다. 이 중에서 기본적인 형태로서 (1 · 1)형, (9 · 1)형, (1 · 9)형, (5 · 5)형, (9 · 9)형을 들 수 있다. 각 유형의 특징은 다음과 같다.

① (1 · 1)형 : 이는 무관심(impoverished)형으로서, 과업달성과 인간관계 유지에 모두 관심을 보이지 않는 유형이다.

② (9 · 1)형 : 이는 과업(task)형으로서 인간관계 유지에는 적은 관심을 보이지만 생산에 대해서는 지대한 관심을 보이는 유형이다.

③ (1 · 9)형 : 이는 컨트리클럽(country club)형 혹은 인기형으로서, 생산에 대한 관심은 낮으나 인간관계에 대해서는 지대한 관심을 보이는 유형이다.

④ (5 · 5)형 : 이는 중간(middle of the road)형으로서, 생산과 관계의 유지에 모두 적당한 정도의 관심을 보이는 유형이다.

⑤ (9 · 9)형 : 이는 팀(team)형으로, 생산과 관계의 유지에 모두 지대한 관심을 보이는 유형으로서 종업원의 자아실현의 욕구를 만족시켜 주고 신뢰와 지원의 분위기를 이루며 한편으로는 과업달성을 강조하는 유형이다.

이 이론은 조직에서 관리자의 리더십 개발에 많이 활용되어 왔다. 먼저 관리자의 리더십 유형을 관리격자(管理格子) 개념에 의하여 측정한 후 가장 이상형인 팀(9 · 9)형을 목표로 단계적으로 리더의 행동을 개발해 나가는 것이다.

이 이론에 따르면 가장 바람직한 리더십 유형은 팀(9 · 9)형이라고 결론지었다. 그러나 팀(9 · 9)형 리더십이 바람직한 것으로 보이지만, 이런 유형의 리더십이 항상 효과적인가에 대하여는 의문의 여지가 있다.

6. 행동이론의 비판

지금까지 살펴본 리더십의 행동이론은 리더의 개인적인 자질보다는 행동유형에 초점을 두고 리더십의 유효성을 증가시킬 수 있는 리더의 행동을 탐색하려는 노력을 하였다. 대부분의 행동이론들은 리더의 행동을 과업지향적인 것과 인간지향적인 것으로 구분하여 인간지향적인 정도가 높은 리더나 양자가 모두 높은 리더가 집단에서 높은 유효성을 달성한다고 주장하고 있다. 그러나 그 후의 실증적 연구들은 이러한 관계를 밝혀내지 못하고 있다. 왜냐하면 리더십의 유효성을 결정하는 것은 리더의 행동 외에도 여러 가지 요인이 있기 때문이다.

인간의 복잡한 행동상항을 고려해 볼 때 모든 상황에서 가장 효과적인 리더의 행동유형을 확인한다는 것은 불가능한 일이다. 권위적인 것보다 민주적인 유형이, 과업지향적인 것보다 인간중심적인 유형이, 그리고 과업지향적인 특성과 인간중심적인 특성이 모두 높은 (9 · 9)형이 이상적인 리더라는 것은 사회의 지배적 가치관이나 이념을 반영하는 것일 뿐 실제로 그러한 유형이 모든 상황에서 언제나 유효성을 확보할 수 있는 것은 아니다.

또한 각 연구팀마다 서로 다른 견해와 관점을 가지고 지도자의 행태를 분석하고 있어 효과적인 리더의 유형에 대한 일관성 있는 결론에 도달하지 못했으며 구성원의 업무수행능력이나 훈련 정도 등 기타 상황적 요소들을 고려하지 않고 구성원중심적 행동이 항상 효과적이라는 주장은 문제가 있다고 볼 수 있다.

마지막으로 리더와 부하의 상호작용과정은 분석하지 않은 채 리더의 행동과 하위자의 행동을 분리하여 단순하게 기술하고 있다는 면에서 한계가 있다.

제4절 리더십의 상황이론

리더십의 특성이론이나 행동이론의 일관된 과제는 유일하고 이상적인 리더십 형태를 발견하려는 것이었다. 그러나 이들 연구들은 모두 리더십의 유효성 측면을 적절하게 설명하지 못하고 있다.

따라서 어떤 상황에서나 효과적으로 적용될 수 있는 단일의 리더십 스타일이란 환상을 깨고 리더십의 유효성을 상황과 연결시키려는 상황이론이 등장하게 되었다. 이 이론은 리더십이란 상황의 산물이기 때문에 그 상황이 요구하는 리더십을 실천할 때 리더십의 유효성이 확보된다고 본다.

상황이론의 기본적 원리는 리더란 상황의 산물이며, 특정상황에서 요구되는 특정한 리더가 존재하므로 리더가 여기에 부응하면 효과적인 리더십 발휘가 가능하다는 것이다. 이것을 분석하기 위해 상황이론은 주로 리더의 특성, 구성원의 특성, 집단 및 과업특성, 조직체 요인 등의 요소들을 중심으로 리더십 상황을 유형화하고 리더십 과정에서 이들 요소들의 역할과 리더십의 효과를 분석한다.

1. 상황이론의 의미

특성이론과 행동이론은 리더십의 효율성을 결정하는 상황요인(situational factors)을 간과하였다. 상황이론에서는 상황 A에서는 X 스타일이, 상황 B에서는 Y 스타일이, 그리고 상황 C에서는 Z 스타일이 효율적이라고 말한다. 리더십의 유효성에 영향을 미치는 상황은 연구자에 따라서 다양하다.

상황이론에서는 과업의 구조화 정도, 리더–성원 간의 관계의 질, 리더의 직위권한, 부하의 역할명확성, 집단규범, 정보의 이용가능성, 리더의 결정을 부하가 수용하는 정도, 부하의 성숙도 등 다양한 상황요인들을 연구하였다.

상황이론도 여러 가지 차원에서 분류할 수 있으나 이하에서는 연구자에 따라서 피들러, 브룸과 예튼, 하우스, 허쉬와 블랜차드 등의 연구들을 살펴보기로 한다.

2. 피들러의 리더십 상황이론

리더십에 대한 최초의 상황이론은 피들러(Fiedler)와 그의 동료들에 의하여 연구되었다. 피들러의 상황이론은 성공적인 리더십은 리더 스타일과 상황이 적합성을 이루는가에 달려 있다고 주장하고 있다. 각 리더십 스타일은 올바른 상황에서 사용된다면, 즉 상황이 적절하다면 성공적일 수 있다는 것이다. 이 모델에 따르면, 경영자는 자신의 리더십 스타일을 이해하여야 하며 특정한 상황을 진단하고 그런 후에 자신의 리더십 스타일에 맞게 상황의 변화를 이루든지 혹은 그러한 상황에 적절한 팀의 다른 사람에게 리더의 역할을 이전하든지 하여 리더 스타일과 상황과의 적합성을 유지하여야 한다.

1) 리더의 행동특성

이 모델이 다른 모델과 다른 점은 리더의 스타일을 분류하는 데 있다. 이 모델에서 사용한 리더의 스타일은 리더의 특성이며, 리더십 스타일은 리더 자신의 서술에 의거하게 된다. 즉, 자신의 리더 스타일을 결정하기 위하여 리더는 자신이 가장 선호하지 않는 공동작업자(LPC : least preferred coworker)가 어떠한지를 묘사하게 된다. 여기에서 가장 선호하지 않는 사람은 그 자신이 가장 함께 일하기 어려운 사람을 뜻한다.

총 18개의 항목으로 구성되어 있는 LPC척도는 각 항목별로 1에서 8까지의 범위 내에서 평가하도록 되어 있으며, 항목별 점수를 합계한 것이 LPC점수가 된다. LPC척도의 예는 [표 2-5]와 같다. 점수의 합계는 18점에서부터 144점까지의 범위 내에서 결정되는데 피들러에 의하면 64점 이상을 얻은 사람은 LPC가 높은 사람으로 일하기가 어려운 사람과도 함께 일할 수 있는 사람이다. 이런 유형의 리더를 관계지향적 리더라고 한다. 한편, LPC점수가 57점 이하인 사람은 LPC가 낮은 사람으로서 과업지향적 리더로 분류되며, LPC점수가 58~63점의 리더는 두 가지 리더십 유형이 혼합되어 있는 상태를 말한다.

LPC점수가 높은 리더는 최악의 조건을 갖춘 구성원이라 하더라도 긍정적 속성을 가지고 있는 것으로 평가하는 리더이고 점수가 낮은 리더는 그 반대이다. 높은

LPC 점수를 가지는 리더는 가장 선호하지 않는 공동작업자를 긍정적인 측면에서 평가하는 사람이다. 이러한 관계지향적인 리더는 배려지향적이거나 종업원지향적인 리더와 같다고 볼 수 있다. 그와는 대조적으로 가장 선호하지 않는 공동작업자에 대하여 부정적인 시각에서 평가하는 과업지향적인 리더는 구조주도적인 리더나 생산지향적인 리더와 유사하다.

표 2-5 | LPC척도

※ 귀하의 집단구성원 중 귀하가 가장 일하고 싶지 않은 한 사람(least preferred co-worker)을 연상하십시오. 그는 다음 질문 중 어느 정도입니까? 숫자를 오른편에 쓰십시오.

			점수
쾌활한 사람	8 7 6 5 4 3 2 1	쾌활하지 못한 사람	_____
친절하고 다정한 사람	8 7 6 5 4 3 2 1	불친절하고 다정하지 못한 사람	_____
잘 거부하는 사람	1 2 3 4 5 6 7 8	수용적인 사람	_____
긴장하고 있는 사람	1 2 3 4 5 6 7 8	긴장을 풀고 여유 있는 사람	_____
거리를 두는 사람	1 2 3 4 5 6 7 8	친근한 사람	_____
냉담한 사람	1 2 3 4 5 6 7 8	다정한 사람	_____
지원적인 사람	8 7 6 5 4 3 2 1	적대적인 사람	_____
따분해하는 사람	1 2 3 4 5 6 7 8	흥미를 잘 느끼는 사람	_____
싸우기 좋아하는 사람	1 2 3 4 5 6 7 8	화목하고 잘 조화하는 사람	_____
우울한 사람	1 2 3 4 5 6 7 8	늘 즐거워하는 사람	_____
주저하지 않고 개방적인 사람	8 7 6 5 4 3 2 1	주저하고 폐쇄적인 사람	_____
험담을 잘하는 사람	1 2 3 4 5 6 7 8	너그럽고 관대한 사람	_____
신뢰할 수 없는 사람	1 2 3 4 5 6 7 8	신뢰할 만한 사람	_____
사려 깊은 사람	8 7 6 5 4 3 2 1	사려 깊지 못한 사람	_____
심술궂고 비열한 사람	1 2 3 4 5 6 7 8	점잖고 신사적인 사람	_____
마음에 맞는 사람	8 7 6 5 4 3 2 1	마음에 맞지 않는 사람	_____
성실하지 않은 사람	1 2 3 4 5 6 7 8	성실한 사람	_____
친절한 사람	8 7 6 5 4 3 2 1	불친절한 사람	_____
		총점	_____

자료 : F. E. Fiedler and M. M. Chemers, *Improving Leadership Effectiveness : The Leader Match Concept*, Revised Edition, New York, John Wiley & Sons, 1977.

2) 상황의 특성

(1) 리더와 구성원 간의 관계

리더와 구성원 간의 관계의 질이 상황의 호의성을 결정하는 변수이다. 구성원들이 리더를 신뢰하고 존경하며 리더를 받아들이는 정도가 높을 때는 과업의 구조화나 직위권력이 약할 경우라도 리더는 구성원들에게 큰 영향력을 행사할 수 있다.

(2) 과업의 구조화

과업의 구조화는 목표의 명확성, 목표달성 수단의 다양성, 의사결정의 구체성, 의사결정의 검증가능성 등으로 측정한다. 과업의 구조화수준이 높을수록 언제, 누가, 무슨 일을, 어떻게 실행해야 할지가 정해져 있기 때문에 리더에게는 유리하다.

(3) 리더의 직위권한

리더의 직위권한은 직무와 관련하여 구성원들에게 영향력을 행사할 수 있는 보상과 처벌의 권한이다. 다른 조건이 동일할 경우 보상과 관련된 권한이 강할수록 리더에게는 유리한 상황이 된다.

이상 설명한 3가지 상황변수를 결합하면 상황의 호의성의 종류는 8가지가 된다. 예를 들어 리더와 구성원들의 관계가 양호하여 구성원들이 리더의 명령을 잘 수용하고, 과업이 잘 구조화되어 리더가 없거나 일일이 감독하지 않아도 구성원들은 누가, 언제, 무슨 일을 해야 할지를 잘 알고, 리더의 직위권한이 강하여 권한의 원천을 많이 가지고 있는 상황의 호의성이 가장 높은 상황에서부터 3가지 상황변수의 정도가 가장 낮은 불리한 상황이 있을 수 있다.

3) 리더의 행동과 상황의 관계

피들러의 리더십에 대한 상황이론은 이러한 세 가지의 상황요인(variables contingency)의 수준에 따라 상황통제 혹은 유리성의 정도를 나타내는 8개의 상황으로 분류하였다. [그림 2-5]에서 보는 바와 같이, 리더와 구성원의 관계가 좋고 과업이 구조화되어 있으며 강한 지위권력을 가지고 있는 경우인 제1상황이 가장 유리한 상황인 것이다. 각 상황에 따라 상황과 일치하는 리더의 스타일을 그들은 규명하였는데, 이에 따르면 상황이 아주 유리하거나(Ⅰ, Ⅱ, Ⅲ 상황) 아주 불리한 경우(Ⅷ 상황)에는 낮은 LPC 스코어를 가지는 과업지향형이 상황과 일치하여 성공적인 리더십이 되며, 상황이 그리 불리하지도 그리 유리하지도 않는 중간 정도의 상황에서는 높은 LPC의 리더(Ⅲ~Ⅶ 상황), 즉 관계지향형 리더가 성공적이라는 것이다.

이러한 상황이론에 따르면, 상황이 아주 유리할 때나 불리할 때는 리더는 집단이 목표를 달성하도록 하기 위하여 과업성취의 필요성을 강력하게 강조하여야 하며 상황이 중간 정도로 유리한 경우에 있어서는 지원적이고 관계지향적인 리더가 보다 성공적이라는 것이다. 예를 들면 군대조직의 경우 과업지향적인 리더가 관계지

그림 2-5 | 리더십의 유형과 상황의 결합

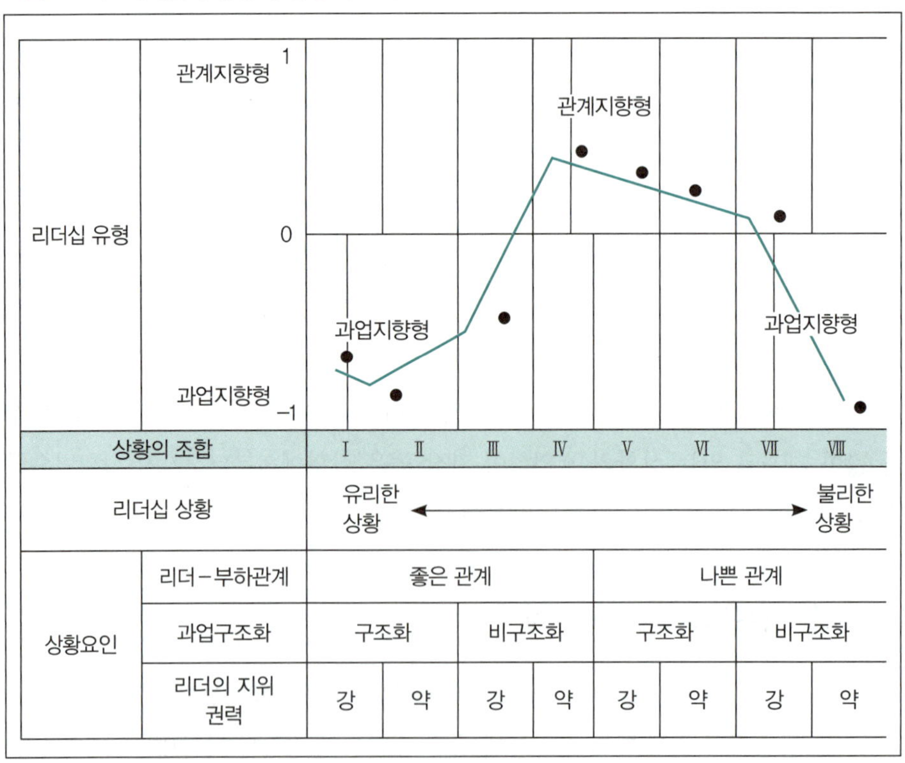

* 1, 0, −1은 LPC와 성과와의 상관관계임.

자료 : F. E. Fiedler, Validation and Extension of the Contingency Model of Leadership Effectiveness: A Review of Empirical Finding, *Psychological Bulletin* Vol.76, 1971, 131.

향적인 리더보다 더 높은 효율성을 확보할 수 있다. 왜냐하면 상황이 극히 호의적이든가 아니면 극히 비호의적이든가 하기 때문이다. 평화 시에는 군대는 극히 구조화되어 있고 일상적인 일을 하며 상관은 강력한 권한을 가지고 있고 하급자들은 그들에게 복종해야 한다. 그러나 전시에는 상황이 극히 비호의적이라 할 수 있다. 과업은 정의가 잘 안 되어 있고 때로 혼돈스러울 때도 있다. 하급자들은 명령에 불복종하기도 한다. 이러한 비호의적 상황에서는 과업지향적인 리더가 추종자들의 행위를 통제하기 위해 지시를 내리고 공식적 권한을 잘 행사한다. 그러나 3가지 상황변수의 호의성이 중간수준일 때는 관계지향적인 리더십을 행사해야 유효성이 확보된다.

피들러의 상황이론은 ① 리더십의 유효성에 초점을 두고, ② 최선의 리더십은 존재하지 않으며 상황에 적합한 리더십을 행사해야 한다는 주장을 했다는 점에서 상황이론의 성립에 공헌을 하였다.

4) 피들러 리더십이론의 한계

피들러의 리더십이론은 다른 이론들과 마찬가지로 몇 가지의 한계점을 가지고 있다. 첫째, 상황변인이 복잡하고 측정하기가 어렵다는 것이다. 리더와 부하의 관계나 과업구조 그리고 지위권력 등이 필연적으로 주관적인 개념이기 때문이다. 둘째로 이 이론은 구성원의 특성에 대해서는 관심을 두지 않았다. 즉, 구성원들이 탁월한 기술을 가진 전문가집단인가 혹은 비숙련 노동자인가에 따라 적절한 리더십의 유형이 다를 수 있는데도 불구하고 이러한 집단구성원의 제 특성에는 관심을 두지 않은 것이다. 셋째로 이 이론이 제시하고 있는 LPC척도에 대한 논란이 있다. 피들러는 LPC가 고정된 특성을 측정하고 있으며 리더는 그 자신의 리더십 스타일을 환경의 변화에 따라 쉽게 바꿀 수 없는 것이라고 여기고 있다. 만약 리더 스타일과 상황이 적합성을 유지하지 않게 되면, 바꾸어야 할 것이 리더가 아니라 상황이라고 주장하고 있다. 그러나 환경을 구성하고 있는 직무의 영역들을 변화시켜 리더의 스타일에 맞도록 재구조화한다는 것은 결코 쉬운 일이 아니다.

3. 브룸과 예튼의 규범이론

조직에서 리더가 상황에 따라 하급자들을 의사결정과정에 참여시키는 것이 필요하다는 것을 인식할 때 리더십의 유효성은 높아진다. 이러한 흐름을 대표해 주는 리더십 상황이론이 바로 브룸(Vroom)과 예튼(Yetton)이 제시한 리더십의 규범이론(normative theory, normative model)이다.

1) 규범이론의 의미

브룸과 예튼은 리더가 하급자들을 의사결정에 어느 정도 참여시켜야 할 것인가에 관하여 규범적인 해답을 제시하고자 하였다. 그러나 규범적이라고 해서 모든 상황에 일률적으로 적용가능한 하나의 최적전략을 주장한 것이 아니라 상황에 따라 참여의 정도가 다른 전략이 적당하다는 입장을 택하고 있다. 그리하여 이 이론은 리더가 최적전략을 택하는 데 있어 어떤 상황요인들이 중요하며 이러한 상황요인들을 어떻게 이용하여 적절한 전략을 선택할 것인가를 중점적으로 해명하고 있다.

브룸과 예튼은 여러 가지의 상이한 조건에서 관리적 의사결정에 구성원들을 참여시키는 정도를 리더십이라고 보고 의사결정의 참여 정도는 상황에 따라야 한다고 주장하였다.

브룸과 예튼은 의사결정의 유효성이 의사결정의 질과 의사결정의 수용도 및 의사결정의 상황적합성에 의하여 결정되며 의사결정의 유효성을 리더십의 유효성으로 보았다.

2) 리더십의 유형

리더십의 규범이론에서는 리더십 유형을 부하들을 의사결정과정에 전혀 참여시키지 않는 독재형에서부터 최종의사결정을 집단이 하도록 하는 완전참여형까지의 다섯 가지 유형으로 구분하고 리더가 상황에 따라 적정하게 리더십 유형을 선택할 것을 요구하고 있다. 다섯 가지 리더십 유형의 특성을 살펴보면 [표 2-6]과 같다.

[표 2-6]에서의 리더십 유형은 나름대로의 장 · 단점을 지니고 있다. 참여적인 방법들은 하급자들의 수용과 지지를 얻을 수 있다. 이에 반해 리더가 혼자서 내리

는 결정은 보다 신속하고 효율적으로 이루어질 수 있다. 따라서 리더는 잠재적으로 리더십의 유효성을 극대화할 수 있는 선에서 구체적인 의사결정의 전략을 선택해야 한다.

표 2-6 | 리더십 유형

리더십 유형	특성
독재1형(A I) (Autocratic 1)	리더는 자기의 정보자료를 이용하여 단독으로 의사결정이나 문제해결을 한다.
독재2형(A II) (Autocratic 2)	리더는 부하들로부터 필요한 정보를 얻어서 단독으로 문제해결이나 의사결정을 한다. 리더는 부하들에게 문제의 내용을 말해줄 수도 말해주지 않을 수도 있다.
자문(諮問)1형 (C I) (Consultative 1)	리더는 부하와 1 : 1의 관계에서 문제를 공유하며, 그들의 의견을 들은 후 의사결정을 한다. 의사결정에는 부하의 의견이 반영될 수도 반영되지 않을 수도 있다.
자문2형(C II) (Consultative 2)	리더는 집단회합을 통해 부하들로부터 아이디어나 제언을 얻고 부하들과 집단으로 문제를 공유하나 의사결정은 리더가 단독으로 한다. 최종결정에는 부하들의 의견이 반영될 수도 반영되지 않을 수도 있다.
집단2형(G II) (Group 2)	리더는 문제를 부하집단과 함께 공유한다. 문제해결의 합의점에 이르도록 모든 참여자가 대안을 제시하고 평가하며 토론한다. 리더는 참여자들이 문제에 관심을 가지고 공통의 해결방안을 모색해 가도록 촉진하고 독려한다. 리더는 어떤 특정대안으로 결론이 유도되도록 영향력을 미쳐서는 안 된다. 리더는 합의된 의사결정을 그대로 집행할 의사를 가지고 있다.

3) 의사결정규칙과 리더십 유형의 선택

리더십전략의 선택은 해결해야 할 문제의 성격에 의하여 좌우된다. 문제진단에 이용할 수 있는 규칙은 다음과 같다. 이 중 앞의 셋은 의사결정의 질을, 나머지 넷은 의사결정의 수용 정도를 확보하려는 규칙이다.

① 리더-정보원칙 : 리더가 혼자 문제를 해결할 정도로 충분한 정보를 가지고 있지 않을 경우 A I 은 선택에서 제외시켜야 한다.

② 목표합치원칙 : 하급자들이 조직목표 달성에 적합한 방향으로 문제를 해결할 수 있는 능력이 있다고 확신하지 못할 경우 G II 는 선택에서 제외한다.

③ 구조화되지 않은 문제원칙 : 리더가 문제해결을 위한 충분한 정보를 갖고 있

지 않으며 해결해야 할 문제도 구조화되어 있지 않다면 AⅠ, AⅡ, CⅠ을 선택에서 제외시켜야 한다.

④ 수용원칙 : 리더의 의사결정을 하급자들이 수용하는 것이 의사결정안의 성공적인 실천에 필수적이고 리더의 전제적인 의사결정에 대한 하급자들의 수용 여부가 불확실할 경우 AⅠ과 AⅡ는 선택에서 제외한다.

⑤ 갈등원칙 : 의사결정안에 대한 하급자들의 수용이 중요하고, 전제적 의사결정의 수용 여부가 불분명하며 의사결정안에 대하여 하급자들 간에 갈등이 있을 경우 AⅠ, AⅡ, CⅠ을 선택에서 제외한다.

⑥ 공평성원칙 : 의사결정안에 대한 하급자들의 수용이 중요하고, 전제적 의사결정을 할 경우와 하급자들의 수용확보가 불가능할 경우 AⅠ, AⅡ, CⅠ, CⅡ를 선택에서 제외한다.

⑦ 수용우선원칙 : 수용이 절대적으로 중요하고, 전제적 의사결정으로는 수용의 확보가 불가능하며, 하급자들이 조직목표지향적으로 동기부여되어 있을 경우는 AⅠ, AⅡ, CⅠ, CⅡ를 선택에서 제외한다.

이상과 같은 의사결정규칙을 기초로 [그림 2-6]과 같은 의사결정수(decision tree)를 활용하여 적절한 리더십의 유형을 선택할 수 있다. 적정한 결정의 질과 수용의 판단에 필요한 부하의 참여수준을 결정하기 위한 그림의 7가지 질문에 '예', '아니오'로 답하면서 앞으로 진행하면 최적의 유형을 선택할 수 있다.

이 경우는 조직의 목표달성을 위한 최선의 대안을 선택한다. 예를 들면 능률성만 강조한다면 시간이 제일 적게 소모되는 전략을 선택하고 반면에 부하들의 의사결정능력을 키우는 데 초점을 둔다면 참여적 전략을 선택한다.

규범이론은 성공적인 성과를 얻기 위해서는 상황에 적합한 리더십 행동유형을 선택하여야 한다고 주장한다. 그러나 올바른 리더십 유형의 선택도 중요하지만, 그 유형의 리더십을 어떻게 행사했는가도 매우 중요한 것으로 조사결과 나타났다. 그러므로 리더는 "어떻게 효과적으로 리더십 유형을 선택하는가"는 물론 "어떻게 효과적으로 리더십을 행사하는가"에 대해서도 훈련을 받아야 한다. 앞서 살펴보았던 다른 리더십이론들과는 달리 규범이론은 제너럴모터스(General Motors), 허츠(Hertz)를 비롯한 수많은 회사와 공공기관 등에서 관리자 훈련에 사용되었다.

그림 2-6 | 리더십 선택을 위한 의사결정수

A	B	C	D	E	F	G
의사결정이 중요성을 지니는가?	나는 질적으로 높은 수준의 의사결정을 하는 데 충분한 정보를 갖고 있는가?	문제가 구조화되어 있는가?	부하직원에 의한 결정의 수용이 집행에 매우 중요한가?	나 혼자 의사 결정을 할 때 부하직원들이 결정 내용을 수용할 것이 확실한가?	부하직원이 이 문제를 해결해서 달성하게 될 조직목표를 자신의 것으로 공유할 수 있는가?	해결안의 선택에서 부하직원들 간에 갈등이 일어날 가능성이 있는가?

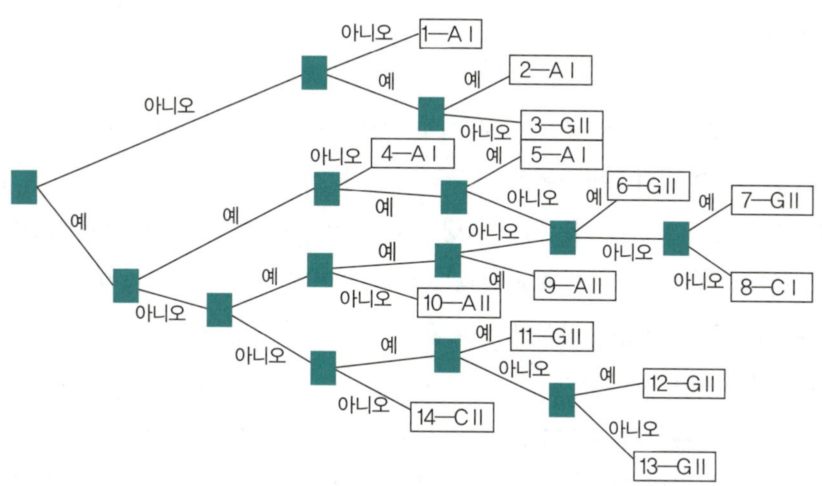

자료 : V. H .Vroom and P. W. Yetton, *Leadership and Decision Making*, Pittsburgh, PN., University of Pittsburg Press, 1973.

4) 규범이론의 의미와 한계

결론적으로 규범이론은 리더가 실제로 의사결정을 어떻게 하는가를 이해하게 해 주고, 적절한 시기에 어떻게 리더가 질 높은 의사결정을 할 수 있도록 훈련시켜야 하는가에 대하여 방향을 제시해 주었다는 점에서 큰 진전을 이룩한 이론이라 할 수 있다. 그러나 다음과 같은 한계점이 있다.

첫째 리더와 부하가 소유하고 있는 정보량을 평가할 수 있는 기준이 미비하고, 둘째, 규범이론에서의 상황적인 요인은 주로 결정의 질과 문제의 구조화의 정도에 국한되어 있으며, 셋째, 리더의 특성을 고려하지 않고 결정에 대한 부하의 수용 여부와 결정의 질을 강조하며, 넷째, 다른 리더에 비해 전반적으로 효과적이라는 연구결과가 나타나고 있지 않으며, 다섯째, 의사결정이 일정시점에서 일어나는 것으로 가정하고 있어 모든 리더가 동일하게 모형에서 제시한 모든 결정과정에 능숙하다는 결론은 현실과 거리가 있고, 여섯째, 리더십에 대한 규범적인 접근이 특정문제를 분석하는 데 진단적인 시각을 제공하고 있으나 의사결정에의 부하참여문제에 지나치게 시각이 한정되어 있다.

4. 하우스의 경로-목표이론

리더십에 대한 또 다른 이론으로 하우스(House)의 경로-목표이론(path-goal theory)을 들 수 있다. 이 이론은 리더의 행위가 어떻게 긍정적으로 부하들의 동기부여와 만족에 영향을 미치는지를 설명하고자 한다. 이 이론은 부하들이 자신의 작업목표를 인지하고 그러한 목표(성과목표)와 개인의 목표(내재적이거나 외재적인 보상)에 도달하는 방법을 인식하는 데 리더가 어떻게 영향을 미치는지를 설명하고자 하는 데 초점을 두고 있다.

경로-목표이론은 동기부여에 대한 기대이론에 그 이론적인 근거를 두고 있다. 앞에서 살펴본 바와 같이 기대이론은 세 가지의 주된 요소로 구성되어 있다. 노력-성과의 기대(노력이 정해진 성과를 가져올 수 있는 가능성), 성과-결과의 기대(성공적인 성과 도달이 특정한 결과나 보상을 가져오게 될 가능성), 그리고 유인가(결과나 보상에 대한 기대가치)가 그것이다. 경로-목표이론은 이러한 기대이론을 리더가 작업목표의 달성을 용이하게 하거나 수월하게 하는 방법을 결정하는 지침으로 활용하고 있다.

1) 경로-목표이론의 의미

'경로-목표'라는 용어는 부하의 작업목표와 개인적 목표의 지각과 이들 두 목표 사이를 연결하는 통로에 리더가 미치는 영향을 강조하기 위하여 사용하였다.

이 이론에서 효율적인 리더는 조직의 목표를 달성하면 부하 개인의 목표도 달성될 수 있다는 믿음을 증가시키고 조직목표 달성과정의 방해물을 제거하는 리더이다. 리더는 부하에게 지정된 성과를 달성하기 위해 부하가 해야 할 일을 인식시키고, 부하의 역할을 명백히 하며, 그 성과가 달성되었을 때 부하가 원하는 것을 취득할 수 있다는 주관적 확률을 증가시킴으로써 부하들을 동기부여시킨다. 경로-목표이론의 기본개념은 [그림 2-7]과 같이 표시할 수 있다.

그림 2-7 | 경로-목표이론의 개념도

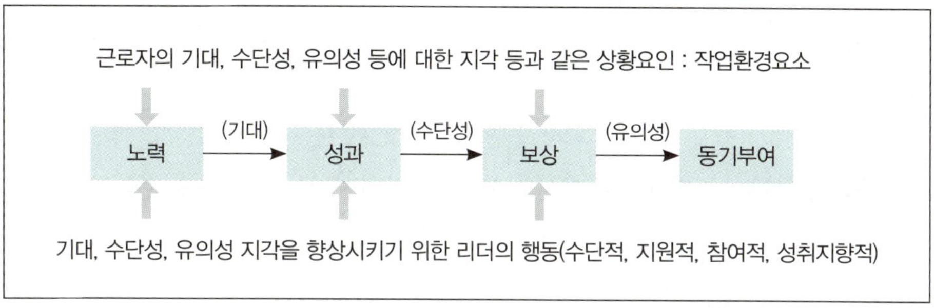

자료 : A. D. Szylagyi, Jr. and M. J. Wallace, Jr., *Organizational Behavior and Performance*, 5th ed., New York, Harper Collins Publishers, 1990, p. 403.

2) 리더십 유형

경로-목표이론은 부하들의 경로와 목표의 지각에 영향을 미치기 위하여 사용되는 리더의 행동을 네 가지의 형태로 분류하였다.

(1) 지시적 리더십(directive leadership)

이는 수단적 리더십(instrumental leadership)이라고도 하며, 계획, 조직, 통제와 같은 공식적 활동을 강조하는 스타일이다. 즉 이 스타일은 구체적 지침과 표준, 작업스케줄 등을 제공하고 규정을 마련하여 하급자들로 하여금 그들에게 기대되는 것을 알게 해준다.

(2) 지원적 리더십(supportive leadership)

하급자들의 복지에 관심을 두며 지원적 분위기 조성에 노력한다. 그리고 구성원들 간에 상호 만족스러운 인간관계 발전을 강조한다.

(3) 참여적 리더십(participative leadership)

이는 하급자들에게 자문을 구하고 그들의 질문을 끌어내어 이를 진지하게 고려하며, 하급자들과 정보를 공유하는 스타일이다.

(4) 성과지향적 리더십(achievement oriented leadership)

도전적인 작업목표를 설정하고 성과개선을 강조하며 하급자들의 능력발휘에 대해 높은 기대를 설정하는 스타일이다. 이 경우 목표달성의 책임은 하급자들에게 있다.

피들러의 상황이론에서는 리더십의 유형을 고정적으로 파악한 데 비하여 하우스의 이론에서는 4가지 유형 중 상황에 적합한 것을 선택할 수 있다고 보았다.

3) 리더십 유형과 상황적 특성

위에서 나타난 4가지의 리더십 행동패턴이 부하들의 경로-목표의 동기부여와 직무만족을 어떻게 해서 높일 수 있는가를 알기 위해서 리더는 두 가지의 상황요인, 즉 부하들의 특성과 환경적인 요인들을 고려하여야 한다. 부하들의 특성은 통제위치(locus of control), 경험(experience), 지각능력(perceived ability)이며 환경적인 특성은 다시 세 가지의 범주로 나눌 수 있다. 즉, 과업구조(task structure), 공식권한시스템(formal authority system), 작업집단(work group)이 그것이다. 예를 들면, 싫증나는 일에 대한 동기부여를 위해서는 지원적인 리더십이 적합한 것인가 하면, 재미있는 일의 동기부여에는 성취지향적인 리더십이 보다 바람직하다는 것이다.

(1) 부하의 특성

상황요소로서의 부하의 특성은 능력, 통제의 위치, 욕구와 동기 등을 포함하고 있다.

① 능력(ability)이란 부하가 스스로의 능력을 인지하는 정도를 말하는 것으로 과업요구와 관련되어 인지된 자신의 능력 정도가 높을수록 지시적 리더를 수용하고자 하는 마음이 적어진다. 리더의 지시적 행동은 불필요한 것으로 보이기

때문이다.

② 통제의 위치(locus of control)에 있어서 내재론자들은 참여적 리더십을 선호하는 반면에 외재론자들은 지시적 리더십을 선호한다.

③ 욕구와 동기(need and motivation)에 있어서 안전욕구가 강한 부하는 지시적 리더의 행동을 받아들이겠지만 존경의 욕구가 강한 부하는 지원적 리더나 참여적 리더를 더 선호할 것이다.

(2) 환경적 요소

환경적 요소는 부하의 통제범위 밖에 있는 것으로 매우 중요한 요소들을 내포하고 있다. 이런 요소들은 부하의 과업, 조직의 공식권한시스템, 작업집단 등이다. 과업의 구조화의 정도가 낮을수록 지시적 리더가 적합할 것이다. 또한 작업집단의 성숙도에 따라서 이에 요구되는 리더십 행동도 다르기 때문에 작업집단이 성숙해 감에 따라 리더십 행동유형도 달라져야 한다. 조직의 공식권한시스템도 리더십 행동에 영향을 미치는데 방침, 규율, 절차 등이 명백한 조직에서는 지시적 리더가 요구된다.

상황적 요인과 리더십 유형의 관계를 표시하면 [그림 2-8]과 같다.

그림 2-8 | 상황요인과 리더십 유형

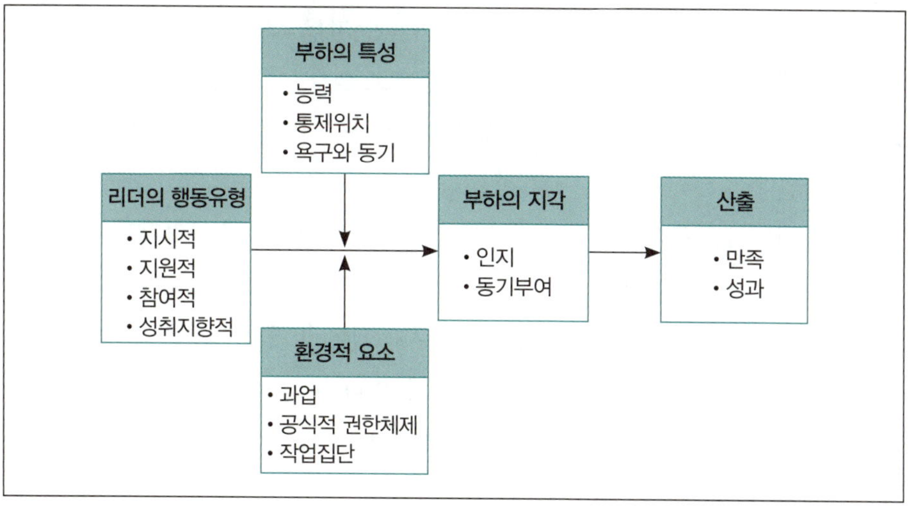

경로-목표이론에서는 [그림 2-8]과 같이 상황적 특성에 적합한 행동유형을 선택함으로써 부하를 동기부여시켜 리더십 효율성을 향상시킬 수 있다고 본다.

5. 허쉬와 블랜차드의 상황이론

피들러의 상황이론과 더불어 잘 알려진 리더십의 상황이론(situational leadership theory) 중의 하나로 허쉬와 블랜차드(Hersey and Blanchard)의 상황이론을 들 수 있다. 이 이론은 지시적 행동과 후원적 행동의 수준은 종업원과 팀의 성숙수준에 영향을 받는다고 주장하는 리더십 수명주기의 이론이다.

1) 상황이론의 의미

허쉬와 블랜차드의 상황이론은 리더는 주요한 상황요인, 즉 부하들의 준비성에 따라 그 자신의 행동을 변화시켜야 한다는 전제에 의거하고 있다. 이 이론은 오하이오대학의 연구자들이 제안했던 구조주도와 배려와 유사한 리더의 두 가지 행동유형에 초점을 두었다.

허쉬와 블랜차드는 리더의 행동을 과업행동(task behaviors)과 관계행동(relationship behaviors)으로 분류하였는데 과업행동은 리더가 부하 개인이나 집단의 책임과 과업을 부과하는 데 관여하는 정도를 의미한다. 즉, 이는 사람들에게 누가, 무엇을, 언제 어떻게, 어디에서 하여야 하는지를 지시하는 것을 말한다. 그리고 관계행동은 리더가 두 방향이나 다방향으로 의사소통을 유지하고 있는 정도를 의미한다. 여기에는 부하들의 의견을 듣고 그들의 행위를 촉진하며 지원하는 행동이 포함된다.

이러한 리더의 행동은 오하이오대학의 리더행동과 같이 상호독립적인 차원으로 고려될 수 있으며, [그림 2-9]에서 보는 바와 같이 두 차원 모두 높을 수도 낮을 수도 있으며, 한쪽은 높고 다른 한쪽은 낮을 수도 있어 리더의 유형은 지시적, 설득적, 참여적, 그리고 위임적 리더로 유형화될 수 있다.

그리고 이 이론은 어떠한 리더의 행동유형이 보다 성공적인가에 대하여 부하들의 준비성을 상황변인으로 고려하였다. 부하들의 준비성은 부하들이 특정한 과업을 달성하기 위해 가지고 있는 능력과 동기부여인 자발성의지를 말한다. 능력은 능력, 기술, 그리고 경험을 포함한 직무준비성의 개념이며, 동기부여는 신뢰, 몰입, 동기부여 등과 같은 것을 포함하는 심리적인 준비성의 개념이다. 그림의 하단에서 보는 바와 같이 준비성의 연속선은 준비성이 가장 낮은 R1에서 준비성이 가장 높은 R4로 나눌 수 있다.

사분면으로 나누어진 리더십 형태를 관통하고 있는 종형의 곡선이 주어진 준비성 상황에 적합한 리더십 스타일을 나타내주고 있다.

그림 2-9 | 상황적 리더십 모델

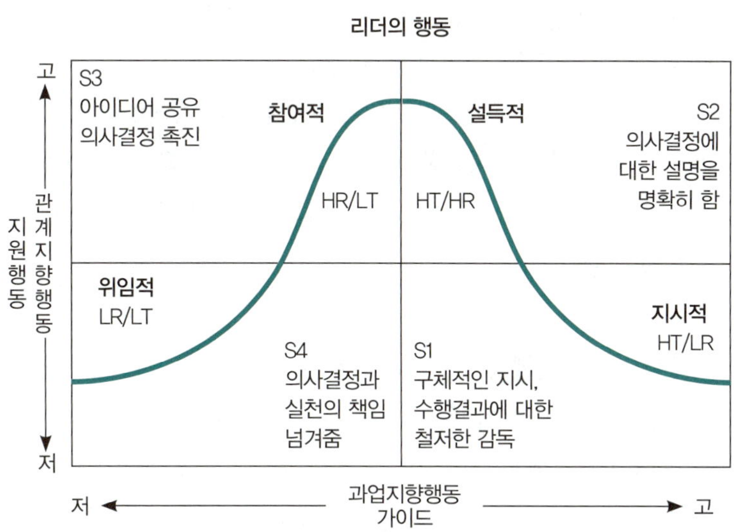

부하의 준비성

높은	중간		낮은
R4	R3	R2	R1
유능, 자발성 있고 자신감	유능, 자발성 없고 불안정	무능, 자발성 있고 자신감	무능, 자발성 없고 불안정
부하주도		리더주도	

① 지시적(telling : S1) 리더 : 지시형은 준비성이 가장 낮은 상황, 즉 부하들이 주어진 과업에 대한 책임을 질 능력도 없고 지려고 하는 의지도 없는 경우에

사용되는 형이다. 단언형은 무엇을 어떻게 하여야 하는가에 대하여 구체적인 지침을 부하 개인들에게 지시하는 형이다.

② 설득적(selling : S2) 리더 : 판매형은 준비성이 낮거나 중간 정도인 상황, 즉 부하들이 책임을 질 능력은 없으나 하려고 하거나 할 수 있다고 느끼고 있는 경우에 사용되는 형이다. 판매형은 구체적인 지침을 제시하는 것이 목표이지만, 개인의 열성과 의지에 대한 지원적인 면도 포함되어 있다.

③ 참여적(participating : S3) 리더 : 참가형은 준비성의 정도가 중간 정도인 상황, 즉 부하들이 책임을 질 능력은 있으나 일을 자발적으로 하려고 하지 않거나 할 가능성이 적을 때 사용되는 형이다. 부하들이 일을 수행할 능력이 있고 지원적이며, 참여적인 스타일이기 때문에 이런 경우에 리더가 상호적인 의사소통과 협동을 강조하는 것이 보다 효과적일 수 있다.

④ 위임적(delegating : S4) 리더 : 위임형은 준비성의 정도가 높은 상황, 즉 부하들의 능력이 탁월하고 적절한 책임을 지려고 하는 데 대한 신뢰가 가는 경우에 사용되는 형이다. 이런 형에서는 지원과 지시가 거의 필요 없다. 따라서 위임형은 모범적인 스타일이다.

이러한 리더십 상황이론에 따르면, 리더는 부하 개개인의 준비성의 정도를 평가한 후, 그러한 수준에 적절한 리더십 스타일을 선택하여야 한다. 이 이론의 내면적인 의미는 리더는 지시형에서 위임형에 이르는 자신의 리더 스타일을 가능한 빨리 조절하여 부하들의 과업관련 준비성을 높이도록 도와주어야 한다는 것이다.

2) 상황이론의 공헌과 비판

허쉬와 블랜차드의 상황이론은 먼저 리더에게 리더십 효과성이 상이한 부하들에 의해 신축적으로 달리 나타날 수 있다는 점을 알려주고 있으며, 둘째, 리더가 모든 상황에 동일한 리더십을 행사할 수 있다는 비신축적인 리더십이론과는 본질적으로 다른 신축적인 관점을 가지고 있으나, 이와 함께 다음과 같은 비판을 받고 있다.

첫째, 실제의 작업상황에서 상황리더십 모형의 예측을 지지하는 실증적인 연구가 결여되어 있다. 둘째, 부하의 성숙성이 후에 부하의 준비성으로 대체되었으나 그 개념이 정확하게 규정되지 않고 있다. 상황리더십 모형이 특정한 수준의 과업 및 관계행태와 추종자의 성숙수준이 왜 그리고 어떻게 조합되었는가에 관한 적절한 원리를 구체적으로 알려주지 못하고 있다. 넷째, 리더십의 효과성을 단순히 상황리더십 모형의 처방과 일치하는 리더행태로 규정하고 있다. 다섯째, 상황리더십 처방에 따라 행동한 리더가 높은 성과를 가져오며 보다 나은 업무수행과 부하들의 만족, 보다 호의적인 조직풍토를 가져온다는 증거를 제시하지 못하고 있다.

참고문헌

김성국, 조직과 인간행동, 명경사, 1997, 263쪽.

Fiedler, F. and M. M. Chemers, *Leadership and Effective Management*, Glenview, ILL., Scott, Foresman and Company, 1974.

Fleishman, E. A. & E. F. Harris, "Pattern of Leadership Behavior Related to Employee Grievances and Turnover," *Personnel Psychology*, 1962(15), pp.43~56.

House, R. J. and R. N. Adiyta, The Social Scientific Study of Leadership : Quo Vadis, *Journal of Management* 23, No.3, 1997, pp.409~73.

Kirkpatrick, S. A. and Locke, E. A., *Leadership: Do trait matter? The Executive*, 5, 1991, pp.48~60.

Load, R. G., DeVader, C. l., and Alliger, G. M., A meta-analysis of the relation between personality trait and leadership perseptions: An application of validity generation procedures. *Journal of Applied Psychology*, Feburary, 71, 1986, pp.402~410.

Mann, R. D., A review of the relationship between personality and performance in small groups. *Psychological Bulletin*, 56, 1959, pp.241~270.

Stogdill, R. M., Personal factors associated with leadership: A survey of the Literature. *Journal of Psychology*, 25, 1948, pp.35~71.

Stogdill, R. M., *Handbook of leadership: A survey of the theory and research*. New York: free Press, 1974.

Vroom, V. H., Work and Motivation, New York, John Wiley & Sons, 1964, p.284.

Vroom, V. H., Leadership and the Decision-Marking Process, *Organizational Dynamics*, Vol.28, No.4, 2000, pp.82~94.

Zaccaro, S. J., Kemp, C., and Bader, P., Leader trait and attributes. In J. Antonakis, A. T. Cianciolo and R. J. Sternberg(Eds.), The nature of leadership(pp.101~124), Thousand Oaks, CA: Sage, 2004.

Chapter **03**

현대적 리더십이론

제2장에서 살펴본 특성이론, 행동이론, 상황이론의 공통적 특성은 리더십을 조직목표의 달성수단으로 본다는 것이다. 이것을 리더십에 대한 수단적 접근이라 한다. 그러나 최근에는 리더십의 다른 측면을 파악하려는 시도들이 나타나고 있다. 이와 같은 시도들은 리더십에 대한 새로운 패러다임이다.

제1절 카리스마적 리더십

"마지막까지 최선을 다하라." 현대그룹 고(故) 정주영 회장의 수많은 성공담은 그의 끈질긴 노력에서 비롯된 것이다. 일례로 현대의 역사적 작품 가운데 하나인 경부고속도로 공사는 430억 원의 최저 공사비로 전장 428km의 고속도로를 3년 안에 건설한다는 계획이었다. 사실 잘못하다간 손해와 위험을 안게 되는 골칫덩어리 공사인 셈이었다. 그렇다고 대충 부실공사를 할 수도 없는 노릇이었다. 정주영 회장은 공사기간을 앞당기기 위해 그때로서는 천문학적이라 할 수 있는 800만 달러의 중장비를 구입해 900만 명에 달하는 인원을 동원했다. 많은 어려움이 있었지만 결국 1970년 6월 27일, 최대 난제였던 당제터널공사를 끝내고 예정대로 경부고속도로 준공식을 치르게 되었다. 정주영 회장이 집요하리만큼 노력을 기하는 자세는 천성이라고 표현할 수밖에 없다. 어떤 분야이건 일단 뛰어들면 모든 장비와 엄청난 투자를 아끼지 않았다.

기업체를 설립하고 성장시키는 것은 쉽지만 끊임없이 새로운 변화를 모색하며 발전해 나간다는 것은 생각처럼 간단치 않다. 그러한 점에서 정주영 회장은 늘 새로운 일을 꿈꾸고 계획하는 전략가이다. 비근한 예로 현대의 반도체사업, 서울올림픽 유치, 금강산 개발사업 등은 창업주의에 기반을 둔 정주영 회장만의 '미래 청사진'이다. 이들은 정주영 회장이 미래를 내다보는 안목이 있다는 실증적인 예가 되는 셈이다. 그렇다면 정주영 회장은 많은 미래의 아이디어를 어디에서 찾는 것일까. 정주영 회장은 많은 시간을 들여 문제를 집중적으로 생각하는 한편 각 개인의 태도를 예의주시한다고 한다. 항상 새로운 각도에서 문제를 바라보는 것. 이것이 아이디어를 얻는 비결이라는 설명이다.

현대가 조선사업에 뛰어들 때만 해도 주위의 비웃음을 한 몸에 받았다. 1970년 건설에서 탄탄히 기반을 다지고 소형 차량을 생산하는 데 성공했지만 어떻게 큰 선박을 만들어낼 수 있겠느냐는 것이 국내의 전반적인 평가였다.

한동안 정주영 회장이 불도저로 불린 적이 있다. 사업추진력을 빗대어 붙여진 별명이다. 일단 해보겠다는 목적의식이 들면 뛰어드는 것을 주저하지 않는다는 게 주변의 평가이다. 주베일 산업항 건설공사 역시 정주영 회장 특유의 저돌성을 엿볼 수 있는 대목이다. 당시 한국 예산의 50%에 해당하는 주베일 프로젝트는 해안에서 7마일 떨어진 바다 한가운데 4척의 초대형 유조선 정박터널을 건설하는 공사였다. 물론 현대가 이러한 시설을 설계한 경험은 전무했다. 그러나 정주영 회장은 1979년 2월 주베일 항구를 완공한다.

이처럼 정주영 회장이 모험을 즐길 수 있는 것은 상식에 얽매인 고정관념 속에 갇혀 있지 않았기 때문에 가능했다고 본다. 스스로도 '하고자 하는 굳센 의지'에서 비롯되는 인간의 무한한 잠재능력과 창의성을 중요하게 여긴다고 한다.

흔히 정주영 회장을 '현장주의자'라고 말한다. 하루도 거르지 않고 산업 현장을 직접 찾는 정주영 회장이 어느 순간 불시에 나타날지 몰라 현장의 직원들은 항상 긴장과 초조의 날들을 보낸다는 것이다.

기업이란 냉정한 현실이고, 행동함으로써 성장해 나가는 만큼 경영자가 똑똑한 머리만 굴려서는 성공할 수 없으며 몸소 행동해야 기업을 키울 수 있다고 역설하는 것이 정주영 회장이다. 어쭙잖은 이론보다는 현장에서 직접 체험한 지식과 경험이 기업에 더 절실하다는 얘기다. 정주영 회장이 현대라는 기업을 세운 이후 모든 시간을 현장에 투자했기에 경영자의 위치에서도 세세한 부분까지 파악하고 지휘할 수 있는 사령탑 역할을 충분히 해낼 수 있었다.

지칠 줄 모르는 승부근성과 믿을 수 없을 만큼의 대담성, 명확한 비전제시 등 경영자로서 최고의 지략을 지닌 정주영 회장은 한국 경제발전사의 핵심을 꿰뚫는 기업인으로 그의 리더십을 바탕으로 건설, 자동차, 조선, 석유화학 등 산업 근대화의 중추적인 역할을 이뤄냈다.

그리스어의 재능에 어원을 둔 카리스마 현상에 대한 관심이 제2차 세계대전 이후 사회, 정치, 역사학자들에 의해 그리고 1980년대에는 심리학자들에 의해서 증가하고 있다.

웨버(Weber)는 사회적 권위의 한 형태로 카리스마를 사용하고 있다. 그는 권위의 사회적 유형을 카리스마적 권위, 전통적 권위, 합리적-합법적 권위의 세 가지 유형으로 이념화시키고 있다. 여기에서 카리스마적 권위는 규칙, 직위, 또는 전통이 아니라 리더의 예외적인 자질에서 정당성을 얻는다. 카리스마를 소유한 사람은 보통사람과 구별되며, 초자연적이고 초인적인 능력을 갖거나, 적어도 예외적인 권력과 자질을 가진 것으로 취급된다.

사회학자들은 카리스마적 리더의 출현이 사회적 그리고 역사적 상황에서 비롯되는 것으로 간주하고 있다. 또 다른 이론가들은 리더의 퍼스낼리티나 사회적 상황이 아니라 리더와 추종자들 사이의 관계에서 카리스마적 리더가 나타나는 것으로 인식하고 있다.

카리스마적 리더는 자신감, 부하에 대한 신뢰와 높은 기대, 탁월한 논쟁과 설득기술, 기술적 전문성, 이념적 비전, 개인적 모범 등의 특징을 가지고 있어 비전제시, 수사학적 능력, 이미지 및 신뢰형성, 개인적 매력 등의 이러한 특징은 부하들이 리더에 대하여 호의적인 지각을 갖도록 하며 신뢰를 통해 스스로 충성하고 복종하도록 할 수 있다.

1. 웨버의 카리스마적 리더십

문화적 리더십의 중요한 단서가 되는 카리스마는 웨버가 최초로 설명한 이래 정치, 사회학자들에 의하여 연구되었다. 웨버는 카리스마의 분석에서 문화의 연속과 변화에 있어서 리더십이 중요한 요소라고 설명하였다. 카리스마적 리더십이 문화적 · 사회적 변화를 초래하는 중요한 역할을 하지만 후계자의 유지활동과 카리스마적 리더의 추가적 비전 없이는 그러한 문화의 변화는 지속되지 않는다고 하였다. 문화적 리더십에는 새로운 문화를 창조하거나 기존문화를 변화시키는 리더뿐만 아니라 다른 리더의 문화혁신을 연속시키고 보전하는 후계적(後系的) 리더도 포함된다. 문화혁신을 가져오는 사회적 메커니즘과 문화유지를 가능케 하는 사회적 메커니즘은 동일하지 않다.

웨버는 카리스마를 발생시키는 상황을 ① 리더의 뛰어난 자질, ② 사회적 위기의 출현, ③ 과거를 급격하게 파괴함으로써 현재의 위기를 해결하기 위한 비전의 제공, ④ 추종자들이 리더가 비상한 힘을 가지고 있다고 믿음으로써 리더의 비전에 매력을 느끼는 것 등으로 보았다. 여기에 프리드랜드(Freidland, 1964)는 리더가 계속적으로 성공함으로써 위기의 해결원인이 리더의 재능과 비전이라고 보는 추종자 귀속을 카리스마 발생의 다섯 번째 요인으로 추가하였다.

2. 카리스마적 리더십에 대한 문화적 접근

트라이스 등은 경험적 연구에서 순수한 카리스마적 리더십에는 위에서 언급한 5가지 요소가 나타나는 것을 확인하였다(Trice and Beyer, 1986). 트라이스 등은 조직이론에서 카리스마에 대한 경험적 연구가 부족한 이유로 다음과 같은 4가지를 제시하였다.

① 대부분의 사회학자들이 웨버의 관료제에만 초점을 둠으로써 사회적 · 조직적 변화의 요인에 대한 웨버의 중요 관심사항을 간과하였기 때문이다. 웨버는 합법적 권위가 전체 사회질서를 유지하는 데 중요한 요인이라면 카리스마적 리더십은 사회변화의 중요한 원인이라고 보았다.

② 카리스마 개념을 조직에 소개할 때 카리스마의 일상화에 대한 연구를 소홀히 하였기 때문이다. 대부분의 사회과학적 연구에서 새로운 조직을 만드는 간디나 킹 등과 같은 카리스마적 리더에만 초점을 두는 경향이 있었다. 그러나 기존조직의 외부에서 들어와 비전을 구체화함으로써 기존조직을 변화시키고 혁신시킨 아이아코카와 같은 리더에 대한 연구는 비교적 최근의 것이다.

③ 최근에 조직문화이론이 중요한 이슈로 등장하였듯이 조직에서 표현적이고, 비합리적인 측면을 반영하는 것이 카리스마적 리더십이론이다. 그러나 조직의 표현적이고 비합리적 측면에 대한 관심은 비교적 근래에 대두된 것이다.

④ 조직이론에서 몇몇의 예외를 제외하고는 카리스마현상을 경험적 연구의 대상으로 다루지 않았기 때문이다.

논의(論議)를 진행하기 전에 카리스마에 대한 3가지 일반적인 오해를 지적하고자 한다.

① 카리스마적 리더의 비범한 자질을 단순한 개인적 매력과 혼동해서는 곤란하다. 또한 그것을 성스러운 것으로 보아서도 안 된다. 카리스마적 리더도 결점을 가질 수 있다. 추종자들에게 그냥 호감을 주는 것이 아니라 가능하면서도 새롭고 급진적인 비전으로 구성원들이 영감(inspiration)을 갖도록 해야 한다.

② 카리스마적 리더십이 항상 선한 방향으로만 작용하여 사회적으로 선한 결과만을 초래하는 것은 아니다. 리더가 추종자들을 장악하여 사회에 파괴적인 방법으로 행동할 경우도 있다.

③ 카리스마적 리더십은 리더의 개인적 자질 이상의 것이다. 카리스마라는 용어가 개인의 비상한 자질에 국한되어서는 안 된다. 일반 리더십이론이 특성이론 이상으로 발전되었듯이 문화적 리더십이론과 카리스마적 리더십이론도 발전되어야 한다.

웨버의 카리스마 개념은 수단적 리더십이론이 주장하는 4대 요소를 모두 예측하여 포함하고 있을 뿐만 아니라 문화적(文化的) 리더십이론에 필수적인 다른 요인을 추가하였다. 카리스마적 리더십이론에 포함된 개인의 자질은 리더의 특성뿐만 아니라 행동 스타일을 또한 포함한다. 리더의 자질과 행동특성 외에 카리스마적 리더십의 세 번째 요소는 위기에 직면한 상황이다. 네 번째 요소는 리더의 비상한 자질이 이러한 위기를 해결해 줄 것이라고 믿는 추종자들의 귀속이다. 다섯 번째는 구성원들을 움직이는 리더의 급진적인 비전으로서 이것이 새로운 문화의 이념적 기초가 된다. 이 비전이 카리스마적 리더십의 내용으로서 추종자들에게 영향력을 행사하여 달성하려는 바람직한 상태이다. 이 비전은 아직까지 일반 리더십이론에서는 다루지 않았다.

카리스마적 리더십에서 리더의 성공은 매우 중요하다. 반복적인 성공 없이는 카리스마적 지위는 불안정하게 된다. 문화적 리더십은 추종자의 수용과 인정에 의존하는 바가 크기 때문이다. 추종자들은 성공을 리더의 영향력의 결과로 귀속시킨다.

제2절 교환적 · 변화주도적 리더십

전통적인 리더십은 목표를 달성하면 리더는 구성원들에게 보상을 준다는 것이 기본적인 형태로 조직의 성과를 높이기 위하여 구성원들은 노동과 지식을 제공하고 그 대가로 조직은 물질적 보상을 제공하는 교환적인 특징을 보였다. 그런데 번즈(Burns, 1978)는 이전의 리더십을 교환적 리더십이라고 하고 새로운 개념의 변화주도적 리더십을 제시하였다. 그는 리더십을 '리더와 구성원이 점점 더 높은 수준의 도덕성과 동기수준으로 서로를 이끌어 가는 상호관계를 포함하는 과정'이라고 보고 변화주도적 리더십과 교환적 리더십으로 나누었다. 베스(Bass, 1985)는 리더십을 한 개인이 어떤 행위나 보상, 인센티브(incentive)를 사용해서 다른 사람들(조직구성원)로부터 바람직한 행동을 일으키는 과정으로 설명한다. 이 과정의 핵심은 리더와 부하 사이에 교환(exchange)이나 계약(transaction)이 일어난다는 것이다 변화주도적 리더십은 리더와 구성원이 서로 동기부여와 도덕성을 보다 더 높은 수준으로 높일 수 있도록 상호작용을 할 때 발생하는 반면에, 교환적 리더십은 리더의 개인적 가치나 교환과정과 연관된 가치를 포함한다. 교환적 리더십은 구성원들의 개인적인 관심에 호소함으로써 동기화를 시도한다는 점에서 변화주도적 리더십과는 분명히 구분된다.

1. 교환적 리더십이론

1994년 고든 버튼(Gordon Bethune)이 컨티넨탈항공사(Continental Airlines)에 들어왔을 때, 회사는 몹시 안 좋은 상황에 처해 있었다. 항공사는 파산에 대한 위험을 대수롭지 않게 생각하고 있었고, 소비자만족에 관해 최저의 등급을 받았으며 경영진과 근로자 간의 첨예한 대립 속에 휩쓸리고 있었다. 이것은 컨티넨탈에게는 새로운 사실이 아니었다. 1983년 이후로 두 번이나 파산의 경험이 있었다. 10명의 CEO들은 수십 년 동안 회사를 운영하기 위해 노력해왔다. 컨티넨탈의 문제점에 대한 버튼의 해결책은 간단했다. 이전의 운영진들은 비용감소를 위한 그들의 노력으로 고객들이 원하는 것, 즉 제시간에 출발하고 도착하는 항공기(1994년 초에는 전체 항공기 중 오직 61%만 제시간에 도착)를 제공하는 항공기의 수용능력을 감소시켜 왔다.

버튼은 재빨리 비수익적인 항로를 폐쇄시키기 위해 움직였다. 그러나 정말로 모두의 이목을 끈 것은 그가 회사의 정시각 수행능력을 향상시키기 위한 캠페인에 근로자들을 끌어들이기 위해 권유한 사항이었다. 버튼은 연기되거나 결항된 항공기들이 컨티넨탈에 한 달에 6백만 달러의 비용을 가져온다고 지적했다. 그리고 만약 근로자들이 업무성과와 정시각 수행능력 평가에서 회사를 탑 5 항공사에 들 수 있도록 자신을 도와준다면 그는 절감되는 6백만 달러를 나누어서 각각의 근로자에게 한 달에 65달러를 지급할 것이라고 제안했다. 컨티넨탈항공사는 1995년까지 이러한 금액을 6차례에 걸쳐서 지급해왔고 항공사의 비행기는 기존 시간의 80%보다 적은 시간으로 도착했다.

이러한 메시지를 전체에 전파시키기 위해서 버튼은 개인적으로 주요 컨티넨탈 허브에 돌아다녔다. 그곳에서 그는 복음전도사와 같은 열정을 가지고 자신의 생각을 선전하면서 근로자들에게 연설과 함께 금액을 전달했다. 또한 모든 근로자와 항공사의 이익을 위해서 그들에게 "신뢰성을 현실로 바꿔라"와 "함께 단합하자"라고 거듭 간청했다. 버튼이 들어온 지 10년이 지날 때쯤 컨티넨탈은 수익성이 있고, 고객만족도와 관련해서 산업에서 1위를 차지하게 되었다.

현행의 리더십이론 중에서 가장 지배적인 이론은 브룸 등의 기대이론에 기초한 교환적 리더십이론이다.

1) 교환적 리더십의 의미

(1) 번즈의 견해

교환적 리더십은 부하의 이기심에 호소하여 그들을 동기부여시킨다. 정치적 리더의 경우에 자기에게 투표한 사람에게 직무의 제공이나 정부와의 계약을 약속하거나, 기업의 리더들이 구성원들의 작업 노력과 급여, 지위 등의 교환을 매개로 사람들에게 영향력을 행사하는 경우가 이 예에 속한다. 번즈는 교환에는 가치관도 포함된다고 보았으며 이러한 가치관에는 정직, 공정, 책임, 호혜주의 등이 있다고 하였다. 관료적 권한에 기초를 둔 영향력은 변화주도적 리더십이나 교환적 리더십에 의한 영향력과는 구분되는데, 이것은 교환이나 감동에 기초를 둔 것이 아니라 규칙이나 전통에 기반을 둔 것이기 때문이다.

(2) 베스의 견해

베스는 교환적 리더십 행동을 순응에 대한 보상의 교환이라고 보았다. 교환적 리더십 행동은 상황적합적인 보상(contingent rewards), 적극적 예외경영(active management by exception), 소극적 예외경영(passive management by exception)으로 구성되어 있다. 상황적합적인 보상은 보상획득에 필요한 작업의 명확화와 동기부여의 강화를 위한 인센티브와 보상을 의미한다. 적극적 예외경영은 부하를 사전에 감독하여 작업이 효율적으로 수행되도록 교정행동을 하는 것이다. 소극적 예외경영은 수용가능한 성과기준에서 명백히 이탈했을 경우에 한하여 개입하며 처벌과 같은 교정조치를 하는 것을 말한다.

2) 교환적 리더십의 과정

대부분의 교환적 이론은 [그림 3-1]과 같은 과정을 거쳐서 리더십의 효과가 발생한다고 생각한다.

그림 3-1 | 교환적 리더십의 동기부여 효과

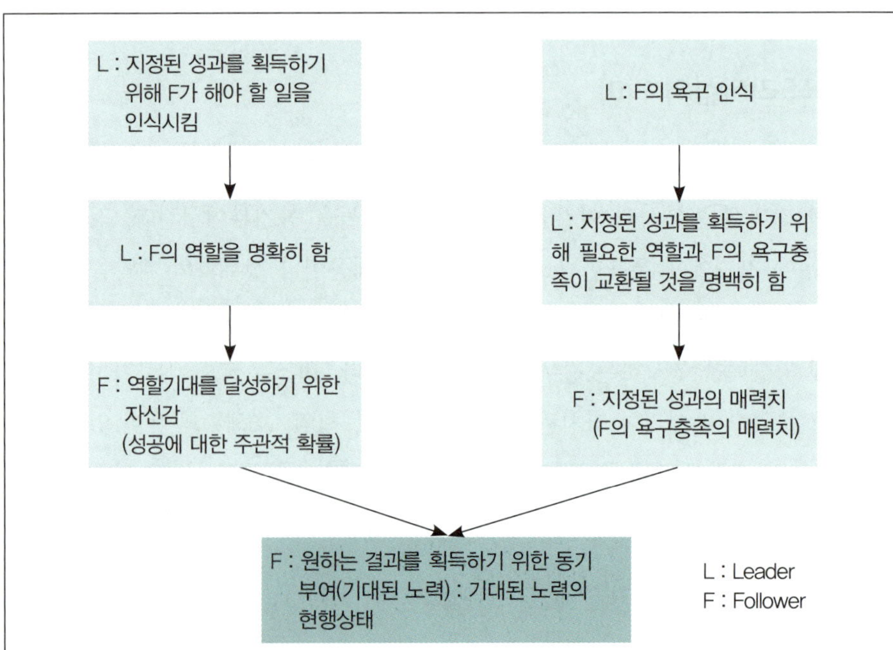

자료 : B. M. Bass, 1985, p.12.

[그림 3-1]의 과정을 설명하면 다음과 같다. 리더는 원하는 결과를 얻기 위해 부하가 수행해야 할 역할을 알고 이것을 부하에게 명확하게 인식시킨다. 이와 같은 리더의 명확화에 의하여 부하는 목표달성에 필요한 자신감을 갖는다.

[그림 3-1]의 오른편을 보면 리더는 부하가 충족하기 원하는 욕구를 파악하고, 부하가 만족할 만한 수준의 성과를 달성할 경우 그것과 욕구를 충족시킬 수 있는 보상이 교환될 것을 명백히 한다. 이것이 부하로 하여금 지정된 성과달성을 위해 노력하는 것이 매력 있는 것이라고 느끼도록 한다. 지정된 성과를 성취할 것이라는 자신감과 그 결과 획득하게 될 보상에 대한 매력치가 부하의 노력수준을 결정한다.

3) 교환적 리더십이론의 한계

전통적 리더십이론에서는 부하의 성과에 대한 품질이나 수량을 유지하고 어느 한 목표의 달성에서 다른 목표를 달성하는 것으로 대체하거나, 한 행동에서 다른 행동으로 변화시키며 특정변화에 대한 저항을 감소시키거나, 주어진 맥락 내에서 어떤 일을 잘 수행하는 것 등에 초점을 두어 왔다. 말하자면 1차적 변화(first-order change)에 초점을 두고 계약한 성과에 합치되었을 때 보상과 교환하는 리더십을 강조해 왔다. 이러한 리더십이론은 다음과 같은 한계가 있다(Bass and Avolio, 1990).

(1) 리더십의 과소 사용

연구에 의하면 교환적 리더십 훈련을 받은 경영자들은 상사나 상황이 필요로 하더라도 교환적 리더십을 과소 활용하는 경향이 있다고 한다. 시간적 제한, 평가방법의 빈약, 리더와 부하에 대한 불안감, 적극적 강화의 유효성에 대한 의문, 리더십 기술과 자신감의 부족 등이 교환적 리더십이 실패하도록 만드는 요인이다.

(2) 적극적 예외경영의 회피

적극적 예외경영은 부하의 수행에서 기준에 미달되는 행동을 사전에 조사하여 교정하는 것이며 소극적 예외경영은 문제가 발생해야 부하의 행동에 개입하는 것이다. 어떤 교환적 리더는 적극적 예외경영 대신에 소극적 예외경영에 의한 리더십에만 의존하기도 한다. 자신의 부하가 낮은 성과를 달성했을 때 상사에게 부정적인 피드백을 하지 않고 왜곡하여 보고함으로써 부하의 행동을 교정해야 할 필요성을 낮춘다. 적극적 예외경영의 필요성을 의도적으로 회피하는 것이다.

(3) 피드백의 불일치

상사는 부하에게 임금인상, 승진 추천 등 보다 흥미 있는 피드백을 하는 것을 선호하지만, 부하는 자신의 과업 자체에 대한 피드백을 선호하기 때문에 양자의 피드백에 대한 욕구는 일치하지 않는다. 피드백의 왜곡이나 불일치 때문에 행동을 적절하게 교정할 수 없게 된다. 양자 사이에 피드백의 불일치에 대한 역기능이 발생하게 된다.

(4) 상황적합적인 보상의 의도하지 않은 효과

상황적합적인 보상은 기대한 성과가 발생했을 때 약속한 보상을 제공하는 것이다. 리더가 상황적합적인 보상을 실시할 경우와 그렇지 못할 경우 양자의 효과가 동일한 경우도 있다. 조직구성원들이 성과에 적합한 보상 때문이 아니라 의무감 때문에 좋은 성과를 달성하는 경우도 있다. 일본 조직이 대표적인 예이다.

(5) 보상자원의 불일치와 기대-보상의 부적절

교환적 리더는 임금, 승진, 칭찬 등을 통하여 부하의 필요를 충족시킴으로써 리더의 명성을 유지하려고 하지만 보상자원이 부족하고, 기대-보상 간의 관계를 합치시키지 못하기 때문에 교환적 리더의 효율성 확보는 방해를 받게 된다.

(6) 부정적인 상황적합적인 보상의 부작용

상황적합적인 강화를 부정적으로 장기간 사용하면 효율성의 확보가 곤란해진다. 꾸중, 불인정, 처벌을 계속 사용하면 성과와 만족에 별 도움을 줄 수 없다는 연구들이 많다.

(7) 교환적 리더십의 전반적 부작용

교환적 리더십의 근본성격은 조건강화적이고 조작적인 측면이 있다. 그리고 리더는 부하들에게 언제나 자신의 사적 이해관계만을 위해 행동하라고 설득할 수 없을 뿐만 아니라, 사람들은 당근과 채찍의 원리에 의하여 계속적으로 조작되고 프로그래밍되는 것을 좋아하지도 않는다. 교환적 리더십은 과업에 순응하는 것과 보상을 교환하기 때문에 이것만을 실천하게 되면 사람들은 지름길만 택하고, 철저하게 감독하지 않으면 문제를 발생시키거나 게임플레이를 할 수도 있다. 조건강화에 건설적이기보다 방어적으로 반응하여 반작용, 철회, 적개심 등을 발생시킬 수도 있다.

이상과 같은 한계점을 극복하여 개인과 조직의 1차적 변화보다 고차원의 변화(higher-order change)를 위해서는 리더십에 대한 새로운 패러다임인 변화주도적 리더십이 필요하다. 조직의 장기적 발전과 개인의 의미 있는 성장을 위해서는 교환적 리더십만을 사용할 것이 아니라 고차원의 목표달성을 위한 변화주도적 리더십의 실천도 필요하다고 본다.

A 팀장은 자기 사람을 확실히 챙기는 스타일이다. 일단 자기 사람이다 싶으면 자주 대화하고 중요한 업무를 맡기며, 인사철에는 은근히 힘을 쓰기도 한다. 휘하 직원들은 A 팀장에게 충성을 다하고, 밖에서 봐도 팀의 단합도가 높다. 업무성과도 나오는 것 같고 직원들이 팀장이 관여한 프로젝트는 목숨 걸고 하기 때문에 리더십이 있어 보인다. 그뿐 아니다. 경조사 등 개인적인 일을 빠짐없이 챙기며 상호부조가 확실해서 조직력이 무엇인지 보여준다.

반면 A 팀장은 마음에 들지 않는 직원에겐 정반대로 대한다. 경력사원이 와도 이런저런 시험기를 거쳐 자기 사람이 아니다 싶으면 확실히 아웃시킨다. 이렇게 그룹에서 제외되면 조직생활이 팍팍해진다. 공식적으로 차별이 있는 것은 아니지만, 눈에 보이지 않는 그들만의 리그에 들어가지 못하면 중요한 정보에서 소외되고 승진 등 성장기회는 멀어진다. 그러니 직원들이 그의 눈치를 슬슬 보면서 줄을 선다.

A 팀장은 상사에게 견마지로를 다한다. 임원의 사적인 애로사항도 A 팀장에게 부탁하면 잘 해결해낸다. 자녀 유학에 필요한 일처리, 부인이 쓸 PC 구매 설치 등도 슬쩍 힌트만 주었는데도, A 팀장이 팀원들을 동원해서 처리한다. 입맛에 맞게 일처리를 해내며 직원들에게도 영향력이 있는 그를 상사도 무시하지 못한다.

2. 변화주도적 리더십이론

1) 변화주도적 리더십의 의미

(1) 번즈의 견해

리더십을 변화주도적인 것(transformational)과 교환적인 것(transactional)으로 제일 처음 구분한 사람은 다운튼이다(Downton, 1973). 그러나 그의 구분은 사람들의 주목을 받지 못하였다. 양자의 구분이 주목을 받게 된 것은 번즈가 정치지도자들에 대한 연구를 발표하면서부터이다(Burns, 1978).

번즈는 변화주도적 리더십을 리더와 추종자가 높은 수준의 도덕성과 동기부여의 상태로 상호고양(相互高揚)시켜 주는 과정으로 정의하였다(Burns, 1978). 이것은 리더가 추종자들에게 공포, 욕심, 질투, 미움과 같은 감정에 호소하는 것이 아니라 자유, 정의, 평등, 평화, 인간주의 등과 같은 고차원의 이념과 도덕적 가치에 호소함으로써 추종자들의 의식을 고양시키는 것으로, 매슬로의 욕구계층이론의 용어로 표현하면 추종자들의 고차원의 욕구를 활성화시키는 것을 의미한다. 이러한 리더들의 영향력에 의하여 추종자들은 일상(日常)의 계단에서 보다 높은 계단으로 이동한다. 번즈는 변화주도적 리더는 조직의 어떤 지위에서도 나타나며 이 리더십에는 부하뿐만 아니라 상사나 동료에 대한 영향력도 포함된다고 보았다.

변화주도적 리더십은 개인 간의 영향력 행사과정인 미시적 수준과, 사회시스템을 변화시키고 제도를 개혁하기 위해서 권력을 움직이는 과정인 거시적 수준의 양면에서 볼 수 있다. 거시적 수준에서 볼 때 변화주도적 리더십은 개인을 동기부여시키는 것 외에 집단 간의 갈등을 구체화시켜 표현하게 함으로써 중재하는 과정이다. 부분 간의 갈등을 공유이념 목표를 달성하기 위해 에너지를 이동시키고 연결하는 데 활용한다.

(2) 베스의 견해

베스(Bass)는 번즈의 초기 아이디어를 기초로 주로 리더가 추종자에게 미치는 효과의 측면에서 리더십을 측정하였다. 변화주도적 리더에 대해 추종자들은 신뢰성, 존경심, 충성심 등을 느끼며, 리더는 추종자들이 ① 과업에서 성과를 산출하는 것에 대해 더 많은 중요성을 느끼도록 하고, ② 조직이나 팀을 위하여 자신들의 이기심을 초월하도록 하며, ③ 고차원의 욕구를 활성화함으로써 추종자들을 동기부여시킨다.

변화주도적 리더십의 의미에 있어서 번즈와 베스는 많은 면에서 유사한 견해를 가지고 있다. 차이점은 번즈가 변화주도적 리더를 계몽적인 리더에 한정하여 추종자들의 긍정적인 가치와 고차원적 욕구에 호소하는 반면에, 베스는 리더십의 효과가 추종자들에게 편익이 되느냐와 상관없이 그들의 동기를 활성화시키고 몰입감을 증가시키면 변화주도적 리더가 된다고 보았다. 따라서 히틀러와 스탈린도 그들의 부정적 영향에도 불구하고 변화주도적 리더가 될 수 있다(Yukl, 1993).

베스는 변화주도적 행동과 교환적 행동이 상호배타적인 것이 아니라 상호보완적인 것이며 동일한 리더가 상이한 상황과 상이한 시기에 양 유형의 리더십 행동을 사용할 수 있다고 보았다(Zaleznik, 1977).

2) 변화주도적 리더십과 카리스마적 리더십의 비교

베스는 카리스마적 리더십과 변화주도적 리더십을 구분하였다. 카리스마적 리더십은 변화주도적 리더십의 필수적 요소일 뿐 그 자체가 변화주도적 리더십은 아니라고 보았다. 예를 들면 유명한 영화배우나 운동선수 등에 대해서 추종자들이 강한 동일시의 감정을 느끼기는 하지만 변화주도적 리더와 같이 체계적인 변화주도적 효과를 발생시키지는 않는다. 추종자들이 그러한 리더의 행동과 용모를 흉내 낼지는 몰라도 자신의 이기심을 초월하여 동기부여되는 경우는 거의 없다.

변화주도적 리더십은 리더가 추종자들에게 강한 감정과 동일시를 유발시킴으로써 영향력을 행사하고 코치(coach), 교사(teacher), 스승(mentor)으로서 추종자들을 변화시킨다. 변화주도적 리더십은 추종자들을 권력화시키고 상승시키는 반면, 카리스마적 리더십에서는 반대의 현상이 발생할 수도 있다. 추종자들이 약하고 의존적이 되도록 하여 아이디어에 대한 몰입감을 불러일으키기보다 개인적인 충성심을 불러일으키는 경우도 있다.

베스는 카리스마적 리더가 자신의 신념에 대하여 확신을 가질 뿐만 아니라 초자연적 목적과 운명을 가지고 있는 것으로 믿는다고 보았다. 추종자들은 리더를 신뢰하고 존경하며 우상화된 숭배를 하여, 초인적 영웅이나 신령한 존재로서 리더 자신의 실제 삶보다 크게 보기 때문에 카리스마적 리더는 추종자들의 투사(projection), 억압(repression), 퇴행(regression) 등과 같은 심리적 역동성의 촉진자가 되는 경우도 있다. 이 경우 심리적 역동성은 집단과정에 의하여 확대된다. 카리스마적 리더십은 추종자들이 규범이나 신념, 혹은 환상을 공유하고 있어서 이것이 리더의 감정적 · 합리적 기초가 될 때 발생할 가능성이 높다.

베스는 카리스마적 리더십에 대한 사람들의 반응은 양극화되는 경향이 있다고 보았다. 카리스마적 리더는 어떤 사람들에게는 사랑을 받지만 다른 사람들에게는 미움을 받을 가능성이 있다는 것이다. 이런 양극화된 반응 때문에 많은 정치지도자들이 암살의 대상이 된다. 베스는 변화주도적 리더십은 어떤 조직의 어떤 계층에서도 발견되나 카리스마적 리더는 그런 경우가 드물다고 하였다. 카리스마적 리더십은 생존투쟁을 벌이고 있는 스트레스 상태의 조직에서 나타날 가능성이 높다. 이런 상황에서는 공식적 권위가 위기처리에 실패하고 전통적 가치와 신념체계가 의문시되기 때문이다.

3) 변화주도적 리더십의 요소

변화주도적 리더십은 처음에 기대한 것보다 더 많이 달성하도록 부하를 동기부여시킨다. 성과에 대한 처음의 기대는 부하의 능력과 힘에 대한 리더의 자신감에 관련되어 있다. 따라서 변화주도적 리더십은 부하의 유능성과 자신감뿐만 아니라 잠재력을 개발한다. 변화주도적 리더십은 부하를 리더로 발전시킬 의도를 가지고 목표를 설정하며 이러한 발전지향성 때문에 부하 자신도 교환적 리더에서 변화주도적 리더로 변화된다. 이와 같은 작용을 하는 변화주도적 리더십의 4가지 요소를 살펴보면 다음과 같다.

(1) 이상적 영향력 혹은 카리스마(idealized influence or charisma)

변화주도적 리더는 매력 있는 비전과 사명을 선포함으로써 부하들이 리더를 존경하고 신뢰성을 가지며 자신감을 가지고 리더와 자신들을 동일시하도록 한다. 이러한 리더는 비전에 의하여 부하를 각성시키고 영감을 갖도록 한다.

그러나 개인지향적인 카리스마는 변화주도적 리더로 인식되지 못한다. 사회지향적인 카리스마라야 부하의 자율성을 고취시키며 높은 성과를 달성하도록 하고, 부하의 발전을 고무하며 비전과 사명을 내면화하도록 한다. 이러한 리더들은 부하의 잠재력을 가장 높은 수준으로 개발하여 자신을 대체하는 리더로 성장시키는 위험부담을 진다.

(2) 영감주입(inspiration)

카리스마적 동일시가 없어도 영감은 발생한다. 변화주도적 리더는 공유목표와 무엇이 옳고 중요한지에 대한 상호이해를 발표함으로써 부하들에게 영감을 제공한다. 또한 리더는 자극을 주는 이야기를 함으로써 부하들에게 낙관주의적 사고와 비전을 제시하고 미래에 대해 열정을 갖도록 한다. 뿐만 아니라 획득가능한 미래에 대한 비전을 유창하고 자신 있게 전달함으로써 보다 높은 수준의 성과달성과 발전을 위한 에너지를 제공한다. 영감적 리더십에 의하여 리더는 부하들이 비전의 성취를 위하여 무엇을 해야 할 필요성과 그 의미를 향상시킨다.

(3) 개별적 고려(individualized consideration)

이것은 리더가 부하의 발전욕구를 이해하고 공유함으로써 각각의 부하를 독특하게 다루는 것을 의미한다. 리더는 부하의 현재의 욕구충족상태를 인식할 뿐만 아니라 잠재력 개발을 극대화하려는 시도를 한다. 변화주도적 리더는 개인적 성장에 지원적인 조직문화를 개발한다.

잘레즈닉은 상사가 부하에게 개별적인 영향을 미치는 것을 리더와 경영자로 구분하는 기준으로 삼았다(Zaleznik, 1977). 리더는 부하와 일대일의 관계를 통하여 멘토링(mentoring)과 코칭(coaching)을 하고 피드백과 팔로우업(follow-up)을 제공한다. 이러한 피드백은 조직사명의 달성과 개인의 현행욕구를 연결하고, 시간과 조건이 적절한 경우 현행의 욕구를 상향 조정함으로써 개인의 욕구와 조직의 필요를 합치시킨다. 개인의 능력이 발전되면 위임을 하고 책임수준을 증가시킴으로써 부하의 자신감을 향상시킨다. 이때의 책임은 직무요건이나 성과 극대화에 국한되지 않고 직무도전이나 개인의 발전으로 확대된다.

(4) 지적 자극(intellectual stimulation)

변화주도적 리더는 부하의 아이디어와 가치관에 지적 자극을 가함으로써 문제를 새로운 각도에서 바라보도록 한다. 부하는 자신의 신념, 가정, 가치관 등에 의문을 갖도록 고무되며, 경우에 따라서 리더의 그것들에도 의문을 갖도록 한다. 창의성을 부양시키고 문제해결을 위해 직관과 논리적 방식을 갖도록 함으로써 부하의 미래 문제에 대한 해결능력을 개발한다. 따라서 부하는 창의적이고 혁신적이 됨으로써 문제해결지향적인 학습을 하게 된다. 이 경우 리더십의 유효성 측정기준은 리더가 없거나 직접 개입하지 않았을 때 부하가 어떻게 움직이느냐이다. 지적으로 자극을 주는 리더는 부하가 독특하고 혁신적인 관점에서 문제해결을 하도록 함으로써, 문제의 진단과 해결을 위한 전략의 분석에서 더욱더 혁신적이 되도록 한다. 이러한 리더십의 행사에 의하여 리더가 부하의 잠재력을 개발하여 그를 권력화함으로써 부하를 리더로 변화시키는 것을 cascading effect 혹은 falling dominoes effect라 한다(Bass, Waldman, Avolio, and Bebb, 1987).

3. 교환적 리더십과 변화주도적 리더십이론의 비교

1) 교환적 리더십의 동기부여 효과

[그림 3-2]에 삽입된 [그림 3-1]에는 교환적 리더십과 브룸이 말하는 "개인이 그의 직무수행에서 발휘하려는 노력의 정도로서의 힘"의 관계가 나타나 있다(Vroom, 1964).

그 힘은 개인의 노력이 지정된 결과를 획득할 것이라는 기대와 같다. 따라서 개인의 노력수준은 다음과 같은 두 가지 요인에 의하여 결정되는 바, ① 결과가 성과라는 수단에 의하여 획득될 수 있으리라는 자신감이나 주관적 확률과, ② 그 결과에 대한 매력치가 얼마이며, 그것을 가지고 다른 바람직한 결과를 얻는 데 어느 정도의 수단성이 있는가가 그것이다. 여기서는 이것을 지정된 결과를 획득할 수 있는 부하의 자신감이라고 간주한다. 그리고 부하는 리더가 기대한 만큼 성취한다고 가정하자.

[그림 3-1]에서 보는 바와 같이 교환적 리더는 지정된 결과에 도달하기 위한 부

하의 역할과 과업요구를 인식하고 그것을 명백히 한다. 이것이 부하에게 필요한 노력을 발휘하기 위한 충분한 자신감을 준다. 교환적 리더는 또한 부하가 무엇을 필요로 하고 원하는지를 알고 부하가 노력을 하면 이 욕구가 어떻게 충족될지를 명백히 한다. 일의 성취에 대한 그러한 노력은 부하의 활성화 정도와 방향감각을 내포하고 있다.

리더는 그가 원하는 결과를 얻기 위해 부하가 수행해야 하는 역할을 알고 있다. 리더는 이 역할을 명백하게 인식시킨다. 이러한 명백화에 의하여 부하는 목표달성에 필요한 자신감을 갖게 된다. [그림 3-1]의 오른편에는 리더가 부하가 충족하기 원하는 욕구를 파악하고 부하가 만족할 만한 노력을 하여 성과를 달성했을 경우, 그의 노력과의 교환으로 부하의 그러한 욕구가 어떻게 충족될 것인지를 명백히 하는 것이 나타나 있다. 이것이 부하로 하여금 지정된 성과달성을 위해 노력하는 것이 매력 있는 것이라고 느끼도록 한다. 지정된 결과를 얻을 것이라는 자신감과 얻을 결과에 대한 매력치가 부하의 노력수준을 결정한다. 이것이 교환적 리더십의 영향이며 소위 잘레즈닉이 막하는 'manager'의 역할과 동일하다.

2) 변화주도적 리더십의 동기부여 효과

부하가 지정된 성과를 달성하는 것에 대해서 어느 정도의 자신감을 가지고 있으며 얼마나 달성하기를 원하는가에 기초를 둔 현재의 노력수준에서 변화주도적 리더십 모델은 시작한다. [그림 3-2]에는 변화주도적 리더가 부하에게 미치는 영향관계가 표시되어 있다.

교환적 리더십에 의하여 리더는 어떤 성과를 달성해야 하며, 그러한 성과의 달성에 의하여 부하들이 충족할 수 있는 욕구가 무엇인지를 명백히 한다. 변화주도적 리더십에 의하여 리더는 달성한 결과가 부하의 입장에서 부여하는 매력치와 자신감을 급격히 상승시킴으로써 부하들이 추가적인 노력을 하도록 유도한다.

부하가 지정된 성과를 달성하기 위해 어느 정도의 노력을 할 것인가에 대한 현행상태는 교환적 리더십에 의한 것이다. 변화주도적 리더는 추종자의 욕구 포트폴리오를 확장하고, 이기심을 초월하여 보다 높은 목표를 달성하는 방향으로 이동하도록 하며, 매슬로의 욕구계층을 따라 부하의 욕구를 변경시킴으로써 일정한 성과를

그림 3-2 | 변화주도적 리더십의 동기부여 효과

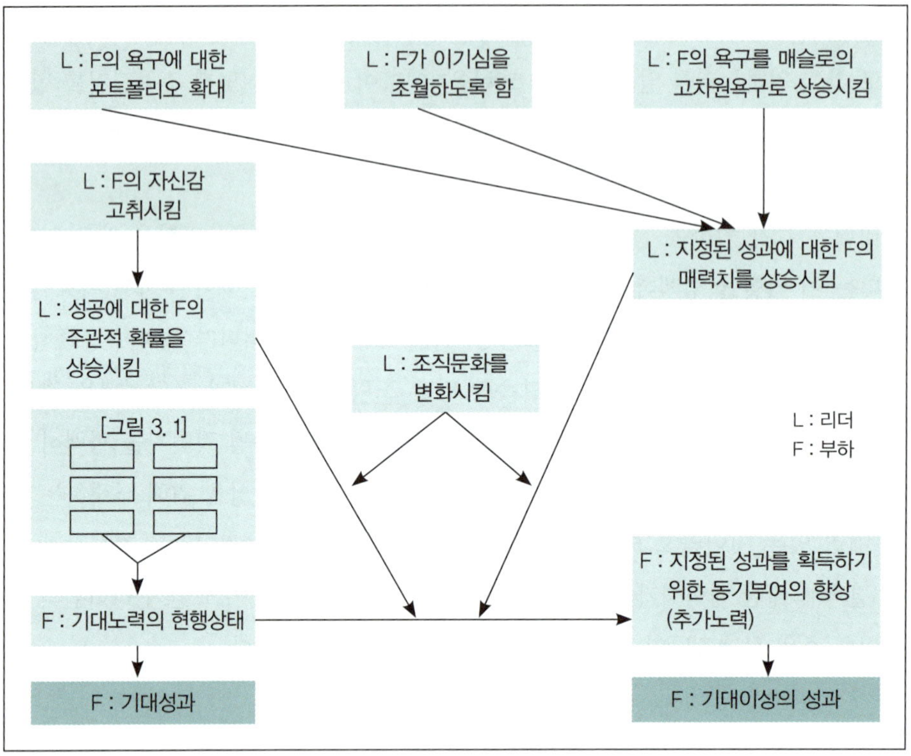

자료 : B. M. Bass, 1985, p. 23.

달성하기 위해서 예측된 부하의 현행 노력수준을 향상시키게 된다.

부하의 성공에 대한 확률과 결과에 대한 평가는 또한 공유규범과 가치관으로 구성된 조직문화에 의하여 영향을 받는다. 교환적 리더는 기존의 문화 내에서 활동하지만 변화주도적 리더는 그것을 변화시킨다. 교환적 리더는 현행의 조직문화에 속한 의식(儀式), 이야기, 역할모델 등을 수용하고 활용하나, 변화주도적 리더는 새로운 문화형태를 고안하고 소개한다. 잘 관리되고 있는 기업은 강한 문화를 가지고 있으며 이러한 강한 문화는 일반적으로 변화주도적 리더가 수년간 여러 가지 문화형태를 통하여 주입시켜 온 결과이다(Peters, 1982). 특히 조직이 불확실성의 시대에서 급격하게 변화하는 환경에 처해 있을 때는 조직의 성공을 위하여 변화주도적 리더십은 필수적이다.

개인은 변화주도적 리더십과 교환적 리더십을 동시에 수행할 수 있으나 그 양

(量)과 강도는 사람에 따라 다양하다. 극단적으로 변화주도적이거나 교환적인 사람이 있는 반면 양자가 잘 균형되어 있는 사람도 있다.

변화주도적 리더는 산업, 교육, 사회, 군조직 등 거대하고 복잡한 조직에서 많이 발견된다. 이들 변화주도적인 리더들은 부하와 조직과 그 환경을 변화시키는 데 영향을 미친다. 특히 조직의 환경이 불확실하고 급격하게 변화할 때는 감동적인 비전을 창조하고 선포하여 전달함으로써 사람들이 변화에 몰입하고, 변화를 명백히 규정하며, 변화를 지지하도록 한다.

대변혁기를 맞이한 한국기업에서 경영자의 새로운 의식, 권력에 대한 새로운 균형, 조직자원의 새로운 분배를 위하여 경영목표와 경영방법에 대한 인지지도(認知地圖)를 변혁시킬 필요성이 있는 시점에서 변화주도적 리더십은 유용성이 있을 것으로 생각된다.

경영자들의 동기부여방법의 적합성 여부와 근로자들이 직무수행에 최선을 다하고 있는가에 대한 고려를 해봐야 할 시점에 한국기업은 서 있다. 경영자들이 변화주도적 리더로서 기능하는 데 필요한 감수성과 대인관계능력을 개발해야 한다. 또한 변화주도적 리더가 될 수 있는 잠재력을 가진 인적자원의 선발도 고려해야 한다.

표 3-1 | 교환적 리더십과 변화주도적 리더십의 차이

구분	교환적 리더십	변화주도적 리더십
현상	본질적으로 현상과 맞추거나 현상을 유지하려고 노력한다.	본질적으로 현상에 반대하거나 현상을 변화시키려 한다.
목표지향성	목표가 현상에 크게 어긋나지 않는다.	이상화된 목표는 항상 현상과 크게 다르다.
시간에 대한 견해	단기전망을 가지고 있다.	장기전망을 가지고 있다.
동기부여	즉각적이고 유형의 보상을 얻도록 부하들을 동기부여한다.	보다 높은 단계의 개인적 목표, 즉 자아실현을 추구하도록 고무시킴으로써 부하들을 동기부여시킨다.
행동표준화	부하들이 규칙과 관습을 따르는 것을 좋아한다.	부하들로 하여금 혁신과 실험을 하도록 격려한다.
문제해결	부하들의 문제를 해결해 주거나 해답이 있는 곳을 알려준다.	문제를 제기한다. 문제를 해결하거나 부하 스스로 문제해결을 하도록 격려한다.

부하들의 약간의 욕구충족을 도와주는 교환적 리더십 중심의 경험적 연구를 하는 편협주의에서 탈피하여, 부하들의 욕구계층을 고양시키고 열망의 수준을 향상시킴으로써 종국적으로 더 높은 계층의 욕구만족과 조직의 효율성을 확보할 수 있는 변화주도적 리더십에 대한 더 많은 연구가 필요하다.

하워드 슐츠(Howard Schulz)는 스타벅스 사업을 어떻게 성공시켰을까?

그는 사업 시작 몇 년 전에 이탈리아를 방문했다. 거기서 그는 이탈리아 사람들의 색다른 커피문화에 흥미를 느꼈다. 첫째, 이탈리아 사람들은 에소프레소 커피를 기본으로 한 카페라떼 등 커피 고유의 향과 맛을 느낄 수 있는 커피를 사랑했다. 둘째, 이탈리아 사람들은 도시 카페에 앉아 여유롭게 커피를 마시고 있었다. 그들은 커피 자체의 맛뿐만 아니라, 다른 사람들과의 대화와 같은 커피문화를 즐기고 있었다.

그래서 슐츠는 이런 미국과는 다른 커피문화를 미국에 도입하기로 결정했다. 스타벅스 이전의 미국 커피시장은 인스턴트커피 제품의 각축장이었다. 쉽게 말해서 우리나라의 맥스웰 캔커피와 맥심 인스턴트커피가 판을 치던 시장이었다. 아무도 커피의 재료에 관심을 갖지 않았고, 맛도 천편일률적이었다. 커피 생산업체의 관심은 오로지 비용절감이었다. 시장은 이미 포화상태이기 때문에, 비용절감을 통해 더 많은 수익을 얻을 수밖에 없었다. 즉, 품질보다는 가격경쟁만이 존재했다.

슐츠는 스타벅스 사업 아이디어의 핵심을 ① 높은 품질의 커피, ② 친절하고 빠른 서비스, ③ 세련된 도시풍의 분위기로 설정하였는데 이 세 가지가 스타벅스의 핵심 성공요인이다.

하지만 그 기저에는 직원들의 변화를 이끄는 비전을 제시한 슐츠의 리더십이 있었다. 그것이 가장 큰 성공요인이다. 슐츠는 스타벅스를 이끌면서 두 가지 비전을 직원들에게 제시했다. 첫째는 앞에서 설명한 스타벅스라는 단지 높은 품질의 커피를 초월한 새로운 커피문화의 창출이다. 둘째는 전직원과 스타벅스의 성공을 공유하겠다는 의지와 열정이다.

이러한 비전을 수행하기 위해 추진되는 스타벅스의 HR정책 가운데 특이한 두 가지가 있다. 하나는 파트타이머를 포함한 모든 직원을 employee가 아닌 partner라고 부른다른 점이다. 다른 하나는 파트타이머를 포함한 모든 직원에게 의료보험과 스톡옵션을 제공한다는 점이다. 다른 기업의 대부분의 CEO는 의료보험 제공 수준을 낮춰 비용절감을 추구하겠지만, 슐츠는 자신의 어린 시절 경험을 얘기하며(그는 1953년 뉴욕 브루클린 빈민가에서 태어났다. 그의 부모님은 성실한 노동자였다. 그의 아버지는 트럭 운전과 건설 노동을 했다. 그러나 일을 하면서 자주 부상을 당했고 의료보험 혜택을 받지 못했던 그의 가족은 노동임금 감소와 치료비 지급에 쩔쩔매게 된다. 슐츠는 이런 자신의 경험을 통해 자신이 운영할 회사에서는 모든 직원에게 의료보험을 제공하여 안심하고 열심히 일을 할 수 있는 환경을 만들겠다고 어린 시절부터 다짐했었다. 그래서 자신의 커피회사를 세우자마자 그의 오래된 꿈을 실현한 것이다)

직원들에게 자부심과 긍지를 일깨워줬으며, 그것은 직원들의 로열티 강화로 이어졌고, 결국은 고객에 대한 양질의 서비스 제공으로 연결된다.

또 다른 이야기 하나!

1990년대 중반의 일이다. 텍사스에 있는 스타벅스 점포에 강도가 들어 점장이 사망하는 사고가 발생한다. 이 비극을 접한 슐츠는 즉시 전세기를 타고 텍사스에 날아가 사망한 점장의 가족들과 시간을 함께 보낸다. 많은 리더들이 이 정도까지는 한다. 그러나 슐츠는 뭔가 달랐다. 그는 죽은 점장의 가족들을 위해 기금을 조성하였으며, 해당 점포를 기금에 기증하고 수익을 유족들을 위해 사용하도록 했다.

제3절 리더-멤버 교환이론

리더-멤버 교환이론(LMX : leader-member exchange theory)은 리더와 구성원 간의 관계의 특성을 분석하는 이론으로서 수직쌍 연결이론(VDL : vertical dyads linkage theory)에서 발전된 형태이다.

이 이론은 기존의 이론에서 전제로 삼았던 '리더는 모든 멤버들을 동일한 태도로 대한다'를 의심한 데서 출발한다. LMX이론 이전에는 단순하게 리더의 스타일상의 특징에만 주목했으며 리더가 멤버들과 맺는 관계 역시 차별화되어 있지 않다는 것을 전제했다. 하지만 LMX이론은 리더와 특정멤버 사이의 관계는 일종의 쌍(dyad)을 형성하며 이 쌍은 멤버에 따라 전혀 다른 성격을 갖는다는 점을 밝혀냈다. 즉, 리더는 모든 부하들을 동일하게 취급하지 않는다는 가정에 따라 리더와 부하 간에는 상이한 종류의 쌍(dyad)관계가 형성되기 때문에 리더십 연구는 그러한 쌍관계에 초점을 두어야 한다고 주장한다.

예를 들면, 기존의 리더십이론들은 리더가 부하들과의 관계에서 모든 부하들을 똑같은 방식으로 대한다고 보고 있지만 사실은 대개의 리더들이 부하들을 내부자집단(in-group)과 외부자집단(out-group)으로 나누고 서로 다른 방식으로 대하고 있다. 내부자집단은 리더로부터 더 많은 신임을 받고 더 많은 접촉을 가지면서 약간의 특권도 있지만, 외부자집단은 리더와 접촉도 적고 공식적 관계만 가진다.

리더가 내부자집단으로 지목할 때 뚜렷한 방식은 없지만 대개는 직급, 나이, 성격, 태도, 능력 등을 보고 자기와 뜻이 같다고 생각하여 좀 더 유능한 사람들을 내부자집단으로 택한다. 이렇게 일단 정해 놓으면 내부자집단에 속한 부하들은 노력이나 만족도, 충성도, 이직, 결근율 면에서 외부자집단의 부하들보다 훨씬 모범적 행동을 보인다는 것이다. 즉 리더가 자극하는 대로 부하가 반응한다는 점을 강조한다. 리더가 부하를 더 신뢰하고 접촉하고 자기 사람처럼 대하면 부하도 리더가 만족할 만하게 행동한다는 것이다.

리더-멤버의 교환관계를 그림으로 표시하면 [그림 3-3]과 같다.

덴소로우(Dansereau)등에 의한 VDL은 LMX이론으로 발전하여 내집단 내에서 발생하는 의사소통의 빈도, 가치관의 일치성, 추종자의 특성, 직무만족도, 성과, 분위기, 조직몰입도 등이 외집단에서 발생하는 그것보다 더 높은 것을 검증하였다(Daft, 1999).

그라엔과 위비엔(Graen and Uhi-Bien)은 리더-구성원 간의 관계 발전과정을 [표 3-2]에서와 같이 3단계로 나누었다(Graen, Uhi-Bien, 1995).

그림 3-3 | 리더-멤버 교환이론

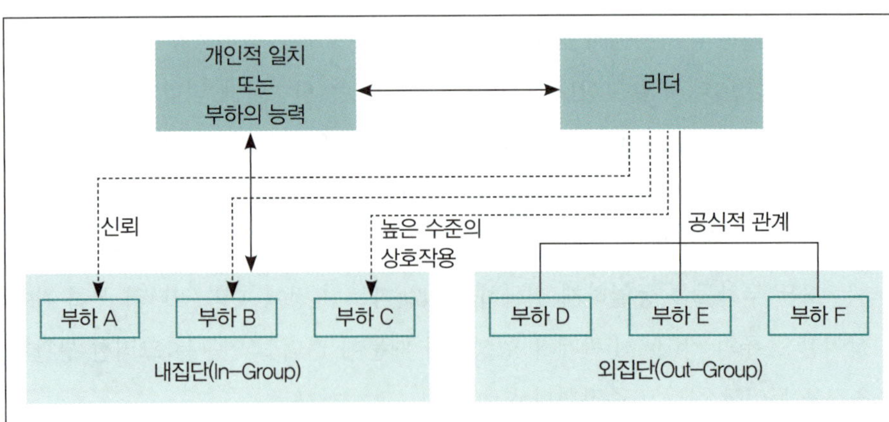

표 3-2 | LMX 발전단계

구분	시간		
	이방인단계	면식단계	파트너단계
역할	규정된 역할	새 역할 실험	합의된 역할
영향력	일방적	혼합적	상호의존
교환의 질	저급	중급	고급
관심대상	부하 자신	자신/타인	집단

놀사우스(Northous) 등은 리더-구성원 관계가 조직 내 팀을 넘어 조직 전체를 대상으로 형성될 수도 있다고 주장하였다(Northous, 1997).

최민수는 A지자체의 지역사무소 관리자이다. 이 사무실은 20만 인구의 지역사회를 위해 서비스를 제공하고 있으며 25명의 직원들이 있고, 그들 모두 '복지문제처리담당자'로 일하고 있다. 이 사무소의 일차적인 업무는 지역주민들에게 사회보장정책에 관한 정보를 제공하고 기초보장제 등과 관련된 업무를 처리하는 것이다. 최민수는 6년 동안 이 사무소의 관리자로 일해 오고 있으며 그동안 사무소의 운영 전반에 많은 개선을 이룩하였다. 지역주민들은 이 지역사무소를 호의적으로 보고 있다.

최민수 밑에서 일하는 거의 모든 종업원들이 6년 이상 이 지역사무실에 고용되어 있고 한 직원은 15년 동안 이곳에 근무하고 있다. 최민수는 직원 모두를 개인적으로 알고 지내는 것을 자랑스럽게 생각하고 있으며 몇 사람의 직원들에게는 더 빈번하게 그의 목표달성을 위한 도움을 요청하기도 한다.

연금신청처리절차에 영향을 미치는 신규법률의 적용에 관한 직원훈련을 위해 두 직원의 도움에 크게 의존하고 있다. 박상민과 정영호는 모두 신규법률에 관한 지식이 풍부하고 유능한 직원들이기 때문이다. 이들 두 직원은 그들의 일상적인 업무 이외에 추가적으로 하게 되는 훈련업무를 하나의 도전적인 직무로 생각하고 있다. 그들이 훈련책임을 맡게 됨으로써 최민수 자신이 그 일을 할 필요가 없게 되었고 또 그 두 직원을 면밀하게 감독할 필요도 없었다. 박상민과 정영호는 이 같은 추가적인 업무를 좋아하고 있다. 그로 인하여 더 큰 인정을 받게 되고 성과평가에서 좋은 점수를 받기 때문이다.

지역사회에 대한 사무소의 서비스를 돋보이게 하기 위해 최민수는 최용준과 김희라 두 직원들에게 지역사회 현장에서 조직을 대표하여 일을 처리하는 현장책임을 맡기고, 지역사회의 여러 조직을 방문하여 사회보장제도의 내용과 그것이 지역사회의 시민들에게 어떤 혜택이 되는지를 설명하도록 하였다. 그 밖에도 그들은 지역라디오 방송프로에 나가 여러 가지 복잡한 사회보장혜택에 대한 상담을 담당하고 있다. 이 사무소에서 많은 직원들이 현장에 나가 현장업무를 수행하기도 하지만 최민수는 특별히 최용준과 김희라에게 그 업무를 수행하도록 하고 있다. 그들은 홍보업무의 도전성을 기꺼이 받아들이고 있다. 최용준과 김희라는 이 같은 추가적인 역할을 맡게 된 것을 좋아하고 있다. 왜냐하면 사회적 신분도 올라가고 재량권이 넓어지기 때문이다. 그리고 이 업무는 부수적인 특혜도 있다.

몇 사람의 직원에게 특별히 도움을 요청하고 있는 세 번째 업무는 업무처리에 뒤처진 직원들을 감독하는 일이다. 몇 명의 직원만 업무처리가 늦어도 사무실 전체의 운영에 영향을 미치기 때문이다. 이 같은 문제를 해결하기 위해 최민수는 사무능력이 뛰어난 이유진과 박주현에게 사무처리가 늦은 직원들이 사건보고서를 완성하는 데 도움을 주라고 요청하였다. 자신들에게는 더 많은 사무적인 부담이지만 이유진과 박주현은 친절한 도움을 주고 있고 사무실 업무가 순조롭게 돌아가도록 하고 있다. 이들이 추가적인 책임을 맡는 데서 오는 혜택은 경력상 유리하기 때문이다

그러나 최민수의 밑에 있는 이외의 사람들은 그의 리더십에 만족하지 못하고 있다. 그가 몇 사람의 직원들에게 너무 많은 것을 주고 있다고 느끼기 때문이다.

제4절 리더십 대체이론

1. 의미

조직에서 리더십의 효과를 무력화시키거나 중화 또는 촉진시킬 수 있는 추종자, 과업, 그리고 조직관련 상황요인에 초점을 둔 것이 리더십 대체이론이다. 예를 들어 리더의 구조주도와 관련된 행동은 부하들의 역할과 책임소재를 명백히 해주고 과업의 수행과정을 통제하는 것을 말한다. 그러나 조직에는 공식화에 의하여 리더의 구조주도 행위가 가져올 수 있는 효과 이외의 방법들이 이미 존재할 수 있다. 가령 부하들의 과업수행에 대한 매뉴얼이나 규칙을 기록한 문서에 의하여 과업의 수행방법이 정형화되어 있을 경우는 리더의 개입 여지가 없어진다. 이 경우 조직의 공식화는 리더십을 무의미하게 만드는 대체요인이다.

2. 리더십 대체요인

광의의 리더십 대체요인에는 협의의 대체요인, 중화요인, 촉진요인, 그리고 보완요인 등이 있다.

협의의 대체요인은 리더십의 행사를 불필요하게 만드는 것으로 조직, 과업, 혹은 하급자관련 상황요인이 이미 성과에 리더십 못지않은 영향을 미치고 있기 때문에 다시 똑같은 효과가 기대되는 리더십의 행사는 의미가 없다. 예를 들면, 공식화된 조직구조와 구조화된 과업 등은 리더의 구조주도 행위에 대한 대체요인이다. 이를 다시 [표 3-3]과 같이 하급자요인, 과업요인, 조직요인으로 구분할 수 있다.

표 3-3 | 협의의 대체요인의 유형

하급자요인	하급자의 속성을 나타내는 것으로 구체적으로 다음과 같은 것을 들 수 있다. ① 능력, 경험, 훈련, 지식의 존재 ② 독립을 요구하는 정도 ③ 전문가 성향의 정도 ④ 조직 보상에 무관심한 경우
과업요인	조직의 수행과업이 다음과 같을 경우 리더십 효과가 대체된다. ① 명확하고 반복적인 과업 ② 방법상 다른 차이가 없음 ③ 완성도에 대한 피드백 제공 ④ 내재적 만족을 주는 경우
조직요인	조직의 특성이 다음과 같을 때 리더십 효과가 줄어든다. ① 공식화 정도가 높음 ② 규칙, 절차가 엄격하게 경직됨 ③ 전문적 자문, 스탭 집단이 존재함 ④ 응집력이 매우 강함 ⑤ 상 · 하급자 간 물리적 거리가 있을 경우

중화요인은 리더십의 행사 자체를 불가능하게 만드는 요인이다. 예를 들면, 지원적 리더십 스타일은 권위주의적 성향이 강한 부하들에게는 행사가 불가능하거나 지리적으로 멀리 떨어져 있는 부하들에게는 구조주도나 배려와 같은 리더십의 행

사가 불가능한 경우가 그 예이다. 협의의 대체요인이 미리 성과에 영향을 미쳐 리더십의 행사와 효과를 무의미하게 만드는 것이라면 중화요인은 리더십의 행사 자체를 불가능하게 만든다는 점에서 양자는 상이하다.

표 3-4 | 리더십을 중화시키는 요인

부하들의 특징	능력, 지식, 경험, 훈련, 독립의 필요성, 전문적인 성향, 조직이 제공하는 보상에 대한 무관심
업무의 특징	애매하지 않고 구조화된 업무, 방법적으로 불변, 성과에 의해 자체의 환류를 제공, 내적 동기에 의해 만족을 가져오는 업무
조직의 특징	공식화, 비신축성, 고도로 구체화되고 적극적인 참모기능, 정밀하게 짜여진 응집력 있는 작업집단, 리더의 통제를 벗어난 조직의 보상체제, 상관과 부하들 사이의 충분한 공간적 거리

촉진요인은 리더십의 효과를 상승시켜 주는 요인이다. 예를 들면, 리더의 직위권한이 크거나 커다란 사회적 배경을 가지고 있다면 그것을 적절히 활용하여 그렇지 않은 리더보다 더 큰 효과를 발휘할 수 있다. 한국의 경우 소유주나 그 친인척 등이 리더십의 직위에 있을 경우 리더십의 발휘를 촉진시키는 요인이 되는 경우가 흔하다.

보완요인은 리더십의 행사에 도움을 줄 수 있는 수단적 요인을 발한다. 예를 들면, 조직에 정보처리시스템이 존재한다면 이것은 리더의 의사결정을 도와주는 보완요인이 되고 따라서 리더는 정보수집을 위해 특정부하에게 의존할 필요가 없게 된다.

리더십 대체이론은 넓은 의미에서는 리더십 상황이론으로 볼 수 있다. 지금까지 밝혀진 리더십 대체요인들은 대부분 상황이론에서 말하는 상황관련 요인이기 때문이다.

리더십 대체요인에 대한 연구는 주로 커(Kerr), 저미어(Jermier), 포드사코프(Podsakoff) 등에 의하여 행해졌다(Podsakoff, Mackenzie, Moorman, and Fetter, 1990).

리더십 대체요인의 함수형태는 [그림 3-4]와 같다. 그림에서 X축은 리더십을 나타내고 Y축은 기준변수를 나타내며, 세 개의 직선은 조절변수의 값이 상·중·하

| 그림 3-4 | 리더십 대체요인의 함수형태

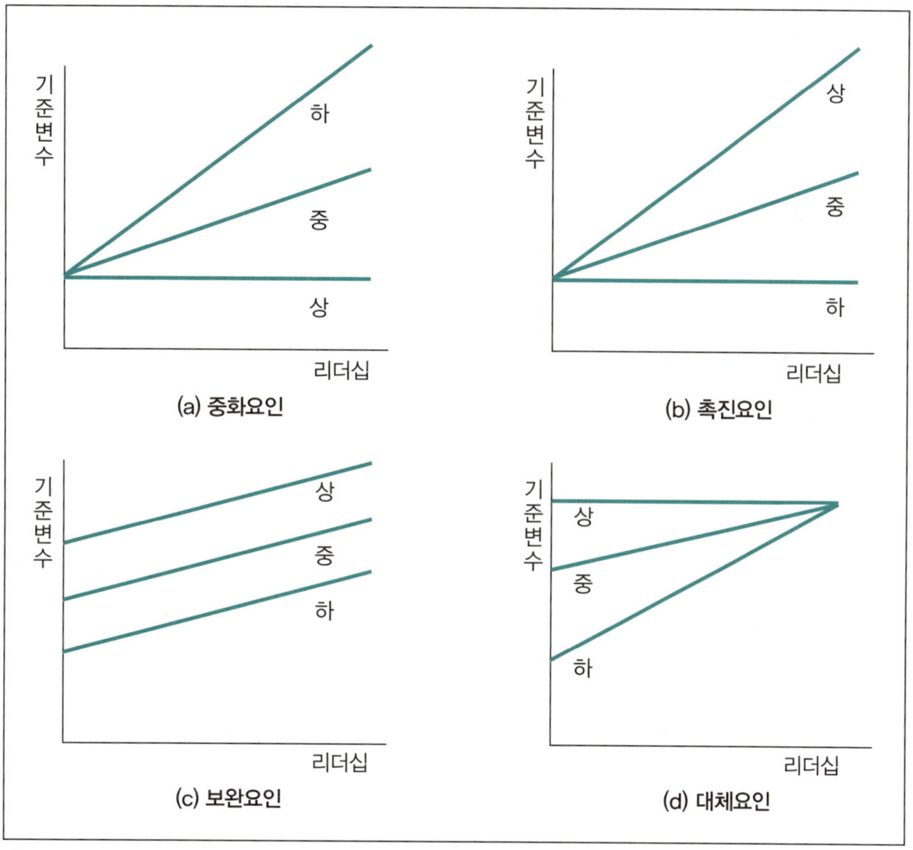

자료 : 권상술, 상사의 변혁적 리더십과 거래적 리더십이 조직 구성원의 태도 및 지각에 미치는 영향, 서강 대학교 대학원 박사논문, 1996, 96쪽.

일 때의 X와 Y 간의 함수관계를 보여주고 있다. 그림 (a)에서는 조절변수의 값이 하 · 중 · 상으로 높아짐에 따라서 중화요인은 리더십이 기준변수에 미치는 영향의 정도를 작아지게 만들고 있다. 조절변수가 촉진요인으로 작용할 때인 (b)에서는 조절변수의 값이 하 · 중 · 상으로 높아짐에 따라서 리더십의 변화가 기준변수의 변화에 미치는 영향이 커지고 있다. 조절변수가 보완요인으로 작용할 때인 (c)에서는 조절변수의 값이 하 · 중 · 상으로 높아진다 해도 직선의 기울기에는 변화가 없으며 절편만 변화하고 있다. 이는 보완요인이 리더십의 변화가 기준변수의 변화에 미치는 영향의 크기는 변화시키지 않지만, 그 자체로서 기준변수에 추가적인 영향을 미친다는 것을 보여주고 있다. 끝으로 조절변수가 대체요인(협의)으로 작용할 때인

(d)를 살펴보면, 조절변수의 값이 높은 경우에는 리더십이 증가해도 기준변수의 값은 증가하지 않고 일정하게 유지되고 있다(권상술, 1996).

제5절 서번트리더십

서번트리더십(servant leadership)은 그린리프(Greenleaf)가 1970년에 헤세의 『동방순례(Journey to the East)』를 읽고 『The Servant as a Leader』라는 책을 출판하면서 정립된 이론이다. 소설 『동방순례』의 주인공 레오(Leo)는 여행단의 잡일을 도맡아 처리하는 서번트로서 여행단의 일원이 되어 여행단이 지치고 힘들어 할 때는 노래를 불러 활기를 불어넣어 준다. 덕분에 여행길은 순조로웠으나 레오가 사라지면서 여행단은 혼란에 빠지고 드디어 여행 자체를 포기하게 된다. 여행단은 몇 년을 방황한 끝에 마침내 레오를 만나 그가 바로 그 여행단을 후원한 교단의 우두머리이자 정신적 지도자라는 사실을 알게 된다. 그린리프는 위대한 리더는 서번트처럼 보인다는 아이디어를 이 소설에서 얻었다고 말했다.

그린리프는 "서번트리더가 되기 위해서는 먼저 리더 자신이 서번트가 되어야 한다. 섬기고 싶다는 자연스런 느낌으로부터 시작해야 한다. 그 다음은 리드하고 싶은 열망을 일으키는 의식적 선택을 해야 한다. 서번트리더인가에 대한 최고의 검증은 섬김을 받고 있는 사람들이 점점 더 건강해지고, 지혜로워지며, 자유로워지고, 자율적이 되어 가는가를 확인하는 것이다. 즉 섬김을 받고 있는 사람들도 서번트가 되어 가고 있는 가가 판단기준이다.

서번트리더가 갖추어야 할 요건은 [표 3-5]와 같다.

표 3-5 | **서번트리더가 갖춰야 할 요건**

1. 듣기 : 부하들의 욕구를 듣고 파악한다.
2. 동정 : 부하의 감정에 동감하고 부하가 실수했을 때 같이 동정해 준다.
3. 치료 : 부하의 실수를 해결해 주고 위로해 준다.
4. 인지 : 부하의 강 · 약점을 관찰하여 알려준다.
5. 설득 : 지시보다 설득을 택하여 부하에게 접근한다.
6. 개념 : 장기적이고 폭넓은 사고방식을 가지려고 노력한다.
7. 예견 : 현재의 행동이 어떤 결과를 가져올 것인지 예견하고 상황판단을 할 줄 안다.
8. 보호 : 리더 자신이 조직의 물적 · 인적자원에 대한 감시자요 보호자라는 것을 안다.
9. 개발 : 부하들의 현재능력에 만족하지 않고 개발 · 발전시켜 나간다.
10. 협동 : 조직의 구성원들에게 항상 공동체정신을 심어 준다.

자료 : L. C. Spears, *Reflection on Leadership : How R. K. Greenleaf's Theory of Servant Leadership Influenced Today's Top Management Thinkers*, New York, John Wiley & Sons, 1995, pp.1–4.

레오는 우리의 하인들 가운데 한 사람이었다(하인들도 물론 우리와 마찬가지로 자발적으로 참가한 사람이었다). 그는 짐 나르는 일을 도왔고, 때로는 대변인의 개인적인 일거리를 맡아 처리하기도 하였다. 눈에 잘 띄지 않는 이 남자는 어딘지 사람을 끄는 데가 있고, 쉽게 사람의 마음을 사로잡는 힘이 있어서 우리 모두들 그를 좋아했다. 그는 그의 일을 즐겁게 처리했다. 대개 혼자서 노래를 부르거나 휘파람을 불렀으며, 필요할 때 외에는 눈에 띄지도 않는 이상적인 하인이었다. 그뿐만 아니라 모든 동물들이 그를 따랐다. [···]

우리 결맹에는 개인적인 가치관과 결맹에 충실한 점에 있어서는 아무런 문제가 없다 할지라도, 약간 정도가 지나치거나 혹은 특이하게 과장하거나 공상적인 면을 가진 사람들도 꽤 많이 있었다. 그러나 이 하인 레오는 소박하고 자연스러웠으며, 붉은 뺨을 가진 건강하고 친절하며 소탈한 사람이었다. [···]

나는 전체 결맹의 최고 지위에 서서 나를 심판하려는 사람이 바로 예전에 짐꾼이자 하인이었던 레오라는 사실에 적잖이 감동되어 마음속 깊이 감격하고 있었다. 그러나 무엇보다도 더욱 나를 감동시키고 당황스러울 정도로 놀라고, 또 행복하게 했던 사실은 결맹이 전혀 흔들림 없이 예전과 변함없이 온전히 강력하게 존재하고 있었다는 사실이었다. 또 나를 저버리고 실망시켰던 것은 레오도 아니고 결맹도 아니었으며, 내 자신이 너무 약하고 멍청해서 자신의 체험을 잘못 이해하고서 결맹의 존재를 의심하고 동방순례를 실패한 것으로 간주해버렸다는 사실이었다. [···]

나는 작은 사람으로 겸손한 마음으로 최고지도자의 발치에 서 있었다. 나는 바로 그 최고지도자에 의해 그 옛날 결맹의 형제로 받아들여졌고, 입단식을 거쳐 결맹의 반지를 수여받고, 하인 레오와 함께 순례에 오르게 되었던 것이다.

신약 성경 마가복음 10 : 44－45에 예수가 “너희 중에 누구든지 크게 되고 싶은 사람은 남을 섬기는 사람이 되어야 하고 으뜸이 되고 싶은 사람은 모든 사람의 종이 되어야 한다. 나는 섬김을 받으러 온 것이 아니라 섬기러 왔으며 많은 사람의 죗값을 치르기 위해 내 생명마저 주려고 왔다”고 말한 것이나, 노자의 도덕경 17장에 “사람들이 그의 존재를 느끼지 못할 때 그는 가장 훌륭한 리더라고 할 수 있다. 사람들이 그에게 복종하고 갈채를 보낼 때 그는 훌륭한 리더에서부터 멀어지기 시작한다. 진정 훌륭한 리더는 가급적 말을 적게 하면서 조용한 가운데 목표에 도달함으로써 그의 임무를 다하는 사람이다. 목표가 달성되었을 때 사람들은 말한다. ‘우리 모두가 이 일을 해냈다’고. 사람들을 이렇게 이끄는 리더야말로 진정한 리더이다”와 같은 내용은 바로 서번트리더의 리더십정신을 표현한 것이다.

주로 권력이나 권한을 영향력의 원천으로 사용하는 전제적 리더는 명령계통에 따른 지시를 하달하고, 사람을 목적달성을 위한 수단으로 생각하며, 계층을 중시하고, 복종하고 수동적인 추종자를 만들며 리더십의 첫 출발이 사람들을 리드하는 것인 반면, 서번트리더는 부하들과 상호작용을 통하여 이해를 향상시키고, 사람을 목적으로 인식하며, 수평적인 사고방식을 가지고, 추종자들을 성장시키는 것에 관심을 가지며, 리더십의 첫 출발 의도가 사람들을 섬기는 것이다.

글로벌 경제시대에는 재화와 용역의 생산에서 효율성을 가진 조직만이 경쟁에서 살아남을 수 있다. 낮은 비용으로 일정한 수준의 품질을 갖는 제품을 만들고 적은 것을 투입하여 더 빠른 속도로 많이 생산한다. 이것을 달성하기 위한 유일한 방법은 사람들을 임파워먼트(empowerment)하는 것이고 임파워먼트하기 위한 유일한 방법은 신뢰성 높은 문화(high trust culture)를 만드는 것이다. 임파워먼트의 철학은 보스(boss)를 서번트와 코치로 변화시키는 것이다

저신뢰문화(low trust culture)의 특징은 높은 수준의 통제경영(high control management), 정치적 자세(political posturing), 방어주의(protectionism), 냉소주의(cynicism), 내부적 경쟁(internal competition), 대항주의(adversarialism) 등이다. 이러한 문화로는 사람들을 임파워링하는 조직이 갖는 특징인 속도, 품질, 혁신(speed, quality, innovation)에 경쟁하지 못한다.

다른 사람의 등과 손은 살 수 있어도 다른 사람의 가슴(heart), 마음(mind), 영혼(spirit)은 살 수 없다. 글로벌 경제의 경쟁적 현실을 감안하여 거대한 창의적 재

능, 몰입, 충성심 등을 받아낼 뿐만 아니라 구성원들의 임파워먼트를 지원할 수 있는 구조, 시스템, 관리 스타일 등을 배치해야 생존할 수 있고 시장의 리더가 될 수 있다. 이러한 임파워먼트가 서번트리더십의 핵심 원칙이며 이것을 말로만 아니라 실천해야 조직이 존속할 수 있다는 것을 요즘의 리더들은 배우고 있다.

하부구조(infrastructure)가 변화하면 모든 것은 극심하게 변화한다. 전통적, 계층제적, 높은 외부통제적, 톱다운 방식 등을 특징으로 하는 경영은 분해되어 가고 있다. 그런 것들은 이제 단순히 작동되지 않는 것이 아니다. 그런 것들은 소위 혼돈이론가들이 낯선 매혹자(strange attractor)라고 부르는 것으로 대체된다. 그것은 비전감각으로서 사람들을 끌어들이고, 통합시키며, 공통의 목적을 달성하도록 내적으로 동기부여시키는 것이다. 이렇게 되면 결과를 추구하기 위해 밖으로부터 동기부여하는 관리자의 역할이 서번트리더로 변화한다. 관리자들이 이렇게 되면 안에서 밖으로 뽑아내는 것을 추구하고, 영감을 주며, 사람들의 내부에서 최고 · 최선의 것을 개발하려고 한다. 리더는 공유비전을 개발하고, 자신들의 가장 깊은 곳을 향해 뻗고 도달하여 공유비전을 독립적 혹은 상호의존적으로 달성할 수 있는 방법으로 자신들의 독특한 재능을 사용한다(Covey, 1998).

제6절 셀프리더십

거스 히딩크 감독은 한국팀 월드컵 4강 진출이라는 믿기 어려운 성과를 이루어냈고, 한 · 일 월드컵은 그의 리더십을 입증하는 무대였다. 월드클래스 컴퍼니인 삼성그룹의 이건희 회장이 '히딩크 리더십을 배워야 한다'고 강조할 정도로 그의 리더십은 초미의 관심사로 자리 잡게 되었다. 이렇듯 히딩크 감독이 극단적인 스포트라이트를 받게 된 이유는 극적인 시기에 극적인 방법으로 우리에게 다가온 그의 리더십 때문이다.

히딩크 감독은 오 대 영(5 : 0)이라는 비아냥거림을 감수하면서 단기적 성과에 집착하지 않고 변화프로그램을 배짱으로 밀어붙였다. 또한 그는 플레이메이커를 키우지 않는 대신, 끊임없는 경쟁을 통해서 선수들에게 스스로 변화에 도전하는 '셀프리더'가 되라고 주문했다. 자신을 변화의 대상자로 보지 않는 선수는 그 누구라도 팀을 떠나야만 했다.

용기를 갖고 약점을 강점으로 바꾸는 성공적인 도전으로 '4강 신화'를 달성하는 데 성공한 히딩크 감독의 셀프리더십은 뜨거운 찬사를 받아 마땅하다. 히딩크 감독이 보여준 셀프리더십은 '올바른 리더만 있으면 얼마든지 바뀔 수 있다'는 자긍심과 더불어 개혁과 혁신에 어려움을 겪고 있는 우리 사회에 아직도 커다란 영향력을 미치고 있다.

1. 필요성

새로운 시대의 지식근로자는 다른 유형의 인간이기 때문에 다른 유형의 리더십이 필요하다. 따라서 조직은 이들의 특별한 욕구에 적응해야 한다. 그들은 상상력이 풍부하고 창의적이다. 관료주의적인 조직에서 단조롭고 고된 일이나 판에 박힌 일을 하는 것을 싫어한다. 명령을 받는 것은 지성을 모욕하는 것으로 여긴다. 그들은 스스로를 관리하는 것을 좋아한다(Kelly, 1985).

21세기의 조직들은 종업원 선발의 중요한 기준으로 셀프리더십의 잠재력을 채택할 필요성이 있다. 슈퍼리더는 셀프리더십을 교육할 수 있다. 셀프리더십의 잠재력을 가진 종업원들을 선발하여 셀프리더십의 학습이 조직의 문화가 될 수 있도록 교육해야 한다. 슈퍼리더는 [표 3-6]에서와 같이 다른 사람들을 의존적인 것에서 독립적인 것으로 변화시키는 주요한 역할을 해야 한다.

표 3-6 | 의존에서 독립으로

의존	독립
• 외부관찰(외부감시)	• 자기관찰(자기감시)
• 할당받은 목표	• 자기설정 목표
• 과업수행에 대한 외적 강화	• 셀프리더십 행동에 의한 내적 강화 및 외적 강화
• 주로 외적 보상에 의한 동기유발	• 일 자체에서 오는 내적 보상에 의한 동기유발
• 외부의 비판	• 자기비판
• 외부에 의한 문제해결	• 자체적인 문제해결
• 외부적인 계획수립	• 자체적인 계획수립
• 외부적인 과업설계	• 자체적인 과업설계
• 장애요인을 먼저 생각	• 기회와 가능성을 먼저 생각
• 조직의 비전에 순응	• 부하와 더불어 설정한 비전에 헌신

자료 : 김남현 역, C. Manz 외 저, 슈퍼리더십, 경문사, 2002, 93쪽.

특히 해결해야 할 문제가 구조화되어 있지 않고, 종업원들이 제공하는 정보가 필요하며, 문제의 해결책이 종업원들에게 수용되어야 하며, 종업원들이 조직목표를 공유하고 있을 경우에는 구성원들에게 더 많은 자율권을 부여하는 셀프리더십의 교육과 실천이 필요하다. 셀프리더의 개발은 바로 리더십 투자이다.

2. 블랜차드 리더십 모델과 셀프리더십

1) 무능하고, 자발성 없으며 불안한 부하(준비성 R1)

이런 수준의 부하에게는 무엇을, 어떻게 실행할 것인지를 구체적으로 정해 주고 설명해야 한다. 역할을 명확히 정의하고 일방적 의사소통을 한다. 의사결정은 리더가 하며 철저한 감독을 한다. 시범을 보여주고 기대한 대로 실천했을 경우는 자기 완성적 예언에 의한 동기부여를 한다. 점진적으로 가르치고 간단하고 구체적인 조치를 한다. 이런 상황에서는 지시하고, 안내하며, 지휘하고, 성취하도록 하는 리더십은 효율적이나 억압적으로 명령하고, 부끄럽게 만들며, 지배하고, 공격하는 리더십은 비효율적이다.

2) 무능하나 자발성 있으며 자신감 있는 부하(준비성 R2)

부하가 이제 좀 더 성장하게 되면 리더의 의사결정 내용을 설명하고, 그것을 부하의 입장에서 명확하게 하는 기회를 제공한다. 쌍방적인 대화를 한다. 의사결정은 R1과 마찬가지로 리더가 하지만 부하의 역할을 설명하고 부하의 능력수준을 해명하는 질문을 한다. 업무시행에서 진전이 있으면 적극적인 강화를 한다. 이런 상황에서는 설득적, 설명적, 명백히 하는 것 등의 리더십은 효율성이 있으나 조작적, 설교적, 방어적, 합리화 등에 의한 리더십은 비효율적이다.

3) 유능하나 자발성 없고 불안정한 부하(준비성 R3)

준비성의 수준이 R3인 부하에게는 노력의 투입을 고취시키고, 능동적으로 들으며, 부하가 의사결정을 하도록 한다. 쌍방적 의사결정을 하고 몰입하도록 한다. 위험부담을 하도록 지원하고, 잘한 일에 대해 경의를 표하고 자신감을 갖도록 해준다. 이런 상황에서는 참여적이고 용기를 주며 지원적이고, 부하를 권력화(empowerment)하는 것은 효율적인 리더십이나 후원하고, 회유하며, 시혜적(施惠的)이고, 달래는 리더십은 비효율적이다.

4) 유능하고 자발성 있으며 자신감 있는 부하(준비성 R4)

이와 같이 성숙수준이 높은 부하에게는 과업을 위임하고 중요한 계획만을 리더가 관여하고, 부하가 의사결정을 하며, 감독을 거의 하지 않고, 활동을 모니터하며 성취결과에 대해 강화하고, 접근가능성만 유지하는 리더십은 효율성이 있으나 포기하거나, 내버려두고, 철회하는 리더십은 비효율적이다. 이런 수준의 부하는 이제 셀프리더로 성장했다.

3. 셀프리더십 개발전략

슈퍼리더십은 팔로워들이 스스로 자신들을 리드하도록 하는 리더십이기 때문에 셀프리더십의 개발이 핵심이다. 대부분의 사람들은 어느 정도의 셀프리더십을 발휘하고 있지만 모든 사람들이 자발적으로 일을 시작하고, 자기주도적이며, 자기동기화되어 있지는 않다. 뿐만 아니라 슈퍼리더도 자신이 먼저 셀프리더가 되는 것을 배워야 한다. 이하에서는 주로 사회학습이론에 뿌리를 둔 셀프리더십 개발전략을 설명하기로 한다. 사회학습이론은 사람들이 외부의 강화요인에 의하여 행동을 획득하고 변화시키기도 하지만 동시에 내적인 인지과정에 의하여 환경에 적절한 행동을 하거나 심지어 환경 자체를 변화시키기도 한다고 본다(신구범, 2005).

1) 자기설정 목표

동기부여의 과정이론인 목표이론에 보면 목표가 자기결정적일 경우 목표몰입감이 높다고 한다(Hollenback et al., 1989). 목표는 방향설정과 우선순위를 위한 기준이 된다. 예를 들면 성과에 나쁜 영향을 미치는 행동을 줄이는 것, 판매량을 증가시키는 것, 경력을 개발하는 것 등에서 도전가능하고, 달성가능하며, 구체적인 목표일수록 그 효과를 최적화할 수 있다.

2) 단서의 관리

사람이 행동변화를 의도할 경우 자기 주위의 단서에 반응한다. 예를 들면 금연이 어려운 이유의 하나는 광고판, 잡지 등에서 담배에 관한 광고가 너무 많기 때문이다. 즉 흡연을 생각하게 하는 단서가 너무 많은 것이다. 상황적 단서에 의하여 바람직한 행동을 목표로 설정하여 긍정적인 상기요인(positive reminder)을 활용하면 행동변화가 가능하다.

이 긍정적인 상기요인이 사람들로 하여금 성취하려는 것에 주의를 집중시키도록 작용한다. 예를 들어 금연하려 할 경우 ① 흡연자나 흡연광고와의 접촉을 피하고, ② 흡연의 위험에 대한 정보를 찾고, ③ 금연에 대한 개인적 목표를 설정하며, ④ 자신의 담배소비를 항상 알고 있음으로써 바람직한 행동으로 인도할 수 있는 옳은 상황단서를 추구한다.

이와 같이 단서를 관리하는 것은 건설적 활동을 개시하고 파괴적 활동을 제거하도록 하는 자극을 제공한다. 사무실 벽에 동기유발을 자극하는 경구나 그림을 붙여두는 것도 단서가 된다. 보이지 않는 부하를 관리해야 하는 전자시대에 화상회의를 하는 것이나, 고위경영자가 사원 식당에서 종업원들과 함께 식사하는 것 등은 대면적 상호작용을 증가시켜 셀프리더가 되기 위한 단서를 제공한다.

3) 연습

사회심리학을 활용한 자기변화에서 인지적 지원(cognitive support)은 매우 중요하다. 인지지원은 환경적 단서에 반대되는 것으로서 심리적 단서(psychological cues)이다. 3개의 단서는 다음과 같다(신구범, 2005).

(1) 상징적 코딩(symbolic coding)

먼저 사람들은 문제에 관한 언어적 · 시각적 자극을 연관시키려는 노력을 통하여 상징적 코딩을 한다. 예를 들면, 마음속에 흡연자가 기침을 하고 아픈 모습을 그린다. 담배를 생각할 때마다 그것을 아픈 것과 연관시킨다.

(2) 연습(rehearsal)

상징적 코딩 다음으로는 문제에 대한 해결책을 마음속에서 연습한다. 예를 들면 담배가 없는 사회적 상황에서 어떻게 행동할지를 상상한다. 그렇게 함으로써 바람직한 상황에서의 자기 이미지를 개발해 본다.

(3) 자기대화(self-talk)

자신의 긍정적 행동을 계속하기 위해 자신에게 격려하는 말을 한다. 자신을 격려하는 말을 많이 하는 사람이 부정하는 입장을 가진 사람보다 행동을 더 잘 변화시킨다. 자기대화를 통하여 바람직한 행동으로의 변화가 가능하다고 자신을 확신시킨다.

이 중에서 연습은 중요한 과업을 수행하기 전에 역할연기 등을 통해서 셀프리더십을 개발을 할 수 있는 전략이다.

4) 자기관찰

자신의 행동을 관찰함으로써 변화가 필요한 행동과 그 행동의 원인, 빈도, 지속시간 등을 알 수 있고, 따라서 이러한 것은 셀프리더십을 위한 중요한 정보가 된다. 이것은 또한 자기평가의 자료가 된다.

5) 자기보상

자기보상은 자기강화(self-reinforcement)이다. 사람은 자기가 설정한 목표를 달성했을 경우 자신의 등을 두드리며 칭찬과 인정을 함으로써 자기강화를 할 수 있다. 자기강화과정이 효율적이기 위해서는 다음과 같은 세 가지의 조건이 충족되어야 한다(Bandura, 1976).

① 변화시키고자 하는 목표행동의 질과 양에 대한 명백한 기준을 설정해야 한다.
② 바람직한 강화인자에 대한 통제가 가능해야 한다.

③ 강화인자의 제공은 조건적이어야 한다. 실패하게 되면 보상을 받지 못한다는 조건이 있어야 한다.

자기보상은 과업수행의 동기유발을 위한 유용한 전략이다. 어려운 일을 완성한 후 좋아하는 휴양지에서 주말을 보내는 것을 상상하는 것은 자기보상의 예이다.

6) 자기교정 피드백

조직관리과정의 마지막 단계인 통제와 같은 것이 자기교정 피드백이다. 실패나 성공을 확인하는 것이다. 이 경우 파괴적인 자기처벌은 자신감이나 자존감에 상처를 입힐 수 있다. 따라서 실패에 대한 내성적인 자기검토와 실패로부터 배우려는 노력, 건설적인 자기교정 피드백의 제공, 성취에 대한 좋은 감정 등은 셀프리더십의 개발을 위해서 좋은 전략이다.

4. 셀프리더십과 내재적 보상전략

내재적 보상은 셀프리더십에서 매우 중요한 주제이다. 내재적 보상의 근원은 일 자체로부터 오는 만족감이다. 조직을 위하여 투입한 것에 대한 대가인 임금, 지위, 인정 등은 수단적인 것으로서 외재적 보상의 원천이다. 고차원의 욕구충족을 희망하는 성숙한 구성원들에게는 일을 통해 일정한 내재적 보상을 받는 것이 성취와 업적을 위한 고도의 동기유발요인이 될 수 있다. 셀프리더가 긍정적인 사고와 감정을 끌어내기 위해 내재적 보상을 전략적으로 활용하는 것은 매우 중요하다.

정보화시대에는 일 자체에서 나오는 내적 보상을 어떻게 인식하고 증대시킬 것인가가 더욱 중요하다. 사람들이 가상공간에서 일하는 경우가 많기 때문에 전통적인 외재적 보상요인, 예를 들면 인간관계나 면대면의 상호작용과 의사소통에서 오는 만족 혹은 상사의 인정에서 오는 보상 등은 동기부여요인으로서 큰 힘을 발휘하지 못하게 되는 경우가 많다. 게다가 정보화시대의 근로자들은 점점 더 도전적이고 자신의 입장에서 의미 있는 일을 원하고 있다. 상호의존관계가 사라져 가고 있는 환경에서는 동기요인이 근로자 자신에게서 나와야 하는 필요성이 점점 커지고 있다.

수행하고 있는 과업이 자기유능감, 자기통제감, 선한 목적과 의미 등을 제공할 때 내재적 보상의 요인으로 작용한다(김남현, 2002).

1) 자기유능감

자기유능감은 물질적 보상이나 칭찬을 받지 않더라도 강력한 동기요인이 된다. 사람들은 자신이 효율적으로 잘할 수 있는 일을 좋아하기 때문이다.

자기유능감은 특정과업의 수행이나 사건과 관련된 경험과 행동을 되돌아보고 그와 같은 것이 미래에 다시 발생할 경우 그것을 얼마나 성공적으로 성취할 수 있는가에 대한 신념으로서 주어진 맥락에서 특정의 과업을 성공적으로 수행하기 위해 필요한 동기부여수준, 인지적 자원(cognitive resources), 행동과정 등을 발휘하기 위한 능력에 대한 믿음이다.

이와 같은 자기유능감, 즉 “나에게는 이 일을 해낼 수 있는 능력이 있다”고 믿는 신념을 개발하기 위해서는 다음과 같은 4가지 방법이 있다. 자기유능감은 성공경험, 대리경험 혹은 모델링, 사회적 설득, 그리고 신체 · 심리적 각성(arousal)에서 온다. 따라서 자기유능감을 개발하기 위해서는 이 4가지 영역을 개발하면 된다.

성공경험(mastery experience)은 강한 자기유능감을 형성하고 실패경험은 자기유능감을 약화시킨다. 작은 성공의 경험들을 쌓으면 이것이 자기유능감의 자료가 된다. 따라서 성공할 수 있도록 많은 연습(훈련)을 하는 것은 중요하다.

자기유능감을 개발하는 두 번째 방법은 사회적 모델이 제공하는 대리경험이다. 이것은 다른 사람을 보고 배우는 것이다. 자기 주변의 사람들이 어려움을 극복하고 성공하는 것을 관찰하면 자기유능감에 대한 신념이 고양된다.

자기유능감을 개발할 수 있는 세 번째 방법은 사회적 설득(social persuasion)이다. 이것은 “너는 할 수 있다”와 같은 CAN DO접근이다. 설득력 있는 격려는 자기유능감을 촉진시킨다.

자기유능감과 신체 · 심리적 각성은 관련성이 있다. 매우 피곤하고 정신상태가 양호하지 않으며 우울한 경우에는 자기유능감이 낮아진다. 이럴 때 사람들은 자신의 능력이 약하다고 생각할 수 있다. 기분이 좋을 때는 과거의 성공경험이 살아나고 우울할 때는 실패경험이 살아나서 자기유능감에 대한 확신을 낮추게 된다. 말하자면 사람들은 자신의 능력을 판단할 때 신체적 상태와 심리적 상태의 영향을 받는다는 것이다. 따라서 신체·정신적으로 최적의 상태를 유지하는 노력은 자기유능감 개발에 매우 중요하다.

2) 자기통제감

사람들은 자신의 운명을 통제하고 싶은 성향을 가지고 있다. 자율성을 유지하고 자신의 아이디어와 창의력을 표현할 수 있는 기회를 추구한다. 사람들은 앞에서 설명한 자기유능감을 가지고 자신의 능력으로 일을 성취함으로써 자기통제감이 증대된다. 직무재설계이론에서 자기통제감인 자율성을 증대시키면 사람들은 책임감과 유의미성을 경험하고 높은 수준으로 동기부여된다(Hackman, 1976).

3) 선한 목적과 의미

도전적인 과업의 수행이 자기유능감과 자기통제감을 가져다준다고 하더라도 그것이 자신에게 의미 있고 가치 있는 것으로 느껴지지 않는다면 그것은 내재적 보상으로 연결되지 않을 가능성이 많다. 사람들은 과업수행의 목적과 의미를 알고 싶어하기 때문이다.

어떤 일의 결과가 윤리적으로 문제가 있을 경우 유능감을 느끼고 자기통제하에서 일을 성취했더라도, 의미의 측면에서 선한 목적이 결여되었을 경우 내재적 보상의 효과는 없거나 약화된다.

이타주의적 이기주의(altruistic egoism)라는 말이 있다. "누이 좋고 매부 좋다"는 말과 일맥상통하는 말이다. 한 인류로서 자신의 욕구를 인지하고 충족시키면서 다른 사람에게 도움을 주는 것, 그것이 이타주의적 이기주의이다. 인간이 자기중심적 성향을 타고 났다 하더라도 다른 사람들의 호의와 존경을 받는 일을 하는 것은 내재적 보상의 요인이 된다.

이상 설명한 셀프리더십 개발전략을 정리하면 [표 3-7]과 같다.

과업의 자율적인 재설계는 직무충실화이론에서 나온 것으로 수행하고 있는 작업을 재설계하여 직무에서 기능다양성, 과업정체성, 과업중요성, 자율성, 피드백 등을 증가시킴으로써 직무수행자가 일에서 유의미성, 책임감, 결과에 대한 지시 등을 경험하도록 하여 종국에는 내재적 보상감을 향상시키려는 시도이다.

마지막의 셀프리더십의 사고패턴은 개인의 자조적인 셀프리더십 개발방법이다.

표 3-7 | 셀프리더십 개발전략

행동지향적 셀프리더십	
• 자기설정 목표	• 자기 자신의 작업 노력을 위해 자신이 목표를 설정한다.
• 단서의 관리	• 자신의 바람직한 개인적 행동을 촉진하기 위해 작업환경 내에 단서를 설치하고 변경한다.
• 예행연습	• 어떤 작업활동을 실제로 수행하기 전에 그 작업활동을 사전에 신체적 · 정신적으로 연습한다.
• 자기관찰	• 자신이 표적으로 삼고 있는 자기 자신의 구체적인 행동을 관찰하고 그 행동에 관한 정보를 수집한다.
• 자기보상	• 바람직한 행동을 해냈을 때 그것에 대해 자기 자신이 가치 있게 여기는 보상을 자기 자신에게 제공한다.
• 자기처벌	• 바람직하지 못한 방법으로 행동했을 때 그것에 대해 자신을 처벌한다.
내적 보상을 통한 셀프리더십	
• 과업의 자기 재설계	• 직무 내의 내적 보상수준을 높이기 위해 무슨 일을 어떻게 할 것인가를 자신이 재설계한다. 내적 보상은 과업 그 자체와 분리된 것이 아니라 그 일부이다(예를 들어 취미와 관련 있는 일은 보상이 된다). 그리고 그 같은 내적 보상은 다음과 같은 느낌을 가져다주는 활동에서 초래된다. –유능감 –자기통제감 –선한 목적 및 의미
• 작업환경여건의 재설계	• 인접한 작업환경에서 오는 내적 보상을 증진시키기 위해 인접한 작업환경을 재설계하거나 작업의 시간과 장소를 변경한다.
셀프리더십의 사고패턴	
• 건설적인 사고패턴의 확립	• 자신의 생각 속에 건설적이고 효과적인 습관이나 패턴을 확립한다(예를 들어 장애적 사고가 아닌 기회적 사고를 추구하는 경향성). 이 같은 건설적인 사고패턴은 다음을 관리함으로써 얻어질 수 있다. –신념과 가정 –정신적 이미지(상상적 경험) –자신과의 대화

자료 : 김남현 역, C. Manz 외 저, 슈퍼리더십, 경문사, 2002, 152쪽.

제7절 슈퍼리더십

인재중용의 리더 · 조조(曹操)

리더로서 조조의 역량을 꼽으라 한다면 단연 인재를 등용하고 이를 활용하는 용인술을 그 첫 번째로 들 수 있다. 조조는 사사로운 감정에 치우치지 않고 재능 있는 자를 적재적소에 등용하였으며, 상벌을 분명히 하고 언로를 개방하여 인재를 불러모았다. 따라서 그의 주변에는 항상 뛰어난 인재들로 넘쳐났는데, 적군의 명장과 모신들까지도 그들의 주인을 버리고 조조에게 투항해온 사람 역시 적지 않았다. 조조의 책사(策士)로 유명한 순욱은 원래 원소 밑에서 일하다 그의 인물됨에 실망하여 조조에게로 넘어온 대표적인 경우이다.

조조는 항상 부하들을 대할 때 笑語(소어 : 웃는 얼굴과 말투로), 豁達(활달 : 생기 있고 활기 넘치게 응대하며), 聽受(청수 : 다른 사람들의 말에 적극적으로 귀를 기울임)의 세 가지를 몸소 실천했다고 한다. 훗날 소동파는 제갈량과 조조를 비교하면서, 제갈량은 병법과 영토, 전쟁 등 모든 부문에 있어서 조조에게 미치지 못했지만, 단 하나 일편단심의 지극한 충신이었다는 점에서 조조보다 뛰어나다고 평가했다.

이것은 전통적으로 '순환적 사고체계'를 가지고 있는 유교사상에 입각한 동양적 인물평가시스템에서 기인한 영향이 크다고 할 수 있겠다. 그 사람이 가진 재능과 공적보다는 인의와 충효를 더 중시하며, 비록 그 사람이 재능과 학식은 다소 부족하더라도 덕망과 인의가 높은 사람을 선호해온 것과 같은 맥락이다. 이러한 동양적 접근법이 어쩌면 오늘날 역량중심의 인재육성시스템의 발전을 가로막는 걸림돌 중 하나라고 한다면 이는 지나친 억측일까? 동서고금을 통틀어 인재를 바로 볼 줄 알고, 적소에 배치할 줄 알며, 능력을 키워줄 뿐만 아니라 작은 허물을 용서하고 장점을 극대화시키는 능력, 그래서 조직을 향한 부하들의 끝없는 충성심을 유발토록 했던 리더에 대해 논한다면 단연 조조가 그 으뜸이라 할 수 있다.

1. 의미와 필요성

티시(Tichy) 등의 연구에 의하면 성공적인 기업은 조직의 모든 계층에서 다른 리더의 발전을 도와주는 우수한 리더들을 가지고 있다고 한다(이재규 외 역, 2000). 그들은 조직의 성공을 결정하는 궁극적인 시험은 그 조직이 "현재 승리할 수 있는가가 아니라 미래에도 계속해서 승리할 수 있을 것인가이다"라고 주장했다. 그러므로 어떤 리더의 수준을 결정하는 궁극적인 척도는 그가 탁월한 결정을 내리고 결정적인 조치를 취하는가가 아니라 그가 다른 사람들을 리더가 되도록 가르치며 리더가 없는 경우에도 조직의 성공을 유지할 수 있는가에 달려 있다. 즉 성공하는 조직의 핵심능력은 또 다른 리더를 만드는 일이라고 할 수 있다. 성공적인 리더의 복제와 재생산이 리더십 유효성의 중요한 척도이다.

슈퍼리더십은 이와 같이 가르치는 리더십으로서 추종자들도 리더와 같이 될 수 있도록 추종자들을 키우는 리더십이다(김남현 역, 2002).

맨즈와 심즈는 슈퍼리더(super leader)란 추종자들이 스스로를 리드해 나갈 수 있도록 리드하는 사람이라고 말했다. 다시 말하면 추종자들이 자기 자신을 리드할 수 있는 역량과 기술을 갖도록 하는 것을 말한다. 이렇게 하면 셀프리더(self leader)는 확보된다. 말하자면 슈퍼리더는 셀프리더를 만드는 사람이다.

표 3-8 | 산업사회와 정보화사회의 비교

산업사회의 속성	정보사회 기업의 속성
• 규모의 경제	• 소규모 기업단위
• 작업의 표준화	• 고객주문에 따른 작업
• 인력의 표준화	• 기술 기반 및 유연한 인력
• 희귀자원으로서의 재무자원	• 희귀자원으로서의 인적자원
• 운영통제자로서의 기업본부	• 조언자 또는 핵심역량의 수호자로서의 기업본부
• 계층적 피라미드 구조	• 소계층, 네트워크 구조
• 종업원을 비용으로 본다.	• 종업원을 투자로 본다.
• 내부인사로 구성된 하향식 지배구조	• 내 · 외부 인사로 구성된 지배구조
• 개인주의적 지향성	• 팀지향성
• 필요에 따른 정보의 수집 · 활용	• 개방적이고 분산된 정보시스템
• 수직적이고 집권화된 의사결정	• 분산된 분권적 의사결정
• 안정성을 강조	• 변화를 강조
• 수직적 리더십을 강조	• 자율권이 부여된 리더십을 강조

자료 : 김남현, 2000, 25쪽.

[표 3-8]에서 보는 바와 같이 정보화시대의 조직은 산업사회의 조직과 달리 분권화되고, 상부로부터 직접적인 규율을 받지 않으며, 권한이 하부로 위임된 조직이다. 이러한 조직에 가장 적합한 리더십이 슈퍼리더십이다.

[표 3-8]의 내용은 이미 오래전에 존 나이스비트(John Naisbitt)가 예고한 변화

이다. 정보화사회의 조직은 집권화에서 분권화로, 제도적인 도움에서 자조(自助)적인 것으로, 대의민주주의에서 참여민주주의로, 수직적 계층제에서 수평적 네트워크로 이동되고 있다.

블랜차드의 리더십 모델을 예로 들면 무능하고, 자발성이 없으며, 불안정한 미성숙한 부하들을(R1의 부하) 유능하고, 자발성 있으며, 자신감 있는 리더로(R4) 성장시키고 리더십 능력을 개발하는 것이 슈퍼리더십이다. 슈퍼리더십의 리더십 유효성은 부하들의 성공으로 측정할 수 있다.

2. 슈퍼리더십, 셀프리더십, 팔로워십

셀프리더십은 자기 자신에게 영향을 미치기 위해 사용하는 행동, 사고방식 및 감정 등에 초점을 두는 일련의 광범위한 전략이다. 이것은 스스로를 리드하기 위해 무엇을 할 것인가에 대한 것으로 개선된 팔로워십(followership)이다. 말하자면 자진해서 따르려는 자세이다. 사람들에게 자율권과 책임이 주어지면 그것에 대응하여 무엇을 할 수 있을 것인가에 대한 전략을 제시하는 것이 바로 셀프리더십이다(김남현, 2002).

슈퍼리더십은 사람들을 유능한 셀프리더로 개발하는 리더십이다. 조직구성원들을 스스로 리드할 수 있게 만드는 리더가 바로 슈퍼리더이다. 슈퍼리더는 구성원들이 셀프리더가 될 수 있도록 하는 시스템을 설계하고 그것을 실행한다. 이러한 교육시스템은 구성원들이 셀프리더십을 발휘하는 데 필요한 행동적 · 인지적 기술을 제공하기 위한 것이다.

follower라는 말은 고지대(高地帶) 독일 고어(古語)인 follaziohan에서 나온 말로 그 뜻은 "돕다, 후원하다, 공헌하다"이다. 이 말에 대응하는 독일 고어 leader의 뜻은 "참다, 고통받다, 견디다"이다. 어원상으로 보면 팔로워는 남의 도움을 필요로 하는 리더를 돕는 사람이다(장동현 역, 1994).

이런 의미에서 보면 리더는 고통을 부담시키는 사람이 아니라 고통을 부담하는 사람이며, 자기의 고통을 해결하기 위해 도움을 주는 팔로워들에게 감사해야 하는 것이다. 헤세의 『동방순례(Journey to the East)』의 주인공인 레오가 대표적인 셀프리더십을 실천하는 팔로워이다. 조직 내에 레오와 같은 셀프리더를 많이 개발하는 리더가 슈퍼리더이다.

열대지방에 우파스나무라는 것이 있다고 한다. 이 나무는 경쟁자를 물리치기 위해 가지를 넓게 펴서 그늘로 햇빛을 가림으로써 다른 식물들이 자라지 못하게 하고 거대한 뿌리로 주위의 수분을 몽땅 빨아들인다. 이 나무의 낙엽에는 다른 식물들이 자라지 못하게 하는 독이 들어 있다고 한다. 우파스나무와 같은 리더들은 슈퍼리더가 될 수 없다(장동현 역, 1994).

기술적 혁명으로 조직을 구조화하는 방법에 변화를 초래하고, 조직구조의 이러한 변화는 조직의 문화, 즉 조직의 사회적 시스템의 본질적인 변화를 요구하고 있다. 이와 같은 문화적인 변화의 본질은 지식노동(knowledge work), 즉 사람들이 정보를 처리하고 변형시키는 작업을 강조하고 그것에 대해 집중적으로 투자하는 것이다.

이와 같이 변화된 조직문화는 멘토십(mentorship), 학습(learning), 주도성(initiating)과 창의력 등에 높은 가치를 부여한다. 진정으로 효과적인 조직구조가 되기 위해서는 지식근로자가 조직구조의 상급계층으로부터 자율권을 위임받아야 한다. 재능 있고 자율권을 부여받은 인적자원이 조직성공의 가장 중요한 요소이기 때문이다.

조직의 장기적인 우수성을 성취하는 데 필요한 공헌이나 열정을 이끌어내기 위해서는 각자의 내면에 있는 셀프리더십의 잠재능력을 해방시켜 밖으로 끌어내야 한다. 엄격하고 까다로운 외재적 통제는 종업원들의 내면에 있는 자율통제시스템을 약화시켜서 단순한 순응을 유도할 뿐이다. 우수성에 대한 몰입과 공헌은 각 개인의 내면에 잠재된 리더십 능력에서 나온다.

슈퍼리더십의 주된 목적은 셀프리더십 역량과 그것을 끌어내기 위한 실무를 자극하고 촉진하는 것이며 더 나아가 셀프리더십 과정을 외적 영향력의 중심으로 하려는 데 있다. 셀프리더십은 외적 통제나 권한에 대한 위협이 아니고 높은 성과를 달성하기 위한 노력이다. 높은 업적을 내는 부하들을 개발하고 싶다면 그들에게 자율권을 부여하여 자기 자신과 일에 대하여 자발적인 공헌을 하고 책임을 지도록 하는 것이 중요하다.

셀프리더십의 핵심은 종업원들에 대한 조직의 모든 통제가 종업원들의 입장에서는 자진해서 조직의 일을 떠맡는 데 있다. 조직이 그 구성원들에게 행동기준을 제시하고, 수행결과를 평가하며, 보상을 하듯이 구성원 개인들도 그 내면에서 자신들의 수행기준을 정하고, 평가하고, 보상하는 것, 그것이 바로 셀프리더십의 핵심이다. 급여의 상승, 승진, 처벌을 면하는 것 등의 외재적 보상보다 일 자체를 잘 수행했다는 성취감, 자신이 조직의 매우 중요한 부분이라는 어떤 정체성 확인 등과 같은 내재적 보상(internal or natural reward)에 의하여 동기부여되는 것이 바로 셀프리더로서 구성원들이다. 팀형 조직이나 자율관리팀과 같이 조직이나 상급관리자들이 독점하고 있던 권한이나 권력을 분배받은(이것을 empowerment라 한다) 구성원들은 교대시간이 끝났는데도 필요할 경우 퇴근하지 않고 회사에 그대로 남아 있다거나 초과수당이 없어도 장비의 점검을 위해 주말에 회사에 나올 수 있다. 셀프리더는 바로 이 장 끝부분에서 설명할 모범형 팔로워이다.

이와 같이 슈퍼리더는 사람들의 내면에 있는 리더십 잠재력을 자극하고 촉진한다는 면에서 새로운 리더십 패러다임이라고 할 수 있다. 슈퍼리더는 구성원들이 셀프리더가 되는 것이 자신의 권한에 대한 위협이라기보다는 조직이 높은 수준의 성과를 달성하기 위한 좋은 기회로 본다. 사람들의 내면에 잠재된 거대한 자원은 스스로 일에 몰입하고, 동기부여되며, 셀프리더십을 발휘하는 것이다. 이러한 잠재력을 개발하는 것이 슈퍼리더십이다.

무엇을 할 수 있는가, 무엇을 배우는가에서 학습하는 방법을 배우는(learning how to learn) 것이 시대정신이듯이 얼마나 강력한 영향력을 행사하느냐보다 다른 사람들로 하여금 리더가 될 수 있도록 어떻게 가르치느냐가 중요한 시대적 정신이다.

3. 리더십 스타일과 슈퍼리더십

고대 노르웨이어인 lead는 배의 항로를 결정하는 사람이라는 뜻이다. 그러나 현대 조직의 항로는 리더 혼자서 결정할 수 없다. 21세기 정보화시대의 조직에는 지식근로자들이 가득하고, 그들이 가진 지식과 정보를 조직에 투입할 때 조직은 효율성을 확보할 수 있기 때문이다.

리더십 스타일은 어떤 의미에서는 리더십 레퍼토리(repertory)이다. 이 말은 각각의 구체적인 상황에 필요한 리더십 스타일은 다르다는 것을 의미한다.

리더십 스타일은 여러 가지 기준으로 분류할 수 있다. 맨즈와 심스는 독재형, 거래형, 비전형, 슈퍼리더로 구분하였다.

독재형은 보스로서 명령, 지시, 목표할당, 위협, 질책, 처벌 등을 수단으로 부하들의 순응을 유도한다. 독재형 리더는 창의성이 필요 없는 상황에서 단기적인 성과를 달성할 수 있다.

거래형 리더는 기업조직에서 가장 흔하고 쉽게 사용하는 리더십 스타일이다. 부하의 노력, 업적, 충성심 등에 대해 일정한 보상과 교환하는 리더십 스타일이다. 이 스타일은 행동주의 심리학의 적극적 강화원리(positive reinforcement principle)에 기반을 둔 것이다.

비전형 리더는 사람들을 동기부여시키고, 몰입하게 할 수 있는 비전을 만들어 내는 리더이다. 비전의 설정, 전달, 권유, 영감 등이 비전형 리더가 사용하는 하향식 영향력 행사과정이다.

슈퍼리더는 앞에서 설명한 바와 같이 주위 사람들의 지혜와 능력을 이끌어내도록 도움을 주는 리더이다. 슈퍼리더는 부하들의 솔선, 자기책임, 자신감, 목표설정, 적극적 사고, 문제해결 등을 고취시켜 그들이 스스로를 리드할 수 있도록 한다. 앞의 세 가지 스타일의 경우 각광을 받는 것은 리더이나 슈퍼리더의 경우 부하들이 각광을 받는다. 말하자면 부하들이 리더로 간주되고 결국에는 부하들이 리더가 된다는 점이 앞의 세 가지 스타일과 차이점이다.

각각의 리더십 스타일은 [표 3-9]에서와 같이 그것이 적합한 각각의 상황에서 성과를 낼 수 있고 상대적인 장 · 단점이 있다. 슈퍼리더는 대인전략, 팀전략, 조직전략 등을 통해서 셀프리더십을 개발한다. 슈퍼리더는 리더-부하 간의 상호작용을 통해 언어적 혹은 비언어적 의사소통을 함으로써 부하들에게 권력을 분배하고 자율권을 부여한다. 슈퍼리더는 프로젝트팀, 태스크포스팀, 엔지니어링협력팀, 교차기능팀, 최고경영팀, 자율팀 등을 통해 자율권을 부여한다.

표 3-9 | 4가지 리더십 유형의 예측가능 결과

독재형 리더	비전형 리더
• 단기적 업적 • 단기적 학습 • 낮은 유연성 • 불만족 • 높은 이직률 • 낮은 개혁성 • 순응	• 높은 업적 • 열정 • 장기적 헌신 • 정서적 몰입 • 리더의 부재 시 리더를 의존하는 데서 오는 곤란성, 리더가 떠나면 이직의 가능성 • 리더의 비전이 옳지 않거나 비윤리적인 문제점
거래형 리더	**슈퍼리더**
• 안정적인 좋은 직업 • 임금에 대한 만족 • 낮은 이직률 • 낮은 개혁성 • 계산적 · 이기적 시각 • 순응	• 높은 장기적인 업적 • 단기적인 혼동과 욕구불만 • 부하의 높은 개발수준 • 매우 높은 유연성 • 높은 개혁성 • 리더의 부재 시에도 자율적으로 일하는 능력 • 팀워크

자료 : 김남현 역, C. Manz 외 저, 슈퍼리더십, 경문사, 2002, 62쪽.

마지막으로 슈퍼리더는 네트워크 조직과 같은 수평 조직을 통해 조직수준에서 구성원들에게 자율권을 부여한다.

제8절 팔로워십

지금은 대부분의 매출이 컴퓨터관련 제품에서 발생하고 있는 HP지만, 적극적인 팔로워십을 발휘한 사람들이 없었더라면 오늘날의 HP는 없었을지도 모른다. HP의 창업자인 팩커드나 경영진들은 컴퓨터사업이 HP의 역량을 벗어나는 사업이라 여겼었다. HP가 컴퓨터기업으로 대변화를 하게 된 것은 '오메가 프로젝트'라는 컴퓨터 개발 프로젝트에 참여했던 사람들의 적극적인 팔로워십 덕분이었다.

오메가 프로젝트의 첫 시작은 회사 내의 프린터기 등에 연결되어 있는 기기들을 자동화할 수 있는 시스템의 개발이었다고 한다. 그 후에 이를 당시 주력 사업이었던 계측시스템을 위한 자동제어장치로 개발하였다(Model 2116, HP의 첫 소형 컴퓨터). 하지만 시장에서 Model 2116은 애초 의도인 제어장치로보다는 독립형의 소형 컴퓨터로 더 많이 팔렸다.

당시 HP의 경영진은 이를 별로 중요하게 생각하지 않았다고 한다. 더구나 오메가 프로젝트가 HP의 기업이념인 HP Way에 어긋난다는 문제도 있어 결국 오메가 프로젝트는 취소되었다. HP Way에는 'HP가 기술에 기여할 수 있는 충분한 능력이 있다는 인식을 가지고 현재의 능력을 기초로 일을 추진할 수 있을 때만 사업을 확장하고 다양화한다'는 조항이 있는데 오메가 프로젝트는 너무나 많은 자금과 당시 HP가 가지고 있지 않은 전문성을 요구했기 때문이었다.

오메가 프로젝트에 참여했던 사람 중 대부분이 좌절로 인해 회사를 그만두었지만, 일부 열렬한 추종자들은 비밀리에 계속 개발을 계속하였다. 이들은 애초 계획인 32비트가 아닌 16비트로 축소하고, 운영시스템을 단순화하여 시장성을 높인 시제품을 경영진에게 선보임으로써 결국 지지를 얻어냈다. 이 시제품은 오메가가 아닌 '알파'로 재명명되어 HP의 첫 범용컴퓨터가 되었고, 1972년 시장에 HP3000이라는 이름으로 출시되어 HP는 컴퓨터기업으로의 첫발을 내딛게 되었다.

디스플레이 모니터사업에서도 이와 비슷한 경우가 있었다. 개발 초기 경영진은 디스플레이 모니터의 개발을 중단하도록 지시했으나, 척 하우스라는 엔지니어는 자신의 휴가 동안 견본모델을 잠재고객들에게 보여주면서 가능성을 다시 확인, 개발을 계속한 결과 지금 HP는 디스플레이 모니터 시장에서도 엄청난 매출을 올리고 있다.

자료 : Packard, D., The HP Way, HarperCollins Co., 1995.

『The Power of Followership』의 저자 켈리(Kelly)는 리더가 조직의 성공에 기여하는 것은 고작해야 20%도 안 되며 나머지 80%는 팔로워의 기여이고, 대부분의 사람들은 리더로 일하는 시간보다 팔로워로 일하는 시간이 더 많다고 주장했다.

그는 오늘날 리더십이론이 리더에 대한 연구에만 초점을 두는 것을 한밤중에 열쇠를 잃어버린 사람이 가로등 불빛 밑에서만 맴돌면서 열쇠를 찾고 있는 것에 비유했다. 그 사람이 불빛이 가로등 밑에만 있으니까 거기서만 열쇠를 찾고 있는 것이나 조직의 성공을 이끈 열쇠가 어두운 곳 어딘가에, 즉 팔로워에 있을 수도 있다는 것을 간과한 채 리더에만 초점을 두는 것은 같은 모습이라는 것이다.

켈리는 이러한 현상을 '리더십 숭배' 혹은 '리더십 신화'라고 표현했다. 그러나 그의 주장처럼 현대 리더십이론이 리더에만 오로지 초점을 두는 것은 아니라 하더라도 확실한 것은 팔로워의 개발을 등한시한 것은 사실이다. 이하에서는 조직과 리더의 성공에 필수적인 모범형 팔로워를 개발하는 것에 초점을 둔다.

1. 팔로워의 길

켈리는 사람들이 조직이나 리더를 따르는 이유를 [그림 3-5]와 같이 7가지로 나누었다.

자기표현은 자신의 재능이나 생활방식, 개인적 성취에 만족하는 것을 말한다. 이것은 조직의 목표달성을 위해 자신들의 능력을 발휘하고자 하는 욕구이다. 자기개혁은 현재의 자신에 만족하지 않는 것으로서 지금보다 나은 다른 사람이 되기 위해서 개인적 성장을 추구한다. 사람들 가운데는 인간관계를 중시하는 사람들이 있다. 이런 사람들은 자신의 목표나 꿈을 추구하기보다는 사람들을 따른다. 개인의 내면에 중점을 두는 사람들은 사람들과의 관계가 아니라 개인적 목표와 꿈을 추구한다.

자기표현 대 자기개혁, 인간관계 대 개인적 목표를 기준으로 사람들이 따르는 유형을 나누면 다음과 같이 7가지로 분류할 수 있다. 각각의 특징을 설명해 보자(장동현, 1994).

그림 3-5 | 팔로워십의 7가지 길

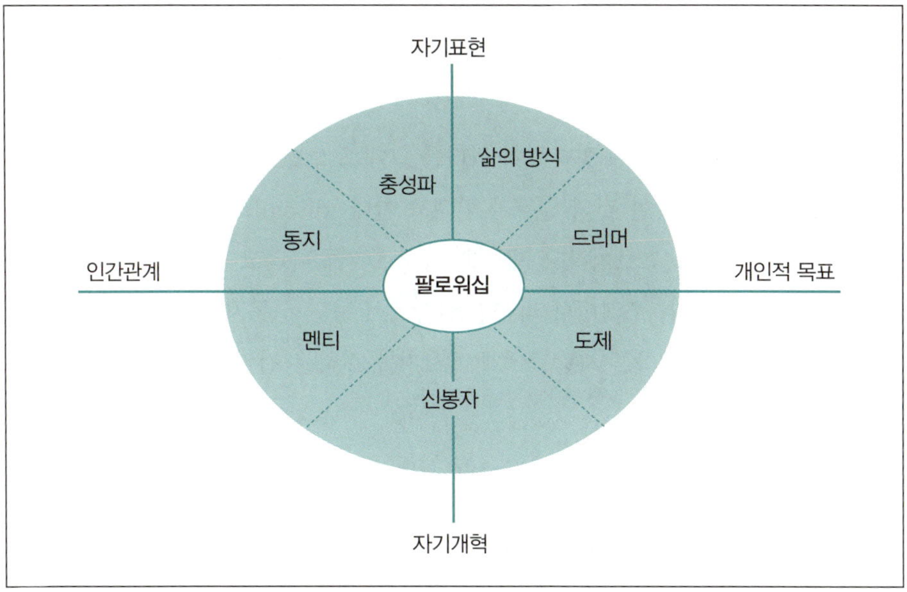

자료 : 장동현 역, R. E. Kelly 저, 팔로워십과 리더십, 고려원, 1994, 61쪽.

1) 도제(apprentice)

이 길을 가는 사람들은 리더가 되고 싶어 애태우는 사람들이 선택하는 길이다. 이런 사람들은 일을 완벽하게 배우고, 의무를 충실히 이행하려고 한다. 팔로워의 위치에서 자신을 입증함으로써 동료나 상사의 신임을 얻기 위해 노력한다. 먼저 철저한 팔로워가 됨으로써 리더가 되려고 한다. 소위 헤겔의 '주인과 노예의 변증법'에서처럼 최고의 주인은 예속이 뭔지 아는 사람이다. 팔로워십을 개인적으로 체험해 봐야 팔로워십 경험이 리더의 마음속에 각인된다는 것이다. 사관학교 생도들이 학생으로서 군 리더에 대해서 배우고 초급장교를 거쳐 장군이 되어가는 것과 같은 이치이다. 역사상 최고의 리더는 팔로워로서 두각을 나타낸 사람들이 많다. 조직에서의 관료기구는 도제로서의 팔로워십을 선택하고 있다.

2) 신봉자(disciple)

'disciple'은 그리스어에서 파생된 말로 스승에게서 배우는 사람이라는 뜻이다. 그 후 이것은 배운다는 것을 넘어 믿는 사람으로 확장되었다. 지적 판단 이상의 감정적인 의탁과 복종의 뜻이 함축되어 있다. 'discipleship'의 요점은 믿음과 복종이다. 약속된 새 삶을 위해 지금까지의 존재방식을 버려야 하고, 과거의 온갖 인연을 끊고 새로운 삶에만 의지해야 한다. 이러한 팔로워의 마음속에는 동일화의 심리가 내재되어 있다.

이 경우 팔로워는 리더에 밀착하여 리더를 그대로 모방하고, 기꺼이 자신보다 더 크고, 더 좋고, 더 중요한 것의 일부가 되려고 한다. discipleship은 mentorship과는 달리 현재의 인격을 포기하고 새로운 삶으로 거듭나려고 한다. 배운다는 것을 넘어서서 믿는 것이다. 조직이나 리더의 입장에서 보면 신봉자는 조직의 문화와 정보가 흐르는 통로이며 다른 사람들에게 메시지를 전하는 전령사이다.

3) 멘티(mentee)

멘토링(mentoring)은 스승과 제자의 1 : 1관계라는 점에서 도제식 수업과는 다르며 멘토는 팔로워의 인간적 성숙을 도와준다. 도제식 수업의 목표가 기능의 습득인 데 비해 멘토링의 목표는 인간적 성숙이다.

도제의 경우와 마찬가지로 멘티도 자기개혁을 위해 팔로워의 길을 택한 사람이다. 조직은 멘티에게 멘토(mentor)를 연결시켜 준다. 이 경우 멘토는 기능의 대가임과 동시에 인간관계의 달인이어야 하고 다른 사람을 성장시키기 위해 자신을 희생할 수 있어야 한다.

4) 동지(comrade)

승진이나 개인적 성장, 혹은 지적 발전과 아무 관계없이 같은 집단에 속해 있기 때문에 집단 자체에 대한 애착 때문에 팔로워가 되는 경우이다. 집단 속에서 서로 굳게 맺어지는 친밀감이나 사회적 지지가 동지가 되는 이유이다. 운동팀, 연수팀, 같은 전투부대와 같은 곳에서의 동지애가 그 출발점이다. 물론 훌륭한 목적을 위해 공동작업을 할 때도 동지는 생겨난다. 동지애의 이면에는 소속감에서 나오는 친밀감이 있다. 이런 유형의 동기를 가진 팔로워는 훌륭한 팀플레이어가 된다. 응집력과 사기가 성공의 관건이 되는 프로젝트팀에서 좋은 성과를 낼 수 있다.

5) 충성파(loyalist)

이것은 일본의 무사와 같이 개인적인 충성심에서 리더를 따르는 경우이다. 이런 사람들은 충성심이 존재의 이유이다. 충성이라는 팔로워의 길은 동지의 길과 마찬가지로 다른 사람에 대한 감정적인 몰두에서 생겨난다. 동지와 다른 점은 리더와 1 : 1의 관계라는 것이며, 멘티의 경우와 다른 점은 인간적인 성숙과는 관계가 없다는 것이다.

조직과 리더의 입장에서는 이런 팔로워에게는 비밀과 성실성이 요구되는 일을 맡길 수 있다. 이런 팔로워의 열정을 유지하기 위해서는 팔로워를 신뢰하고 충성의 대가를 의심하게 만드는 일을 해서는 안 된다.

6) 드리머(dreamer)

이 유형은 자신의 꿈을 실현하는 것이 최대의 관심사이기 때문에 자신이 팔로워이냐 리더이냐에 대해서는 관심이 없다. 이런 사람들이 리더를 따르는 이유는 리더가 자신의 꿈을 달성하는 데 도움이 되기 때문이다. 꿈 때문에 리더를 따르는 사람의 심리는 내면화이다. 리더나 조직의 목표가 자신의 꿈과 같기 때문에 따르는 것이다. 다시 말하면 개인과 조직이 같은 방향으로의 대의를 따라가고 있는 것이다. 내면화된 공유목표가 동기이다. 꿈이 깨어지면 조직과 리더와의 유대도 깨어진다. 이러한 팔로워를 활용하기 위해서는 조직의 목표와 팔로워의 목표를 명백히 해야 한다. 리더와 팔로워의 견해가 충돌할 경우 매개물로서 목표를 활용해야 한다.

7) 삶의 방식(lifeway)

이것은 조직이나 리더를 따르는 것이 자신의 인생관과 일치되기 때문에 추종자가 되는 유형이다. 개인의 선호와 개성이 리더와 합치되는 경우이다. 이런 사람이 리더가 될 경우는 그린리프(Greenleaf)가 말하는 서번트리더이다. 자연스런 감정에서 봉사하고 싶어 리더가 되는 경우이다. 삶의 방식 유형의 길을 가는 팔로워는 다른 사람이 일을 완수하고 변화시키는 것에서 만족을 얻는다.

삶의 방식의 하나로 팔로워의 길을 가는 사람 가운데 가장 흥미로운 사람은 리더의 감각과 기질을 가지고 있으면서 팔로워의 길을 가는 사람이다. 훌륭한 팔로워가 얼마나 소중한지를 알기 때문에 팔로워의 위치에 있을 때 최선을 다한다. 앞에서 인용한 헤세의 『동방순례』에 나오는 주인공 레오(Leo)가 이에 속한다.

조직과 리더는 그들의 타고난 이타주의와 생활방식에 맞는 일을 배당해야 한다.

2. 팔로워의 유형

켈리는 20개 항목의 질문지를 사용하여 현실에서의 사람들의 팔로워십을 측정하였다. 수동적, 적극적, 독립적 · 비판적 사고, 의존적 · 무비판적 사고 등 두 개의 변수를 사용하여 팔로워를 수동형, 실무형, 순응형, 소외형, 모범형으로 분류하였다. 수동형은 독립적 사고점수와 적극적 사고점수가 모두 낮은 유형이며, 실무형은 양 점수가 중간수준의 유형이고, 모범형은 양자가 모두 높은 유형이다.

질문의 내용은 [그림 3-6]과 같다. 0점부터 60점까지 합산하여 [그림 3-9]와 같이 표시하면 현실에 존재하는 팔로워의 유형은 수동형, 실무형, 순응형, 소외형, 모범형 등과 같이 5가지로 나눌 수 있다. 각 유형의 특징은 다음과 같다.

1) 소외형 팔로워

사람이 긍정적인 자아상을 가지고 있으면 스스로 생각하고, 건전한 회의를 품으며, 반대의견을 개진할 수 있고, 조직에서 양심을 가지고 생활하며, 약자의 편에 설 줄 안다. 그러나 귀찮아하고, 냉소적이며, 부정적이고, 시비를 걸고, 이유 없이 반항하며, 고집이 세고, 판단력이 결여되어 있으며, 팀플레이를 못하거나, 자신의 성미에 맞지 않으며 반항하는 사람들은 소외형 팔로워일 가능성이 많다.

만약에 어떤 사람이 위와 같은 특성을 가진 소외형일 경우 조직이나 리더는 그 사람의 재능이나 아이디어를 인정하거나 활용하지 않으며, 조직이나 리더가 시키는 일을 하더라도 자신에게 돌아오는 것이 없으며, 리더와 조직은 이런 사람에게 실망하게 된다.

소외형 팔로워는 독립적이고 비판적인 사고는 견지하고 있지만 자신의 역할수행에는 적극적이지 못하다. 유능하지만 냉소적인 소외형 팔로워들은 리더의 노력을 빈정거리고 비판하면서도 자신은 노력을 하지 않기 때문에 불만스러운 침묵 속에 있게 된다.

처음에는 모범적인 팔로워였으나 어떤 원인으로 인하여 흥미를 잃고 자신은 부당한 대우를 받는 희생자라고 생각하여 소외형 팔로워가 된 것이다.

소외형 팔로워들은 속이 상하여 화를 내고, 누군가를 응징하고 싶어 하고, 감정적 에너지를 싫어하는 사람에게 쓴다. 소외형 팔로워들은 조직과 리더의 노여움을 사서 체념하고 하루하루를 살거나 사직할 가능성이 있다.

켈리의 연구에 의하면 전체 구성원의 15~25%가 소외형이라고 한다. 소외형이 된 이유는 대부분의 경우 리더와 조직에 대한 기대가 충족되지 않고 신뢰가 깨어졌기 때문이다.

그림 3-6 | 팔로워 유형 질문지

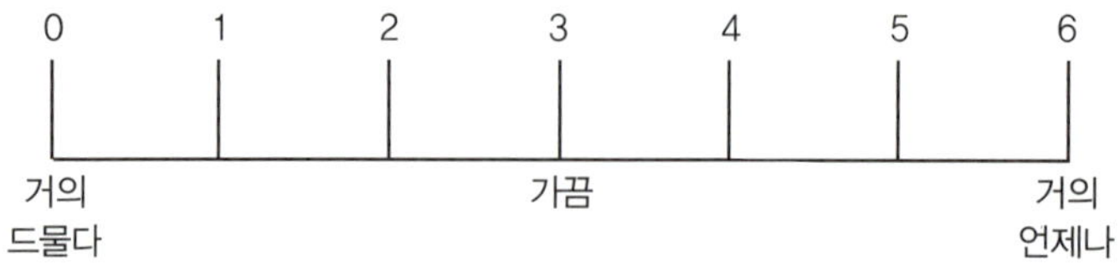

1. 당신의 일은 자신에게 중요한 그 어떤 사회적 목표나 개인적인 꿈을 성취하는 데 도움이 되는가?
2. 당신 개인의 작업목표가 조직의 최고목표와 조화하는가?
3. 당신은 최선의 아이디어와 능력을 일과 조직에 쏟아붓고, 지극히 헌신적이며 정력적으로 일하는가?
4. 당신의 열의가 확산되어 동료 직원들을 활기차게 만드는가?
5. 리더의 지시를 기다리거나 단순히 떠맡는 것이 아니라, 조직에 가장 중요한 목표를 성취하기 위해서는 무엇이 제일 중요한 조직활동인가를 자신이 직접 판단하는가?
6. 리더와 조직에 더욱 가치 있는 사람이 되기 위해서 당신은 그런 중요한 활동 속에서 독특한 능력을 적극적으로 발휘하는가?
7. 새로운 일이나 임무가 시작되었을 때 리더가 중요한 의미라고 생각하는 업무에서 곧바로 공적을 세우는가?
8. 당신이 기한 안에 일을 훌륭히 해낼 뿐만 아니라, 때로 당신이 '부족한 점을 채울' 것이라는 점을 믿고 리더가 어려운 임무를 당신에게 맡기는가?
9. 당신은 자신의 업무범위를 벗어나는 일도 찾아내서 성공적으로 완수하기 위해 솔선수범하는가?
10. 집단 프로젝트의 리더가 아닐 때도 맡은 일보다 많은 일을 하고 능력껏 공헌을 하는가?
11. 리더나 조직의 목표에 크게 공헌할 수 있는 새로운 아이디어를 독자적으로 고안해서 적극적으로 제기하는가?
12. 리더에게 의존해서 어려운 문제들―기술적인 것이든 조직적인 것이든―을 해결하기보다는 스스로 해결하려고 하는가?
13. 자신은 아무런 인정을 받지 못할 때라도 다른 동료들이 좋은 평가를 받도록 돕는가?
14. 필요할 경우 일부러 반대의견을 개진해서라도 리더와 그룹이 아이디어나 계획의 상향 잠재력과 하향 위험성 모두를 볼 수 있도록 돕는가?
15. 리더의 요구나 목표, 제약을 이해하고, 그것들을 충족시키기 위해서 열심히 일하는가?
16. 자신에 대한 평가를 미루기보다는 장점과 약점을 적극적이고 솔직하게 인정하는가?
17. 지시받은 일만을 하는 데서 탈피해 리더가 내린 판단이 얼마나 현명한가를 스스로 평가해 보는 습관이 있는가?
18. 리더가 전문분야나 개인적인 흥미에 정면으로 배치되는 일을 해달라고 부탁할 때 '싫다'고 하는가?
19. 리더나 집단의 기준이 아니라 자신의 윤리적 기준에 따라 행동하는가?
20. 당신이 속한 집단과 갈등하거나 리더로부터 보복을 당한다고 해도 당신은 중요한 이슈에 대해서 자기 견해를 주장하는가?

자료 : 장동현 역, R. E. Kelly 저, 팔로워십과 리더십, 고려원, 1994, 107~108쪽.

그림 3-7 | 팔로워 유형 채점표

독립적 사고	항목	점수	적극적 사고	항목	점수
질문	1.	______	질문	2.	______
	5.	______		3.	______
	11.	______		4.	______
	12.	______		6.	______
	14.	______		7.	______
	16.	______		8.	______
	17.	______		9.	______
	18.	______		10.	______
	19.	______		13.	______
	20.	______		15.	______
총점			총점		

자료 : 장동현 역, R. E. Kelly 저, 팔로워십과 리더십, 고려원, 1994, 112쪽.

그림 3-8 | 팔로워 유형 분류 매트릭스

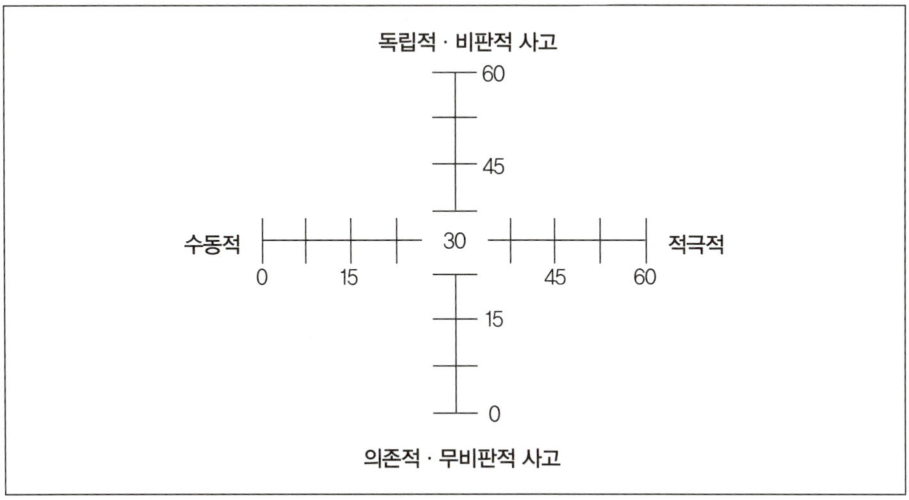

자료 : 장동현 역, R. E. Kelly 저, 팔로워십과 리더십, 고려원, 1994, 113쪽.

표 3-10 | 팔로워 유형 점수

팔로워십 유형	독립적 사고 점수	적극적 사고 점수
모범형	높음	높음
소외형	높음	낮음
순응형	낮음	높음
실무형	중간	중간
수동형	낮음	낮음

자료 : 장동현 역, R. E. Kelly 저, 팔로워십과 리더십, 고려원, 1994, 115쪽.

그림 3-9 | 팔로워십 유형

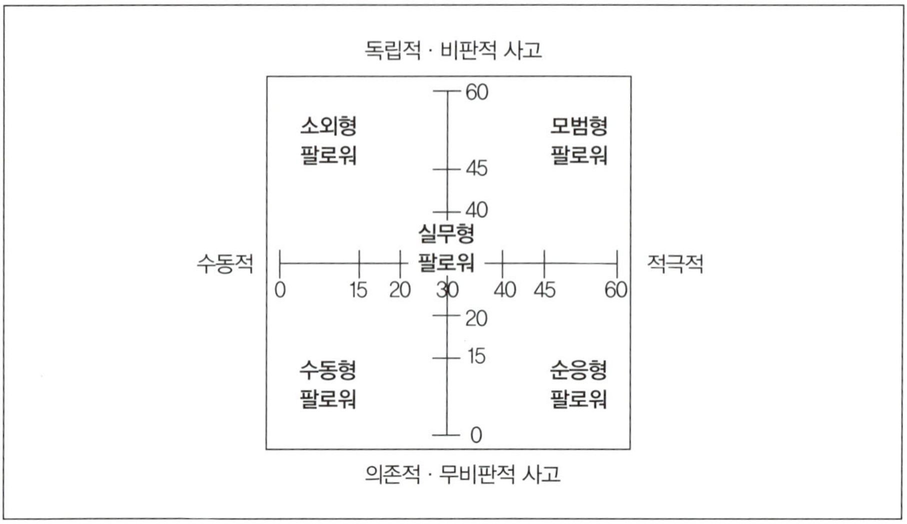

자료 : 장동현 역, R. E. Kelly 저, 팔로워십과 리더십, 고려원, 1994, 114쪽.

소외형 팔로워가 모범형 팔로워가 되기 위해서는 이미 비판적이고 독립적인 사고력은 소유하고 있음으로 부정적인 면을 극복하고 다시 한 번 적극적으로 참여하는 사람이 되어야 한다.

2) 순응형 팔로워

순응형 팔로워는 주어진 임무를 순순히 받아들이고 과업을 기쁜 마음으로 수행하고, 팀플레이를 하며, 리더와 조직을 믿고 헌신하며, 갈등을 가볍게 보고, 리더에게 위협이 되지 않는 유형이다.

그러나 순응형 팔로워는 자신의 아이디어가 없으며, 비굴하고 자기비하적이며, 여러 가지 문제를 감수하더라도 갈등만은 피한다. 결과보다는 기존질서를 따르는 것을 중시한다. 전횡을 휘두르는 리더가 있거나 관리자의 의견을 거스르면 징계를 받는 등의 환경에서 순응형 팔로워가 많을 수 있다. 순응형은 명령을 받고, 리더의 권위에 순종하며, 리더의 견해나 판단을 따르는 데 열중한다. 권한을 가진 리더에게 복종하고 순응하는 것이 팔로워의 의무라고 생각한다.

자유를 두려워하는 사람들은 너무 많은 선택과 불확실성을 싫어하는 사람들이다. 책임을 지고 선택을 하면서 살아가는 것을 어렵다고 생각한다. 자유라는 무거운 짐을 벗겨 줄 누군가에 의존하는 것을 선호하는 것이다.

권력을 추구하는 리더들은 순응형 인간을 장려한다. 그들은 예스맨을 필요로 하기 때문에 리더에 불복하면 비싼 대가를 지불해야 한다.

안정되어 있는 시대와는 달리 급속하게 변화하는 조직과 사회에서는 순응형은 조직의 효율성 향상에 도움이 되지 않는다. 복잡하거나 혼란스러운 상황에서는 이견(異見)에 대한 다양한 상충이 있을 때 창조적인 해결책이 나올 수 있다.

순응형 팔로워는 독자적으로 일을 하거나 리더십 역할을 승계할 수 없다. 이러한 팔로워에게서 순응은 불안감을 해결하기 위해 현실의 변화에 직면하는 것을 피하기 위한 부적과 같은 것이다. 결국 내적 결단의 결여는 불안, 죄책감, 그리고 자기 혐오감을 초래하게 된다. 이런 과정을 오랫동안 겪게 되면 사람들의 불안을 이용하는 파렴치한 리더들에게 이용당하기 쉬운 체질이 된다.

순응형이 모범적인 팔로워가 되기 위해서는 독립적이고 비판적인 사고를 기르고, 그것을 행사하는 용기를 기를 필요가 있다. 자신의 견해에 대한 자신감을 갖고 조직이 자신의 견해를 필요로 한다는 것을 깨달아야 한다.

3) 실무형 팔로워

실무형 팔로워는 블레이크(Blake)와 모우턴(Mouton)의 중간형(middle on the road)과 유사하다. 수시로 바뀌는 조직의 운영방침에 민감하며, 조직을 움직이는 방법을 잘 알고 있고, 사건을 균형잡힌 시각으로 바라보며, 조직이 한쪽으로 치닫지 못하도록 중도를 유지하고, 규칙과 규정에 따라 행동한다.

그러나 실무형은 정치적인 술수를 쓰고, 자신의 이익을 극대화하기 위해 흥정하고, 위험을 회피하고, 실패했을 경우 달아날 구멍을 마련해 놓고, 적당한 열의와 평범한 수완을 가지고 일하며, 규칙의 내용보다 문자에 집착하는 관료주의자라는 부정적인 측면을 가지고 있다.

켈리는 전체의 25~35%의 구성원들이 실무형에 속한다고 주장했다. 끊임없이 변화하는 명령과 계획 때문에 불확실성과 불안정의 정도가 심하고, 상하관계가 비인간적이며, 소문이 난무하고, 지나친 사무처리 때문에 많은 시간이 걸리며, 규칙과 규정의 준수를 강조하는 환경에서는 실무형들이 많다.

실무형은 자신의 이익을 위해서 조직과 사람들을 교모하게 조정하는 모사꾼이다. 의견대립을 거의 하지 않으며 유력한 인사와 대립하는 일은 피한다. 조직적으로나 정치적으로 불안정한 상황에서 실무형이 될 가능성이 많다. 정부조직의 경우 정치적으로 임명받은 리더의 인사이동이 심하다. 이 경우 단기간에 획기적인 변화를 일으키고자 한다. 그런 목적을 위해서 당연히 회유와 협박을 통해 직업공무원들의 협조를 받으려고 한다. 이런 과정에서 사람들은 실무형이 된다. 조직 자체가 불안정할 경우나 부하를 상대로 농간이나 술수를 부리는 리더 밑에는 실무형들이 모여든다.

실무형들은 앞장서지도 않고 뒤따르지도 않는 요령형으로서 조직의 방침에 늘 촉각을 세우고, 소문을 감시하고, 제휴를 맺고 경계를 늦추지 않는 것 등에 에너지를 소비한다.

4) 수동형 팔로워

수동형은 리더의 판단과 사고에 의존하고, 상사가 지시를 내려야만 행동에 나서며, 골치 아픈 문제는 담당자에게 맡긴다. 이런 유형의 팔로워는 시간만 보낼 뿐 실제로 하는 일은 거의 없으며, 제 몫을 하지 못하고, 필요 이상의 업무 감독이 필요하다. 수동형 팔로워는 조직이 자신의 아이디어를 원하지 않으며, 리더는 자기 뜻대로만 한다고 생각하고, 상사와 소속집단을 추종하는 것이 유일한 선택이라고 생각한다.

조직에서 5~10%를 차지하는 수동형은 리더가 팔로워들을 양처럼 생각하기 때문에 생겨난다. 리더가 모든 목표를 설정하고, 모든 결정을 내리며, 감시의 눈을 떼지 않고 끊임없이 닦달하는 상황에서 수동형 팔로워가 만들어진다.

5) 모범형 팔로워

모범형 팔로워는 팔로워십의 두 가지 특성을 모두 가지고 있어서 독립적이고 자주적이며 비판적으로 사고한다. 리더와 동료들은 스스로 생각하는 사람으로 분류한다. 모범형 팔로워는 독립심이 강하고, 혁신적이고 독창적이며, 건설적인 비판을 하고, 리더와 용감하게 맞선다.

조직을 위해서 자신의 재능을 유감없이 발휘하며, 솔선수범하고, 팀과 리더를 도와주며, 배당된 일보다 훨씬 많이 일한다. 적극적으로 참여하지 않으면서 독립적인 사고를 하는 사람은 냉소주의자일 가능성이 많으며, 독립적인 사고 없이 적극적으로 참여하는 사람은 예스맨이 될 가능성이 있다. 독립적이고 비판적인 사고를 가지고 있으면서 리더와 조직에 적극적으로 참여하는 것이 모범형 팔로워의 특징이다.

오늘날의 리더들은 리더가 주도권을 가지고 있으면서 부하에게 권한과 책임을 위임해야 한다.

(1) 모범형 팔로워의 기능

켈리는 인터뷰, 워크숍, 설문 등의 방법으로 팔로워의 기능을 조사하였다. 먼저 직무기능은 모범형 팔로워가 부가가치를 생산하는 기능으로서 여기에는 집중과 헌신, 크리티컬 패스(critical path)의 유지, 조직에 대한 적극적인 가치를 높이는 것 등이 포함되어 있다. 조직상의 기능은 모범형 팔로워가 조직에서 인간관계의 망을 넓히고 활성화하는 방법으로서 여기에는 팀 멤버가 되고, 조직 네트워크를 만들며, 리더와 보조를 같이하며, 가치요소를 창출하는 것 등이 포함되어 있다.

(2) 부가가치의 창출방법

모범형 팔로워는 자신의 가치, 즉 업무능력을 증명해야 한다. 부가가치의 창출은 단순히 일을 잘해서 되는 것은 아니고 조직목표의 달성에 공헌해야 한다. 모범형 팔로워는 목표에 집중하고, 그것을 달성하기 위해 크리티컬 패스활동을 통해 일을 탁월하게 수행한다. 조직 내에서 자신의 가치를 높이고 자신의 경험, 이상, 그리고 꿈 등을 통해 부가가치를 높인다.

① 집중과 신념

모범형 팔로워는 자신의 생활과 직업뿐만 아니라 자신의 이상(理想), 제품, 조직, 아이디어, 인간관계 등에도 목적의식을 가지고 집중한다. 이러한 집중은 일상적인 일에 의욕을 불어넣고, 가슴과 머리를 사로잡는 열정이다. 모범형 팔로워는 조직을 통하여 어떤 목적을 달성한다. 자신의 정열을 불태울 수 있는 대상을 찾는 것이 모범형 팔로워의 특징이다. 모범형 팔로워는 자신의 일을 좀 더 큰 사업과 연관시킬 수 있는 생각을 한다.

② 크리티컬 패스의 고수

조직의 중요한 목표달성을 위해 노력하는 모범형 팔로워는 목표달성을 위해 시스템공학 용어인 크리티컬 패스에 자신을 옮겨 놓고 생각한다. 목표의 핵심, 목표의 결정자와 결정방법, 목표달성을 위한 작업공정 등을 크리티컬 패스에서 찾아낸다.

크리티컬 패스에 기여할 수 있는 활동을 찾아내고, 필요한 업무기능을 판단하며, 일의 스케줄을 잡고, 부가가치를 창출하는 일을 하며, 자신의 부가가치를 측정한다.

이와 같은 활동에도 불구하고 가장 중요한 것은 맡은 일에 유능해야 한다는 것이다. 모범형 팔로워는 기능을 숙지하여 자신을 차별화하고 조직에 필수불가결한 존재가 된다.

③ 솔선수범으로 존재가치를 높임

모범형 팔로워는 솔선수범함으로써 전문기술과 지식을 더욱 연마하고, 크리티컬 패스활동의 시야를 넓히며, 새로운 아이디어에 도전한다.

(3) 인간관계

모범형 팔로워는 동료, 리더, 그리고 조직과 함께 조직에 도움이 되는 방향으로 인간관계를 한다. 그는 조직을 공유지(commons)로 인식한다. 다른 사람들과의 상호책임을 인식하고 조직이라는 샘에서 물을 마시기 위해 물이 다시 차는 데 도움이 되도록 행동한다. 그것을 위해서는 팀에서의 인간관계, 조직 네트워크에서 인간관계, 리더와의 인간관계가 중요하다.

① 개성 있는 팀

팔로워는 동료와 공동으로 일해야 하기 때문에 팀에서의 인간관계가 중요하다. 리더 없는 팀, 자치관리집단, 반(半) 자치단위 부서, 태스크포스, 공동작업팀, 협의회 등이 그것이다.

모범형 팔로워는 구성원들이 팀의 목표에 대해 일치된 견해를 가지고 있는지를 확인한다. 자신의 견해를 다른 사람에게 털어놓고, 의견의 타당성을 검토한다. 일치된 견해를 갖게 될 때까지 대화를 계속한다. 다음은 자신의 팀에 대한 기여, 그리고 다른 사람과의 관계, 자기 작업의 타이밍과 세부사항 등을 설명한다. 다른 사람이 자신의 성과물을 원하면 설명을 요구하고 언제 무엇을 줄 수 있는지를 알려준다. 모범형 팔로워는 다른 구성원들을 위해 도움이 되는 일을 한다. 그룹에 활력을 불어넣고 유머와 균형감각을 잃지 않는다.

② 네트워크

네트워크는 부서를 넘어 다른 사람과 연결해 주는 인간관계의 가교이다. 네트워크 속에서 어떤 사람들이 일하는 것은 관계 때문이다. 모범형 팔로워는 네트워크의 역할에 민감하다. 네트워크는 개인과 조직의 성공을 위해 필수적이다. 모범형 팔로워는 크리티컬 패스에 도움을 주는 방향으로 네트워크를 만든다.

③ 리더에 협력

모범형 팔로워는 공유지 정신으로 리더와 협력한다. 리더의 욕구, 목표, 그리고 제약을 이해한다. 리더의 집중적인 노력을 알고, 다른 팔로워가 리더에 잘 협조하고 있는지를 확인하며, 리더의 목표와 조직의 목표를 달성하는 데 협조한다. 모범형 팔로워는 다른 팔로워나 리더의 효율성을 해치지 않도록 노력한다. 리더에게 솔직한 피드백을 한다. 모범형 팔로워는 신뢰를 쌓는 데 노력한다. 모범형 팔로워에게서 리더와 동료의 신뢰는 매우 중요하다.

참|고|문|헌

권상술, 상사의 변형적 리더십과 거래적 리더십이 조직구성원의 태도 및 지각에 미치는 영향, 서강대학교 대학원 박사논문, 1996, 97쪽.

김남현 역, C. Manz and P. Sims, Jr. 저, 슈퍼리더십, 경문사, 2002, 119~120쪽.

노재욱 해석, 노자도덕경, 자유문고, 2000, 83~84쪽.

신구범, 조직행위론, 형설출판사, 2005, 146쪽.

신유근, 조직행위론, 다산출판사. 1990, 435쪽.

이재규 외 역, Tichy, N. M. 외 저, 리더십 엔진, 21세기북스, 2000, 23쪽.

장동현 역, Robert E. Kelly 저, 팔로워십과 리더십, 고려원, 1994, 40쪽.

Allred, B. B., C. C. Snow, and R. E. Miles, Characteristics of Managers in the 21st. Century, *Academy of Management Executive*, November, 1996, p. 25.

Auerbach, Arnold, "Red", Misleading Followers, *Harvard Business Review*, January–February, 1989, 152.

Avolio, B. J., S. Kahai, and G. E. Dodge, E–Leadership : Implications for Theory, Research, and Practice, *Leadership Quarterly*, Winter, 2000, pp.615~68.

Bandura, A., Self–Reinforcement : Theoretical and Methodological Consideration, *Behaviorism*, Fall, 1976, pp.135~155.

Bass, B. M., D. A. Waldman, and B. J. Avolio, M. Bebb, Transformational Leadership and Falling Dominoes Effect, *Group and Organization Studies*, Vol.12, 1987, pp.73~87.

Bass, B. M., *Transformation in Leadership*, New York, Lea Publishers, 1998.

Bass, B. M. and B. J. Avolio, *Transformational Leadership Development: Manual for the Multifactor Leadership Questionnaire*, Palo Alto, CA., Consulting Psychologists Press, 1990, pp.12~14.

Bennet, Amanda, When Money Is Tight, Bosses Scramble for Other Ways to Motivate the Troops, *Wall Street Journal*, October, 31, 1990, B1, B9.

Bennis, *On Becoming a Leader*, Boston, MA., Addison–Wesley, 1989.

Bennis, W., *On Becoming a Leader*, Menlo Park, CA., Addison–Wesley, 1988, p.

45.

Bennis, Warren, The 4 Competincies of Leadership, *Training and Development Journal*, August, 1984, pp.14~19.

Bennis, *Why Leader Can't Lead: The Unconscious Conspiracy Continues*, San Francisco, CA., Jossey-Bass, 1989.

Blanchard, K. H., P. Hersey, and D. E. Johson, *Management of Organizational Behavior*, 7th ed., Upper Saddle River, N.J., Prentice-Hall, 1996.

Blanchard, K. H., P. Zigarmi and D. Zigarmi, *Leadership and One Minute Manager*, New York, William Morrow, 1985.

Brown, M. C., Administration Succession and Organizational Performance: The Succession Effect, *Administrative Science Quarterly*, 29, 1982, pp.245~73.

Burns, J. M., *Leadership*, New York, Harper and Row, 1978.

Burns, James, MacGregor, *Leadership*, New York, Harper & Row, 1978.

Charan, Ram et al., *The Leadership Pipeline*, New York, Jossey-Bass, 2001.

Citrina, James M. and Thomas J. Neff, Digital Leadership, *Strategy & Businss Journal*, 18, first Quarter, 2000, p.45.

Clark, K. E. and M. B. Clark, *Choosing to Lead*, 2nd. ed., Greensboro, NC., Center for Creative Leadership, 1996, p.19.

Cohen, E. and N. Tichy, How Leaders Develop Leaders, *Training and Development*, May, 1999, pp.55~73.

Cole, C. L. Eight Values Bring Unity to a Worldwide Company, *Workforce*, 80, March, 2001, pp.44~45.

Conger, J. A. and R. N. *Kanungo*, *Charismatic Leadership*, San Francisco, CA., Jossey-Bass, 1998, pp.309~23.

Covey, S. R. Servant Leadership from the Inside Out, ed. by Larry C. Spears, *Insight on Leadership*, New York, John Wiley & Sons, 1998.

Daft, R. L., *Leadership : Theory and Practice*, Chicago, ILL., Dryden Press, 1999.

Day, D. V., Leadership Development : A Review in Context, *Leadership Quarterly*, Winter, 2000, pp.581~613.

Day, David and Robert Lord, Executive Leadership and Organizational Performance, *Journal of Management*, 14, September, 1988, p.453.

Dess, Gregogy G. and Joseph C. Picken, Changing Roles: Leadership in 21st

Century, *Organizational Dynamics*, Winter, 2000, p.19.

Downton, J. V., *Rebel Leadership: Commitment and Charima in a Revolutionary Process*, New York, Free Press, 1973.

George, J., Emotions and Leadership : The Role of Emotional Intelligence, *Human Relation* 53, August, 2000, pp.1027~55.

Gilbert, G. Ronald and Albert C. Hyde, Followership and the Federal Worker, *Public Administration Review*, November–December, 1988, pp.962~98.

Gilbert, G. Ronald, Effective Leaders Must Be Good Followers Too, *Government Executive*, June, 1990, p.58.

Graen, G. B. and M. Uhi–Bien, Relationship–bases Approach to Leadership : Development Leader–Member Exchange(LMX) Theory of Leadership over 25 Years : Applying a Multi–level, Multi–domain Approach, *Leadership Quarterly*, 6, 1995, pp.219~247.

Hackman, J. R. and G. R. Oldham, Motivation through the Design of the Work : A Test of Theory, *Organizational Behavior and Human Performance*, Vol. 16, 1976, pp.250~279.

Hollenback, J. R., C. R. Williams and H. J. Klein, An Empirical Examination of the Antecedents of Commitment to Difficult Goals, *Journal of Applied Psychology*, Feburary, 1989, pp.18~23.

Howell, Jon P., David E., Bowen, Peter W., Dorfman, Steven, Kerr, and Philip M., Podsakoff, Substitutes for Leadership: Effective Alternatives to Ineffective Leadership, *Organizational Dynamics*, Summer, 1990, pp.21~38

Hughes, R. L., Ginnett, R. C., and G. H. Curphy, *Leadership*, 4th ed., New York, McGraw–Hill, 2002.

Judge, T. A. and J. E. Bone, Five–Factor Model of Personality and Transformational Leadership, *Journal of Applied Psychology*, October, 2000, pp.751~65.

Kelly, R. E. *Gold–Collar Worker Survey*, unpublished summary, Carnegie–Mellon University, 1990.

Kelly, R. E., A Society Can Succeed If It Has Effective Followers, *Chicago Tribune*, October, 26, 1988, Section 1, 22.

Kelly, R. E., Combining Followership and Leadership into Partnership, in *Making*

Organizations Competitive, edited by Kilmann, I. Kilmann, et al., San Francisco. CA., Jossey–Bass, 1991.

Kelly, R. E., Followers Make the Leader, *Los Angeles Times*, November, 19, 1988, Part II, 8.

Kelly, R. E., In Praise of Followers, *Harvard Business Review*, November Deceber, 1998, pp.142~48.

Kelly, R. E., *The Gold–Collar Worker*, New York, Addison–Wesley, 1985.

Kelman, Herbert C. and V. Lee Hamilton, *Crimes of Obedience*, New Haven: Yale University Press, 1989.

Kennedy, Donald, Learning, Thinking, Believing, *Standford Magazine*, September, 1990, pp.27~29.

Kerr, S. and J. M. Jermier, Substitutes for Leadership: Their Meaning and Measurement, *Organizational Behavior and Human Performance*, Vol. 22, 1978, pp.375~403.

Kiechel III., Walter, The Case Against Leaders, *Fortune*, June, 19, 1989, pp.217~20.

Lawler, Edward E., *High Involvement Management: Participatibe Strategies for Improving Organizational Performance*, San Francisco, CA., Jossey–Bass, 1986.

Levin, I. M., Vision Revisited, *Journal of Applied Behavioral Science* 36, March, 2000, pp.95~107.

Litzinger, William and Thomas Schaefer, Leadership Through Followership, *Business Horizones*, September–October, 1982, pp.78~81.

Mager, R. C., Davis, J. H., and F. D. Schoorman, An Integrative Model of Organizational Trust, *Academy of Management Review*, July, 1995, p.712.

Manz, Charles C. and Henry P. Sims, Jr, *Company of Heroes : Unleashing the Power of Self–Leadership*, New York, Wiley, 1986, pp.15~155.

Manz, Charles C. and Henry P. Sims, Jr, Leading Workers to Lead Themselves: The External Leadership of Self–managing Work Teams, *Administrative Science Quarterly*, 32, 1987, pp.106~28.

Manz, Charles C. and Henry P. Sims, Jr, *Super Leadership*, New York, Prentice Hall, 1989.

Manz, Charles C. and Henry P. Sims, Jr, Super Leadership: Beyond the Myth of Heroic Leadership, *Organizational Dynamics*, Spring, 1991, pp.18~35.

McCauley, C. D., Moxley, R. S., and E. Van Velsor(eds.), *Handbook of Leadership Development*, San Francisco, CA., Jossey–Bass, 1998, pp.379~402.

Morgan, James and Wily Varmints, *Investment Vision*, June–July, 1991, pp.64~69.

Newstrom, J. W. and Keith Davis, *Organizational Behavior*, 4th ed., New York, McGraw–Hall, 2002.

Northous, P. G., *Leadership and Practice*, London, Sage, 1997.

Peters, T. J. and R. H. Waterman Jr., *In Search of Excellence: Lesson from America's Best–Run Companies*, New York, Harper & Row, 1982.

Pfeffer, J., The Ambiguity of Leadership, *Academy of Management Review*, 2, 1977, pp.104~12.

Podsakoff, P. M., S. B. Mackenzie, R. H. Moorman, and R. Fetter, Transformational Leader Behaviors and Their Effects on Followers' Trust in Leader, Satisfaction, and Organizational Citizenship Behaviors, *Leadership Quarterly*, Vol.1, 1990, pp.107~142.

Stockdale, James, The Principles of Leadership, *Education Digest*, 47, March, 1982, p.24.

Stone, Irving, *The Passions of the Mind*, New York, Doubleday, 1971.

Wartzman, Rick, Nature of Nurture? Study Blames Ethical Lapses on Corporate Goals, *Wall Street Journal*, October, 9, 1987, p.27.

Yukl, Gary, *Leadership in Organization*, Englewood Cliffs, N.J., Prentice Hall, 1993, p.353.

Yukl, Gary, *Leadership in Organization*, 5th ed., Englewood Clliffs, N.J., Prentice Hal, 2002.

Zaleznik, A., Managers and Leaders: Are They Different?, *Harvard Business Review*, May–June, 1977, pp.5~16

Zand, D. E., *The Leadership Triad : Knowledge, Trust, and Power*, New York, Oxford Press, 1997, p.89.

Zierden, William E., Leading Through the Followers' Point of View, *Organizational Dynamics*, Spring, 1980, pp.27~46.

Part 02

조직경영과 리더십

Chapter **04**

경영과 리더십

제1절 리더와 경영자

1. 경영활동의 특성

경영은 다른 사람을 통하여 무엇을 달성하는 기술이며 따라서 경영(managing)이라는 현상 혹은 활동은 작업을 실지로 수행하는 활동(doing)과는 다르다. 즉 실지로 작업을 수행하는 활동이 보다 더 잘되도록 하는 활동이 경영이다.

경영활동은 기업을 비롯한 조직체의 목적을 효과적으로 달성하기 위하여 필요한 활동이다. 이러한 경영활동은 최고경영자에게만 필요한 활동은 아니며 많은 유형의 경영자에게 보편적으로 필요한 활동이다. 더욱이 경영활동은 비영리조직의 목표와 성과를 달성하기 위해서도 필요한 활동으로 보편적인(universal) 활동이다.

경영활동은 무엇인가? 경영활동은 조직의 목표를 효과적이고 효율적으로 달성하기 위하여 조직 내의 작업활동을 조정하는 활동으로 정의할 수 있다. 여기에서 효율적(efficient)이라는 것은 최소한의 투입으로 최대한의 산출을 얻는 것을 의미한다. 즉, 효율적이라는 것은 자원의 낭비 없이 일을 바르게 한다는 것이다(doing things right). 경영자들은 희소한 자원을 다루므로 자원을 효율적으로 사용하여야 한다. 그러나 효율적인 것만으로 충분하지는 않다. 경영은 효율성과 더불어 유효성에도 관심을 가져야 한다. 유효적(effective)이라는 것은 바른 일을 하는 것(doing the right thing)을 의미한다. 즉, 경영은 조직의 목표달성에 도움을 주는 작업활동이 이루어지도록 하여야 한다는 것이다. 효율성과 유효성이 경영과 어떠한 관련을 가지는지는 [그림 4-1]에 잘 나타나 있다. 경영의 두 중심개념은 자원의 활용과 관련된 효율성과 목표달성과 관련된 유효성이다.

그림 4-1 | 경영활동에 있어서의 효율성과 유효성

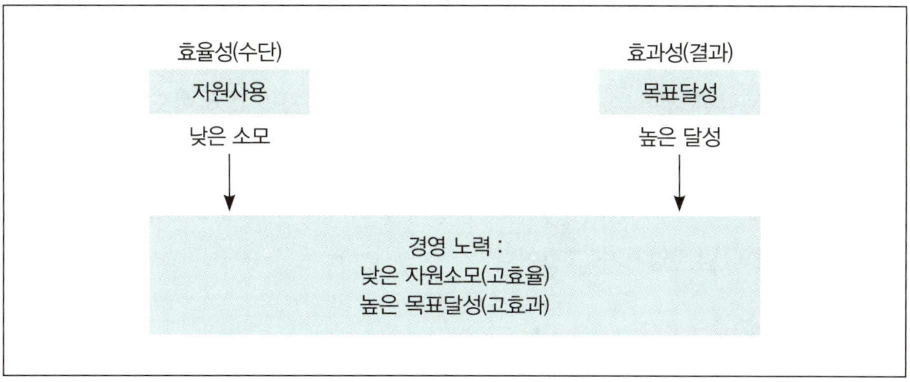

자료 : Stephen P. Robbins and Mary Coulter, *Management*, 9th ed., Prentice-Hall, 2005. p.8.

경영은 사람을 통하여 일을 달성하는 것이라고 볼 때, 조직 내의 다른 사람들을 리드하고 지시하는 것에서부터 출발한다

2. 경영자와 경영계층

1) 경영자

경영자(manager)는 무엇을 하는 사람인가? 경영자에 대한 견해를 살펴보면 경영자는 조직에서 다른 사람들에게 무엇을 하고 어떻게 하도록 지시하는 사람을 의미한다. 이러한 견해에 따라 경영자와 경영자가 아닌 사람을 구분하는 것은 쉬워 보인다. 그러나 그 구분이 그렇게 간단한 것은 아니다. 조직과 일에서 일어나고 있는 변화는 경영자와 경영자가 아닌 사람을 구분하는 것을 어렵게 만든다. 전통적으로 경영적인 업무가 아닌 것들도 이제 경영적인 일을 포함하게 된 것이다.

경영자는 조직의 목표달성을 위하여 다른 사람과 함께 혹은 다른 사람을 통하여 작업활동을 조정하는 사람이다. 따라서 경영자의 일은 개인적인 성취에 있지 않으며 다른 사람들이 일을 하고 성취할 수 있도록 도움을 주는 것이다(Robbins, 1983).

2) 경영계층

경영자들의 일이 모두 동일하지는 않다. 삼성전자나 제네럴모터스(General Motors)의 최고경영자(CEO : chief executives officers)의 일과 TGIF의 지역 지점장의 일이 동일한 것은 아니다. 즉, 일반적으로 경영자라고 하여도 조직의 경영계층(levels of management)에 따라 구체적인 직무는 다르다. 경영자는 동일한 계층에 있지 않다. 조직 내에 경영계층이 존재한다. 최고경영자와 중간경영자 그리고 일선경영자와 팀경영자가 그것이다.

(1) 최고경영자

최고경영자(top managers)는 CEO 혹은 COO(chief operating officers)의 직위를 가지고 있으며 기업의 전반적인 운영에 대한 책임을 지고 있다. 이들은 기업의 내 · 외부 환경여건을 분석하여 기회와 위험을 인식하며, 전략목표를 설정하고 기업의 목적달성을 위한 계획화, 조직화, 지휘, 그리고 통제활동을 수행한다. 그들은 조직의 변화에 대한 책임이 있으며, 종업원을 조직의 목표에 몰입하고 동기부여 시켜야 하며 긍정적인 조직문화를 창조함과 동시에 기업환경의 변화를 항상 관리해야 한다.

(2) 중간관리자

중간관리자(middle managers)는 일선경영자와 최고경영자의 중간에 위치하여 일선감독자와 최고경영자를 연결하는 역할을 담당하는 경영자이다. 이들은 조직 내의 각 부문의 운영에 대한 책임을 지고 있으며, 최고경영층이 설정한 경영목표와 전략이 원만히 수행될 수 있도록 일선경영자에 대한 구체적인 계획과 행동지침을 설정하는 계층이다.

여기에는 조직의 각 부문의 책임자인 부장과 과장 등이 포함되어 있으며 실제적인 경영관리에 대한 책임을 지고 있는 계층이다. 이들은 목적에 부합되도록 자원을 계획하고 분배하는 책임을 지고 있으며, 조직 내의 집단과 부서, 그리고 사업부를 조정하는 책임을 지고 있다. 그리고 그들에게 보고하는 일선관리자와 하위단위들의 성과를 모니터하고 관리할 책임이 있으며 최고경영자에 의하여 제시된 변화와 전략을 수행할 책임도 있다.

(3) 하위경영자

일선감독자(first-line managers)는 작업을 담당하는 근로자들의 작업을 조정하고 기업의 자원을 직접적으로 관리하는 경영자이다. 하위경영자는 근로자들의 활동을 직접적으로 통제하며 자원을 사용하여 재화와 용역을 생산하도록 하는 계층이다. 이들은 종업원으로부터 여러 가지 보고를 받으며 중간관리자와 최고경영자의 계획과 운영방침을 실행하는 계층이다.

하위경영자의 책임은 기업의 제품과 서비스를 생산하는 일선종업원의 과업수행을 관리하는 것이다. 따라서 이들은 다른 경영자를 관리하지 않는 경영자이다. 그리고 일선종업원에 대한 교육도 그들의 책임이다. 일선경영자는 장기적인 계획을 가진 최고경영자나 중기적인 계획을 가진 중간경영자와는 달리 2주 이내의 계획과 활동에 대한 자세한 시간계획과 운영계획을 만든다.

3. 경영자의 역할

경영자는 기본적으로 계획, 조직, 지휘, 통제와 같은 기본적인 관리활동을 수행하면서 많은 다양한 역할을 수행한다. 여기에서 역할(roles)이란 조직화된 행동의 집합을 말하는 것이다. 민즈버그(Minzberg)는 여러 형태의 경영자를 조사하여 공통적으로 수행하는 경영자역할(managerial roles)을 10가지로 정리하였다. 이러한 역할은 [그림 4-2]와 같이 크게 3가지의 범주로 나누어 볼 수 있는데, 대인적 역할(interpersonal roles)과 정보적 역할(informational roles) 그리고 의사결정역할(decisional roles)이 그것이다.

그림 4-2 | 민츠버그의 경영자역할

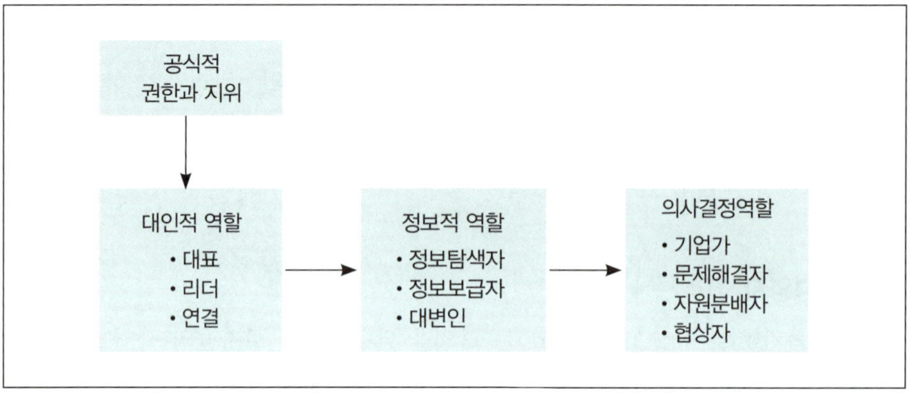

자료 : Henry Mintzberg, "The Manager's Job: Folklore and Fact," *Harvard Business Review*, March–April, 1990, p.168.

1) 대인역할

경영자는 조직의 대표자이다. 즉, 최고경영자는 조직을 대표하며 조직 내부에서는 구성원들의 리더로서 그리고 조직의 외부에 대해서는 섭외자로서의 역할을 수행한다. 경영자가 수행하는 구체적인 대인적 역할(interpersonal roles)에는 대표역할(figure head role), 리더역할(leader role), 연결역할(liaison role)이 있다.

2) 정보역할

경영자가 수행하는 두 번째의 중요한 역할은 정보적 역할(informational roles)이다. 이는 경영자가 의사결정을 내리기 위하여 정보를 탐색하여 수집하고 전달하는 역할이다. 경영자는 조직의 내부뿐만 아니라 외부로부터 정보를 받아들여 그러한 정보를 활용하여 의사결정을 하는 한편 그러한 정보를 필요로 하는 곳에 파급하여야 하는 것이다. 경영자가 수행하는 정보역할에는 정보탐색자역할(monitor), 정보보급자역할(disseminator) 그리고 대변인역할(spokesperson)이 있다.

3) 의사결정역할

경영자가 수행하는 세 번째의 역할은 의사결정적 역할(decisional roles)이다.

의사결정은 여러 가지의 선택대안들 가운데서 하나를 선택하는 것으로 경영자가 기업의 자원획득에 대한 의사결정에서부터 제품과 시장의 선택에 이르기까지 모든 의사결정을 내리게 된다. 이러한 의사결정의 결과로 기업의 성과가 좌우되는 것이다. 이러한 의사결정역할에는 기업가(entrepreneur)역할과 문제해결자(disturbance handler)역할, 자원배분자(resource allocator)역할 그리고 협상자(negotiator)역할이 있다.

이상에서 살펴본 경영자의 10가지 세부역할을 정리하면 [표 4-1]과 같다.

표 4-1 | 경영자의 역할

개념적 기술
• 업무문제를 해결하기 위해 정보를 사용하는 능력 • 혁신에 대한 기회 확인 • 문제 분야 재인식 및 해결 수행 • 대량 자료로부터 중요한 정보 선택 • 기술의 업무상 용도 이해 • 조직의 업무모델 이해
의사소통기술
• 생각을 언어와 실행으로 전환하는 능력 • 동료 및 부하 간의 신뢰성 • 문제 경청 및 제기 • 프레젠테이션기술 : 언어구사 방식 • 프레젠테이션기술 : 문자화 및 도식화 방식
유효성기술
• 기업사명/부서목표에 대한 기여 • 고객 초점 • 다중업무 : 균형적인 다중업무 참여 • 협상기술 • 과제(project)관리 • 운영 검토 및 성과 수행 • 대내외적인 성과기준의 설정 및 유지 • 주의 및 실행에 대한 우선권 설정 • 시간관리

대인기술
• 지도 및 조언기술
• 다양성기술 : 다양한 사람 및 문화를 통한 업무
• 조직 내 연계(networking)
• 조직 외 연계(networking)
• 팀 내 활동 : 협동 및 헌신

자료 : Robbins, Stephen P. and Mary Coulter, *Management*, 8th ed., Pearson Education, Inc., 2005, p.13.

4. 경영자의 관리기술

경영자는 관리활동과 경영자의 역할을 성공적으로 수행하여야만 기업의 성과를 높일 수 있다. 경영자가 이러한 역할들을 성공적으로 수행하는가의 여부는 그들이 어떠한 기술(skills)을 가지고 있는가에 달려 있다. 즉, 유능한 경영자로서의 기술을 가지고 있는 경영자만이 성공적인 기업을 만들 수 있다.

따라서 경영자는 보다 효과적인 기업운영을 위하여 관리기술(managerial skill)을 습득하여야 한다. 이러한 관리기술에는 전문적(technical) 기술, 인간관계(human)기술, 그리고 개념적(conceptual) 기술이 있다. 전문적 기술은 업무와 관련된 기술을 의미하고, 인간관계기술은 사람들과의 관계를 형성하고 유지하는 기술이며, 개념적 기술은 창의성과 새로운 대안을 탐색하는 기술이다. 이와 같은 세 가지의 기술은 모든 경영자가 기본적으로 갖추어야 할 자질이며, 능력 있는 경영자란 결국 이러한 기술들이 갖추어진 경영자이다.

1) 전문적 기술

경영자가 우선적으로 갖추어야 할 지식은 전문적인 기술이다. 이러한 전문적인 기술은 두 가지로 나누어진다. 첫째는 기업의 핵심기술과 관련된 지식이며, 둘째는 자신의 직무와 관련된 지식이다.

전자의 핵심기술은 기업의 변형과정(transformational process)과 관련된 지식으로 유능한 경영자가 되기 위해서는 무엇보다도 먼저 자신의 기업이 기본적으로 하고 있는 변형과정에서 사용되는 기술에 대한 지식을 갖추어야 한다. 예를 들어,

자동차회사의 경영자는 비록 엔지니어가 아니라 할지라도 자동차의 주요 부품과 생산과정 그리고 그 성능에 대한 폭넓은 지식을 갖추어야 한다. 그것은 이와 같은 지식이 있음으로써 조직구성원들의 업무를 조정하고 통제할 수 있기 때문이다. 기업이 하고 있는 전체적인 과업에 대한 지식이 없는 경영자는 결코 성공할 수 없다. 따라서 의사가 아닌 병원의 경영자는 비록 그가 의사가 아니라 하더라도 전문의에 버금가는 해박한 의료지식을 가지고 있어야만 의사와 간호원들을 관리하여 병원을 성공적으로 경영할 수 있다.

두 번째로, 경영자가 갖추어야 할 지식은 관리업무 자체에 대한 전문적인 지식이다. 이는 관리의 대상인 업무, 즉 자신이 담당하고 있는 직무와 관련된 지식이다. 예를 들면, 마케팅담당 이사인 경우에는 시장조사와 소비자행동에 대한 전문적인 지식을 갖추어야 하며, 회계담당 과장인 경우에는 회계사에 버금가는 전문지식을 가지고 있어야 한다는 것이다.

전문적인 기술을 구성하는 이와 같은 두 가지의 지식은 유능한 경영자가 필수적으로 갖추어야 할 기초적인 요소이다.

2) 인간관계기술

전문적인 기술과 더불어 경영자는 인간관계기술을 가져야 한다. 경영은 다른 사람을 통하여 무엇인가를 달성하는 것이다. 여기에서 알 수 있는 바와 같이 경영의 요체는 인간관리이다. 그러므로 유능한 경영자가 되기 위해서는 부하들이나 동료뿐만 아니라 상사로부터 자발적인 노력과 협조를 유도해 내며 그들과 인간적인 신뢰관계를 유지하여야 하는 것이다.

유능한 경영자는 부하들에게는 자신감과 성취감, 그리고 성장감을 가질 수 있도록 하며 그들이 능력을 최대로 발휘하도록 하는 것은 물론이거니와 그들의 능력을 개발시킬 수 있는 기회를 제공하여야 한다. 그러기 위해서는 그들의 의견을 청취하고 고충을 이해할 수 있는 인내와 아량이 있어야 하며 부하들을 변혁시킬 수 있는 혁신적 리더가 되어야 한다.

3) 개념적 기술

전문적인 기술과 인간관계기술에 못지 않게 중요한 기술이 개념적인 기술이다. 개념적인 기술은 한마디로 문제에 대한 통찰력과 새로운 대안을 제시하는 능력이다. 이는 기업의 미래를 예측하고 능동적으로 대처할 수 있는 새로운 아이디어를 창출해 내는 기술이다. 이러한 개념적인 기술은 조직의 상위계층의 경영자일수록 더욱 요구되는 기술이다.

기업성공의 원동력은 창조력으로부터 나온다. 미래의 변화를 예측하지 못하는 경영자는 급변해 가는 오늘날의 기업환경에는 적합한 경영자가 될 수 없다. 끊임없이 환경을 탐색하여 새로운 아이디어를 창출할 수 있는 경영자만이 성공할 수 있는 것이다.

이상과 같이 경영자는 보다 효과적인 기업운영을 위하여 갖추어야 할 관리기술인 전문적 기술, 인간관계기술, 그리고 개념적 기술이 중요하다고 서술하였다. 그러나 이러한 기술들이 경영계층의 어느 경영자에게나 동등하게 요구되는 것이 아니고, 계층에 따라 그 비중이 다르게 요구되고 있음을 [그림 4-3]에서 잘 알 수 있다. 즉, 최고경영자에게는 무엇보다도 개념적인 기술이 가장 중요하며, 중간관리층에는 인간관계기술이, 그리고 일선경영층에게 있어서는 전문적 기술이 상대적으로 보다 중요한 기술인 것이다.

그림 4-3 | 조직수준 차이에 따른 기술의 상대적 중요성

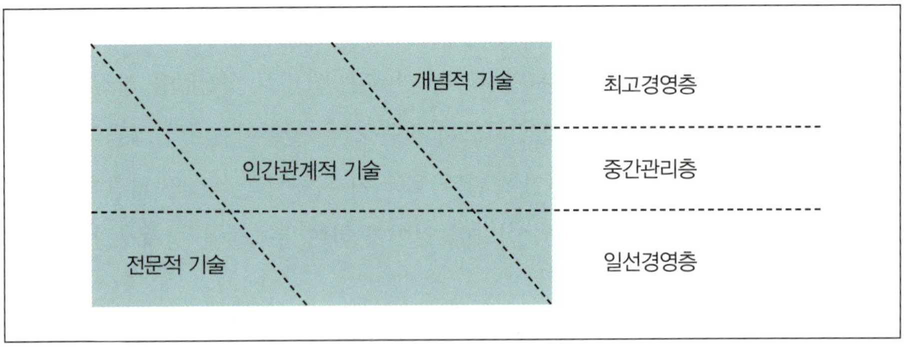

자료 : Michael A. Hitt, J. Stewart Black, and Lyman W. Porter, *Management*, Pearson Prentice Hall, 2005, p.33.

제2절 조직유효성과 리더십유효성

1. 조직유효성의 의미

1) 유효성과 능률성

조직유효성을 정의하기 위해서는 유효성(effectiveness)과 능률성(efficiency)을 비교해야 한다.

능률성은 투입과 산출의 비율로서 스티어즈(Steers)가 예를 들어 설명하듯이 두 개의 회사가 동일 회계연도에 동일한 제품을 같은 양을 생산했을 경우 투입한 자원이 적은 회사가 더욱 능률적이다(Steers, 1997). 유효성과 능률성은 상호교차적으로 사용될 수 없다. 능률성이 없는 조직이 유효성이 있을 수도 있고, 유효성이 없는 조직이 능률성은 있을 수 있다. 어느 하나는 다른 하나의 필요조건이 아니다(Bedian, 1980).

2) 조직유효성의 정의

조직유효성(OE)에 대한 정의는 너무 다양하여 한 마디로 정의하는 것은 불가능하다. 그러나 OE에 대한 정의에 있어 대부분의 학자들이 일치하는 점은 첫째, OE의 정의에 다중기준이 필요하다는 것이다. 둘째는 OE에는 수단과 목표가 동시에 고려되어야 한다는 것이다. 이러한 점을 고려하여 OE를 정의하면 OE는 수단과 목표를 고려한 목표의 달성 정도로서 목표설정에 전략적 환경요소를 반영하고 평가자의 이해관계와 조직의 수명주기를 반영한 것이다(Robbins, 1983).

2. 조직유효성 모델

조직유효성을 간략하게 정의할 수 없기 때문에 조작적 정의를 한 바 있다. 그러나 OE에 대한 다양한 모델들을 살펴봄으로써 통합적인 관점을 가질 수 있다. OE에 대한 모델도 학자에 따라 다양하게 분류한다. [표 4-2]에는 여러 학자들의 견해가 표시되어 있다. 본서에서는 로빈스의 분류에 따라 각 모델의 내용을 살펴보기로 한다.

표 4-2 | OE모델의 분류

학자	모델의 분류		
Etzioni	목표모형	시스템모형	
Seashore et al.	목표모형	기능적모형	시스템자원모형
Jackson et al.	목표모형	비교모형	시스템모형
二村敏子	논리모형	특정주체모형	
Connally et al.	목표모형	시스템모형	다원적관계자모형
Cameron	목표모형, 전략적관계자모형	과정모형	시스템자원모형
Duncan	목표최적화모형	개방시스템모형	다수요인모형
Hall	목표모형, 참가자만족모형	사회적기능모형, 모순모형	시스템자원모형
Keeley	목표모형	시스템자원모형	사회정의모형 (참가자만족모형)
Reiman	목표모형, 경쟁가치접근모형	시스템자원모형, 사회정의모형	다원적관계자모형
Robbins	목표모형, 경쟁가치접근모형	시스템모형	전략환경요소모형

자료 : 이한룡, 조직유효성의 측정모형에 관한 연구, 산경논집, 6집, 1988, 동의대학교 산업경영연구소, 79~107쪽.

1) 목표모형(goal-attainment approach)

목표모형은 OE의 평가기준을 수단보다는 최종목표의 달성 정도에 두어야 한다고 주장한다. 이윤의 극대화, 적의 항복, 농구경기의 승리, 환자의 건강회복 등과 같은 것이 목표달성의 기준이 된다.

목표모형에서는 ① 조직은 궁극적인 목표를 가지며, ② 이러한 목표는 명백하게 규정해야 하고, ③ 관리가능할 정도로 적은 수의 목표를 가져야 하며, ④ 조직 내의 전반적인 합의에 바탕을 두고 설정한 것이어야 하고, ⑤ 목표의 달성과정은 측정가능해야 한다고 가정한다.

그러나 OE에 대한 목표모형은 다음과 같은 문제점을 가지고 있다.

첫째, 목표모형에서의 목표를 누구의 목표로 할 것이냐에 대한 문제가 있다. 최고경영자의 목표인지 아니면 전문성을 가진 스탭의 목표인지, 혹은 구성원 대부분이 합의한 목표인지가 불분명하다.

둘째, OE의 기준을 목표로 할 경우 대부분의 조직들은 전술한 바와 같이 공식목표와 실제목표가 일치되지 않는 경향이 있는데 이 경우 어느 것을 조직목표로 할 것인지가 문제이다.

셋째, 목표의 기간에 관한 문제이다. 보통 조직의 장기목표는 단기목표의 희생에 의하여 달성할 수 있는 경우가 많다. 이 경우 어느 것을 OE의 기준으로 할지가 불분명한 문제점이 있다.

넷째, 조직은 다중목표를 가지고 있는데 목표를 OE의 기준으로 삼기 위해서는 양립 불가능한 다중목표에 대한 합의가 있어야 한다. 조직 내의 다양한 이해관계자들로부터 합의를 얻기 위해 대부분의 조직목표는 애매모호하게 표현되는 경우가 많다.

다섯째, 실제조직을 관찰해 보면 대부분의 조직목표는 미래의 활동에 대한 지침이라기보다는 과거의 행동에 대한 합리화인 경우가 많다.

이상과 같은 목표모형의 문제점을 극복하기 위하여 제시된 것이 시스템모형이다.

2) 시스템모형(system model)

시스템모형은 목표모형과 정반대의 입장을 갖는 모형이다. 목표모형과는 달리 시스템모형은 최종결과의 달성에 필요한 과정과 수단을 OE의 기준으로 본다. 투입물의 획득능력, 변화과정의 능률, 산출물의 유통능력 및 안정과 균형 등을 OE의 기준으로 삼는다.

시스템모형은 첫째, 조직은 상호 관련된 하위 부분으로 구성되어 있으며, 둘째, 조직의 유효성은 환경의 구성요소들에 대한 이해와 상호작용을 통하여 달성할 수 있고, 셋째, 조직이 존속하기 위해서는 소비된 자원의 지속적인 보충이 필요하다는 가정을 가지고 있다.

이상과 같은 가정을 가진 시스템모형은 따라서 투입물을 계속적으로 확보하는 것과 환경과의 관계를 유지하는 것을 중요하게 생각한다. 환경변화에 대한 유연한 반응, 투입물을 산출물로 변화시키는 능률성, 내부적 의사소통의 명확성, 집단 간의 갈등수준, 종업원의 직무만족도 등과 같은 조직의 계속적 존속에 필요한 수단에 초점을 두기 때문에 최종적 결과만을 강조하는 목표모형과는 정반대이다.

그러나 시스템모형은 다음과 같은 문제점을 가지고 있다.

첫 번째의 문제점은 측정과 관련된 것이다. 시스템모형은 목표모형과는 달리 최종목표의 달성과정에 사용한 수단을 조직유효성의 판단기준으로 보기 때문에 과정변수를 측정하는 것이 어렵다. 과정변수에 대한 명백한 측정기준을 제시하는 것이 용이하지 않기 때문이다.

두 번째의 문제점은 가치관에 관련된 문제이다. 최종목표 달성과정의 수단을 중시한다고 해서 사회의 지배적 가치관이 좋지 못한 최종적 결과를 용납하는 것은 아니다. 예를 들면 스포츠게임에서처럼 사회의 지배적 가치관은 이기는 것이지 어떻게 싸웠느냐를 가지고 특정 팀을 중요하게 생각하지 않는다.

그러나 이러한 문제점에도 불구하고 시스템모형은 단기적인 성과보다 장기적인 조직의 존속과 건강을 유효성의 기준으로 본다는 면에서 중요한 의미를 지닌다.

3) 전략-환경요소모형(strategic-constituencies approach)

전략-환경요소모형은 조직유효성을 조직환경의 구성요소들이 요구하는 것을 충족시킬 수 있는 정도로 본다. 시스템모형과 유사한 이 접근법에서는 조직환경의 모든 요소를 고려하는 것이 아니라 조직 생존에 위협을 느끼는 환경요소를 유화시키는 것을 중요하게 생각한다. 다양한 조직의 이해관계집단으로부터의 경합적 요구를 확인하여 그 중에서 가장 중요하고 결정적인 요소의 요구를 들어주는 것에 초점을 둔다.

전략-환경요소모형이 타당성을 갖기 위해서는 첫째, 조직이 중요하고 결정적인 환경요소를 확인할 수 있는 능력이 있고, 둘째, 이러한 환경요소의 요구를 충족시킬 능력이 있어야 한다.

전략-환경요소모형에서는 ① 전략적인 환경요소의 목록을 작성하고, ② 이들 요소의 상대적 영향을 평가하며, ③ 각 환경요소의 조직에 대한 기대를 확인하고,

④ 공통적 기대와 양립할 수 없는 기대를 확인하여, ⑤ 각 요소의 우선순위를 파악함으로써 조직의 유효성을 설정한다.

전략-환경요소모형의 문제점으로는 첫째, 전략적 환경요소의 확인이 조직 실제에서는 어려운 일이며, 둘째, 환경이 급속하게 변화하면 환경요소의 상대적 중요성이 시간에 따라 변화하게 되는데 이때 어느 것을 중요한 환경요소로 간주할 것인가의 문제가 있다.

이상에서 살펴본 바와 같이 각 모형은 모두 조직유효성의 판단기준을 제시하고 있지만 그것은 단편적이고 상대적인 문제점을 가지고 있다. 따라서 관리자가 조직목표를 설정하는 데 하나의 준거 틀을 제공하기 위한 통합적인 틀이 필요하다. 조직유효성에 대한 통합적 모형이 경합가치모형이다.

4) 경합가치모형(competing-values approach)

이 접근법에서는 조직유효성은 그것을 평가하는 사람들의 가치관에 따라 그 기준이 다르다고 본다. 따라서 경합가치접근법은 ① 조직목표의 배후에는 다양한 가치가 존재하고, ② 조직에 있어서 유일한 목표는 없다는 가정을 가지고 있다.

조직활동의 성과로서 가치 있다고 생각하는 것은, 예를 들면 투자수익률, 시장점유율, 신제품의 개발 등과 같이 당사자의 이해관계에 따라 상이하다. 주주, 노동조합, 공급자, 일반관리자, 마케팅, 인사 분야의 관리자들은 조직의 유효성에 대해 각각 다른 가치관을 가질 수 있다. 이러한 다양한 경합적 가치를 통합할 수 있는 틀을 제시하는 것이 경합가치모형의 목적이다.

(1) 경합가치의 내용

경합가치모형에서는 조직유효성의 설정기준과 관련된 가치를 다음과 같은 3가지로 보고 있다.

첫 번째 기준은 조직구조에 관련된 것으로 조직이 유연성과 통제를 어느 정도 강조하느냐에 대한 유연성(flexibility)-통제(control)의 차원이다. 조직의 혁신과 적응, 변화와 권한, 질서, 통제 등에 관련된 문제가 모두 이 차원에 속한다.

두 번째의 기준은 조직이 자체의 목적달성을 강조하느냐, 구성원의 복지와 발전을 강조하느냐에 대한 것이다. 조직의 생산성과 구성원의 복지는 경합되는 가치관에 관련된 문제이기 때문이다.

세 번째 기준은 조직의 최종목적 달성과 그 달성과정에서 채택한 수단에 관한 것으로 수단-목표의 차원이다.

(2) 경합가치접근법의 유효성 모델

이상과 같은 3개의 가치관 차원을 결합하여 [그림 4-4]와 같은 조직유효성 모델을 만들 수 있다.

[그림 4-4]에 의한 각 조직유효성 모델의 내용을 설명하면 다음과 같다.

① 인간관계모형(human relations model) : 이 모형은 조직구성원과 조직구조의 유연성을 조직유효성의 기준으로 삼는다. 이 모형에 의한 조직의 목표는 인적자원의 가치를 향상시키고 개발하는 것이며(PFE), 그러한 목표의 달성을 위한 수단은 구성원들의 사기와 응집성을 향상시키는 것이다(PFM).

② 개방시스템모형(open system model) : 이 모형은 조직 자체와 유연성을 유지하는 것을 조직유효성의 기준으로 삼는다. 이 모형에 의한 조직목표는 조직이 환경과의 상호작용과정에서 자원을 획득하고 성장하는 것이며(OFE), 그러한 목표의 달성을 위한 수단은 조직의 유연성과 환경적응을 위해 준비성을 유지하는 것이다(OFM).

③ 합리적목표모형(rational goal model) : 이 모형은 조직 자체와 조직의 통제를 조직유효성의 기준으로 삼는다. 이 모형에 의한 조직목표는 생산성과 능률성을 달성하는 것이며(OCE), 그러한 목표의 달성을 위한 수단은 계획화, 목표설정, 평가시스템 등이다(OCM).

④ 내부과정모형(internal process model) : 이 모형은 구성원의 복지와 조직구조를 유지하기 위한 통제를 조직유효성의 기준으로 삼는다. 이 모형에 의한 조직목표는 조직의 안정성과 균형을 유지하는 것이며(PCE), 그러한 목표의 달성을 위한 수단은 정보관리와 의사소통 등이다(PCM).

그림 4-4 | 경합가치접근법의 유효성 모델

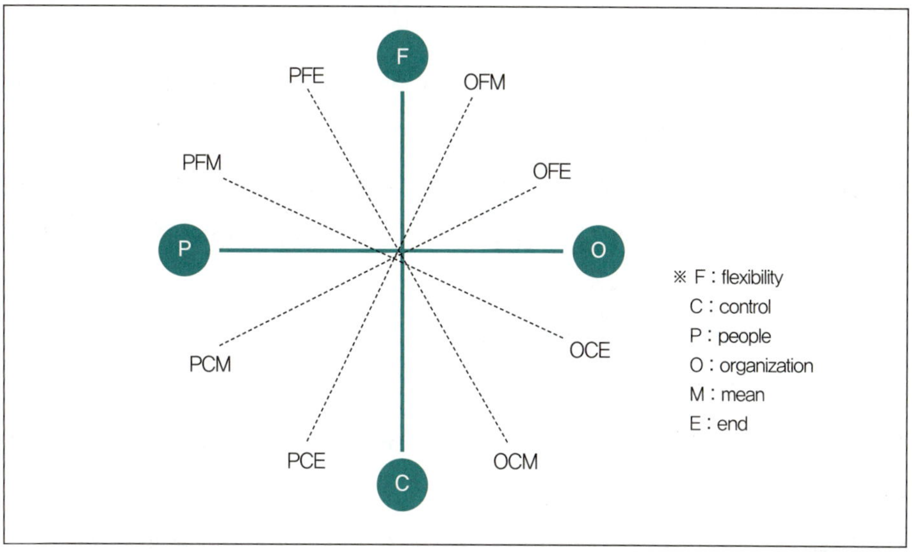

자료 : Robert E. Quinn and Kim Cameron, *Organizational Life Cycles and Criteria of Effectiveness,* Working Paper : Suny–Albany, 1979.

(3) 조직의 수명주기와 유효성 모델

경합가치모형은 조직 이해관계자의 가치관에 따라 조직유효성의 기준은 상이하다는 관점하에 이상 설명한 4개의 유효성 모델을 포함하는 접근법이다. 필요한 상황에 따라 적절한 모델을 선택하여 유효성의 기준으로 삼으면 된다. 예를 들어 조직의 수명주기를 기준으로 보면 탄생단계와 성숙단계에 적용해야 할 유효성 모델은 상이할 수 있다.

조직의 탄생기, 즉 창립기(entrepreneurial stage)에는 창의성과 자원의 집적이 필요한 단계이다. 이때는 유효성의 기준을 개방시스템모형으로 채택하여 조직 자체의 목적과 구조의 유연성을 유효성의 기준으로 하고 성장, 자원, 획득, 외부의 지원이라는 조직의 목적을 유연성과 준비성을 유지하는 수단을 사용하여 달성한다.

창립기에서 생존에 성공한 조직의 다음 수명주기는 집단공동체단계(collectivity stage)이다. 이 단계에서 조직이 계속적으로 존속하고 성장하기 위한 과업은 구성원들의 협동정신과 충성심을 개발하는 것이다. 따라서 이 단계에서는 조직유효성의 기준으로 인간관계모형을 채택하여 구성원의 복지와 조직구조의 유연성을 기준으로 하고, 인적자원의 개발이라는 조직목적을 응집성과 사기를 유지하는 것을 수단으로 하여 달성한다.

세 번째의 조직수명주기는 공식화단계(formalization stage)이다. 이 단계에는 안정, 능률성, 규칙, 절차 등을 공식화하는 것이 필요하다. 따라서 내부과정모형이나 합리적목표모형을 유효성의 기준으로 선택하여 생산성, 능률, 안정, 균형 등의 목적을 달성하기 위해 계획, 목표설정 및 평가, 정보관리, 조정 등의 수단을 사용한다.

마지막으로 조직은 정교한 구조의 단계에 다다르게 된다. 이 단계에서는 조직이 혁신을 통해서 성장하는 것이 필요하다. 따라서 조직유효성의 기준을 시스템모형으로 하여 성장, 자원획득, 외부의 지원 등의 조직목표를 달성하기 위해 유연성과 준비성의 유지라는 수단을 사용한다.

경쟁적 가치접근법은 유효성 설정에 있어서 상충되는 이해관계에 따른 가치기준을 통합하고, 생명을 가진 존재로서 조직이 수명주기의 각 단계에 적합한 유효성모형을 선택할 수 있도록 해준다는 점에서 유용성이 있다.

3. 조직유효성과 리더십유효성

이상으로 조직의 유효성은 무엇이며 그것을 어떻게 측정할 것인가에 대한 모델을 살펴보았다. 리더십유효성(leadership effectiveness)을 조직유효성(organizational effectiveness)으로 측정할 수 있는지에 대해서는 학자들마다 의견이 다르다.

유클(Yukl, 1989)은 리더십의 측정에는 조직유효성과는 다른 요소들이 포함될 수 있다고 본다. 그는 리더십유효성 측정요소로 조직유효성 측정요소 외에 리더의 효과, 부하들의 리더에 대한 태도, 구성원에게 지각되는 집단과정의 질에 대한 공헌도 등을 제시하고 있다.

첫째, 리더의 효과는 리더가 그의 책임과 직무를 수행하는 데서 발휘한 리더의 효과 평가 및 집단 임무 수행 면에서 이룩한 집단의 성공에 대한 평가 등이 있으며, 이러한 평가는 통상 리더의 상관, 동료 또는 부하에 의해 이루어진다.

둘째, 부하들의 리더에 대한 태도는 “리더가 그 부하들의 욕구와 기대를 얼마나 잘 만족시켜 주는가?”, “부하들은 리더를 좋아하고 존경하며 그에게 찬사를 보내는가?”, “부하들은 리더의 요구를 실행에 옮기는 데 적극적으로 참여하는가?”, 또는 “그들이 리더의 요구에 대항하거나, 그 요구를 무시하지 않는가?” 등에 의해 이루어진다. 이때 부하들의 태도는 통상 질문지 또는 면접방법으로 측정된다.

셋째, 부하나 외부 관찰자가 지각한 집단과정의 질에 대한 공헌도는 “리더가 집단의 응집력, 구성원 간의 협동, 구성원의 동기유발, 문제해결, 의사결정, 구성원들 사이의 갈등해결 등에서 진전을 이룩했는가?”, “리더가 역할전문화의 효율성, 활동의 조직화, 자원의 축적, 변화와 위기에 대처하는 집단의 준비에 기여하고 있는가?”, “리더가 근로생활의 질을 향상시키고, 구성원들에게 자신감을 심어주며, 그들의 기능을 증진시키고, 그들의 심리적 성장과 발전에 공헌한 바가 있는가?” 등으로 측정한다.

앞에서 조직의 유효성에 대한 다양한 모델들을 살펴보고 경합가치모형에 그것들을 통합시킨 바 있지만 일반적으로는 효율성, 유연성, 그리고 만족성을 조직의 유효성으로 본다.

효율성과 유연성은 조직적 차원에서, 만족성은 개인적 차원의 요소라 할 수 있다. 즉 조직유효성을 높이기 위해서는 기업의 조직적 차원의 성과뿐만 아니라 구성원의 개인적 차원의 성과가 함께 이루어져야 한다. 이를 위해서는 양자가 유기적으로 상호작용할 수 있도록 연결시켜 주어야 한다.

그러나 이 두 가지 성과 차원은 서로 이율배반적인 경우가 자주 발생한다. 즉 하나의 요소를 충족시키면 다른 요소를 충족시키지 못하는 경우가 허다하다. 따라서 조직유효성을 향상시키기 위해서는 조직적 차원과 개인적 차원의 성과를 유기적으로 통합시키는 노력이 필요하다. 조직유효성이란 개인적 차원의 만족성을 고려하면서 조직적 차원의 효율성과 유연성을 달성하는 것이라 할 수 있다. 이는 구성원의 욕구를 충족시키고 이러한 욕구충족이 효율성과 유연성을 달성하는 데 기여하도록 해야 한다는 의미이다.

그러면 리더십 유효성이란 무엇인가? 리더십은 조직유효성을 달성하도록 구성원들에게 영향력을 행사하는 과정이기 때문에 리더십의 궁극적 목표는 조직유효성의 달성에 있다. 따라서 리더십유효성을 측정하는 하나의 요소로 조직유효성을 활용해도 큰 문제는 없다. 그러나 리더십은 리더 자신이 속해 있는 조직 하위시스템 내에서 자신이 책임지고 있는 집단의 환경과 본질을 고려하여 리더로서의 행위를 결정해야 한다. 따라서 리더십유효성은 조직유효성과 동일 시점에서 본다면 반드시 일치되는 것은 아니다. 유효한 조직은 자생적으로 형성되는 것이 아니며 그것을 유효하게 만드는 주체적인 힘이 작용하지 않으면 안 된다. 그것은 조직의 다양한 영향과정 안에서 조직유효성을 달성하는 방향으로 조직구성원을 통일적으로 통합시키는 주체적 영향과정이다. 이와 같은 주체적 영향과정이 작용하여 환경변화에 대응하여 조직을 끊임없이 유효하게 발전시키는 것이 리더십유효성이다. 따라서 리더십유효성은 조직의 유효성을 규정하는 요인이며 그것이 조직을 유효하게 만드는 주체적 영향과정이다.

4. 유효성의 측정도구

1) 효율성

효율성은 경영자들이 가장 관심을 갖는 유효성 요소이다. 조직은 그것이 지니고 있는 자원의 한계성과 공간의 제약성 및 경제성 때문에 생존을 위해서는 반드시 효율성을 추구하지 않으면 안 된다. 물론 효율성만으로 조직이 계속 존속할 수 없지만, 효율성은 조직의 생존을 위해서는 필수 불가결한 요소이다.

효율성이란 '투입−산출'의 과정에서 도출되는 개념으로, 투입요소를 어떻게 결합함으로써 전환과정에서 소모되는 에너지 손실을 최소화하고, 시너지 효과를 최대화하여 보다 많은 산출을 이룩하느냐의 문제이다. 따라서 조직에서 효율성이란 투입되는 생산요소(노동, 원자재, 설비 등)를 가장 적절히 결합시킴으로써 전환과정의 에너지 손실을 최소화하고, 시너지 효과를 최대화할 수 있도록 노력하여 최대의 생산성을 이룩하는 것이다.

구체적으로 조직에서는 효율성의 향상을 위해 효과적이고 생산적인 업무수행을 위한 조치를 취하고 있다. 이러한 효과적이고 생산적인 업무수행을 위한 평가기준에는 수익률, 매출액 증가율, 노동생산성, 집단 및 개인성과, 이직 감소율, 결근 감소율, 이해관계자 만족도 등이 있다. 이것을 포괄적으로 표현하는 용어가 수익성,

경제성, 생산성이다. 수익성은 투하자본에 대한 이윤의 비율이고, 경제성은 모든 비용에 대한 수익의 비율이며, 생산성은 모든 투입량에 따른 산출량의 비율이다.

생산성은 수익성, 경제성보다 더 포괄적인 의미로서, 개별경제단위인 조직 이외에 국가경제단위인 국민경제에도 많이 활용된다. 그렇기 때문에 조직효율성 판단에 있어서 수익성과 경제성에 비해 적용상의 포괄성이라는 장점과 동시에 정확성의 결여라는 단점도 지니고 있다. 또한 이를 세분하면 투입요소, 즉 노동, 자본, 토지 등의 중요 항목별 산출량에 따라 노동생산성, 자본생산성, 토지생산성 등의 개별개념으로 나눌 수 있다. 이러한 생산성은 원래는 정태적 개념이었으나 점차 생산력의 발전을 추구하는 동태적인 성격이 추가되고 동시에 생산주체인 인간생활을 중심으로 생각하게 되었다.

유럽생산성본부의 생산성에 대한 정의는 이러한 면을 잘 나타내 주고 있다. "생산성이란 무엇보다 정신의 상태이며 현존하는 것의 진보, 또는 부단한 개선을 추구

표 4-3 | **집단성과 측정질문(집단목표 달성 정도, 7 point scale)**

1. 이 집단의 성과는 현 수준 이상으로 향상하기란 어렵다. 따라서 이 집단의 성과는 최상의 평가와 보상을 받아 마땅하다(7점).
2. 이 집단의 성과는 내가 알고 있는 10개 집단 중 2위에 해당할 정도이다. 개선을 요하는 사항은 하나 둘에 지나지 않는다. 이 집단의 성과는 상당히 높은 평가와 보상을 받기에 족하다(6점).
3. 이 집단의 성과는 내가 알고 있는 10개 집단 중 3위에 해당할 정도이다. 개선을 요하는 사항은 단 몇 가지에 불과하다. 따라서 이 집단의 성과는 보통 이상의 평가와 보상을 받을 만하다(5점).
4. 이 집단의 성과는 내가 알고 있는 10개 집단 중 4위에 해당될 정도이다. 개선을 요하는 사항은 유일하나, 그것은 중대한 결점이다. 따라서 이 집단의 성과는 경우에 따라 보통수준의 평가와 보상을 받을 만하다(4점).
5. 이 집단의 성과는 내가 알고 있는 10개 집단 중 5위에 해당될 정도이다. 대부분의 집단과 마찬가지로 많은 결함을 지니고 있다. 따라서 이 집단의 성과에 대한 평가와 보상은 대부분의 집단의 수준과 동일하다(3점).
6. 이 집단의 성과는 내가 알고 있는 대부분의 집단보다 낮은 정도이다. 이 집단의 결함은 대부분의 집단보다 많은 편이다. 개선을 요하는 사항이 허다하다(2점).
7. 이 집단의 성과는 내가 알고 있는 집단들 중 최하위에 속한다. 이 집단은 개선을 요하는 사항이 허다하며, 좋은 평가를 받을 만한 여지가 거의 없다(1점).

자료 : J. G. Hunt, R. N. Osborn, and L. L. Larson, *Leadership Effectiveness in Mental Institutions*, Final Technical Report to Health Service Branch of National Institute of Mental Health, 1973, 재인용; 장덕철 조직유효성에 관한 상황적합이론적 연구, 고려대학교 박사학위논문, 1982.

표 4-4 | 개인성과 측정질문

▶ 직무수행능력
1. 감시받는 일 없이 맡은 바 임무를 수행할 뿐만 아니라, 별도의 지시가 없어도 해야 할 일을 알아서 수행한다(가중치 7점).
2. 감시받는 일 없이 맡은 일만을 수행한다(가중치 4점).
3. 사소한 일에 이르기까지 감시 · 감독을 받는다(가중치 1점).

▶ 대인적 수완
1. 타인과 사이가 극히 좋지 않은 경우라도 감정을 격화시키는 일 없이 일을 잘해 나가며 대화도 한다(가중치 7점).
2. 타인과의 사이가 좋지 않을 경우, 사이가 악화되지 않을 정도로 일을 하거나 대화도 한다(가중치 4점).
3. 타인과의 사이가 좋지 않은 경우, 상대의 감정을 악화시켜 가며 일하고 대화한다(가중치 1점).

▶ 기민성
1. 자기 직무 및 주위의 큰 변화뿐만 아니라 사소한 일까지도 관심을 기울인다(가중치 7점).
2. 자기 직무 및 주위의 큰 변화에만 관심을 기울인다(가중치 4점).

▶ 계획화
1. 과중한 업무를 담당한 경우에도 우선적이고 주요한 일을 찾아 그 일을 행하는 데 필요한 시간, 자재, 인력 등을 잘 이용한다(가중치 7점).
2. 우선적인 일을 선발하여 그 일을 행하는 데 필요한 시간, 자재, 인력 등을 잘 이용한다(가중치 4점).
3. 일상적인 일에 있어서도 일의 선후를 잘 분별하지 못하며, 그 일을 행하는 데 필요한 시간, 자재, 인력 등을 제대로 이용하지 못한다(가중치 1점).

▶ 노하우 · 판단
1. 기본적인 일뿐만 아니라 비정상적인 일까지도 예측하고 취급하는 데 필요한 노하우나 판단력을 가지고 있다(7점).
2. 기본적인 일을 하는 데 필요한 노하우나 판단력을 가지고 있다(4점).
3. 기본적인 일을 하는 데 필요한 노하우나 판단력도 가지고 있지 못하다(1점).

▶ 현재의 과업수준
1. 탁월한 과업수행자임을 확신한다(7점).
2. 과업수행의 수준이 보통이다(4점).
3. 과업수행의 수준이 평균 이하이다(1점).

주 : 직무수행능력은 직무의 수준을 높게 유지하기 위하여 필요한 모든 작업을 해나가는 정도, 대인적 수완은 때를 맞추어 적당히 일하고 말하기, 기민성은 자기 일에 영향을 주게 될 행동이나 변화를 직감하는 감각, 계획화는 시간, 설비, 인적자원의 효율적 이용, 노하우 · 판단은 일을 원만하게 추진하는 데 필요한 기술적 방법 및 분별력, 현재의 과업수준은 직무표준에 따른 직무수행 정도

자료 : F. Dansereau, *Some Correlation of Supervisory Behavior*, Unpublished Masters Thesis, Unversity of Illinois, 1970, 재인용; 장덕철, 조직유효성에 관한 상황적합이론적 연구, 고려대학교 박사학위논문, 1982.

하는 정신상태이다. …… 그것은 환경의 변화에 경제 · 사회생활을 부단히 적응시켜 나가는 것이며, 새로운 기술과 방법을 응용하고자 하는 부단한 노력이며, 인간의 진보에 대한 신념이다." 계량적 생산성의 측정방법은 정해진 수식에 의해 측정하면 무리가 없다. 그러나 인간의식의 문제로 보고 정신적 차원에서 생각하는 생산성 측정방법은 정성적 방법에 의존할 수밖에 없다. 이것을 반영한 개인 및 집단성과의 측정도구는 [표 4-3], [표 4-4]와 같다.

2) 만족성

만족성이란 인간적 측면의 유효성 척도로서 조직구성원의 개인적 욕구충족목표를 말한다. 이는 특히 조직행위론적 관점에서 강조되는 요소이다. 조직은 구성원들의 협동적 체계이며 목표를 중심으로 조직시스템을 유지한다. 비록 인간의 욕구가 개인마다 상이하다 할지라도 인간은 누구나 '욕구충족을 위한 노력'을 한다는 사실은 공통적 현상이다. 조직시스템을 유지하기 위해서는 반드시 구성원의 욕구충족을 위한 노력을 존중해 주는 조치가 필요하다. 따라서 구성원들의 욕구 · 기대 · 역할에 대한 만족은 그들을 직무에 전념케 하고, 직무의 질을 향상시켜 장기적으로 공식조직의 목표달성에 기여한다.

리더십유효성 측정요소로 가장 많이 활용되는 것이 구성원의 욕구 · 역할 · 기대에 대한 만족이다. 특히 최근에는 구성원의 열정과 흥분을 불러일으키는 리더십이 강조되면서 구성원의 정서적 측면의 변화를 중요하게 여기고 있다. 왜냐하면 현대기업의 경쟁원천은 우수한 인적자원이며 이들의 지적 능력이 기업 경쟁력을 결정하기 때문이다. 그런데 이러한 지적 능력은 구성원의 정서적 측면의 충족을 필수적으로 요구한다. 여기서는 전통적인 만족성 측정척도인 직무만족, 조직몰입과 최근 많은 관심을 불러일으키고 있는 자아개념 및 임파워먼트를 소개하고자 한다.

(1) 직무만족

직무에 대한 태도 중에서 경영학에 있어 중요하고 오랜 연구 역사를 지니고 있는 것이 개인의 직무만족(job satisfaction)이다. 직무만족은 직무나 직무경험 평가 시 발생하는 유쾌하고 긍정적인 정서상태이다. 이는 한 개인이 자신이 일에서 바라고 있는 것을 실제로 제공해 준다고 믿는 정도를 반영한다.

직무만족이 중요한 이유는 역사적, 인본주의적, 그리고 기능적 측면에서 찾아볼 수 있다. 먼저 역사적 측면에서 보면 호손 실험을 통해 구성원의 만족이 성과와 연관되어 있음을 밝혀지면서 인간관계론 측면에서 직무만족에 대한 관심이 고조되었다. 둘째로 인본주의적 측면에서 구성원들이 깨어 있는 시간의 상당 부분을 직무수행에 사용하는데 자신의 직무에 대한 불만은 삶의 고통과 연관된다. 따라서 근로생활의 질 측면에서 직무만족은 중요한 요소이다. 셋째로 기능적 측면에서 직무만족과 생산성과의 관계는 양자 사이에 작용하는 상황변수로 인해 명확히 밝히지 못하고 있지만, 직무만족과 이직률 · 결근율 간에는 부(−)의 상관성이 보편적으로 입증되어 있다. 또한 직무만족은 장기적인 측면에서 생산성 증가의 효과를 얻을 수 있는 것으로 입증되고 있다.

이러한 이유로 인해 직무만족은 조직 및 리더십유효성 측정요소로 여전히 많이 활용되고 있다. 직무만족의 측정방법은 크게 두 가지로 구분된다. 하나는 전반만족(overall satisfaction), 즉 여러 직무의 여러 가지 측면을 포괄하는 요약지표로 파악하는 관점이다. 다른 하나는 직무만족을 여러 측면의 집합으로 보고 각 측면에 대한 근로자의 긍정적 또는 부정적 평가의 합을 그 사람의 직무만족으로 측정하는 방법이다. 학자들은 이론적으로는 직무의 전반만족이 복합척도보다 우수하다고 주장한다. 왜냐하면 복합척도방법은 여러 가지 측면요소들을 합산하는 과정에서 값들이 상쇄되고 보상되기 때문에 그 합산결과가 그 사람의 만족도와 거리가 있고 각 측면에 대한 개인의 평가가 우선되기 때문에 직무만족의 정의적 요소(affective component)가 무시되는 경향이 있기 때문이다.

그러나 복합척도를 사용하여 직무만족을 측정하는 방법이 보다 보편적으로 사용되고 있다. 이는 관리자로 하여금 구성원의 직무만족의 향상을 위해 어떤 측면에 노력을 경주해야 되는지에 대한 정보를 제공해 주기 때문이다. 전반만족의 측정척도와 복합만족의 측정척도는 [표 4-5], [표 4-6], [표 4-7], [표 4-8], [표 4-9]와 같다.

표 4-5 | 전반적 직무만족 측정질문(7 point scale)

1. 전반적으로, 나는 나의 직무에 만족한다.
2. 일반적으로, 나는 나의 직무를 좋아하지 않는다(R).
3. 일반적으로, 나는 여기서 일하는 것이 좋다.

주 : R(Reverse coded item)은 점수 반대 계산

자료 : S. E. Seashore, E. E. Lawler, P. Mirvis, and C. Cammann, *Observing and Measuring Organizational Change : A Guide to Field Practice*, New York, Wiley, 1982.

표 4-6 | MSQ(Minnesota Satisfaction Questionnaire' 5 point scale)

▶ 나의 현재 직업에서 내가 다음에 대해 느끼는 것

1. 항상 바쁠 수 있는 것
2. 그 일에서 혼자 일할 기회
3. 때때로 다른 것을 할 수 있는 기회
4. 공동체에서 '중요한 사람'이 되는 기회
5. 나의 관리자가 직원들을 다루는 방법
6. 결정을 내리는 데 있어서의 내 관리자의 능력
7. 나의 양심에 위배되지 않는 일을 할 수 있는 것
8. 내 직업에서 찾을 수 있는 고용 안정성
9. 다른 사람들을 위해서 일할 수 있는 기회
10. 사람들에게 무엇을 할지를 말할 기회
11. 나의 능력을 사용할 수 있는 무엇인가를 하는 기회
12. 회사의 방침이 실행되는 방법
13. 나의 보수와 내가 하는 일의 양
14. 이 일에서 승진할 수 있는 기회
15. 나 자신의 판단력을 사용할 수 있는 자유
16. 직무에서 내 스스로의 방법을 시험해 볼 수 있는 기회
17. 작업조건
18. 동료와의 인간관계
19. 직무를 잘했을 때의 칭찬
20. 내가 일에서부터 얻은 성취감

자료 : J. L. Koch and R. M. Steers, Job Attachment, Satisfaction, and Turnover Among Public Sector Employee, *Journal of Vocational Behavior*, 12, 1978, pp.119~128.

표 4-7 | 복합만족 측정질문 I(7 point scale)

▶ 당신이 직무의 이런 측면에 얼마나 만족합니까?

1. 내가 가지고 있는 직무안전성
2. 내가 받는 보수와 부차적 이익
3. 내 일을 하면서 얻을 수 있는 개인적 성장과 발전성
4. 내 일에서 내가 함께 이야기하고 일하는 사람들
5. 내가 상사로부터 받는 존경과 정당한 대우의 정도
6. 내가 내 일을 함으로써 성취감을 느끼는 정도
7. 일을 하면서 다른 사람들을 알게 되는 기회
8. 내 상관으로부터 받는 지지와 지도의 양
9. 내가 이 조직에 공헌하는 것만큼 정당하게 보상받는 정도
10. 내가 내 직무에 대해 독립적 생각이나 조치를 할 수 있는 정도
11. 이 조직에서 내 직무의 미래에 대한 안전성
12. 일을 하면서 다른 사람들을 도울 수 있는 기회
13. 내 직무에서의 도전적 과업의 양
14. 내가 일을 하면서 받게 되는 전반적인 감독의 질

Response : 임금(2, 7), 안전성(1, 11), 인간관계(4, 7), 감독 스타일(5, 8, 11), 성장성(3, 6, 10, 13)

자료 : J. R. Hackman and G. R. Oldham, Development of the Job Diagnostic Survey, *Journal of Applied Psychology*, 60, 1975, 159~170.

표 4-8 | 복합만족 측정질문 II(4 point scale)

1. 일을 할 충분한 시간이 있다.
2. 근무시간이 좋다.
3. 직장까지의 출 · 퇴근이 편리하다.
4. 물질적인 환경이 좋다.
5. 내 개인적 문제들을 잊어버릴 수 있다.
6. 다른 사람들이 나에게 바라는 상반되는 요구들로부터 자유롭다.
7. 과도한 양의 일을 하도록 요구받지 않는다.
8. 일이 재미있다.
9. 나 자신의 특별한 능력을 발전시킬 기회가 있다.
10. 내 일의 결과를 볼 수 있다.
11. 최선을 다해 일할 수 있는 기회가 있다.
12. 내가 일을 어떻게 할 것인지를 결정한 자유가 있다.
13. 내가 해결하도록 기대되는 문제들은 충분히 어렵다.
14. 보수가 좋다.
15. 직업안전성이 좋다.
16. 부차적인 이익이 좋다.
17. 나와 함께 일하는 사람들은 정겹다.

18. 친구를 만들 기회가 많다.
19. 나와 함께 일하는 사람들은 나에게 개인적 흥미가 있다.
20. 일을 하는 데 있어 충분한 정보가 있다.
21. 일을 하는 데 있어 충분한 도움과 장비를 받는다.
22. 일을 하는 데 있어 충분한 권한이 있다.
23. 내 상관은 그의 일을 하는 데 있어 유능하다.
24. 내 책임은 분명히 명시되어 있다.
25. 나와 함께 일하는 사람들은 그들의 일에 있어 유능하다.
26. 내 관리자는 그 부하직원들의 복지에 신경을 쓴다.
27. 내 관리자는 사람들이 함께 일하도록 하는 데 성공적이다.
28. 내 관리자는 내가 일을 하는 데 도움을 준다.
29. 내가 함께 일하는 사람들은 내가 일을 하는 데 도움을 준다.
30. 내 관리자는 친밀감이 있다.
31. 승진은 공평하다.
32. 승진의 기회가 좋다.
33. 내 고용주는 모든 사람에게 출세의 기회를 주도록 신경 쓴다.

Response : 쾌적성(1~7), 도전성(8~13), 보상(14~16), 동료와의 관계(17~19), 자원의 충분성(20~30), 승진(31~33)

자료 : R. P. Quinn and G. L. Staines, *The 1977 Quality of Employment Survey*, Institute for Social Research, University of Michigan, Ann Arbor, Michigan, 1979.

표 4-9 | 보상만족도 측정질문(7 point scale)

1. 당신이 새로운 것들을 배워야만 하는 기회에 대해 얼마나 만족합니까?
2. 가치 있는 무언가를 성취해야만 하는 기회에 대해 얼마나 만족합니까?
3. 당신은 기분 좋은 느낌의 일을 하는 기회에 대해 얼마나 만족합니까?
4. 당신이 받는 임금에 대해 얼마나 만족합니까?
5. 당신이 받는 부차적 이익에 대해 얼마나 만족합니까?
6. 당신이 가지고 있는 직무안전성에 대해 얼마나 만족합니까?

Response : 내재적 보상만족도(1~3), 외재적 보상만족도(4~6)

자료 : P. H. Mirvis and E. E. Lawler, Measuring the Financial Impact of Employee Attitudes, *Journal of Applied Psychology*, 62, 1977, pp.1~8.

(2) 조직몰입

조직몰입(organizational commitment)이란 용어는 사회학, 산업심리학, 조직행동 학자들이 조직문제와 관련하여 개인과 조직의 상호작용을 분석하는 데 사용한다. 이는 직무만족과 함께 조직구성원 개인이 조직에 대해 갖는 특성을 나타내고 이해하는 개념으로 중시되고 있다. 최근 리더십유효성 측정지표로 조직몰입이 많이 활용되고 있는데 이는 조직몰입이 조직구성원의 기여적 행동과 밀접한 관련이 있다는 것이 입증되면서 이에 대한 관심이 고조되고 있기 때문이다. 또한 조직몰입은 비교적 장기적이고 안정적이어서 조직구성원의 태도와 행동 간의 관계를 잘 나타내주고 있기 때문이다.

조직몰입의 정의는 대체로 두 가지 접근방법을 취하고 있다. 하나는 교환관계적 접근방법이고 다른 하나는 심리적 접근방법이다. 교환관계적 접근방법은 조직몰입을 조직과 구성원 간의 유인과 공헌의 상호작용의 결과로 파악하고 있다. 이는 조직 내에서 경험(공헌)이 증가함으로써 여러 특권이 만들어지고 개인은 이를 긍정적 유인으로 인식하여 조직에 남아 있으려고 하고 이렇게 함으로써 조직에 몰입하게 된다는 것이다.

심리적 접근방법은 조직몰입을 구성원의 태도와 연관시켜 구성원의 조직에 대한 정서적 일체감으로 보는 시각이다. 이러한 측면에서 포터(Porter, 1974) 등은 조직몰입을 개인이 조직과 자신을 동일시하고 조직에 공헌하고자 하는 상대적인 정도로 정의하였다.

조직몰입의 측정척도는 단일차원의 측정척도와 다차원의 측정척도가 개발되어 있다. 단일차원의 측정도구로 대표적인 것이 포터(1974) 등에 의해 개발된 측정척도이다. 이들의 측정척도는 조직에 대한 동일시, 공헌, 충성심 등을 측정하는 3개 요인의 내용들로 구성되어 있다. 동일시는 조직에 대한 자부심을 갖고, 조직목표를 내면화하는 것이며, 공헌은 조직의 일원으로서 개인적인 노력을 투자하는 것이고, 충성심은 조직에 대한 애착을 가지고 조직의 일원으로서 남고자 하는 희망을 나타내는 것이다. 이들은 비록 조직몰입을 3개의 하위구성요인으로 구분하였지만 그 내용이 모두 심리적 측면의 몰입을 나타내는 것이기 때문에 단일차원의 측정척도로 이해하여야 한다. 다차원 측정척도의 대표적인 것은 마이어와 알렌(Meyer and Allen, 1990)의 측정척도이다.

포터(1974) 등의 단일차원의 측정질문과 마이어와 알렌(1990)의 다차원의 측정질문, 그리고 조직몰입을 이직의사로 측정한 MOAQ(Michigan Orgamzation Assesment Questionnaire)는 [표 4-10], [표 4-11], [표 4-12]와 같다.

표 4-10 | 단일차원의 조직몰입 측정질문(7 point scale)

1. 나는 내가 누구를 위해서 일하는지를 사람들에게 말할 수 있는 것이 자랑스럽다.
2. 나는 때때로 이 직장을 영원히 떠나고 싶다고 느낀다(R).
3. 나는 단지 조직을 돕기 위해서는 열심히 일하고 싶지 않다(R).
4. 회사가 재정적으로 좋지 않더라도 다른 고용주에게 가고 싶지는 않다.
5. 나는 내가 이 조직의 일부라고 느낀다.
6. 내 일을 할 때 단지 나 자신을 위해서뿐만 아니라 조직을 위해서도 노력한다고 느끼고 싶다.
7. 다른 고용주가 제공하는 약간 더 많은 돈은 나로 하여금 직업을 바꿔야 한다는 생각을 심각하게 하도록 하지 않는다.
8. 친한 친구에게 우리 직원으로 참여하라고 추천하지 않을 것이다(R).
9. 내 업무가 조직의 이익을 위해서 공헌하였다는 것을 아는 것은 나를 즐겁게 한다.

주 : R(Reverse coded item)은 점수 반대 계산
Responses : 동일시(1, 5, 8), 공헌(3, 6, 9), 충성심(2, 4, 7)

자료 : L. W. Porter, R. M. Steers, R. T. Mowday, and P. V. Boulian, Organizational Commitment, Job Satisfaction and Turnover Among Psychiatric, *Journal of Applied Psychology*, 59, 1974, pp.603~609.

표 4-11 | 다차원의 조직몰입 측정질문(7 point scale)

1. 나는 내 직업의 나머지 부분을 이 조직에서 보내게 되어 행복하다.
2. 나는 조직의 문제가 나의 문제인 것처럼 느껴진다.
3. 나는 나의 조직에 속해 있다는 강한 느낌을 느낄 수 없다(R).
4. 나는 정서적으로 이 조직에 속해 있다는 것을 느낄 수 없다(R).
5. 나는 조직 내에서 그 집단의 일부라고 느낄 수 없다(R).
6. 이 조직은 나에게 상당한 개인적 의미를 갖는다.
7. 지금, 나의 조직에서 견디어 내는 것은 욕망만큼이나 필요의 문제이다.
8. 비록 내가 원했다 할지라도 지금 당장 내 조직을 떠나는 것은 정말로 힘든 일이 될 것이다.
9. 내가 지금 내 조직을 떠난다면 내 인생의 너무 많은 부분이 붕괴될 것이다.
10. 나는 내가 이 조직을 떠나는 것을 고려하는 데 있어 선택의 자유가 너무 없다고 생각한다.
11. 만일 내가 이 조직에 내 자신을 너무 많이 투자하지 않았다면 나는 다른 곳에서 일하는 것을 고려할 것이다.
12. 이 조직을 떠남으로 인해 생기는 거의 없는 부정적인 결론 중의 하나는 쓸모 있는 대안의 부족일 것이다.
13. 나는 현재의 고용주와 함께 머물러야 한다는 어떤 의무감도 느끼지 않는다(R).
14. 나에게 이익이 된다 할지라도, 지금 내 조직을 떠나는 것이 옳다고 느끼지 않는다.
15. 나는 지금 이 조직을 떠난다면 죄책감을 느낄 것이다.
16. 이 조직은 내 충성심을 받을 만한 가치가 있다.
17. 나는 이 조직에 속해 있는 사람들에게 의무감을 느끼기 때문에 지금 당장 이 조직을 떠나지는 않을 것이다.
18. 나는 내 조직에 상당한 신세를 지고 있다.

주 : R(Reverse coded item)은 점수 반대 계산
Responses : 정서적 몰입(1~6), 유지적 몰입(7~12), 규범적 몰입(13~18)

자료 : Jong-Wook Ko, J. L Price and C. W. Mueller, Assesment of Meyer and Allen's Three-Component Model of Organizational Commitment in South Korea, *Journal of Applied Psychology*, 82(6), 1997, pp.961~973.

표 4-12 | 이직율로 측정한 조직몰입(MOAQ : 7-Scale)

1. 나는 내년에는 새로운 직업을 찾을 것이다.
2. 나는 종종 사직하는 것에 대해 생각한다.
3. 당신이 지금 여기서 받는 것과 같은 보수와 이익을 누리면서 다른 고용주와 함께 일하는 직업을 찾는 일이 얼마나 가망성이 있는가?

자료 : S. E. Seashore, E. E. Lawler, P. Mirvis, and C. Cammann, *Observing and Measuring Organizational Change : A Guide to Field Practice*, New York, Wiley, 1982.

(3) 자아개념

자아개념은 다차원성 및 복잡성으로 인해 그 구성 내용을 명확히 정의하기는 어렵지만 현실세계에 대한 자신의 가치판단기준이며, 조직적 측면에서 보면 조직구성원이 자신의 능력에 대한 판단기준이다. 따라서 현재 자신의 능력에 대한 긍정적 가치판단기준인 자긍심(self-esteem)과 미래의 자신의 능력에 대한 긍정적 가치판단기준인 자기유능감(self-efficacy)은 조직 내 구성원의 자아개념을 형성하는 두 가지 중심축이 되며, 이들은 상호연관성을 가지고 있다(Marsh, 1993).

자아개념의 구성요소인 자긍심에 대해 피어스(Pierce, 1989) 등은 구성원이 조직 내의 다양한 직무역할에 참여하여 자신의 욕구를 얼마나 충족시킬 수 있는가에 대한 정도로 정의하였다. 이는 집단 내 타인으로부터 자신이 얼마나 가치 있고 능력 있는 구성원으로 인식되는지에 대한 정도이며, 자신을 강하고 긍정적으로 보는 사고이다. 이러한 자긍심은 특정과업 차원, 조직 차원, 전반적 차원의 자긍심으로 구분되고 있다. 경영학은 주로 기업을 연구대상으로 하고 있기 때문에 자긍심은 주로 조직 차원에 초점을 맞추고 있다. 자기유능감은 개인이 직무를 성공적으로 수행할 수 있는 능력에 대한 믿음으로 집단유능감과는 차별되는 개념이다(Guzzo, 1993). 집단유능감은 집단의 직무수행능력에 대한 집단구성원 개인의 믿음으로 자기유능감과는 지각대상의 차이가 있다. 개인특성변수와 같이 개인과 관련된 개념을 측정할 때는 자기유능감을 측정하여야만 측정변수 간 논리적 해석이 가능하다.

마시(Marsh, 1993)는 자아개념에 대한 기존연구를 토대로 자기유능감과 자긍심 간의 상호연계성을 인정하고 있지만 양자 간에는 분명한 개념적 차이가 있다.

피어스(1989) 등에 따르면 조직중심의 자긍심은 조직 내에서 각 개인이 스스로 지각한 역량이나 가치를 의미하는 것이며, 자기유능감은 스스로 지각한 역량이 성공적인 성과물로 나타날 수 있게 행동으로 보여줄 수 있다는 신념을 의미하는 것이기 때문에 자긍심과 자기유능감을 지각하는 것에는 차이가 있다. 또한 가드너와 피어스(Gardner and Pierce, 1998)도 자긍심은 조직 내 타인에 의해 자신이 얼마나 가치 있는 인물로 받아들여지는가에 대한 개인적 판단이며, 자기유능감은 성공적인 과업수행능력에 대한 개인의 신념이라 하였다. 따라서 자긍심이 현재의 자아가치에 대한 판단이라면, 자기유능감은 미래의 자아가치에 대한 판단이라 할 수 있다. 자신의 능력에 대한 긍정적 자아개념과 미래 자신의 능력에 대한 긍정적 자아개념 간에는 불가분의 관계가 있으며 이러한 연유로 자아개념의 측정은 양자를 포괄하여야 한다.

자아개념의 측정도구로 자아개념의 양 축을 구성하는 자긍심과 자기유능감을 제시하고자 한다. 피어스(1989) 등의 논문을 바탕으로 정리한 자긍심의 측정요소 4문항과 자기유능감 측정을 위해 렌과 페도르(Renn and Fedor, 2001)가 개발한 5문항은 표와 같다.

표 4-13 | 자긍심 측정질문(5-scale)

1. 나는 이 부서에 매우 필요한 사람이라고 생각한다.
2. 우리 부서에서 내가 맡고 있는 업무에 대해 자부심을 느낀다.
3. 나는 다른 부서원에 비하여 가치 있는 존재라고 느낀다.
4. 나는 직장의 동료들로부터 꼭 필요한 존재로 인식되고 있다.

자료 : J. L. Pierce, D. G. Gardner, R. B. Dunhan, and L. L. Cummings, Organization-based Self-esteem; Construct Definition, Measurement and Validation, *Academy of Management Journal,* 32(3), 1989, pp.622~648.

표 4-14 | 자기유능감 측정질문(5 point scale)

1. 당신은 얼마나 자주 당신의 직무수행능력에 관하여 자신감을 느끼십니까?
2. 당신은 얼마나 자주 당신의 직무에 관한 사항들에 대해 최고라고 생각하십니까?
3. 과업들이 당신의 방식대로 진행된다고 생각하십니까?
4. 당신이 직무를 잘 수행한다고 확신합니까?
5. 나는 직무를 잘 수행하고 있다는 나의 능력에 대해 자신감을 갖는다(동의하는 정도를 묻는 질문).

자료 : R. W. Renn and D. B. Fedor, Development and Field Test of a Feedback Seeking, Self-efficacy and Goal Setting Model of Work Performance, *Journal of Management*, 27, 2001, pp.563~583.

(4) 임파워먼트

임파워먼트(empowerment)는 정치학 또는 사회학에서 시작된 개념으로 경영학에서 본격적으로 행해지기 시작한 것은 기업혁신이 본격적으로 각광을 받기 시작한 1980년대 중반 이후부터이다. 최근의 임파워먼트에 대한 활발한 관심은 극심한 환경변화에 직면한 기업들의 경쟁력 향상을 위해서는 종업원들의 자율성과 자기통제력의 증대가 중요하다는 것에 대한 경영자의 인식을 반영하는 것이다. 하지만 아직까지 "임파워먼트란 무엇인가"에 보편적 결론에 도달하지 못하였다. 그러나 많은 학자들이 나름대로 임파워먼트에 대한 개념을 제시하고자 노력하고 있다.

보웬과 롤러(Bowen and Lawler, 1992)는 서비스부문에 있어서의 임파워먼트를 적용하면서 임파워먼트를 조직행동에 관한 정보, 조직행동에 기초한 보상, 종업원이 조직행동을 이해하고 수행할 수 있는 지식, 조직의 방향과 행동에 영향을 미치는 의사결정권을 종업원에게 나누어 주는 것으로 정의하였다. 풀포드와 엔츠(Fulford and Enz, 1995)는 임파워먼트를 권한위임과 심리학적 능력 사이에서 균형을 유지하는 것으로, 조직구성원들 각자가 영향력 있고, 추구하는 구체적인 목표에 대한 역할수행능력, 통제력, 권한수용 등을 느끼는 정도라 하였다.

토마스와 펠트하우스(Thomas and Velthouse, 1990)에 따르면 임파워먼트란 작업환경에 대한 네 가지 인지의 묶음으로서 개인의 작업역할에 대한 적극적 지향이며 개인의 자기통제력, 즉 증가된 내재적 동기로 정의하고 있다. 스프레이처(Spreitzer, 1995)는 토마스와 펠트하우스의 개념적 정의에 대해 실증연구를 통해 임파워먼트를 단일차원이 아닌 네 가지, 즉 의미(meaning), 역할수행능력(competence), 자기결정력(self-determination), 영향력(impact) 등의 차원으로 구성된 개념으로 정의하고 있다. 그에 따르면 의미란 작업목적의 가치 또는 작업역할의 요구와 개인의 신념 간의 적합을 말하며, 역할수행능력은 능숙하게 일을 수행해 낼 수 있는 자신의 능력에 대한 개인의 믿음으로서 자기권능감과 일치하는 개념이다. 자기결정력은 작업방법, 속도 및 노력 등을 결정할 수 있는 개인의 자율성을 반영하며, 영향력이란 개인의 직무에서 전략적 · 관리적 또는 운영적 결과를 가져올 수 있는 영향력의 행사 정도에 대한 믿음이다.

한편 박원우(1997)는 내용, 목표, 방법 중 어디에 초점을 두고 설명하느냐에 따라 임파워먼트를 다양하게 해석할 수 있다고 주장하였다. 그 내용은 자신과 구성원들로부터 최고와 최선을 추구하고, 개인 속에 구속된 파워를 키워주고 풀어주며, 사람의 능력(잠재능력까지)을 최대한 활용한다는 것이다. 목표는 수동적 · 상황적응적 관리를 지양하고 능동적 · 상황창조적 관리를 추구하며, 조직구성원들로 하여금 수동적 삶보다는 능동적 삶을 살게 하고, 조직성과를 지속적으로 증진시키는 것이다. 방법으로는 여러 가지가 있는데 그 몇 가지를 언급하면, 권한의 위임을 넘어서 가장 효과적으로 파워가 쓰이는 곳에 실질적으로 파워를 부여하고, 개인의 내적 직무동기 및 행동능력을 제고시키며, 파워를 잃는 것도 주는 것도 아니고 파워를 풀어주고 키워주는 것 등이다.

이상의 정의에서 중요한 점은 임파워먼트란 위임을 통해서 일어나는 것이 아니라 구성원의 파워를 신뢰하여 그들의 능력과 잠재력을 키우는 것이며, 그 목표는 파워를 주는 것이 아니라 진보적이고 책임성 있는 행동을 어렵게 만드는 조직의 제약으로부터 자유를 주는 것이고, 파워를 늘리는 것이 아니라 그들이 이미 지니고 있는 지식과 의욕을 풀어주는 것이다.

한편 임파워먼트는 '개인－집단－조직'수준으로 확산되는 특징을 가지고 있는데 임파워된 개인은 자긍심이 증진되고, 자신의 사고를 변화시키며, 역량이 증대된다. 이러한 개인 임파워먼트는 타인과의 상호작용과정에서 다시 타인 및 구성원의 역량을 증대시키며, 이 과정에서 권한이전과 관계증진이 이루어진다. 또한 집단 임파워먼트는 궁극적으로 조직 전체로 확산되어 제도 및 구조의 변화를 통한 행동정착으로 조직 임파워먼트가 확립된다. 임파워된 개인과 조직은 역동적인 환경과 상황을 개척해 나가는 데 있어서 필수적인 자원이다.

리더십유효성과 관련해서도 임파워먼트는 매우 중요한 개념이다. 새로운 리더십 형태들의 공통적 특성이 구성원들을 임파워시켜 그들이 역동적 상황을 개척해 나가도록 유도하고 있다는 점을 감안하면 쉽게 이해할 수 있다. 임파워먼트의 측정과 관련하여 우리나라에서 가장 많이 활용되는 것은 스프레이처(Spreitzer, 1995)가 개발한 측정도구이며 [표 4-15]와 같다.

표 4-15 | 임파워먼트 측정 설문(7-scale)

1. 내가 하는 일은 나에게 매우 중요하다.
2. 내 업무활동은 나에게 개인적으로 의미가 있다.
3. 내가 하는 일은 나에게 의미가 있다.
4. 나는 내 일을 하는 나의 능력을 확신한다.
5. 나는 내 업무활동을 수행하는 내 능력에 대해 스스로 확신한다.
6. 나는 내 일에 필요한 기술을 터득했다.
7. 나는 내 일을 어떻게 하는가를 결정하는 데 있어 중요한 자율성을 가지고 있다.
8. 나는 내 일을 하는 데 있어 나 스스로 결정을 할 수 있다.
9. 나는 내 일을 어떻게 하는가에 대해 독립성과 자유의 상당한 기회를 가지고 있다.
10. 내 부서에서 일어나는 일에 대한 나의 영향력은 크다.
11. 나는 내 부서에서 일어나는 일에 대해 상당한 지배력을 갖는다.
12. 나는 내 부서에서 일어나는 일에 대해 중요한 영향력을 갖는다.

Responses : 의미성(1~3), 역할수행능력(4~6), 자기결정력(7~9), 영향력(10~12)

자료 : G. M. Spreitzer, Psychological Empowerment in the Workplace: Dimensions, Measurement and Validation, *Academy of Management Journal*, 38(5), 1995, pp.1442~1465.

3) 유연성

조직은 목적을 달성하기 위해 필연적으로 내외적 환경조건에 적응해야 한다. 특히 오늘날과 같이 조직을 둘러싼 환경이 급변하는 시대에는 불확실성을 극복할 수 있는 조직의 구조적 혁신이 절대적으로 요청되는 바, 환경변화에 상호작용할 수 있는 조직의 유연성이 그 어느 때보다도 절실히 필요한 실정이다. 이러한 조직의 유연성을 확립하기 위해서는 다음과 같은 두 가지 측면이 동시에 이루어져야 한다.

첫째, 조직의 적응능력 확립이다. 조직은 환경변화에 신속히 적응할 수 있을 때 유연한 조직이라 할 수 있다. 이는 조직과 환경의 상호작용과정에서 조직이 수동적으로 적응할 수 있는 행동을 의미한다. 따라서 적응성은 수동적 측면의 유연성이라 할 수 있다.

둘째, 조직의 혁신능력 확립이다. 조직은 환경변화에 수동적으로 적응할 뿐 아니라 동시에 환경에 적극적으로 도전할 수 있을 때 유연한 조직이라 할 수 있다. 이는 조직과 환경의 상호작용과정에서 조직이 능동적으로 도전할 수 있는 행동을 의미한다. 따라서 혁신성은 능동적 측면의 유연성이라 할 수 있다.

조직의 유연성은, 한편으로는 조직이 환경변화를 예측하고 여기에 신속하게 대처해 나가는 적응능력이며, 다른 한편으로는 조직 자체가 전략적 기동력을 발휘하여 혁신기술의 도입, 신제품 생산, 구성원의 창의적 · 혁신적 행동 등으로 환경을 개척해 나가는 혁신능력이다.

유연성은 리더십유효성과도 밀접한 관련이 있다. 일반적으로 조직을 설계하는 두 가지 기본원리는 '분화와 통합', '권한과 책임'의 원리이다. '분화와 통합'의 원리에 의해 조직의 골격과 조직의 파워가 형성된다. 이렇게 하여 조직의 기본적 틀과 조직을 움직일 수 있는 역할관계가 성립된다. 여기에 추가적으로 공식화를 통해 역할관계규정의 정도가 확립된다. 그런데 아무리 잘 짜여진 조직이라 해도 불안정할 수밖에 없다. 그것은 조직을 둘러싼 환경이 가변적이어서 조직을 설계할 때의 조직환경과 이를 운영하는 과정에서의 환경이 다르고, 운영과정에서 예측치 못한 문제에 직면할 수 있기 때문이다. 이러한 조직설계의 불안전성을 보완하고 극복하기 위해서는 리더의 개입이 필수적이다. 따라서 리더십은 조직유연성 확보를 위해 필수적으로 작용하는 요소이며, 리더십유효성 측정지표로 유연성은 매우 중요한 요소이다.

특히 새로운 형태의 리더십에서 궁극적으로 추구하는 공통적 관점이 변화와 혁신이란 점을 고려하면, 유연성이 리더십유효성 측정에 있어 중심적 위치에 자리하는 것은 당연하다. 여기서는 유연성 측정지표를 조직 차원의 혁신과 조직구성원 차원의 혁신행동으로 구분하여 제시하고 있다. 또한 유연성이 공식화된 틀 속에서 발휘되기보다는 구성원의 자발성을 필요로 할 수밖에 없다는 측면에서 구성원의 직무 외 자발적 행동인 조직시민행동을 유연성 측정지표에 포함시켰다.

(1) 혁신 및 혁신행동

혁신은 최근에 그 필요성이 더욱 강조되고 있는 개념이지만 과거부터 혁신은 연구되고 실천되어 왔다. 혁신의 고전적 정의를 보면, 모크(Moch, 1969)는 "조직에 새로운 변화가 의도적으로 실행되는 정도"라고 간명하게 정의 내리고 있다. 그러나 이 정의를 자세히 분석해 보면 혁신에 대한 많은 의미를 함축하고 있다.

첫째, 정도(degree)라는 것은 혁신의 깊이를 연구하기 위해 포함된 개념이다. 어떤 조직체는 전부를 개혁하는 반면 어떤 조직체는 부분적으로 개혁한다. 정도는 이러한 조직을 판별하기 위해 포함된다. 둘째, 의도적인 변화라는 의미는 조직변화보다 덜 일반적인 개념이다. 이는 오직 의도적으로 실행되는 변화만이 혁신이란 의미이다. 셋째, 실천의 의미는 새로운 생각의 제시는 혁신이 아니며 혁신은 실천되어야만 한다는 것을 강조하고 있다. 혁신과 창의성은 구분되는 개념이다. 창의성은 독특한 방법으로 아이디어를 결합하거나 특이한 방법으로 연계시키는 능력인 동시에 새롭고 유용한 아이디어의 산출과 관련이 있고, 혁신은 새로운 아이디어를 유용한 제품, 서비스, 공정 등으로 변환하는 과정인 동시에 아이디어의 실천 및 확산과 관련이 있다.

조직혁신은 주로 특정조직의 혁신연구를 통해 접근해 왔지만, 그 측정은 대부분 조직구성원들에게 혁신 정도를 묻는 방식으로 행해져 왔다. 즉 근로자들에게 그들의 혁신 정도를 묻는 것이 혁신의 일반적 척도가 된다. 그리고 이러한 정보는 인터뷰와 설문조사로부터 얻어진다.

조직혁신과 더불어 혁신의 실행주체인 구성원 혁신행동에 대한 관심도 높아지고 있다. 최근의 기업을 둘러싼 역동적 상황은 구성원들의 혁신행동을 요구하게 되었고, 혁신행동의 선행요인으로서 리더십에 대한 연구가 활발히 진행되고 있다. 이러한 이유는 리더가 조직 내에서 혁신을 통제하고 결정할 수 있는 입장에 있기 때문이다. 전통적 리더십과 혁신행동 간의 연구를 종합하면 대체로 다음과 같은 결론을 나타낸다. 첫째, 참여적 · 호혜적 리더십 스타일이 보다 부하들의 혁신행동을 유발하고, 둘째, 관계지향적 리더들이 과업지향적 리더들보다는 더욱 혁신행동을 많이 일어나게 한다. 셋째, 리더의 지원과 조력이 혁신적인 행동에서 필수적이다. 새로운 형태의 리더십이론들은 모두가 구성원의 혁신행동을 고려한 리더십이론들이다. 이들 이론의 공통적 특성은 비전과 신뢰를 무기로 하여 구성원의 혁신행동을 유발시키는 데에 초점을 맞추고 있다. 따라서 혁신행동은 조직혁신과 더불어 리더십유효성을 측정하는 중요한 지표이다.

병원조직을 대상으로 한 루이스 벡(Lewis Beck, 1977)의 조직혁신 측정척도와 스콧과 브루스(Scott and Bruce, 1994)가 개발한 혁신행동 측정척도는 [표 4-16], [표 4-17]과 같다.

표 4-16 | 병원조직의 조직혁신 측정질문(5-scale)

1. 이 병원은 가장 적합한 장비나 의약품을 사용하는 데 약간 뒤떨어져 있다(R).
2. 이 병원은 환자 진료에 있어서 새로운 방법이나 기술을 도입하지 않아 왔다(R).
3. 이 병원은 환자를 받고, 진료하고, 퇴원시키는 작업에 있어서 새로운 행정상의 기술을 적용하는 데 매우 뒤떨어져 있다(R).

주 : R(Reverse coded item)

자료 : M. Lewis Beck, Influence Equality and Organizational Innovation in Third-World Nation : An Additive-Nonadditive Model, *American Journal Political Science*, 21, 1977, pp.1~11.

표 4-17 | 조직혁신 분위기 측정질문(5-scale)

1. 이 조직에서는 창조력이 촉진된다.
2. 조직의 리더는 창조적으로 직무를 수행하는 능력을 높이 산다.
3. 이 조직에서는 사람들이 같은 문제점을 다른 방식으로 해결하도록 하는 분위기가 조성되어 있다.
4. 이 조직에서 구성원들의 주요 역할은 상위하달식 명령체계를 따르는 것이다(R).
5. 이 조직에서는 한 구성원이 기존의 관행과 다른 행동을 하면 많은 마찰을 일으킬 수 있다(R).
6. 이 조직은 융통성이 있으며, 변화에 지속적으로 적응하고 있다고 생각한다.
7. 이 조직에서는 구성원들을 자극시키지 않고는 어려운 직무를 수행할 수 없다(R).
8. 이 조직에서 잘 지내는 최선의 방법은 남들이 생각하는 방식대로 생각하는 것이다(R).
9. 이 조직은 구성원들이 과거와 같은 방법으로 문제점들을 처리하기를 바란다(R).
10. 이 조직은 개방적이고 변화에 민감하다.
11. 이 조직의 책임자는 보통 다른 사람들의 생각에 신뢰를 보낸다.
12. 이 조직은 경험적이고 사실적인 방법을 고수하려는 경향이 있다(R).
13. 이 조직은 변화보다는 현상유지에 더 관심이 있어 보인다(R).
14. 새로운 아이디어를 개발하는 데 필요한 도움은 언제든지 가능하다.
15. 이 조직은 조직혁신에만 쏟아부을 수 있는 적절한 재원을 확보하고 있다.
16. 이 조직은 창조적인 생각을 추구할 수 있는 시간적 여유가 있다.
17. 이 조직은 새로운 생각들을 연구하는 데 필요한 자금이 부족하다는 것이 문제이다(R).
18. 이 조직은 인원부족으로 인해 조직혁신을 하지 못한다(R).
19. 이 조직은 근무 중 새로운 생각을 창출할 수 있는 여유시간을 제공한다.
20. 이 조직의 보상체계는 조직혁신을 촉진시킨다.
21. 이 조직은 대외적으로 혁신적인 사람들을 인정한다.
22. 이 조직의 보상체계는 주로 문제를 일으키지 않는 사람들에게 혜택이 주어지도록 되어 있다(R).

주 : R(Reverse coded item)

자료 : S. G. Scott and R. A. Bruce, Determinants of Innovation Behavior: A Path Model of Individual Innovation in the Workplace, *Academy of Management Journal*, 37(3), 1994, pp.580~607.

표 4-18 | 혁신행동 측정질문(5-scale)

▶ 다음의 사항에 대해 어떤 사람들은 그 행동의 하나 또는 단지 몇 개의 유형만을 보일지도 모른다. 당신의 부하직원들이 다음에 대해 어떤 범위인지 평가하시오.

1. 새로운 기술, 과정, 기량, 제품 착상들을 찾아낸다.
2. 창조적인 아이디어들을 창출한다.
3. 다른 사람들에게 자신의 아이디어들을 촉진시키고 옹호한다.
4. 새로운 아이디어들을 실천하기 위해 필요한 자금을 심사하고, 확보한다.
5. 새로운 아이디어의 실천을 위한 적합한 계획과 스케줄을 짠다.
6. 혁신적이다.

자료 : S. G. Scott and R. A. Bruce, Determinants of Innovation Behavior: A Path Model of Individual Innovation in the Workplace, *Academy of Management Journal*, 37(3), 1994, pp.580~607.

(2) 조직시민행동

조직시민행동(organizational citizenship behavior)은 직무 외 성과 혹은 직무 외 행동을 묘사하기 위해 사용되는 가장 대표적인 개념이다. 최근 들어 조직시민행동에 대한 연구가 활발히 진행되고 있는데 그 이유는 조직구성원의 공식적 직무행동만으로는 조직성과나 조직유효성을 설명하는 데 한계를 인식하게 되었고, 조직시민행동이 성공적 조직관리에 직접적 영향을 미친다는 믿음 때문이다.

오르간(Organ, 1988)은 조직시민행동에 대한 왕성한 연구결과들을 발표하였는데, 그는 조직시민행동이란 조직의 공식적 보상체계 내에서 보상되지 않지만 조직이 효과적으로 기능하는 데 도움을 주는 구성원의 자발적 행동이라고 정의하였다. 이러한 조직시민행동에는 다른 동료를 돕거나 동료를 위하여 부담을 지는 등과 같은 역할 외의 과업을 자발적으로 수행하고, 부서나 조직 발전을 위해 창의적 아이디어를 제안하며, 시간을 낭비하지 않으려고 노력하는 자발적 행동 등이 포함된다.

오르간(1988)에 따르면 조직시민행동은 부족한 인적자원을 보다 효율적으로 이용하도록 함으로써 더욱 생산적인 목적에 이들 자원을 이용할 수 있게 한다. 조직시민행동은 조직구성원들이 과업을 수행하는 데 있어 공동작업자로서의 능력을 향상시키고 경영자들로 하여금 기획, 일정작성, 문제해결 그리고 조직문제분석과 같은 생산적 활동에 더 많은 노력을 기울이게 함으로써 조직의 생산성을 높일 수도 있다.

조직시민행동에 대한 초기의 연구들은 이러한 직무 외 자발적 행동이 두 가지 차원으로 구성되어 있다고 보고 있다(Bateman and Organ, 1983).

하나는 특정인에 대한 직접적 도움행동의 측면인 이타주의이고, 다른 하나는 조직의 규율과 규정을 따르는 행동의 측면인 일반적 순응이다. 이후 오르간(1988)은 이타주의를 그대로 받아들인 반면 일반적 순응은 양심성, 예절성, 시민정신, 스포츠맨십 등 4가지 형태로 재구성하여 조직시민행동의 하위 구성요소로 5가지를 제시하였는데 많은 연구들이 그가 제안한 조직시민행동의 구성요소들을 반영하여 후속 연구들을 진행하고 있다. 실제로 포드사코프(Podsakoff, 1993) 등은 그의 5가지 구성요소를 포함시킨 24개 설문항목을 조직시민행동의 측정도구로 개발하여 역할수행, 이타성, 예의성, 양심성, 시민정신, 스포츠맨십의 6가지 구성요소를 제시하였다.

오르간이 제시한 조직시민행동의 하위 구성요소를 구체적으로 살펴보면 다음과 같다. 이타주의(altruism)는 조직 내 타인에게 도움을 주어 조직의 능률을 증대시

표 4-19 | 오르간과 링글의 OCB 측정질문(7-scale)

1. 항상 회사와 부서의 원칙을 따른다.
2. 회사 이미지에 대한 관심을 표명한다.
3. 회사 물품을 조심해서 다룬다.
4. 회사와 관련된 회의에 참석한다.
5. 타 직원들의 권리를 인정한다.
6. 타 직원들의 권리와 특권을 결코 무시하지 않는다.
7. 항상 회사에 대해 인지하고 있다.
8. 작업장을 깨끗하게 유지한다.
9. 결근하고 있는 직원들에게 도움을 준다.
10. 지나치게 많은 업무량이 주어진 직원들을 도와준다.
11. 다른 직원들이 생산적으로 일을 하도록 도와준다.
12. 업무수행능력을 향상시킬 수 있는 제안을 한다.
13. 새로워지려고 하는 직원들에게 도움을 준다.
14. 다른 직원들을 도와주기 위해 개인 물품을 공유한다.
15. 직장 출근율은 평균 이상이다.
16. 회사에 출근하지 못할 시 미리 알려준다.
17. 항상 시간을 엄수한다.
18. 항상 정확한 시간에 업무를 끝낸다.

주 : 리더가 부하를 평가하는 설문임

자료 : D. W. Organ and A. Lingl, Personality, Satisfaction and Organizational Citizenship Behavior, *The Journal of Social Psychology*, 135(3), 1995, pp.339~350.

키는 행동이며, 양심성(conscientiousness)은 조직구성원으로서 주어진 범위 내에서 역할수행 및 작업참여, 청결유지 등을 위해 노력하는 행동이다. 예의성(courtesy)은 조직 내에서 타인과의 접촉에서 발생할 수 있는 문제를 사전에 예방하는 행동이며, 시민정신(civic virtue)은 조직 내 행사 및 회의에 참여하며, 조직의 지침을 숙지하는 등의 조직의 정치적 활동에 부응하는 행동이고, 스포츠맨십

표 4-20 | 포드사코프 등의 OCB 측정질문(7-scale)

1. 나는 항상 윤활유 칠을 해주어야 하는 오래된 바퀴와 같다(R).
2. 나는 사소한 일에 대해 불만을 털어놓는 데 많은 시간을 할애한다(R).
3. 나는 사소한 일을 과장하는 경향이 있다(R).
4. 나는 항상 긍정적인 면보다 잘못된 점만을 강조한다(R).
5. 나는 항상 조직의 잘못된 점만을 찾는다(R).
6. 나는 주어진 임무를 잘 마무리 짓는다.
7. 나는 사람들에게 기대되는 임무를 수행한다.
8. 나는 직무 또는 상황에 대한 공식적인 실행조건을 만족시킨다.
9. 나는 꼭 필요한 임무를 수행하지 못한다(R).
10. 나는 필요하지는 않지만 내가 참여하는 것이 회사 이미지에 도움을 준다면 그 행사에 참여한다.
11. 나는 조직의 공문이나 메모들을 읽고 인지한다.
12. 나는 조직에 관계된 회의에 참여한다.
13. 나는 회사발전에 뒤떨어지지 않는다.
14. 나는 항상 시간을 엄수한다.
15. 나는 주어지는 급여에 맞게 정직하게 일한다고 믿는다.
16. 나의 출근율은 회사에서 정해진 규범 이상이다.
17. 나는 결코 점심시간이나 쉬는 시간을 오래 갖지 않는다.
18. 나는 여분의 쉬는 시간을 갖지 않는다.
19. 나는 다른 사람들에게 영향을 주는 나 자신이나 다른 사람의 행동을 서로 상의한다.
20. 나는 다른 사람들에게 영향을 미칠 수 있는 행동을 하기 전에 그 사람들과 기본적인 것을 상의한다.
21. 다른 사람이 중요한 행동을 하기 전에 나에게 먼저 알려주어야 한다.
22. 나는 지나치게 많은 업무량을 지닌 사람들을 도와준다.
23. 나는 결근한 사람의 업무를 도와준다.
24. 나는 다른 사람의 업무와 관련된 문제를 도와준다.

주 : R(Reverse coded item)

Responses : 스포츠맨십(1~5), 역할수행(6~9), 시민행동(10~13), 양심성(14~18), 예의성(19~21), 이타주의(22~23)

자료 : P. M. Podsakoff, S. B. Mackenzie, and R. Fetter, Substitutes for Leadership and the Management of Professionals, *Leadership Quarterly*, 4(1), 1993, pp.1~44.

(sportsmanship)은 조직 내에서 발생하는 불평 · 고충 등을 잘 견디며 규칙이나 판정에 승복하는 자발적 행동이다.

오르간과 링글(Organ and Lingl, 1995)의 조직시민행동 측정지표와 오르간(1988)의 측정지표를 수정하여 개발한 포드사코프(1993) 등의 측정지표는 [표 4-19], [표 4-20]과 같다.

제3절 리더십의 감사

조직은 눈에 보이고 단기적인 성과를 위하여 눈에 보이지는 않지만 장기적으로 조직의 성장과 존속 및 유효성에 영향을 미치는 조직의 내적 자산관리에는 소홀한 경향이 있다. 단기적으로 측정가능한 성과에 집중하는 경영방식이 매니저십 스타일의 경영(managership style of management)이다. 예를 들어 리스트럭처링이나 다운사이징 등과 같은 구조조정으로 주로 인원감축을 통하여 경영의 효율성을 추구할 경우 직무불안정감, 근로자들의 소외와 같은 사회심리적 영향으로 이기심, 냉소적인 태도, 사회적 네트워크와 관계에 대해 단기적 교환 태도와 계약적인 태도를 갖게 함으로써 구성원들의 지각과 태도, 동기부여, 몰입 등과 같은 부분에 부정적인 영향을 미친다. 이것은 매니저십 스타일의 경영이 너무 지나치고 리더십 스타일의 경영이 너무 적기 때문에 일어나는 현상이다. 이렇게 되면 부정적인 사회적 과정과 사회적 자산의 잠재적 결핍이 초래된다. 따라서 사회적 네트워크는 개발할 수 있는 여력이 없어진다. 때문에 조직시민행동에 종사할 재량적인 시간이 없어진다. 그 결과로 연결감이 줄어든다. 신뢰성도 줄어든다. 당연한 결과로 사회적 자본이 감소된다.

사회적 자본은 사회가 효율적으로 기능할 수 있도록 하는 사회적 네트워크, 사람 간의 연결을 제공하는 자원조직(voluntary association), 사람들 간의 연결감 등이다. 사회적 자산(social capital)은 사업과 사회활동을 효율적으로 수행하도록 해준다. 사회적 자본에는 신뢰성과 집단 간 · 개인 간의 자원조직, 그리고 그것을 토론

하고 그것에 접근할 수 있는 기회가 있어야 한다.

리더십은 조직의 내적 자산(internal capital)이다. 조직의 내적 자산은 다음과 같은 현상에 반영된다.

① 조직시민행동 : 조직공동체를 위해 정상적으로 기대되는 것 이상의 선행을 한다. 조직시민행동은 리더십의 실천방법과 강한 상관이 있다.

② 사회적 과정 : 사회적 상호작용의 연결과정, 상호작용, 산출 등이며, 효율적인 리더십을 이해하기 위해 필수적이다.

③ 변화주도적 리더십 : 신뢰성 창조, 역할모델 제공, 고차원 욕구개발, 기대 이상의 성과

리더십은 가장 먼저 조직구성원들의 사회심리에 영향을 미치고, 그 결과로 구성원들의 행동에 영향을 미치며, 드디어 조직활동의 구체적 영역에까지 영향을 미친다. 사회심리적 영향은 구성원들의 동기부여, 지각, 귀속, 몰입, 인내심, 이해, 조직시민행동, 성실성(integrity), 일터의 만족 등이다.

이상과 같은 문제점을 해결하기 위해서 리더의 훈련과 선발, 직무설계, 경력개발 등에 대해 사회적 감사를 실시할 필요가 있다.

그러한 감사를 위해서 사용할 측정가능한 항목은 구성원들의 동기부여수준, 구성원들의 지각형태, 구성원들의 조직몰입과 인내심, 조직비전에 대한 이해도, 구성원의 귀속성격, 리더의 가치관과 구성원의 가치관, 리더십에 대한 구성원들의 만족, 조직시민행동, 리더의 성실성에 대한 지각 등이다.

이상과 같은 성과를 내기 위해서 관리자를 개발해야 한다. accountability에 근거하여 관리자와 리더를 보상해서는 곤란하다. 그것은 지나치게 계약적이고, 처방적이며, 회고적이고, 교정적이며 처벌적이다. 경영성과는 accountability이다. 모든 리더십은 수단이지 그 자체가 목적은 아니다. 내적 사회적 결과를 얻기 위해서는 accountability가 아닌 responsibility가 필요하다.

참고문헌

박원우, 임파워먼트 : 개념정립 및 실천방법 모색, 경영학연구, 한국경영학회, 26(1), 1997, 115~138쪽.

Bateman, T. S. and D. W. Organ, Job Satisfaction and Good Soldier: The Relationship between Affect and Employee Citizenship, *Academy of Management Journal*, 26, 1983, pp.587~595.

Bedeian, A. G., *Organization: Theory and Analysis*, Hinsdale, ILL., The Dryden Press, 1980, p.106.

Bowen, D. E. and E. E. Lawler Ⅲ, The Empowerment of Service Workers: What, Why, How, and When, *Sloan Management Review*, Spring, 1992, pp.31~39.

Fulford, M. D. and C. A. Enz, The Impact of Empowerment on Service Employees, *Journal of Management Issues*, 7, 1995, pp.161~175.

Gardner, D. G. and J. L. Pierce, Self-esteem and Self-efficacy within Organizational Context : an Empirical Examination, *Group & Organization Management*, 23(1), 1999, pp.48~70.

Guzzo, R. A., P. R. Yost, R. J. Campbell, and G. P. Shea, Potency in Group: Articulating a Construct, *British Journal of Social Psychology*, 32(1), 1993, pp.87~106.

Henry Mintzberg, The Manager's Job: Folklore and Fact, *Harvard Business Review*, March-April, 1990, p.168.

Marsh, H. W., Relation between Global and Specific Domains of Self: The Importance of Individual Importance, Certainty and Ideals, *Journal of Personality and Social Psychology*, 65(5), 1993, pp.975~997.

Meyer, J. P. and N. J. Allen, The Measurement and Antecedents of Affective, Continuance and Normative Commitment to the Organization, *Journal of Occupational Psychology*, 63(1), 1990, pp.1~18.

Michael A. Hitt, J. Stewart Black, and Lyman W. Porter, *Management*, Pearson Prentice Hall, 2005, p.33.

Moch, M, K. and E. V. Morse, Size, Centralization and Organizational Adoption of Innovation, *American Social Review*, 42, 1977, pp.716~725.

Organ, D. W., *Organizational Citizenship Behavior : The Good Soldier Syndrome*, Lexington, MA., Lexington Book., 1988.

Organ, D. W. and A. Lingl, Personality, Satisfaction, and Organizational Citizenship Behavior, *The Journal of Social Psychology*, 135(3), 1995, pp.339~350.

Pierce, J. L., D. G. Gardner, R. B. Dunham, and L. L. Cummings, Organization-based Self-esteem: Construct Definition, Measurement and Validation, *Academy of Management Journal*, 32(3), 1989, pp.622~648.

Podsakoff, P. M, S. B. MacKenzie, and R. Fetter, Substitutes for Leadership and the Management of Professionals, *Leadership Quarterly*, 4(1), 1993, pp.1~44.

Porter, L. W., R. M. Steers, R. T. Mowday, and P. V. Boulian, Organizational Commitment, Job Satisfaction and Turnover among Psychiatric Technicians, *Journal of Applied Psychology*, 59, 1974, pp.603~609.

Renn, R. W. and D. B. Fedor, Development and Field Test of a Feedback Seeking, Self-efficacy and Goal Setting Model of Work Performance, *Journal of Management*, 27, 2001, pp.563~583.

Robbins, S. P., *Organization Theory: The Structure and Design of Organization*, Englewood Cliffs, N.J., Prentice-Hall, 1983, p.40.

Robbins, S. P. and Mary Coulter, *Management*, 8th ed., Pearson Education, Inc., 2005, p.13.

Scott, S. G. and R. A. Bruce, Determinants of Innovation Behavior: A Path Model of Individual Innovation in the Workplace, *Academy of Management Journal*, 37(3), 1994, pp.580~607.

Spreitzer, G. M, Psychological Empowerment in the Workplace: Dimensions, Measurement and Validation, *Academy of Management Journal*, 38(5), 1995, pp.1442~1465.

Steers, R. M., *Organizational Effectiveness: A Behavioral View*, Santa Monica, CA., Goodyear, 1997, p.51.

Thomas, K. W. and B. A. Velthouse, Cognitive Elements of Empowerment: An

'Interpretive' Model of Intrinsic Task Motivation, *Academy of Management Review*, 15(4), 1990, pp.666~681.

Yukl, G. A, *Leadership in Organizations*, 2nd ed, Englewood Cliffs, N.J., Prentice Hall., 1989.

Chapter **05**

비전과 비전리더십

제1절 조직과 비전

1. 비전의 의미와 필요성

오늘날 사회와 조직이 당면한 모든 문제의 이면에는 리더십이 결핍되어 있거나 리더들이 잘못된 리더십을 행사하고 있을 가능성이 많다. 이 말은 여러 가지 사회적 갈등과 조직의 비능률은 비전을 가진 리더십 없이는 근본적으로 해결하기 어렵다는 뜻이다.

조직의 비전은 현실성 있고 매력적인 조직의 미래상이며 조직이 도달하고자 하는 종착지이다. 말하자면 비전은 조직의 미래 청사진이다. 격심한 변화와 경쟁에 처한 현대 조직에서 미래를 예측하고 조직의 미래상을 수립하며 이것의 성취를 위해 책임을 다하는 리더십이 바로 비전리더십(visionary leadership)이다. 많은 사람들이 공유하는 가치 있고 매력적이며 성취가능한 비전은 조직의 우수성과 성공을 위한 강력한 추진력이다. 리더의 비전은 구성원들의 행동을 고무시키고 미래를 창조하도록 도움을 주기 때문이다.

비전은 항상 미래를 다룬다. 비전 속에서 미래가 시작되는 이유는 리더와 비전을 공유하는 구성원들이 만들려고 노력하는 미래가 비전에 표현되어 있기 때문이다.

미래를 체계적으로 생각해 볼 사람들은 많지 않기 때문에 체계적인 사고를 통해 비전을 만들고 그 비전에 따른 전략과 행동조치를 하는 사람들은 미래 형성에 엄청난 영향력을 행사한다. 비전을 만든 위대한 리더들은 자신이 꿈꾸는 미래의 모습에서 스스로 영향을 받으며, 존재하지 않았던 것을 존재하도록 만들고, 미래상을 가지고 자신이 살고 있는 시대에 도전한다.

비전은 조직의 미래에 대한 아이디어 또는 이미지이이다. 올바른 비전은 많은 사람들에게 활력을 불러일으킴으로써 사회나 조직구성원들이 가진 기술, 재능, 그리고 자원을 미래로 도약하는 데 사용하도록 하는 아이디어이다. 예를 들면, 자동차를 만든 포드나 탁상용 컴퓨터를 만든 스티브 잡스 등의 비전은 그것을 실현하기 위해 필요한 투자나 창의적인 사람들을 끌어들일 수 있는 강력한 아이디어였다.

현대 조직의 구성원들은 조직을 통해서 자신의 비전을 달성하고자 한다. 조직에서 열심히 일하면 자신의 비전달성이 가능할 때 구성원들은 그 조직에 머물고 싶어하고 조직의 일에 자기 자신의 일처럼 몰입할 수 있으며 조직의 비전을 성취하기 위해 모든 노력과 에너지를 쏟을 것이다.

이러한 구성원들을 동기부여시키고 경쟁에서 살아남기 위해서 리더는 ① 조직의 비전을 명확하게 설정하고, ② 환경변화를 예측하여 그것에 적응하기 위한 변화 노력을 함으로써 비전을 달성할 수 있도록 하며, ③ 구성원들에게 의사소통하여 비전의 가치를 알리고, ④ 구성원들의 능력을 개발하여 비전을 열정적으로 생활화하며 비전 실천에서 구성원들의 모델이 되어야 한다.

비전 없는 행동은 키 없는 배와 같다. 비전리더십은 오늘날 많은 사람들의 마음속에 있는 주제이다. 비전리더십은 등대처럼 혼란스러운 환경에 처한 조직의 길잡이 역할을 한다. 리더는 비전을 현실로 변화시키는 전략을 개발하고 실천하는 사람이다.

새로운 비전이 필요한 시기는 조직에서 다음과 같은 경고신호가 발생할 때이다.

① 구성원들이 조직목적에 대해 혼란을 겪고 있을 때

② 구성원들이 도전적인 일이 충분하지 않다고 불평할 때

③ 조직이 그 정당성, 시장의 주도적 위치, 또는 혁신에 대한 명성을 잃고 있을 때

④ 조직이 외부환경의 변화에 적응하지 못할 때

⑤ 조직 내에 자부심이 사라지는 증거가 있을 때

⑥ 모험을 지나치게 회피할 때
⑦ 발전이나 중요한 계기에 대한 인식이 결여되어 있을 때
⑧ 조직 내에 풍문이 파다할 때

2. 비전의 역할

인류를 진보시킨 가장 위대한 힘은 많은 사람들이 공통으로 가지고 있는 원대한 희망이다. 조직은 앞으로 전진하지 않으면 쓰러지는 자전거와 같기 때문에 조직을 앞으로 전진하게 하는 비전의 역할은 너무나 중요하다. 비전은 조직의 내 · 외부 사람들의 주목을 끌고 그러한 주목을 공통의 꿈에 집중시킬 수 있는 능력이 있다.

효율적인 비전은 오늘과 내일을 연결하고, 미래를 향해서 나아가도록 사람들을 활성화하고 동기부여하며, 사람들이 하는 일에 의미를 부여하고, 조직 우수성의 기준을 제공한다. 비전의 역할은 다음과 같다(Daft, 1999).

1) 비전은 현재와 미래를 연결한다

올바른 비전은 현상을 초월하여 현재 조직에서 일어나고 있는 것과 미래에 구축하기를 바라는 것 사이에 중요한 연결을 제공한다. 그러한 연결과정에서 비전의 달성을 위해 필요한 일이 무엇인지를 강화할 수 있다. 비전에 공감하고 동참하는 사람들은 권한을 소유하게 된다. 이것이 임파워먼트(empowerment)이다. 비전의 다스림을 받지 않는 조직은 방향키의 다스림 없이 바위의 다스림을 받는 배와 같다. 사람들은 꿈을 가진 사람들을 본능적으로 따른다.

비전은 항상 미래에 대한 것이지만 현재에서 출발한다. 데드라인에 맞추어야 하는 부담, 매출을 향상시키는 것, 즉각적인 문제를 해결하는 것, 특정의 프로젝트를 완성하는 것 등은 조직의 일상으로서 관리자들은 이러한 것의 해결에 그들의 지배적인 시간을 사용한다. 미래에 대한 청사진을 만드는 데 사용하는 시간은 거의 없다. 현대의 리더들은 현재의 문제를 해결하는 동시에 미래에 대한 꿈도 만들어야 하는 'bifocal vision'을 가질 필요가 있다고 제안하는 사람들도 있다.

2) 비전은 사람들을 활성화하고 헌신하도록 한다

비전은 사람들을 고무시켜 눈앞의 현실적인 이익을 초월하도록 한다. 사람들은 가치 있는 어떤 것에 대해서는 자발적으로 전심전력을 다해 기꺼이 참여하고자 한다.

강력한 비전은 사람들이 일상적인 것에서부터 벗어나 자기들의 일에 대해 열정을 가지기를 원한다. 도전할 만한 가치가 있는 일과 그것의 성취를 위해서 최선을 다하도록 하는 것이 비전의 역할이다. 사람들은 자신들이 믿는 일이 일어나도록 하기 위해 시간과 에너지를 몰입시킨다. 조직구성원들은 주주의 이익을 극대화하기 위해 이윤을 향상시키는 것과 같은 일에 정서적 몰입을 하지는 않는다. 비전은 일상적이고 최소한의 기준을 벗어나 자신들의 공동체나 다른 사람들의 삶을 더 좋게 하는 것과 같은 가치 있는 일에 열정을 바치려 한다. “세상을 더 안전한 것이 되게 하자”와 같이.

3) 비전은 일에 의미를 부여한다

구성원들이 비전을 공유하면 자기 자신들을 판매사무원 등과 같은 어떤 사소한 일을 담당하는 것이 아니라 가치 있는 제품과 서비스를 제공할 수 있는 능력을 신장하는 최고의 팀구성원으로 본다.

사람들은 자신들이 하는 일에서 의미와 존엄성을 찾으려고 한다. 자신들이 하는 일에 대해 보다 큰 목적을 발견하고 자부심을 갖는 것을 좋아한다. “나는 돌을 자르고 있다”, “나는 코너에 놓을 돌을 조각하고 있다”, “나는 성당을 만들고 있다”는 사람들의 말에서 보면 마지막 사람의 말이 더 큰 의미를 부여하는 비전이다.

4) 비전은 우수성의 기준을 제공한다

사람들은 좋은 일을 하기 원하며 자신이 조직목적을 효율적으로 달성하고 있고, 그러한 공헌을 인정받고 있다는 느낌을 갖고 싶어 한다. 비전을 통해서 구성원들은 조직 속에서 각자의 가치를 평가할 수 있으며 조직 외부의 사람들은 조직이 사회에 공헌하는 일의 가치를 평가할 수 있다.

비전은 조직구성원들이 조직에 공헌한 것을 측정하는 기준을 설정하는 기능을 한다. 대부분의 사람들은 자신들이 한 일이 전체적인 일에 얼마나 적합한지를 알고자 한다. 비전은 초점을 벗어나지 않도록 하는 것으로 미래의 이미지를 명백히 하고 그것의 달성에 공헌할 수 있는 방법을 찾도록 한다. 오늘날의 조직환경은 워낙 복잡하고 빠르게 변하기 때문에 하는 일들이 초점에서 벗어나기 쉽다. 비전은 이전에 하지 않던 일에 관한 것이기 때문에 도전이고 따라서 위험부담이 있다. 지금까지 하던 일과는 다른 새로운 방법을 찾기 위한 위험부담을 감수해야 한다. 좋은 비전은 명백함, 헌신, 상상을 불러일으킨다. 좋은 비전은 구성원들에게 자신들보다 더 큰 것의 한 부분이 되도록 한다.

3. 비전의 테마

강력하고 효율적인 비전은 넓고, 광범하며, 공유하는 호소력을 갖고, 조직이 변화를 하도록 하고, 미래에 대한 믿음과 희망을 갖도록 하며, 높은 이상을 반영하고, 조직의 목적지와 그곳에 도착하기 위한 규칙을 규정한다.

1) 비전은 광범한 호소력을 갖는다

효율적인 비전의 테마는 사람에 초점을 둔다. 비전은 리더 혼자의 재산이 아니다. 비전은 사람들이 공통목표를 향하여 나가도록 동기부여시킨다. 개개인이 독립적으로 움직이지만 같은 방향으로 나가도록 한다.

2) 비전은 변화를 다룬다

비전은 조직으로 하여금 과감한 변화를 하도록 한다. 비전은 보다 나은 미래에 대한 도전이기 때문이다. 변화는 당황스럽지만 비전이 명백한 방향감각을 주기 때문에 변화과정에서 만나는 어려움과 불확실성을 처리할 수 있다.

3) 비전은 믿음과 희망을 준다

비전은 상상이고 관찰되지 않은 세상에 대한 것이다. 따라서 미래는 그것을 믿는 사람들에 의하여 유형지어 진다. 강력한 비전은 사람들이 효율적일 수 있다고 믿도록 함으로써 자신들의 몰입과 활동으로 목적지에 도달하도록 한다. 비전은 인간의 기본적인 필요와 바람에 대한 정서적 호소이기 때문에 사람들로 하여금 매우 중요하다고 느끼도록 하고 세상을 변화시킬 수 있다고 믿도록 한다.

4) 비전은 높은 이상을 반영한다

좋은 비전은 이상적이다. 비전이 높이 들어올려진 미래를 보여줄 때 사람들은 영감을 받고 활성화된다. "사람을 달에"와 같은 비전이 그 예이다.

5) 비전은 목적지와 여행을 규정한다

좋은 비전은 조직이 성취하기 원하는 미래의 특정결과를 담고 있다. 비전은 조직이 목적지에 도달할 수 있도록 하는 근본적 가치관에 합치한다.

4. 좋은 비전

비전은 미래에 대한 정신적 모델로서 상상에서만 존재하는 세계를 다룬다. 비전은 가상의 세계를 다룬다. 비전은 신념에 찬 행동을 통해서만 존재하는 세계이다. 비전은 역사나 현재의 사건과 비교할 때 현실로 나타날 수 있는, 그리고 우리의 능력범위 내에 있는 구성개념이다. 비전은 조직과 사람들이 헌신적인 참여와 행동을 통해서 만들어 낼 수 있는 유일한 정신모델이다. 이런 점에서 비전은 유용성이 있고 영향력을 가진다.

비전은 또한 유토피아적이다. 이상을 추구하기 때문이다. 비전이 현재보다 확실히 나은 미래를 제시하지 못하면 사람들을 고무시키거나 활기를 불러일으키지 못한다. 따라서 구성원들의 헌신적인 참여를 끌어낼 수 없다. 비전은 조직의 바람직하고 이상적인 정신모델이다.

이런 관점에서 좋은 비전은 다음과 같다.

① 조직과 시대적 조화를 이룬다. 좋은 비전은 조직의 역사, 문화, 그리고 가치와 조화되고, 현재 처한 상항과 일관된다.
② 우수성의 기준을 설정하며 높은 이상을 반영한다.
③ 목적과 방향을 명료하게 해준다.
④ 열정과 헌신적 참여를 고무시킨다.
⑤ 매우 명확하게 표현되어 쉽게 이해된다.
⑥ 조직의 독특성, 조직의 능력, 조직의 대의명분, 조직이 성취할 수 있는 것을 보여준다.
⑦ 큰 뜻을 지닌다.

좋은 비전은 확실한 발전상을 보여주며 조직의 시야를 확대시킨다.

이상과 같은 비전은 구성원들에게 도전의식을 주고 자극하며 그들의 에너지를 공통의 방향으로 집중하게 한다. 다시 말하면 좋은 비전은 사람들이 주의를 쏟도록 정신을 프로그래밍한다.

1) 비전수립에서 주의할 일

다음과 같은 것은 비전이 아니다.

① 비전은 미래에 관한 것이기는 하지만 예언이 아니다.
② 비전은 사명이 아니다.
③ 비전은 사실이 아니다.
④ 비전은 옳고 그름의 문제로 다루어질 수 없다.
⑤ 비전은 고정되어 있거나 한 번으로 끝나는 것이 아니다.
⑥ 비전은 비전과 일치하지 않는 행동을 제외하고는 행동에 제약을 가하지 않는다.

2) 비전은 어디에서 오는가?

비전은 예견과 통찰, 풍부한 상상력과 판단력, 그리고 가끔씩 건전한 뻔뻔함으로부터 온다. 비전의 기본적인 요소들은 정보, 가치, 프레임워크, 그리고 통찰력이다.

비전은 꿈이긴 하지만 정보와 지식에 기초한 꿈이다. 가치는 원리와 기준이다. 가치는 조직이 그 일을 처리하는 과정에서 중요시해야 할 것이 무엇인가에 대한 것이다. 가치는 리더가 비전을 선택할 수 있도록 하는 길잡이이다. 프레임워크는 시나리오이다. 이것은 리더의 정신모델이다.

5. 조직의 현상과 방향 평가

비전의 수립을 위해서는 다음과 같은 일을 해야 한다.

1) 사업영역의 확인

조직의 기본적인 성격을 규정하기 위해서는 다음과 같은 사항을 확인해야 한다.

① 명시된 조직의 사명과 목적

② 조직이 사회에 제공하는 가치

③ 소속 산업의 성격과 제도적 틀의 성격

④ 해당 산업에서 조직이 차지하는 위치

⑤ 조직이 성공하기 위해 취하는 조치

2) 조직의 운영방식 이해

비전의 수립을 위해서는 다음과 같은 조직의 운영방식을 이해해야 한다.

① 행동과 의사결정을 지배하는 가치와 조직문화

② 조직운영의 강점과 약점

③ 현재의 전략과 조직의 옹호 정도

3) 조직이 현재 지향하는 방향

조직의 지향방향을 알기 위해서는 다음과 같은 사항을 알아야 한다.

① 명시된 조직의 비전은 무엇인가?

② 조직이 현재의 방향을 유지한다면 향후 10년간 어디로 향할 것인가, 그 방향은 어느 정도 바람직한가?

③ 조직의 핵심인물은 조직의 방향을 알고 있는가, 그 방향에 대해 의견이 일치하는가?

④ 조직의 구조, 과정, 인사, 인센티브, 그리고 정보시스템은 조직의 방향을 지원하는가?

6. 비전의 범위결정

리더는 예술가처럼 비전이라는 힘을 통해 평범한 재료를 가지고 비범하고 새로운 현실을 창조한다. 리더는 통일되고 강력한 비전을 가지고 인적, 물적, 재정적 자원을 사용하여 영속적인 제도를 창조하는 예술가와 같다. 비전의 범위를 결정하기 위해서는 다음과 같은 것을 결정해야 한다.

1) 이해관계자 분석

이해관계자 분석을 위해서는 다음과 같은 것을 분석해야 한다.

① 조직 내 · 외부의 가장 핵심적인 이해관계자는? 그 중에서 가장 중요한 이해관계자는?

② 가장 중요한 이해관계자 5~6명 중 주된 이해관계자의 조직에 대한 기대는 무엇인가?

③ 핵심 이해관계자들로부터 얻을 수 있는 기회와 위협은?

④ 리더 자신을 이해관계자라고 한다면 조직에서 어떤 일이 일어나기를 간절히 바라는가?

2) 비전의 범위를 정하기 위한 평가기준

비전의 범위를 결정하는 평가기준은 다음과 같다.

① 새로운 비전의 범위는 무엇인가(시간적, 지리적, 사회적 제약조건)?

② 비전이 달성해야하는 것은? 비전이 성공적이라는 것을 알 수 있는 요인은?

③ 비전의 쟁점들은 무엇인가?

제2절 비전리더십

비전리더십이론은 리더의 비전행동을 중심적인 리더십 행동으로 보는 리더십이론이다. 초기의 비전리더십에 대한 아이디어는 웨버의 카리스마 개념이나 역사학자 번즈(Burns)와 경영학자 하우스(House)의 변화주도적 혹은 카리스마 리더십이론이다. 베스(Bass), 아볼리오(Avolio), 베니스(Bennis), 나누스(Nanus), 콘저(Conger), 카눙고(Kanungo) 등도 비전을 통한 의사소통을 비전리더십의 한 요소로 보았다.

비전리더십 행동은 비전개발이나 비전을 통한 의사소통 이상의 것이다. 비전리더십은 리더에 대한 높은 신뢰, 리더에 대한 높은 수준의 몰입, 구성원 간의 높은 성과, 높은 수준의 조직의 전반적 성과를 가져오는 긍정적인 효과를 초래한다.

1. 비전의 개발과 의사소통

비전리더는 구성원들의 욕구나 가치관에 대한 통찰력을 가지고 그러한 욕구와 가치관을 반영하는 비전 진술을 개발한다. 하우스와 샤미르(Shamir)는 리더의 비전행동이 왜 구성원들의 성과를 향상시키는가를 설명함으로써 비전이 구성원들의 자아개념에 긍정적인 영향을 미치고 구성원들은 비전을 통하여 의미를 발견하고, 비전과 동일시하며, 비전을 믿고, 비전을 달성할 수 있는 그들의 능력을 믿음으로써 비전을 성취하기 위해 동기부여된다고 보았다.

비전리더가 제시하는 이상적인 목표가 충분히 성취되지 않는다 하더라도 추종자들은 일상적으로 비전에 따라 행동할 수 있다. 예를 들어, 제약회사의 비전은 건강을 증진시키고 생명을 살리기 위한 이념적인 표준을 만들 수 있다. 비전의 다른 측면은 비전을 실행하기 위한 추종자들의 능력에 대한 자신감의 진술을 포함한다. 비전 진술은 조직의 독특한 역사에 준거될 수 있다. 조직의 초기원리나 경험, 극복한 어려움, 또는 조직이 가지고 있는 특정시장 등은 종종 비전 진술에 표시된다.

샤스킨(Sashkin)은 비전을 형성하기 위해서 리더는 특정성격과 인지기술이 있어야 한다고 제시했다. 특히 리더는 장기적인 관점에서 생각할 수 있는 능력을 가져야 한다. 이러한 능력이 있어야 리더가 조직의 10년, 20년, 혹은 그 이상의 미래에 되어야 할 것에 대한 장기적인 비전을 발전시킬 수 있다. 리더는 비전에 대해 계속적으로 새로운 방법으로 말할 수 있는 훌륭한 의사소통기술을 반드시 가져야 한다. 그리고 특정청중에 적합한 비전을 만들어야 한다.

비전을 개발하고 의사소통하는 능력에 도움이 되는 또 다른 속성은 카리스마이다. 카리스마적 리더는 그들의 설득력을 향상시키는 몇 가지 수사학적(修辭學的)인 기술을 가지고 있다. 이러한 기술은 비유, 분석, 이야기, 그리고 반복적인 방법을 사용하는 것이다. 카리스마적 리더는 전형적으로 생기 있고, 자신감 있으며, 극적인 의사소통 스타일을 가지고 있다. 비록 어떤 리더들은 수사학적인 재능이나 자신감, 그리고 극적인 표현방법을 가지고 태어난다 하더라도 리더는 훈련을 통해서 그것을 개발할 수 있다.

2. 비전의 실천

비전리더십이론에서는 비전을 만들고 의사소통하는 것 외에 리더가 비전을 실천하는 방법도 다룬다. 다음은 여러 가지 비전리더십이론에서 다루는 비전의 실천방법이다.

1) 역할모델

부하의 능력에 대한 리더의 낙관주의와 자신감이 부하들로 하여금 비전을 실천할 수 있는 능력을 갖도록 한다. 비전리더들은 구성원들이 자기 자신들의 개인적인 일보다는 공유비전을 실천할 것이라고 믿는다. 부하들에 대한 높은 기대감은 결국 높은 성과를 달성하도록 만든다.

2) 이미지 구축

비전리더들은 구성원들에게 의식적으로 자신의 긍정적 이미지를 만든다. 비전리더들은 일, 개인적인 생활, 복장, 태도 등에 자신의 비전을 반영한다. 또한 극적인 방법으로 바람직한 이미지를 표현하기 위해서 말하는 것을 연습한다.

3) 위험부담

비전리더들은 비인습적인 행동을 하고 구성원들이 보면 리더가 희생적이라고 인식하도록 한다(리더의 관점에서 보면 희생이 아닐 수도 있지만 리더는 완전히 비전의 실천에 초점을 둔다). 그러나 그 위험부담은 맹목적인 것이 아니고 계산된 것이다. 위험부담행동은 기존가정에 도전하여 변화와 혁신을 촉진시키도록 한다.

4) 지원

효율적인 리더는 개별화된 고려를 함으로써 부하들을 지원한다. 리더는 상황이 어려울 때나 구성원들이 혼란스러울 때 정서적 지원을 한다. 지원은 그룹 차원일 수도 있고 개인적인 차원일 수도 있다. 또한 리더는 부하들을 개발하기 위해 코치하고 멘터링한다.

5) 적응

변화하는 환경에 반응하는 것은 또 다른 비전행동이다. 비전리더들은 융통성 있고 전환가능한 문제해결행동을 한다. 그들은 정보를 효율적으로 수집하고, 처리하고, 조직에 그것을 분배함으로써 적절한 반응을 할 수 있도록 한다.

6) 지적 자극

비전리더들은 부하들로 하여금 기존가정에 도전하도록 하고, 세상을 다른 관점으로 보도록 하며, 기존의 스트레오타이핑이나 일반화에 도전하도록 만든다. 리더의 생각이 구성원들의 기존신념과 상이할 수 있지만 비전리더들은 그 구성원들이 표시하는 높은 수준의 신뢰성과 몰입으로 인하여 구성원들을 설득할 수 있다.

7) 조직개발

비전리더들은 구성원들이 비전을 실천하도록 하는 조직의 여건을 만든다. 그들은 불필요한 관료제의 역기능을 없앰으로써 구성원들이 능률적으로 기능할 수 있도록 조직을 구조화한다. 그들은 비전을 실천하고자 하는 구성원들을 선발하고, 훈련하고, 개발한다. 또한 구성원들이 비전을 잘 실천할 수 있도록 동기부여하기 위하여 처벌과 보상시스템을 개발한다.

제3절 비전리더십의 연구들

비전리더십에 대한 연구는 비전과 조직성과, 구성원들의 성과, 그리고 구성원들의 태도 간의 관계에 초점을 둔다. 많은 연구가 비전리더의 행동과 구성원들의 성과 간에 이론적인 관계가 있다는 것을 밝혔다. 이런 연구들은 다양한 샘플, 예를 들면, 학생, 관리자, 실험실 종사자, 연구 종사자, 전쟁 종사자, 혹은 전쟁이 아닌 조직의 종사자, 중간관리자, 하위관리자, 교육 리더, 국가적 리더, 정치 리더, 기업 리더들 간에도 그러한 관계가 있었다. 연구방법도 다양하다. 사례연구, 종단적 연구, 현장 연구, 인터뷰, 실험, 기록 정보의 역사적 분석 등이 그것이다. 이와 같은 결과들을 종합할 때 비전리더십의 행동과 구성원 혹은 조직의 성과 간에는 관계가 있다고 하는 강한 증거가 있다.

언어나 문자, 메시지의 내용에 초점을 두는 것, 그리고 카리스마적인 의사소통 스타일 등이 중요하다는 것을 지지하는 연구들도 있다. 잘 통제된 실험적 연구에서 하웰과 존(Howell and John)은 카리스마적 리더십이 구조화되어 있거나 고려적인 리더십 스타일보다 구성원들의 성과와 태도에 보다 더 긍정적인 영향을 미친다는 것을 관찰하였다. 비전리더십에 대한 광범한 경험적 지지에도 불구하고 비전의 형성과정은 다소 예술적 형태를 가진다. 리더의 직관과 구성원들의 가치관과 조직의 독특한 문화, 그리고 환경에 대한 리더의 직관과 통찰력이 리더가 개발하는 비전에 영향을 미치고 또 그 비전이 얼마나 효율적인가에도 영향을 미친다. 킥패트릭(Kirkpatric) 등이 연구한 바에 의하면 공공서비스 조직의 효율적인 비전 진술은 제조기업의 효율적인 비전 진술과 상이하다는 것을 발견했다(Kirkpatric, 2002).

1. 적용

비전리더십이론은 관리자를 리더로 훈련시키는 데 사용할 수 있다. 리더는 미래가 어떠할 것인가를 생각해보도록 하는 훈련에 참석할 수 있다. 그런 훈련과정에서 자신이 사망했을 때의 약력을 적어보도록 하거나, 20년 후에 자기 회사에 관한 잡지 기사를 써보도록 하고, 혹은 새로운 신입사원들에게 자신들의 영감을 연설문으로 써보도록 하는 것 등이 그 예이다. 바람직한 미래의 행동을 구성원들에게 설명하도록 하고 그것을 구체적인 방법으로 이야기하도록 함으로써 비전에 대한 의사소통을 훈련시킬 수도 있다. 이렇게 함으로써 비전은 조직구성원들에게 의미와 동기부여를 제공할 수 있고, 위에서 이야기한 다른 개념들과 비전이 다르다는 것을 가르칠 수 있다.

조직의 제품과 서비스와 시장을 확인하기 위해서 체계적인 조치를 취하도록 하는 훈련을 시킬 수도 있다. 또한 조직의 외부환경과 내부환경을 관련시키는 분석을 훈련시킬 수도 있다. 그렇게 함으로써 조직의 효율적인 미래상을 그려보도록 한다. 여러 가지 비전 진술을 만들어 그 중에서 가장 적절한 것을 선택하는 훈련을 시킬 수도 있다.

2. 이론의 현행 상태

비전리더십의 연구에서 문제점과 앞으로 계속되어야 할 주제들은 다음과 같다. 첫째, 비전의 형성과정이 잘 연구되어 있지 않다. 어떤 리더들은 아무런 투입 없이 비전 진술을 개발하고 다른 리더들은 그 비전 진술에 조직의 모든 계층 사람들을 참여시킨다. 비전 형성에 대한 추가적인 연구들을 하면 리더를 훈련시키는 방법을 향상시킬 수 있다. 둘째, 많은 비전 진술은 효율적인 비전 진술의 모든 특징을 일반적으로 모두 포함하고 있지 않다. 효율적인 비전 진술에 반드시 필요한 요소가 무엇인가를 확인하는 것 혹은 그 요소 간의 상쇄효과를 확인하는 것은 리더로 하여금 영감을 주는 비전 진술을 하도록 도와줄 것이다. 마찬가지로 여러 가지 비전 실천행동들을 조사함으로써 어떤 행동이 필요한지를 알 수 있을 것이다. 마지막으로 샤미르(Shamir)의 자아개념이론이 앞으로의 연구에 도움이 될 것이다.

참|고|문|헌

박종백 외 역, 버트 나누스 지음, 리더는 비전을 이렇게 만든다, 21세기북스, 1995, 39쪽.

Bass, B. M., *Leadership and Performance Beyond Expectations*, New York, The Free Press, 1985.

Baum, J. R., E. A. Locke, and S. A. Kirkpatrick, A Longitudinal Study of the Relation of Vision and Communication to Venture Growth in Entrepreneurial Firms, *Journal of Applied Psychology*, 83(1), 1998, pp.43~54.

Bennis, W. and B. Nanus, *Leaders: The Strategies for Taking Charge*, New York, Harper & Row, 1985.

Burns, J. M., *Leadership*, New York, Harper & Row, 1978.

Collins, J. C. and J. I. Porras, Organizational Vision and Visionary Organizations, *California Management Review*, 34(1), 1991, pp.30~52.

Conger, J. A., Inspiring Others: The Language of Leadership. *Academy of Management Executive*, 5(1), 1991, pp.31~45.

Conger, J. A. and R. N. Kanungo, *Charismatic Leadership : The Elusive Factor in Organizational Effectiveness*, San Francisco, CA., Jossey-Bass, 1988.

Daft, R. L., *Leadership*, Orlando, FL., Dryden Press, 1999, pp.122~151.

Eden, D. O. V., *Pygmalion in Management*, Lexington, MA., Heath, 1990.

Geothal, G. R., G. J. Sorenson, and J. M. Burns, *Encyclopedia of Leadership*, Thousand Oaks, CA., 2004, pp.1515~1619.

House, R. J., A 1976 Theory of Charismatic Leadership, In J. G. Hunt and L. L. Larson (Eds.), *Leadership: The Cuttingedge*, Carbondale, ILL., Southern Illinois University Press, 1977, pp.189~204.

House, R. J., and B. Shamir, Toward the Integration of Transformational, Charismatic and Visionary Theories, In M. M. Chemers and R. Ayman (Eds.), *Leadership Theory and Research: Perspectives and Directions*, SanDiego, CA., Academic Press, 1993, pp.81~107.

Howell, J. M., and P. J. Frost, A Laboratory Study of Charismatic Leadership, *Organizational Behavior and Human Decision Processes*, 43(2), 1989, ㅔ pp.243~269.

Kirkpatrick, S. A. and E. A. Locke, Direct and Indirect Effects of Three Core Charismatic Leadership Components on Performance and Attitudes, *Journal of Applied Psychology*, 81(1), 1996, pp.36~51.

Kirkpatrick, S. A., J. C. Wofford, and J. R Baum., Measuring Motive Imagery Contained in the Vision Statement, *Leadership Quarterly*, 13(1), 2002, pp.139~150.

Levin, I. M., Vision Revisited: Telling the Story of the Future. *Journal of Applied Behavioral Science*, 36(1), 2000, pp.91~107.

Locke, E. A., S. Kirkpatrick, J. K. Wheeler, J. Schneider, K. Niles, H. Goldstein, et al., *The Essence of Leadership: The Four Keys to Leading Successfully*, New York, Lexington Books, 1991.

Nanus, B., *Visionary Leadership: Creating A Compelling Sense of Direction for Your Organization*, San Francisco, CA., Jossey-Bass, 1992.

Peters, T., *Thriving on Chaos*, New York, Harper & Row, 1987.

Sashkin, M., True Vision in Leadership, *Training and Development Journal*, 40(5), 1986, pp.58~61.

Sashkin, M., The Visionary Leader, In J. A. Conger and R. N. Kanungo (Eds.), *Charismatic Leadership: The Elusive Factor in Organizational Effectiveness*, San Francisco, CA., Jossey-Bass, 1988, pp.122~160.

Scott, C. D., D. T. Jaffe, and G. R. Tobe, *Organizational Vision, Values and Mission: Building the Organization of Tomorrow*, Menlo Park, CA., Crisp, 1993.

Chapter **06**

조직변화단계와 리더십

제1절 조직의 수명주기

역사적으로 여러 사회과학에서는 리더십에 대하여 다양한 접근을 하였다. 이들 여러 가지 분과 과학에서의 일치된 발견은 리더십이 특정상황, 달성해야 할 과업, 부하들의 특성 등에 달려 있다는 사실이다. 많은 리더십이론은 리더십의 상이한 측면에 초점을 두었기 때문에 각각의 이론들은 하나의 수준에서는 정확하다. 특정 측면에서 타당한 이론이 다른 측면에서 정확하지 않은 이유는 조직의 역동적인 측면에 대한 고려를 하지 않았기 때문이다. 조직들은 상이한 필요와 문제점과 상이한 진화단계에 있다는 사실을 고려하지 않았기 때문이다. 조직의 여러 가지 수명주기에 있어서 조직을 만든 사람과 조직을 관리하는 사람들이 접하게 되는 도전에 초점을 두고 리더십의 기능을 설명해야 한다.

조직의 탄생기, 즉 창립기(entrepreneurial stage)는 창의성과 자원의 집적이 필요한 단계이다. 이때는 조직 자체의 목적과 구조의 유연성을 유지하고 성장, 자원, 획득, 외부의 지원이라는 조직의 목적을 유연성과 준비성을 유지하는 수단을 사용하여 달성한다.

창립기에서 생존에 성공한 조직의 다음 수명주기는 집단공동체단계(collectivity stage)이다. 이 단계에서 조직이 계속적으로 존속하고 성장하기 위한 과업은 구성원들의 협동정신과 충성심을 개발하는 것이다. 따라서 이 단계에서는 구성원의 복지와 조직구조의 유연성을 기준으로 하고, 인적자원의 개발이라는 조직목적을 응집성과 사기를 유지하는 것을 수단으로 하여 달성한다.

세 번째의 조직수명주기는 공식화단계(formalization stage)이다. 이 단계는 안정, 능률성, 규칙, 절차 등을 공식화하는 것이 필요하다. 따라서 생산성, 능률, 안정, 균형 등의 목적을 달성하기 위해 계획, 목표설정 및 평가, 정보관리, 조정 등의 수단을 사용한다.

마지막으로 조직은 정교한 구조의 단계에 다다르게 된다. 이 단계에서는 조직이 혁신을 통해서 성장하는 것이 필요하다. 따라서 성장, 자원획득, 외부의 지원 등의 조직목표를 달성하기 위해 유연성과 준비성의 유지라는 수단을 사용한다.

조직의 본성이 미래에는 변화하겠지만 수명주기를 가진 존재로서 창조, 건설, 유지, 변화 등의 단계에서 조직이 직면하게 되는 도전은 변화하지 않을 것이다.

이상과 같은 조직의 각 수명주기에 필요한 리더의 역할과 기능을 보면 다음과 같다.

제2절 조직의 변화단계와 리더십

1. 조직의 창조 : 생기(生氣)의 제공자(animator)로서 리더

조직 창조의 초기단계에서는 리더십이 조직의 이륙(離陸)에 필요한 에너지를 제공해야 한다. 조직의 이륙에 필요한 강력한 에너지인 비전은 기업가 개인의 확신에서 나온 것으로 이것이 타인을 동기부여시키고 흥분시킨다. 이러한 리더들은 조직에 생명을 불어넣기 때문에 Animator라 부른다.

2. 건설(building) : 조직문화의 창조자로서의 리더

조직이 생존하는 것이 가능하게 되면 기업가의 신념체계, 가치관, 기본적 가정 등은 부하의 정신모델(mental model)에 전이된다. 이러한 문화 건설과정은 다음과 같은 3가지로 나타난다.

① 기업가는 자기와 같이 생각하고 행동하는 사람만을 부하로 고용한다.
② 부하들이 자기와 같이 생각하고 느끼도록 훈련시키고(indoctrinate) 사회화시킨다.
③ 리더의 행동은 부하를 고무시키는 역할모델이 되며 이것이 부하들의 신념체계, 가치관, 가정 등을 내면화시키고 동일화시킨다.

조직이 조직문화의 건설에 성공하고 구성원들이 그 성공을 리더에 기인한 것이라고 귀속하면 리더의 퍼스낼리티가 조직문화에 구체화되는 것이 매우 중요하다. 만약 이 단계에서 리더가 자기가 주장하는 가치관과 합치되지 않는 행동을 한다면 신경증적인 조직(neurotic organization)을 만들게 되고 여러 가지 갈등이 발생하게 된다. 예를 들면, 팀에 의한 합의적 의사결정이 중요하다고 부하들에게는 말하면서 문제해결과정에서 독단적인 의사결정을 함으로써 부하들을 통제하는 경우 이 조직에서는 의사결정, 보상 등에서 리더가 주장하는 것과 합치되지 않는 정책이 결정되는 현상이 발생하게 될 것이다. 이러한 갈등이 조직문화에 구체화되면 그것은 쉽게 변화될 수 없다. 왜냐하면 그러한 갈등은 리더의 성공과 관련된 초기의 역사와 결합되고 따라서 그런 방법이 사물을 처리하는 최선의 방법으로 간주될 가능성이 있기 때문이다.

3. 유지 : 문화유지자로서의 리더

조직의 역사가 진행됨에 따라 모방자들은 성공적인 조직에 매력을 느끼게 되고 선발조직의 경쟁자로 등장한다. 이런 상황에서는 조직을 성공적으로 만들었던 요인으로는 조직을 유지하기가 곤란하다. 조직의 건설에 필요한 에너지를 공급하던 원천인 젊음과 뉴로시스(neuroses)는 성숙된 시장, 극심한 경쟁, 자기조직의 규모 확대와 복잡성, 리더와 근로자들의 노화(老化) 등에 적응하는 데 있어서 채무와 같은 불리한 점(liability)으로 작용한다.

조직의 창조자와 건설자는 흔히 이 단계에서 주저하게 된다. 젊은 조직에서는 선(善)이었던 설립자의 에너지와 충동적인 비전이 조직의 안정과 능률성, 초기에 창의적이었던 제품의 생필품화, 미래를 위해서 새로운 리더의 탄생이 필요한 상황 등을 처리하는 데는 불리한 점으로 작용한다. 이러한 전환기적 문제를 처리하는 데는 다음과 같은 두 가지 문제가 있다.

① 설립자이자 조직의 건설자인 리더가 리더십 역할을 포기하는 것을 원하지 않거나 감정적으로 그렇게 할 수 없는 문제
② 리더가 의도적으로든 무의식적으로든 다음 세대의 리더십의 성장을 방해하는 여러 가지 조직과정을 만들어 내는 문제

젊은 조직에서의 경영개발의 정도는 매우 약하다. 후계자 선정기준도 보통 비합리적이다. 조직외부에서 관리적인 재능을 가진 사람을 찾는 것이 아니라 리더와 가장 유사한 사람을 진급시키거나 조직의 일에 기술적으로 유능한 사람을 진급시킨다. 설립자는 이때 R&D, 제조, 판매, 재정, 계획, 마케팅, 인적자원관리와 같은 일상적 관리기능을 강화하고 성(聖)스러운 기능으로 만든다. 잠정적인 인계자가 인수인계에 관한 학습경험을 하지 못하도록 하거나 심한 경우에는 힘을 가진 유능한 인계자를 해치는 경우도 있다.

이 단계에서 필요하고, 또한 성공적인 리더는 조직성장에 필요한 통찰력을 가져야 하고, 조직에 대한 자신의 견해를 변화시켜야 하며, 자신의 한계점을 인식하고 다음 출현할 리더십의 형성을 허용하는 리더이다. 이것이 불가능할 경우 조직에서는 주주총회나 정치적 결사대와 같은 권력센터를 만들어서 설립자가 CEO의 역할을 하지 못하도록 함으로써 다른 역할을 맡기거나 조직 밖으로 내보내는 방법을 찾아야 한다.

조직의 새로운 성장을 위해서 CEO는 조직문화의 강점과 약점을 이해하고 현재의 조직을 유지하면서 성장시키는 데 필요한 요소를 찾아야 한다. 이것이 제도화(institutionalization)이다. 제도화에 의하여 성공적인 요인을 확인하고 그것을 영

속화시키며 안정시키는 것이다.

4. 변화시킴 : 변화담당자로서의 리더

여러 측면에서 환경의 변화율이 증가하면 제도화라는 강점은 이제 약점으로 바뀌기 시작한다. 리더는 새로운 개념과 기술을 습득하는 것뿐만 아니라 이제는 더 이상 조직의 안녕에 도움이 되지 않는 것을 버릴 수 있는 방법을 아는 변화의 담당자가 되어야 한다. 이러한 것을 버리는 과정은 탈학습(unlearning) 혹은 파기학습으로서 이 과정에서는 불안, 방어기제, 변화에 대한 저항 등이 발생한다.

역기능적 과정이 존재하는 성숙한 조직의 리더들이 변화의 담당자로서 행동하기 위해서는 다음과 같은 두 가지 특성이 필요하다. 첫째는 과거에 성공적이었던 것을 버리는 데 따른 불안을 없애고 조직에 심리적 안정감을 줄 수 있는 정서적 강점이 있어야 한다. 둘째는 리더가 속한 조직의 문화적 역동성과 특성을 정확하게 이해할 수 있어야 한다.

문화적 역동성의 이해에서 중요한 것은 리더가 문화의 역기능적인 요소를 자의적으로 변화시키는 것은 불가능하다는 사실이다. 장시간에 걸쳐서 강점은 육성하고 약점은 버리면서 문화를 진화시켜야 한다. 문화는 변화를 공고하거나 계획을 만듦으로써 조작되는 것이 아니다. 만약 조직이 문제해결에서 특별한 방법을 사용하여 성공적이었고 그 방법에 기초하여 정신모델을 진화시켜 왔다면 그것을 포기하기는 어렵다. 이때는 정신모델을 포기하는 대신에 확대하면 된다(Schein, 1996).

개인적 동기에 의하여 만든 조직에서는 CEO가 일정시점부터 팀워크가 필요하다고 공고한다고 해서 팀이 만들어지는 것은 아니다. 리더가 문화적 역동성을 이해함으로써 타인을 돕거나 타인의 프로젝트에 공헌한 개인을 보상함으로써 개인주의적 유능성의 개념을 타인과 일하는 것, 신뢰적 관계를 발전시키는 것, 경계선을 넘는 의사소통을 개방시키는 것 등으로 확장시켜 나가면 된다.

이때 필요한 학습기제는 샤인(Schein)의 인지적 재규정(cognitive redefinition)이다(Schein, 1996). 이 과정은 다음과 같은 것을 포함한다.

① 새로운 의미론(semantics)을 만듦으로써 개인주의가 의미하는 것에 대한 공

식적 의미를 재규정한다.

② 개인이 자신을 여전히 개인주의적인 것으로 보면서 협동적 행동과 경쟁적 행동을 할 수 있도록 정신모델과 지각을 확장시킨다.

③ 경쟁적 행동은 부정적인 것이 되고 협동적 행동이 더욱 긍정적으로 보이도록 하는 새로운 평가기준을 개발한다. 문화는 개인의 정신모델을 구성하고 있는 개념의 변화를 통하여 변화된다.

조직의 문화혁신은 공식적인 계획의 공표에 의하여 달성되는 것이 아니라 리더 자신의 행동이 변화하고 조직의 일상생활과 과정에서 새로운 정의(定義)와 구체화에 의하여 가능하다. 변화과정에서 리더 자신의 변화는 조직문화 변화에 매우 중요한 영향을 미친다.

조직이 어려움에 처하고 현재의 조직문화가 필요한 변화와 성장을 방해한다면 변화담당자로서의 리더는 문화를 담고 있는 용기(用器)인 조직의 중심적인 요인을 인내하면서 파괴해야 한다. 개인주의적인 경쟁에서 협동적인 상태로 변화하지 않는 경영자를 교체하는 것이 그 예이다

새로운 경영자가 교체되어 조직에 들어오면 최고경영층이 교체되고 대규모 재조직화가 시작된다. 이러한 극적인 조치에 의하여 옛 문화요소를 파괴하고 새로운 문화를 건설하기 위해 옛 문화를 실천하거나 대변하는 사람들을 교체한다. 이것으로 새로운 문화창조가 완성되는 것은 아니다. 문화의 형성은 집단적 학습을 필요로 하며 성공과 실패의 반복을 통하여 가능하다. 교체된 경영자는 초기의 기업가와 유사한 자질을 가지고 있어서 조직에 생기(生氣)를 불어넣을 수 있어야 한다. 동시에 많은 동료들이 떠나고 남아서 죄의식과 불안함과 우울함을 가진 근로자들을 관리할 수 있는 자질도 요구된다. 구성원들을 동기부여시켜 구성원들의 몰입감을 재건설하기 위해서는 처음 조직을 만들 때보다 더 큰 수준의 애니메이션(animation)이 필요하다.

문화의 파괴는 값비싼 인간적 대가를 요구한다. 수많은 사람들은 지금까지의 생각과 느낌들이 이제는 더 이상 작동되지 않는다는 현실에 직면하게 된다. 개인적인 변화가 매우 어렵기 때문에 옛 방식을 고집하고 대변하는 사람들을 조직 밖으로 축출하는 경향이 많다. 역기능적인 성숙한 조직이 파괴되고 상처에서 자라나는 새로

운 조직은 새로운 정신모델을 가진 기업가적인 경영자들에 의하여 새로운 현실에 적응하게 될 것이다.

수십 년에 걸쳐서 생존하고 중요한 전환을 경험한 조직들은 학습과 변화에의 몰입, 사람과 조직 내의 이해관계자에의 몰입, 무엇보다도 먼저 건강하고 탄력성 있는 조직을 만드는 일에 몰입하는 문화핵심(cultural core)을 가지고 있다. 그러한 기능이 조직 초기부터 존재하지 않으면, 특히 환경의 변화가 극심한 시기에는 장기적 존속이 불가능하다.

5. 미래에의 조망

조직과 사회의 역사를 돌이켜 보면 조직문화의 건설자, 설립자는 유지자, 변화담당자와는 다르다는 것을 알 수 있다. 조직을 창조하여 생기를 불어넣기 위해서는 강한 비전과 확신 및 에너지가 필요하다. 지역적 · 연령적으로 다양한 사람들을 대규모 집단과 조직으로 결집시켜 전체적 척도에 따라 제도화하는 과정을 거치기 위해서는 위대한 판단력과 지혜가 필요하다. 이러한 조직의 진화와 변화가 가능하기 위해서는 리더의 학습능력과 융통성이 필요하다.

미래의 조직은 변화의 비율이 증대하기 때문에 일회의 학습으로 새로운 시스템을 만들면 조직의 문제가 해결되는 것이 아니라 영속적 학습(perpetual learning)을 통해서 가능하다. 그 이유는 변화가 영속적이기 때문이다. 따라서 미래의 리더는 다음과 같은 특성을 현재의 리더보다 더 많이 가질 필요가 있다.

① 세계와 자신이 직면한 현실에 대해 비상한 지각과 통찰력을 가져야 한다.

② 특히 경계가 느슨하고 충성심의 정의가 어려운 조직에서는 학습과 변화에 따르는 고통을 처리하기 위한 동기부여능력을 가져야 한다.

③ 학습과 변화가 생활방식이 되어 감에 따라서 리더 자신과 타인의 불안을 관리하는 정서적 능력을 갖추어야 한다.

④ 문화의 기능적 · 역기능적 가정을 확인하고 분석하여 문화를 건설하고 확장하는 능력을 가져야 한다.

⑤ 문제해결을 위한 정보가 복잡하고 광범하게 분산되어 있기 때문에 타인에게

몰입하여 타인의 참여를 유도하는 능력이 필요하다.

앞으로는 지명된 공식적 리더가 이상의 자질을 갖는다기보다 이러한 자질을 가진 출현적 리더가 발생할 가능성이 더욱 높을 것이다.

미래의 리더십은 타인에 대한 통제나 계층적 의미를 갖는 것이 아니다. 리더는 lead하기도 하고 follow하기도 하며, central하고 marginal하기도 하며, 계층상 상위에 있을 수도 있고 하위에 있기도 하며, 개인적이기도 하고 팀플레이어이기도 하다. 무엇보다도 중요한 미래의 리더에게 요구되는 자질은 영속적 학습자이다.

참고문헌

Adices, Ichak. Organizational Passages–Diagnosing and Treating Lifecycle Problems of Organizations, *Organizational Dynamics*, Summer, 1979, pp.3~25.

Churchill, Neil C. and Virginia L. Lewis, The Five Stages of Small Business Growth, *Harvard Business Review* 61, May–June, 1983, pp.30~50.

Greiner, Larry E., Evolution and Revolution as Organizations Grow, *Harvard Business Review*, 50, July–August, 1972, pp.37~46.

Kimberly, John R., Robert H. Miles, and Associates, *The Organizational Life Cycle*, San Francisco, CA., Jossey–Bass, 1980.

Lundberg Craig C. and Joanne Martin (eds.), *Reframing Organizational Culture*, Newbury Park, CA., Sage Publishing, Inc. 1991.

Miller, Danny and Peter H. Friesen, A Longitudinal Study of the Corporate Life Cycle, *Management Science*, 30, October, 1984, pp.1161~83.

Schein, E. H., Leadership and Organizational Culture, ed. Francis Hesselbein, Marshall Goldsmith, and Richard Beckhard, *The Leadership of the Future, The Drucker Foundation*, Jossey–Bass, New York, 1996, pp.59~69.

Schein, E. H., *Organizational Culture: A Dyanmic Model*. Working Paper, Sloan School of Management, Massachusetts Institute of Technology, January, 1983.

Schein, E. H., The Role of Founder in Creating Organizational Culture. *Organizational Dynamics*, Summer, 1983, pp.13~28.

Schein, E. H., *Organizational Culture and Leadership*, San Francisco, CA., Jossey–Bass, 1985.

Schein, E. H., Organizational Culture, *American Psychologist*, 45(2), 1990, pp.109~19.

Trice H. M. and J. M. Beyer, *The Cultural of Work Organizations*, Englewood Cliffs, N.J., 1993, pp.254~298.

Trice H. M., Cultural Leadership In Organization, *Organization Science*, 2, 1991, pp.149~69.

Quinn, Robert E. and Kim Cameron, Organizational Life Cycle and Shifting Criteria of Effectiveness: Some Preliminary Evidence, *Management Science* 29, 1983, pp.33~51.

Weed, Frank J., The MADD Queen: Charisma and the Founder of Mothers Against Drunk Driving, *Leadership Quarterly* 4, No.3/4, 1993.

Part 03

문화와 리더십

Chapter 07

문화와 리더십

제1절 문화와 리더십에 대한 접근방법

1. 메타퍼(metaphor)

글레익(Gleick, 1987)은『Chaos』에서 괴테와 뉴턴의 색에 대한 상이한 견해를 소개한 바 있다. 뉴턴은 프리즘을 통하여 흰색의 빛을 무지개색으로 분해함으로써 모든 색은 분해할 수 있고 측정가능하다고 하였다. 그러나 괴테는 빛은 스펙트럼 분석기로 측정할 수 있는 것이 아니라 동태적인 것으로서 색채를 빛과 그림자의 상호작용으로 인식하였다. 색체는 그림자와 연합하는 어두움의 정도이며 그것은 지각과 상관없이 정의할 수 있는 것이 아니라고 보았다.

빛과 색채에 대한 괴테와 뉴턴의 입장은 전자가 환원주의적인 반면 후자는 전체주의적(holistic)이다. 뉴턴은 빛을 분리시킴으로써 그것에 대한 물리적 설명을 한 반면 괴테는 꽃으로 덮인 정원에서 그림을 그리면서 모든 것을 포괄하는 큰 것에 대한 설명을 하려고 하였다. 뉴턴은 수학적이었고 괴테는 예술적이었다. 동일한 현상에 대하여 양자는 상이한 견해를 가지고 있었다.

문화와 리더십에 대한 견해도 이와 마찬가지이다. 리더십의 경우 지난 80여 년간의 수많은 연구에도 불구하고 그것에 대한 명확한 정의도 없고 장님의 코끼리와 같은 양상이다. 일찍이 베스(Bass, 1981)는 5,000여 개의 리더십 연구를 분석했지만 리더십에 대한 통합적 연구는 없고 주변적인 연구에만 수많은 잉크를 소비했다고 주장하였다(Bass, 1981).

이와 같이 추상적이고 복잡한 현상은 적절한 메타퍼(metaphor) 없이는 지각이 어려울 때가 많다. 조직이론에서도 많은 메타퍼가 있는 것은 바로 이런 이유에서이다(신구범, 1984). 빛은 그 자체로서 분석할 수 없기 때문에 프리즘을 사용하듯이 리더십도 문화라는 메타퍼를 통하여 그 본질을 파악할 수 있다. 리더십은 흰색이지만 개별문화의 성격에 따라서 보편성과 특이성을 가지기 때문에 리더십을 관찰하는 수단인 문화에 따라서 리더십의 특성이 달라진다. 리더십에 대하여 문화적 접근을 해야 하는 이유는 바로 여기에서 출발한다. 빛을 관찰하는 수단이 프리즘이라면 리더십을 관찰하는 수단은 문화이다.

2. 리더십 연구의 문제점

리더십에 대한 수많은 연구에도 불구하고 리더십의 본질에 대한 연구는 부족할 뿐 아니라 각각의 단일학문에 의한 연구는 혼란스러운 특성을 가지고 있다. 리더십의 본질보다는 주로 형태에 대한 연구가 지배적이기 때문이다.

로스트(Rost, 1989)는 현행의 리더십에 대한 연구는 거의 대부분 과학적, 합리적, 관리지향적, 계량적, 기술관료지향적, 목표지배적, 비용-편익지향적, 남성지향적, 개인지향적, 계층적, 단기적, 실용적, 물질적이라고 보고 이러한 것은 산업사회에 적합한 가치관으로서 정보화사회에 적합한 리더십의 연구가 필요하다고 주장하였다.

문화와 리더십의 본질을 통합적으로 파악하기 위해서는 각 학파의 관점을 종합한 다학제적(多學際的) 접근이 필요하다. 다학제적 접근은 각 분과 과학 나름의 렌즈로 바라본 지적 세계에 대한 그림에서 편견을 제거하고 괴테와 같은 방식의 그림을 그리는 작업이다.

이하에서는 문화와 리더십에 대한 각 분과 과학을 종합함으로써 문화적 리더십의 본질을 파악하려고 한다.

제2절 문화의 본질에 대한 다학제적 접근

1. 문화의 정의

문화는 경작을 의미하는 라틴어 colere에서 유래한 것으로 중세 영어에서는 cultura로 표현되었다. 그 후에 그것은 경작 외에 발전적 정제(progressive refinement) 혹은 특정작물의 길들임을 의미하는 말로 사용되다가 드디어 동물의 길들이기와 사람의 교화(敎化)를 의미하는 말로 사용하게 되었다. 말하자면 사람이 정도(正道)로 가도록 훈련하고 교육하여 인격을 갖추도록 하는 의미로 발전했다. 이것은 아놀드(Arnold)가 지식을 갖도록 함으로써 전인격적으로 완성시키는 것으로 문화를 정의한 것과 유사하다. 그러나 문화에 대한 현대적 정의는 다음과 같이 매우 다양하다.

타일러(Tylor, 1871)는 문화를 사회구성원으로서 사람들이 획득한 지식, 신념, 예술, 도덕, 법률, 관습 및 기타의 능력과 습관의 복합적인 전체로 정의하였다.

클럭혼(Kluckhohn, 1949)은 문화를 사람들의 전체적인 삶, 사고와 느낌 및 신념의 방식, 인간이 집단에서 획득한 사회적 유산, 행동으로부터 추출한 추상개념, 사람들이 집단에서 실제로 행동하는 방법에 대한 인류학자들의 이론, 학습한 것의 창고, 발생하는 문제에 대한 표준화된 지향성의 집합, 학습된 행동, 행동에 대한 규범적 규제기제, 타인과 외부환경에 적응하는 기법의 집합, 역사의 축적 등으로 정의하였다.

그 외에도 수많은 정의가 있다. 인류학에서는 문화의 차이를 분석하는 데 초점을 둔다. 이하에서는 문화에 대한 각 분과 과학의 다양한 접근을 통합함으로써 문화의 보편적 본질을 추출하고자 한다. 그러한 보편적 본질을 메타퍼로 하여 리더십에 대한 다학제적 접근을 하려고 한다.

2. 생물적 기초로서의 문화

인간은 다른 피조물과는 달리 생존하기 위해서 생물적 적응과 문화적 적응을 해야 한다. 생물적 기초로서의 문화라는 말은 인간이 생물적 특성을 개발하고 완성하며, 언어, 성, 사회화, 공격, 이타심, 조작기능, 권력, 정신개발, 상징적 사고, 텃세, 종교 등과 같은 생물적 욕구를 실천하고 충족시키기 위해서는 문화가 필요하다는 것을 의미한다. 문화의 1차적 목적은 생물적 욕구를 충족시키는 것이다. 문화를 매개로 한 생물로서의 인간과 환경의 상호작용이 없었다면 인류는 멸종되었을지도 모른다.

1) 문화와 생물적 욕구

문화와 자연의 관계에 대한 전통적인 견해는 생물적인 것이 완성되어야 문화가 시작된다는 것이다. 신체적 존재가 완성된 다음에야 문화가 발전할 수 있기 때문에 자연과 문화는 분리된다는 것이다. 그러나 양자의 관계에 대한 현대적인 견해는 인간의 존재모습과 그 행동의 특성은 자연과 문화가 상호작용한 결과라고 본다(Kluckhohn, 1949).

문화는 인간존재의 발달을 촉진하고 기본적인 생리적 욕구에 반응하기 위한 맥락을 제공하기 때문에 생물 기초적 속성을 지닌다. 언어와 그 장치들, 음성의 전달, 손의 조작기술, 의식적 성행위, 정신의 연합특성(mental association), 신피질(neocortex)의 발달 등과 같은 생물적 특징은 그 사용과 발달이 문화적 맥락에 의존하는 것이다. 성행위의 경우 그것은 본능이지만 의식적 성행위는 규범이라는 문화가 있기 때문에 성립되는 것이다. 성인기가 길기 때문에 새로운 지식의 축적이 많아지고 따라서 아이들의 교육에 더 많은 시간이 필요한 것과, 남녀가 영구적인 쌍을 이루는 것, 가족단위의 발전, 의식주에 대한 욕구, 사회적 응집성 등은 문화가 생물적 욕구충족의 수단이라는 것을 보여주는 예이다.

말리노브스키(Malinowski, 1949)는 문화를 생물적 욕구충족의 도구로 보았다. 인간의 기초적 · 1차적 욕구는 문화적 반응(cultural response)에 의하여 충족되며 2차적 욕구 혹은 문화적 욕구(cultural imperative)는 인간의 조직화된 행동구조를 구성하는 데 광범한 영향을 미친다. 조직화된 행동구조가 바로 제도이다.

말리노브스키는 경제적 통제, 사회적 통제, 교육, 그리고 정치조직을 도구적 욕구를 충족시키기 위한 제도로 보았다. 이러한 4가지 도구적 욕구는 사고와 신념체계뿐만 아니라 상징적이고 통합적인 욕구에 의하여 강화된다. 이러한 의미에서 보면 문화는 일정한 환경 내에서 기본적 욕구충족과정에서 직면하게 되는 문제에 대응하는 수단적 장치이다.

머독(Murdock, 1945)은 문화가 기초적 · 생물적 욕구와 그것으로부터 파생된 2차적 욕구를 만족시킨다고 보고 그것을 문화의 충족적 특성(gratifying characteristic of culture)이라 불렀다. 예를 들면, 습관과 같은 경우 그것이 만족을 가져오기 때문에 문화가 습관이 지속되는 것을 허용하고 습관이 광범하게 사용되면 관습이 된다는 것이다.

홀(Hall, 1977)은 확장이라는 개념을 사용하여 문화를 설명하였다. 확장은 진화적이고 적응적인 생물적 발전으로서 인간에게 만족을 주는 방법으로 문제를 해결하도록 한다. 언어와 컴퓨터의 발달이 그 예이다.

레비-스트라우스(Levi-Strauss, 1980)는 손의 민첩성, 사회성, 상징적 사고, 음성과 의사소통능력 등은 생물적 기원을 가진 것으로 유전과 관련이 있으며 문화가 이런 것들을 종합하고 확산시킨다고 보았다. 각 문화는 유전적 성향을 선택하고 강화하며 유전적 성향 또한 문화에 영향을 미친다고 보았다.

사회생물학(sociobiology)의 창시자인 윌슨(Wilson, 1978)은 사회학과 생물학의 관계에 대한 새로운 견해를 제시하였다. 예를 들면, 공격성, 성, 이타주의, 종교 등에 대한 태도는 출생 때부터 유전적으로 결정되어 사람들로 하여금 일정한 방향으로 행동하도록 하며 문화가 이러한 성향과 상호작용한다는 것이다. 말하자면 인간의 행동은 문화와 생물적 요인이 상호작용한 결과 발생한다는 것이다.

폭스(Fox, 1971)는 생물적인 영향력이 인간의 행동에 매우 강하게 작용한다고 주장하였다. 파라호 프사메티쿠스(Psammetichus)와 스코틀랜드의 왕 제임스 4세(James Ⅳ)는 어린이들을 사회로부터 분리하는 잔인한 실험을 한 바 있는데, 폭스는 인간을 기존사회로부터 분리시키더라도 의사소통수단인 언어, 재산에 관한 법률, 결혼규칙, 터부, 중재방법, 사회적 지위, 성년식, 여자들의 장신구를 포함한 구혼방식, 남성의 배타적 활동, 도박, 신화, 자살, 동성애, 분열증과 신경증 및 그것의 치료행위 등과 같은 문화는 발생할 것이라고 주장하였다.

라바레(La Barre, 1954)는 인간의 행동이 사회적인 것과 생물적인 것의 상호작용에 의하여 결정되며 언어와 성 그리고 개인의 기능적 일체감이 인간본성의 속성이며 가족이 대표적인 예라고 주장하였다.

2) 느낌과 감정

인간이 동물과 그 심성이 구분된 계기는 광범하고 구체적인 감정이 출현한 것이다. 느낌과 감정은 생물적 기초에서 시작된 것이다.

느낌과 감정은 세상이 어떠한가를 매우 생생한 방법으로 설명해 주고, 행동과 그 평가를 위한 틀(schema)을 활성화시킴과 동시에 계획, 목표연쇄, 재평가 및 기타의 복잡한 행동과정을 지체시키기도 한다. 예를 들면, 배고픔이라는 느낌은 사람에게 기본적 욕구가 무엇이며 그것을 충족시키기 위해 무엇을 해야 하는지를 계속적으로 환기시켜 주는 역할을 한다. 아이자드(Izard)는 1차 지식의 연쇄가 감정적 느낌을 활성화하여 2차 지식을 움직이며 이것이 문화를 움직인다고 주장하였다.

3) 자아지각(self-awareness)

할로웰(Hallowel, 1955)은 자아지각의 개체 발생적 발달(onto genetic development)은 모든 문화의 공통특성이며 다만 자아지각의 내용은 각 문화에 따라 상이하다고 주장하였다. 자아지각이 없으면 사람은 자기 이상의 것을 경험하지 못한다. 문화는 자아 외의 세계와 대상의 구조화에 중요한 역할을 한다.

자아지각을 통하여 인간은 자신이 경험하는 대상에 반응하고 타인과 사물에 대비되는 자신을 확인하며, 자신에게 자기를 나타내고 자신을 평가한다. 자아지각은 인간사회에서 개인에게 필요한 역할을 하도록 하는 학습에 매우 중요하다. 문화는 개인이 자아와 대상을 연결할 수 있는 행동적 환경을 제공한다. 이때의 환경은 물리적인 환경뿐만 아니라 개인의 주관적인 경험도 포함된다. 개인의 입장에서 보면 이와 같은 행동적 환경에 의하여 욕구충족이 가능하다.

4) 인간의 정신적 통일성

스피로(Spiro, 1987)는 욕구 때문에 인간의 정신은 통일성을 갖게 된다고 주장하였다. 이러한 통일성 때문에 인지적 지향성과 경향성이 대부분의 문화에서 동일하며, 인지적 지향성은 인간의 보편적인 생물적·문화적 통일성에 기인한 것이다. 애정의 수용과 표현, 애정획득을 위한 경쟁, 애정을 박탈하는 사람에 대한 적개심과 경쟁심 등은 문화 보편적인 인간본성이며 인간이 정신적 통일성을 갖도록 해주는 요인이다. 따라서 인간은 그 표면적인 차이에도 불구하고 동일한 원리에 따른 보편적인 마음을 갖게 된다.

스피로는 프로이드의 id, ego, super-ego의 개념을 활용하여 문화와 사회행동 간의 관계를 설명하였다. 충동의 체계인 id, 인지·지각의 체계인 ego, 그리고 규범적·처방적인 super-ego는 상호 간에 갈등하는 존재이며 이러한 결과 사회적 행동이 형성된다는 것이다.

문화의 일반결정주의(generic cultural determinism)와 특정결정주의(particularistic determinism)에서 전자는 문화의 심층적인 구조가 상호유사성을 가지며 따라서 보편적 문화형태가 출현한다. 이러한 유사성은 공통적인 생물적 유산과 공통적인 사회적 상호작용에서 비롯된 것이다. 따라서 표면적인 차이에도 불구하고 인간은 동일한 원리에 따라 움직이는 공통의 마음을 갖게 된다. 이와 같은 공통의 마음에 기초한 사회시스템은 인간의 생물적 본성에 뿌리를 둔 것이다.

3. 과정으로서의 문화

이상에서 인간의 욕구를 충족시키는 수단인 문화의 생물 기초적 본질에 대하여 살펴보았다. 뿐만 아니라 문화는 적응적·진화적, 윤리적 과정을 통하여 사람들의 욕구를 충족시키는 본질을 가지고 있다.

1) 적응적·진화적인 것으로서의 문화

(1) 적응과 진화

문화는 진화와 적응에 의하여 발전한다. 적응은 새로운 조건에 적합시키기 위한 수정과정이다. 기후변화에의 적응이 그 예이다. 환경은 사회·문화형태의 발전을 자극하기도 하고 방해하기도 한다(Harris, 1966). 머독(Murdock, 1945)은 문화가 적응적인 것으로 지리적 환경, 사회적 환경, 그리고 유기체인 인간의 생물·신체적 필요에 반응한다고 보았다. 환경조건이 변화하면 기존의 문화형태는 인간의 필요를 만족시키는 데 한계를 노정(露呈)하게 되고 따라서 기존의 문화형태가 사라지고 새로운 욕구가 발생하거나 혹은 새로운 조건에 적응하기 위한 문화의 조정이 발생한다.

키싱(Keesing, 1974)은 적응시스템으로서의 문화에 대해 다음과 같이 주장하였다. ① 문화는 인간공동체와 생태적 상황을 관련시키기 위하여 사회적으로 전환된 행동유형이며 문화적 적응에 영향을 미치는 것은 기술, 경제, 정치, 조직, 종교적 신념 및 중재유형이다. ② 문화의 변화는 주로 자연의 선택(natural selection)과 유사한 적응과정의 결과이다. ③ 기술, 경제 및 사회조직의 요소들은 생산과 직접적으로 연계되며 이런 것들이 문화의 적응에 있어서 중심영역들이다.

적응이 새로운 조건에 합치하기 위한 것이라면 진화는 장기간에 걸친 계속적이고 체계적인 변화이다. 인류학은 사회체제와 문화가 상호 간에 변화하는 것을 설명하기 위해 생물학의 진화라는 개념을 사용한다. 이것은 인류학이 문화상대주의에 입각하여 문화의 유사성보다는 차이점의 설명에 초점을 두기 때문이다.

폭스(1979)는 진화를 마음에 적용하여 규칙과 개념 및 분류가 발전한 것이 문화라고 하였다. 폭스는 규칙에 대한 관념(idea), 관계와 정체성에 대한 관념, 부분과 전체에 대한 관념, 계급과 하위계급에 대한 관념, 계층(hierarchy)과 상호성에 대한 관념, 동일성과 반대의 것에 대한 관념, 시(時) · 공(空)에 대한 관념, 인과관계에 대한 관념, 차원성(dimensionality)에 대한 관념 등의 분류체계를 사용하여 문화의 진화를 확인하였다.

(2) 진화와 진보

진보(progress)는 가치판단이 내포된 진화로서 문화의 진보는 좋은 방향으로의 개선을 의미한다. 미드(Mead, 1964)는 진화를 방향성을 가진 문화의 변화로 파악하였다. 샤르댕(Chardin, 1959)도 모든 진화의 역사는 방향성을 갖는 과정이며 인간의 역사에서는 달성해야 할 더 높은 실존상태로 문화가 투쟁에 의하여 진화해 왔다고 보았다. 파슨즈(Parsons, 1969)도 진화를 적응적 상향이동(adaptive upgrading)으로 파악하여 이전에는 제한적이었던 것으로부터 자유로워지는 기능화의 과정으로 보았다. 그는 진화의 단계를 원시–중간–현대로 보아 원시사회에서 중간사회로의 이전에는 언어의 발달이 초점이며, 중간사회에서 현대사회로의 이동에는 사회구조와 법률체계의 중심에 내재하는 규범적 질서의 제도화가 중요하다고 보았다.

문화의 진화는 생물적 진화와는 다르지만 시간에 따라 계속적인 변화과정을 창조하는 진화의 형식을 가진다. 그러나 이것이 반드시 방향성을 가지는 변화인가에 대해서는 논쟁의 여지가 있다.

문화는 변화하고 발전한다. 한편으로는 기후와 지리, 사회환경, 이웃사람들, 기술, 생물적 · 심리적 욕구에 적응하고, 다른 한편으로는 경제적 · 정치적인 것 등의 다양한 요인에 적응한다. 새로운 환경에 적합시키기 위한 적응과정과 장시간에 걸친 체계적이고 계속적인 진화를 통하여 문화는 변화한다.

2) 윤리적 과정으로서의 문화

윤리와 도덕적 가치는 모든 문화의 본질적 부분이다. 문화는 도덕적 행동으로 표현되는 윤리적 준거 틀을 가지고 있으며 인류학자들은 문화와 윤리를 윤리상대주의, 민족중심주의, 문화진보 등의 렌즈로 바라본다.

윤리상대주의에서는 윤리적 기준을 선악과 옳고 그름의 판단에 적용할 때 판단자의 문화적 배경에 따라 상대적이라고 생각한다. 도덕적으로 옳고 그른 것의 기준은 문화마다 상이하기 때문에 모든 시공(時空)의 사람을 구속하는 도덕적 기준은 없다고 보는 것이다.

인종중심적인 문화국수주의(cultural chauvinism)인 빅토리아 문화(Victorian culture)에서는 기술적 상대주의(記述的 相對主義, descriptive relativism)를 가지고 있다. 이러한 견해에서는 모든 문화가 한 방향으로 진화하며 진화의 정상에 빅토리아 문화가 있다고 생각한다. 래드클리프-브라운(Radcliffe-Brown, 1924, 1942, 1952)은 기능적 윤리상대주의(functional ethical relativism)로 기술적 상대주의를 비판하였다. 그는 도덕성을 편의(expediency)를 제공하는 관점에서 정의하여 모든 행동이 해당 사회의 편의라는 기능을 충족시킨다고 보았다.

그레츠와 터너(Geertz and Turner)는 해석학적 윤리상대주의(hermeneutic ethical relativism)를 제창하였다. 문화를 같은 표준으로는 비교할 수 없으며, 윤리적 기준을 타 문화에 적용하기 위해서는 문화 간의 공통요소의 범주를 확인해야 하는데 이러한 보편적 특성을 발견할 방법은 없다는 것이다.

스피로(Spiro) 등은 보편적 윤리상대주의(universal ethical relativism)를 제시하였다. 문화는 상대주의적이기도 하고 보편적 차원을 갖기도 한다고 보는 것이다. 이들은 문화의 다양성을 인정하면서도 모든 문화의 다양성에서 추출한 공통인자가 있다고 주장한다. 그 이유는 인간본성에는 보편성이 존재하기 때문이라는 것이다.

크로버(Kroeber)는 문화를 초유기체적(superorganic)인 것으로 정의하고 정신병리학에 기초한 마술의 쇠퇴, 인간의 생애에서 현저하게 경험한 신체적 사건에 따른 유아기적 강박성의 쇠퇴, 과학과 기술이 누적적으로 성장할 수 있는 지속적 경향 등으로 문화의 진보를 측정하였다.

요약하면 윤리는 문화의 중심적 설명요인이며 모든 문화는 윤리와 도덕적 행동의 기준을 가지고 있다. 보편적 윤리는 존재하지 않는다는 것이다.

4. 구조로서의 문화

지금까지 문화가 생물 기초적 욕구의 충족을 위하여 진화와 적응의 과정 및 윤리적 과정으로서의 본질을 살펴보았다. 이하에서는 욕구충족을 위한 구조로서 집단과 의미의 그물망으로서의 문화의 본질에 대하여 살펴보기로 한다.

1) 집단발전으로서의 문화

문화는 소규모 가족과 공통의 신념, 지명된 관계(named relationship), 태도, 민족성 등에 의한 보다 큰 집단과 같이 개인의 집단화에 의하여 확인할 수 있는 혈연관계시스템(kinship system)이다.

혈연관계는 집단이 문화의 가장 중요한 요소라는 것을 알게 해주며 도구의 제작과 함께 문화 초기에 발생한 것이다. 집단발전으로서의 문화는 사람들의 기능적 일체감(functional togetherness)이 인간본성의 한 요소라는 사실을 확인할 수 있도록 해준다.

(1) 혈연관계

집단은 인간의 욕구를 충족시키기 위해서 사회적 구조를 만드는 기능이기 때문에 문화의 중심적 본질이다. 집단발생에서는 혈연관계가 매우 중요한 요인이다. 혈연관계에는 친척(sanguinity)과 인척(affinity)이 있다. 말리노브스키는 성관계의 규제방법과 가족구성방법으로서 혈족관계를 설명하였다.

인류학에서는 혈연관계를 혈통과 결혼관계를 뛰어넘는 것으로 파악하는 학자들이 많다. 슈나이더(Schneider)는 미국문화의 경우에 혈연관계에 국적과 종교를 포함시킨다고 말했다. 이 경우 혈연관계는 사고와 행동의 방법이 동일 유형에 속하는 것을 말한다.

리치(Leach)는 지명된 관계를 혈연관계에 포함시킨다. 혈연에 의하여 같은 집에서 생활하지 않더라도 독특한 비공식적 의사소통과 행동기준을 가지면 그것은 사회적 혈연관계이다. 예를 들면, 로스앤젤레스의 갱집단구성원들은 로터리 클럽회원들과는 상이한 신념과 행동유형을 가지고 있다.

혈연, 결혼, 사회적 상호작용에 의한 혈연관계에 대비되는 정신적 혈연관계가 있다. 공존하는 세대 간에 특별한 정신적 관계를 가지면 이것은 시공을 초월하여 정신적 혈연관계가 된다. 조상숭배와 같은 특별한 정신이나 유령에 대한 믿음을 가진 집단이 여기에 속한다.

(2) 집단의식(collective consciousness)

듀르켐은 혈연관계를 기계적 연대(機械的 連帶, mechanical solidarity)와 유기적 연대(有機的 連帶, organic solidarity)로 구분하였다. 기계적 연대는 출생과 결혼에 의하여 계층적으로 분화된 것이다. 그러나 개인들은 사회시스템 내에서 주어진 문화의 도덕적 환경에서 특별한 방법으로 사고하고 행동하도록 하는 집단의식을 가진다. 유기적 연대는 이와 같은 집단의식에 의하여 형성된 것이다. 이것이 사회의 도덕적 혈연관계이다.

2) 의미의 그물망으로서의 문화

타일러(Tylor) 문화를 복잡한 전체로서 지식, 신념, 예술, 도덕, 법률, 관습, 습관 등을 포함하는 것이라고 정의한 바 있다. 이 정의에는 문화가 전체를 구성하는 하나의 관계라는 가정이 포함되어 있다. 인류학에서는 이것을 '구조'라는 용어로 표현한다. 크로버(Kroebe, 1948)는 구조라는 말 대신에 형태(form)라는 말을 사용하였다. 문화는 그 내용을 표현하기 위해 구조나 형태가 필요하다. 의미의 그물망으로서의 문화는 바로 그것을 말한다.

공유의미에 대한 구조적 그물망(structural web of shared meaning)으로서의 문화는 다층체제(多層体制, multi layered system), 사물이나 관념의 구조, 사회적 관계, 그리고 사회제도이며, 과정적으로 상호관련되어 있어서 그물망과 같다. 이러한 그물망의 형태와 과정을 이해하게 되면 문화구조 간의 관계와 문화의 구조가 사람들의 태도와 관념 및 신념에 미치는 영향을 파악할 수 있다.

문화의 구조적 그물망은 본질적으로 의미화의 과정(meaning-making process)으로서 사람들로 하여금 의미구조(meaning structure)를 공유할 수 있도록 해주고 그러한 공유의미를 통하여 사회적 응집성을 창출하도록 할 뿐만 아니라 존재의 목적을 제공해 주기도 한다.

이하에서는 문화의 구조적 그물망과 관련된 구조주의, 공유의미의 시스템, 인지와 의미 등에 대하여 살펴보기로 한다.

(1) 구조주의(structuralism)

구조와 기능이 연결되고 상호관련되는 과정을 파악하는 것을 인류학에서는 구조주의라고 한다. 래드클리프-브라운(Radcliff-Brown)과 말리노브스키(Malinovski)가 제시한 기능주의는 사회조직의 기능과 상호의존성을 분석하기 위하여 인간이 기능적인 사회구조를 형성하기 위해 협동하는 이유와 방법을 분석하는 것이다. 사람들은 사적 이해관계 때문에 협동한다. 공동체적 표현과 생존(communal expression and survival)을 위하여 특별한 신념체계와 의식(儀式)의 실행이 필요하기 때문이다. 구조주의자들은 조직의 기능은 유기체에서 심장의 다른 기관에 대한 관계와 같다고 본다. 구조의 망은 각 부분의 필요가 기능적 전체를 창조하기 때문에 형성된다. 따라서 문화는 반드시 그것을 구성하는 부분 간에 상호관련성을 갖게 된다. 그레츠(Geertz, 1973)는 문화에 대한 해석학적 접근에서 문화가 텍스트(text)나 의미의 그물망의 결합체로서 이것이 부분 간의 상호관련성과 같은 의미를 갖는다고 주장하였다.

레비-스트라우스(Levi-Strauss)는 이상과 같은 상호관련성의 과정을 연구하여 질서라는 개념으로 문화의 상호관련성을 설명하였다. 전체의 사회구조는 상이한 형태의 질서로 짜인 그물망이다. 예를 들면, 혈연관계시스템은 개인으로 하여금 어떻게 움직일 것인가에 대한 질서를 제공한다. 사회조직은 개인과 집단을 질서 있게 움직이도록 한다. 사회적 계층화는 그것이 경제적인 것이든 사회적인 것이든 사회 구성원들에게 일정한 질서를 제공한다. 이러한 모든 질서는 상호 간에 존재하는 어떤 관계를 나타낸다. 그러한 질서들은 공시적 · 통시적 차원(共時的 · 通時的 次元)에서 상호작용한다.

레비-스트라우스(1976)는 문화적 제도가 기본적 사회과정과 마음의 구체적인 외적투사(外的投射)라고 보았다. 마음이라는 것이 문화적 내용에 어떤 방법으로 형태를 부여하는지를 분석하는 것이 그의 관심사였다. 사회조직이나 제도의 성격보다 현상 간의 관계가 문화를 이해하기 위해서 중요하다고 보았다. 문화에서는 사실보다 그것이 갖는 의미가 더 중요하기 때문이다. 그는 문화현상의 공유관계가 몇 가지 단순한 원리에 의하여 움직이며 문화가 만든 제품에 해당하는 신화와 결혼규칙, 그리고 토템의 씨족배열 등을 생산하기 위해 문화의 단위들이 정리되고 결합되는 규칙을 분석하였다. 그는 이러한 규칙을 문화의 문법이라 불렀다.

contexting, integration, classification, horizon 등은 사회의 구조적 그물망 속에서 개인의 위치와 의미를 발견하는 방법을 나타내는 용어로서 문화의 문법이다. 문화는 이와 같은 의미발견과정에서 개인의 지각, 신념화, 평가, 의사소통, 활동 등에 일련의 기준을 제공하고 의미화의 체제를 제공한다. 다른 말로 하면 이것은 문화가 개인에게 세계관을 제공한다는 의미이다. 예를 들면, 우주론은 인간의 상상력을 창조하고 다른 세상에 대한 이미지와 이 세상을 연결하는 가교역할을 한다.

문화는 하부구조와 상부구조의 계층으로 구성되어 있다. 상부구조는 상징과 종교 및 철학적 질서이며, 하부구조는 자연과 문화의 중요한 상호작용 영역이자 생태적 · 화학적 · 물리적 제약조건이다. 인간은 사회문화적 실행을 통하여 자연의 제약조건을 극복하고 수정한다. 구조결정주의는 문화물질주의로서 하부구조가 상부구조를 결정한다고 생각한다.

(2) 공유의미체계

구조적 그물망의 중심요소는 구조가 표현하는 의미체계이며 대부분의 사람들이 이것을 공유하게 된다. 칸트(Kant, 1966)는 인간의 본성이 생활에 의미를 부여하는 것이며 문화는 이와 같은 의미를 부여하기 위한 구조적 형태라고 보았다. 듀르켐(Durkheim, 1915)은 칸트의 이러한 철학을 이어받아 문화는 도덕구조(moral structure)이며 집단의식(collective consciousness)을 표현한다고 보았다. 사회제도는 신념체계와 의미체계를 발생시키기 때문에 집단의식의 집단적 표현이라고 할 수 있다. 이와 같은 집단의식에 표현된 의미와 관념은 모든 개인에게 있어서 외부(外部, exterior)이며 상부(上部, superior)로서 이것이 개인의 사고와 행동을 강제하는 공유의미체계이다.

(3) 인지와 의미

사회적으로 필요한 많은 행동이 개인에게 본질적으로 동기부여적인 의미를 갖는 것은 그 행동이 문화적으로 규정된 욕구를 직접적으로 충족시켜 주기 때문이다. 스피로(Spiro, 1961)는 이것을 내재적 문화동기(intrinsic cultural motivation)라 불렀다. 당드라드(D'Andrade, 1984)는 개인이 사회화를 통하여 문화적으로 규정된 목표를 성취하면 문화의 지시를 따름으로써 욕구를 충족하게 되고 문화적으로 규정된 목표를 성취하지 못하면 문화의 지시를 따르지 않는 것이 되기 때문에 불안이 발생한다고 보았다.

인지문화인류학자(cognitive anthropologist)들은 문화적 지식의 조직화 방법을 탐구한다. 이들은 문화를 공유지식으로 보며 이 공유지식이 공유의미를 만들어 내는 방법을 분석한다. 사람들은 공유의미에 대한 지식을 가짐으로써 사회의 기능적인 구성원이 될 수 있다.

당드라드는 문화가 의미를 학습하는 시스템이며 자연언어(natural language)와 상징체계에 의하여 의사소통된다고 보았다. 문화는 표현적, 지시적, 정의적(情意的) 기능을 가지며 문화적 실체와 실제에 대한 특별한 감각을 창조한다. 이러한 의미체계에 의하여 사람들의 집단은 환경에 적응하고, 가정 · 시장 · 국가와 같은 사회제도를 만들고 이 제도가 구조를 구성하게 된다.

문화적 의미체계는 매우 크고 다양한 지식의 풀(pool)로서 부분적으로 공유된

규범의 덩어리이거나 간 주관적(間 主觀的)으로 공유하며 상징적으로 창조된 실제이다. 의미의 표현적 기능은 음악, 예술, 의식(儀式) 등에 나타난다. 의미의 지시적 기능은 문화적 규범에의 동조와 같은 욕구나 어떤 것에 대한 의무와 같은 것으로 경험된다. 의미의 정의적 기능은 인지적 반응을 야기하는 정서와 느낌을 발생시킨다.

굿이노프(Goodenough, 1957)는 문화를 지식의 체계이며 마음속의 형태로서 외부세계를 지각하고, 관련지으며, 해석하는 모델이라고 하였다.

테일러(Taylor)는 모든 문화는 공통의 인지시스템(cognitive mapping system)을 공유함으로써 문화 내(內)나 문화 간(間)의 인지변이(認知變異, cognitive variability)에 대응한다고 보았다.

인지인류학자는 아니지만 문화를 공유의미의 구조적 그물망으로 본 그레츠(Geertz, 1967)는 문화가 사람들의 경험을 해석하고 행동을 인도하는 의미구조를 제공한다고 주장했다. 문화는 의미 있고 적절하게 행동하기 위한 조직화된 지식의 구조이며 인지적 · 관념적 체계이다. 말하자면 문화는 중첩된 정보로부터 자신에게 유의미한 것을 걸러내는 수단인 것이다. 현대사회는 정보가 왜곡되고 중첩되며 정보의 누락이 심하다. 문화는 그러한 현상을 교정하도록 해준다. 종교, 의례(儀禮), 신화 등은 문화의 의미화과정에서 중심적인 역할을 한다.

버켓-스미스(Birket-Smith, 1965)는 문화의 내적 조건을 정신적인 것으로 보고 사회적 · 지리적인 것을 외적 조건으로 보았다.

5. 자원으로서의 문화

인간과 사회의 필요를 충족시키기 위해서는 자원이 필요하다. 자원으로서의 문화에는 경제적, 사회적, 정치적, 언어와 상징적인 것, 그리고 발생적인 것으로서의 학습이 포함된다.

1) 자원충족으로서의 문화

문화의 자원성은 공리주의와 기능주의에 의하여 확인가능하며, 도구의 제작에서

부터 희소자원의 생산과 분배, 노동, 토지, 자본, 기술 등과 같은 전체의 경제적 요인이 포함된다. 이런 모든 것은 인간의 상호작용과 선택의 측면에서 규정된다. 문화의 생존을 위하여 새로운 자원의 활용과 개발은 필수적이다.

(1) 상호작용과 선택

경제인류학에서는 문화를 자원으로서의 새로운 기술과 진보된 경제적 과정을 활용하여 환경에 적응하는 능력으로 인식한다. 코헨(Cohen, 1974)은 경제적 과정을 희소자원과 사람들 간의 상호작용으로 파악하였다. 그는 이러한 과정이 상호작용과 선택에 연결되어 있다고 주장하였다.

퍼스(Firth, 1951)는 실현가능한 인간의 필요와 이용가능하고 희귀한 자원의 분배를 경제의 기초개념으로 파악하여 선택과 의사결정을 중요하게 생각하였다.

(2) 기능주의

문화는 물질적 · 인간적 · 정신적 장치(spiritual apparatus)와 문화구조의 활용을 통하여 문제에 대응하기 위해 사람들의 능력을 확인하는 실용적이고 유기적인 장치를 가지고 있다. 문화는 욕구에 기능적으로 반응하기 위한 관습이나 사회조직을 만들어 발전한다.

말리노브스키는 문화가 생물적 · 파생적 욕구를 충족시키기 위해 존재하며 각 욕구는 다양한 계층으로 구성된 제도를 발생시킨다고 주장하였다. 그러한 제도를 유지하기 위해서는 지식, 조직, 기술(skill), 도구, 물질, 심지어 다른 제도까지 필요하다고 보았다.

기능주의에서는 사물을 그것의 행위로부터 파악한다. 구조는 기능실현을 위한 준거 틀을 제공한다. 사회구조가 변화하면 사회제도의 기능이 변화한다. 또한 기능이 급격하게 변화하면 사회구조가 변화한다.

구조기능주의 인류학에서는 구조는 사회생활이 질서 있도록 하고 조직적인 기초에서 직위, 역할, 기대를 결정하며 이러한 구조는 상당기간 동안 변화하지 않는다고 본다. 구조의 기본목적은 사물의 기존질서를 유지하는 것이다.

(3) 자원으로서의 토템사상

토템사상은 사회와 자연체계에 대한 사람들의 인식방법으로서 어떤 집단이 정서적 애착의 대상이 되는 것을 말한다. 이러한 정서는 의식(儀式), 상징주의 등의 집단적인 방법으로 표현되어야 한다. 사회집단을 상징화하는 공통적인 방법은 사회집단을 어떤 종(種)에 관련시키는 것이다. 자연의 특별한 종이 토템으로 선정되는 이유는 그것이 집단의 삶에 중요하기 때문이다.

래드클리프-브라운(Radcliff-Brown, 1952)은 자원으로서의 토템사상을 사회적 유대를 확보하기 위한 것으로 자연과 사람 간의 메커니즘이라고 보았다. 토템사상은 사회집단을 상징화하기 위한 형태일 뿐만 아니라 자연을 순화(domesticating)시키는 방법이기도 한다.

기능주의적 관점에서 보면 문화는 이와 같이 사회체계나 제도를 통하여 인간의 욕구를 충족시키는 자원성이라는 의미를 갖게 된다.

듀르켐은 경제적 전문화의 증가가 기계적 연대에 대비되는 유기적 연대를 발전시킨다고 보았다. 토템사상은 이 유기적 연대와 관련이 있다.

2) 정치적인 것으로서의 문화

자원으로서의 문화는 기술, 물질, 노동의 집약성 등을 통해 문화 내의 사람들의 욕구를 충족시킨다. 정치적인 것으로서의 문화는 경제적인 측면에서처럼 내용지향적인 것이 아니고 과정지향적인 것이다.

정치에 대한 정의는 학자들에 따라서 다양하지만 문화가 정치적인 본질을 가진다는 점에 대해서는 대부분 동의한다. 정치가 권력과 그 사용에 초점을 두는 것에도 대부분 동의한다. 권력의 초점은 관계와 혈연관계이며 그것으로부터 갈등과 경쟁이 나타난다. 정치는 구조와 과정으로서 변화하며 재구조화된다.

(1) 자원으로서의 정치

슈왈쯔(Swartz, 1969)는 정치를 공익목표의 결정과 실천, 그리고 목표와 관련한 집단 간의 권력분배로 파악하였다. 정치는 그 정의(定義)상 공익목표의 추구이어야 하며 보통 권력이 관련되어 있다. 지배와 복종도 정치의 요소이기는 하지만 중요한 것은 아니다. 인간의 행동은 목표지향적이며 정치는 이러한 목표지향성을 공익목표 달성에 필요한 것으로 전환시키는 것이다. 정치에 대한 이러한 파악이 문화에 대한 정치적 접근의 핵심이다.

슈왈쯔는 정치의 두 번째 요소를 자원으로 보았다. 목표는 아이디어, 관계, 물질적 대상, 상징, 힘, 개인적 자질, 초자연적 신념, 자연법칙 등과 같은 자원이 없이는 성취될 수 없다. 이것이 소위 경제인류학자들이 간과한 숨겨진 문화의 자원인 것이다.

슈왈쯔는 그 외 정치의 요소를 지원, 합법성, 그리고 경쟁으로 보았다. 지원은 정치목적의 형성과 실천에 공헌하는 모든 것이며 합법성은 도덕적인 요소로서 권력소유자와 문화구성원 간의 관계에 관한 것이다. 사람들이 정치에 순응하는 것은 정치를 통하여 그들의 욕구가 충족될 것으로 기대하기 때문이다. 경쟁은 영향력, 술수, 외교로서 로비, 전복, 간첩 등과 같은 기법으로 이것이 정치자원을 움직이기 위한 것이다.

(2) 권력과 영향력

파슨즈(Parsons, 1969)는 정치구조를 집단적으로 유의미한 목표의 획득을 위하여 집단 활동을 조직화하는 것으로 보았다. 정치에는 권한, 권력, 영향력 및 합법성이라는 개념이 포함된다. 권한은 합법적 권력으로서 일정한 유형의 의사결정을 하고 집단성(collectivity)을 그것에 결합시키는 것이다. 권력은 화폐처럼 순환되는 것으로 일반화된 상징적 매개체이다. 권력의 소유와 사용에서는 권한을 가진 사람이 집단성을 보다 효율적으로 발산시킬 수 있는 책임을 갖는 것이며 따라서 권력은 사회적 단위 간에 순환되는 사회적 상호작용의 일반적 매개체이다. 합법성은 파슨즈가 자신감과 동일시한 것으로 집합적 체계의 합의에 근거한 것이다. 합법성은 강제권력과 동의권력을 구분하는 기준이다.

(3) 정치와 이데올로기

아로노프(Aronoff, 1990)는 정치행동의 안내자인 공유의미에 초점을 두고 이데올로기를 설명하였다. 정치는 이념중심적이며 이념이 힘 있는 사회적 영향력을 갖기 위해서는 권력 있는 사회집단이 그것을 실천하고 제도화해야 한다.

이데올로기는 상이한 공유의미의 중심적 표현이며 이것이 중요한 의미를 갖는 이유는 문화가 사회적으로 구성되고 공유되는 의미이며 정치문화는 바로 그러한 공유의미로 구성되기 때문이다.

코헨(Cohen, 1979)은 정치의 본질을 이데올로기로 파악하였다. 정치는 수단적 활동과 상징적 의미의 두 차원으로 구성되어 있다. 권력은 지배와 복종의 관계에 관한 추상적인 것으로 권력관계는 상징적 형태와 활동에 의하여 객관화되고 표현되기 때문에 코헨은 정치인을 상징인이라 불렀다. 이데올로기는 권력관계에 의해 구체화되며 상이한 권력관계는 상이한 이데올로기에 기인한 것이다. 권력의 구조와 이데올로기의 구조는 동일하다.

3) 언어와 상징으로서의 문화

공유의미에는 표현과 의사소통을 위한 도구가 필요하다. 언어와 상징은 문화 내에서 사람들이 의미를 표현하고 전달하는 주요 수단이다. 언어와 상징은 문화마다 그 형태가 다양하지만 언어가 상징화의 주요 수단이라는 사실은 공통적이다.

언어와 상징은 실제에 대한 구조를 창조하고 의사소통하는 기능과 행동을 지시하고 명령하며, 사람들의 세계관과 자아에 대한 이해 및 의미체계의 준거 틀로서의 역할을 한다.

(1) 언어와 기호

보애스(Boas, 1966)는 문화의 형성은 경험에 의미를 부여하는 과정이며, 이 과정에서 관념, 신념, 관습 등이 언어의 형태로 형성되는 과정을 반드시 거치게 된다고 주장하였다. 문화가 피상적으로 제시하는 것과는 매우 상이한 인간의 본성을 나타내는 세계가 표출된 문화의 저층에 놓여 있다. 언어는 형태적인 완결성을 가지고 있기 때문에 언어의 암시적인 기대를 경험영역에 투사함으로써 사람들의 경험을 규정한다.

인류학자들은 문화가 기호로서의 본질을 갖는다고 본다. 그레츠(Geertz, 1973)는 문화를 해석이 필요한 교과서의 결합이라 불렀다. 그는 기호가 대화와 의사소통을 통하여 사람들이 개념적 세계에 접근할 수 있도록 해주는 것으로 보았다. 언어는 사람들이 형이상학적 개념을 형성하도록 하고 의식적인 수준에서 질서 있는 사고구조에 기본적인 이항대립(二項對立, binary opposition)을 인식하도록 해준다. 언어는 실제를 반영하고 창조한다. 언어는 세상을 객관화하고 경험을 응집성 있는 질서로 바꾸어 준다.

(2) 지각과 해석

기호와 언어에 밀접하게 관련된 두 가지의 개념이 지각과 해석이다. 인지인류학에서는 문화를 사람들이 마음속에 가지고 있는 사물에 대한 형태이며 이것으로 외부의 사물을 지각하고, 관련시키고, 해석하는 모델이라고 본다(Goodenough, 1959). 이렇게 보면 문화는 관찰가능한 사건의 영역 뒤에 놓인 추론적인 관념적 코드이다.

문화를 해석적인 것으로 볼 경우 문화 내의 행위자(native actor)가 자신들의 텍스트(text)를 얼마나 잘 읽느냐는 것은 매우 중요하다. 의식(儀式)에 포함된 의미의 계층은 양파와 같아서 대부분의 구성원들은 외부계층을 읽을 수 있으나 심층부의 계층은 입회식(入會式)을 거친 사람이라야 읽을 수 있다.

지각은 문화의 기호론적 본질에서 중요한 역할을 한다. 지각에는 문자적 지각과 도식적 지각이 있다. 문자적 지각은 색깔, 짜임새, 표면, 끝, 경사, 모양, 공유영역 등에 관한 것이고, 도식적 지각은 생물적인 것에 기초를 둔 것으로서 일상적으로 유용한 사물의 세계에 관한 것이다. 문자적 지각은 개인이 성장과정에서 접한 문화의 함수이다.

(3) 상징

기호론, 언어, 해석, 지각 등은 문화를 상징으로 이해하도록 해준다. 상징은 그리스어의 기호를 관념에 결합하는 것으로서 mark, token, insignia, means of identification, 함께 묶는 것 등의 의미를 가지는 말이다. 상징은 기호로서 그 자체보다 더 큰 것을 표현하는 것으로 그것이 충분한 의미를 발휘하기 위해서는 의식적 · 무의식적 관념(idea)의 연합을 필요로 한다(Pondy, 1983). 기호가 해석되면 상징으로서의 지위를 획득한다. 이 해석은 어떤 의미 있는 것과 직접 유사한 것으로 연결되어서는 안 되고 보다 넓은 상징적 전체의 한 부분에 결합된 것이어야 한다.

상징은 기호보다 주관적인 특성이 강하다. 모든 기호는 모두 상징이 아니지만 모든 상징은 모두 기호이다. 예를 들면 크고 검은 구름은 비가 올 신호이지만 마찬가지로 우신(雨神)의 현현(顯現)을 상징할 수도 있다.

상징은 모든 문화에 편재(遍在)하며 특히 종교생활에서 현저하다. 인간은 자신의 세계를 의미와 의미화의 유형으로 보고 상징은 의미전달의 수단이 된다. 예를 들면 달걀은 새로운 생명의 탄생을 상징하고 결혼기념일은 관계를 상징하며 국기는 국적을 상징한다. 문화는 모두 의미의 전달을 위하여 상징을 사용한다.

4) 발생적인 것으로서의 문화

바르트(Barth, 1966)는 사회조직에 대한 발생모델(generative model)에서 문화를 발생적인 것으로 보았다. 그는 문화의 변화과정에 초점을 두고 변화의 결과로서 나타나는 문화의 상이한 형태를 연구하였다. 발생적 모델에서는 새로운 문화형태가 발전적인 욕구에 반응하기 위해서 출현한다고 본다. 문화는 생존능력을 강화하기 위해 새로운 사회형태와 체제를 창조함으로써 성장하고 적응적인 과정을 갖게 된다.

개인은 문화를 배우는 과정인 문화화(enculturation)를 통해 오랜 시간에 걸쳐 문화를 배운다. 학습과정은 의식적 · 무의식적이다. 기술, 언어, 철학, 가치관, 신념체계, 사회행동, 에티켓 등 많은 문화적 행동은 전 세대로부터 물려받아 약간의 수정을 거쳐 다음 세대로 전달해준다.

(1) 학습과정

학습은 사회가 문화를 발생시키고, 재생산하여 전달하는 중요한 방법이다. 사회적 상호작용의 형태, 사회적 협동의 방법, 갈등해결기법, 그 외 행동기능 등을 유지하고 부활시키기 위해서는 학습이 필요하다.

바렛(Barett)은 문화를 학습된 신념체계, 전통, 행동의 기준 등으로 보고 인간사회의 구성원들이 공유하고 있는 것이라고 정의하였다.

슈나이더(Schneider, 1976)는 문화를 학습된 행동으로 정의하고 문화의 2가지 근본기능을 지배적 기능(regnant function)과 발생적 기능(generative function)으로 보았다. 전자는 문화가 사회시스템의 이종(異種)인 부분들을 의미 있는 전체에 집어넣는 기능이다. 후자는 문화가 대체(alteration), 변화, 혁신, 상실 등을 처리하는 방법이다.

사회생활이 유의미한 이유는 새로운 의미가 옛 의미에 준거하여 만들어지고, 어떤 것은 옛것과 합치되고 교환되기도 하나 새로운 의미는 항상 기존의 의미시스템과 관련이 있기 때문이다.

인간은 형성적(形成的)이고 순응적이기 때문에 개인이 사회체제에 참여하기 위해서는 학습을 해야 한다. 그러면 어떤 방법으로 사회를 파괴시키는 것을 피하고 사회를 유지하는 기능을 학습할까? 그 대답은 문화의 생물 기초적 본질과 인간의 생물 기초적 욕구에서 찾을 수 있다. 인간의 사회시스템은 인간의 생물적 본성에 뿌리를 두고 있어서 인간의 생활에 필요한 기능적 필요성에서 살펴볼 수 있다. 심리 · 생물적 욕구는 사회체제 구성의 기본이다.

사회시스템은 인간의 욕구를 충족시키기 위한 수단적 장치이다. 스피로(Spiro)의 기능주의적 관점에 의하면 사회시스템은 인간의 기본적 욕구, 생물적 욕구, 사회 · 정서적 욕구를 만족시키기 위하여 기능한다. 그러나 사회시스템이 인간의 욕구를 충족시키기 위해서는 인간의 행동이 사회체제를 유지하는 방향으로 적응되고 조형되어야 한다. 양자 간에는 달걀과 닭의 패러독스 같은 관계가 있지만 가장 중요한 것은 인간의 욕구이다. 사회체제가 욕구충족 면에서 수단적 능력이 약해지면 그것은 변화되어야 한다.

역할행동은 학습된 행동의 하위유형으로 보상과 처벌모델에 의하여 창조되고 강화된다. 발생론적 모델에서는 충동, 느낌, 긴장 혹은 불편은 열려 있어서 충동이 충족되면 균형상태가 회복된다고 본다.

시간이 충분히 지속되면 충동의 감소대상이 목표가 된다. 목표의 획득은 충동감소로서 보상적이 된다. 모든 충동은 직접적이든 간접적이든 감소되어야 한다. 마찬가지로 충동감소행동이 사회적으로 수용되지 않으면 처벌받고 따라서 그 행동은 억제된다. 보상과 처벌에 있어서 두 가지의 통제수단은 수치심과 칭찬이다. 제한된 수만을 대상이나 사건의 충동에 대한 목표가 되도록 함으로써 그것이 허가된 범위 안에 들어야 욕구를 충족시킬 수 있도록 한다. 이러한 보상과 처벌이 역할수행에서 외재적이고 행위자가 아닌 사람에 의하여 관리되기 때문에 외재적 문화동기

(extrinsic cultural motivation) 혹은 외재적 사회통제(extrinsic social control)라 부른다.

사회시스템이 사람들의 동조를 유도하기 위해서는 또한 내재적 문화동기(intrinsic cultural motivation)가 있어야 한다. 프롬(Fromm)은 사회가 잘 기능하기 위해서는 그 구성원들로 하여금 사회구성원으로 행동하기를 원하는 특성을 획득하도록 해야 한다고 주장했다. 문화적으로 규정된 목표를 충동감소에서 욕구충족으로 전환되도록 함으로써 개인적 욕구충족대상으로 바꾼다. 힌두족은 소고기를 먹는 것을 거절할 뿐만 아니라 소고기를 먹는 것은 힌두인에게는 구역질나는 행동이다. 이런 방법으로 문화적 요청(cultural imperatives)이 개인의 욕망이 되어 개인욕구의 충족뿐만 아니라 사회체제를 유지하기 위한 기능적 욕구가 되도록 한다. 스피로(Spiro)는 군복무를 사회체제와 개인욕구의 합치된 예로 들었다.

그러나 금지한다고 해서 모든 욕구가 사라지는 것은 아니다. 내면화된 문화규범과 개인의 욕망 간의 양립불가능성은 내적 갈등을 야기시키고 사회시스템이 이것을 처리하지 않으면 사회시스템은 분리된다. 인간의 생래적(生來的) 특성인 공격이 그 예이다. 스피로는 수(Sioux)족의 경우 집단 내의 구성원에 대한 공격을 금지하는 대신 타 집단으로 향하는 전쟁을 미화함으로써 인간의 욕망도 충족시키고 사회체제도 유지한다고 설명하였다.

이와 같은 문화와 퍼스낼리티의 관계는 사회체제가 퍼스낼리티의 발달에 미치는 영향뿐만 아니라 퍼스낼리티가 사회체제의 기능화에 미치는 영향을 설명해 준다. 왜냐하면 사회시스템은 퍼스낼리티의 기초적 욕구와 충동에 동조해야 하기 때문이다.

문화와 퍼스낼리티의 상호관계는 많은 인류학자들에 의하여 개발되었다. 특히 말리노브스키(Malinowski, 1944)와 카디너(Kardiner, 1945)의 공헌이 크다. 역할행동에 대한 마지막 통제방법은 개인의 슈퍼에고에 초점을 두는 소위 스피로가 말하는 외재적 문화동기(externalized cultural motivation)이다. 역할행동에 대한 통제는 슈퍼에고의 욕구를 충족시키는 도덕적 불안, 즉 죄의식과 수치심을 창조함으로써 가능하다. 도덕적 불안의 창조는 주로 무의식에 의하여 개발되지만 의식이나 처벌의 기대에 의하여 개발되기도 한다. 문화에 의하여 행동적으로 기대되는 것을 파괴하면 처벌을 초래하고 따라서 도덕적 불안을 야기시킨다. 이러한 불안은 파괴를 자제함으로써 감소된다. 불안이 동조의 동기인 것이다.

스피로는 도덕적 불안이 보편적 애정욕구 때문에 발생한다고 보았다. 예를 들면, 부모가 애정을 주거나 철회함으로써 어린이는 선악의 행동을 학습한다. 애정의 철회는 처벌로 인식된다. 스피로는 그것을 슈퍼에고 혹은 의식이라는 개념으로 확대하였다. 부모가 보지 않은 가운데 파괴를 했더라도 죄의식이 발생하고 따라서 처벌이 기대된다. 그러나 수치심은 타인이 목도했을 때 처벌이 예기(豫期)되기 때문에 발생하는 것이며 죄의식보다 더 높은 수준의 도덕적 불안의 계기가 된다. 예를 들면, 일본문화의 경우 행동통제에 죄의식보다는 수치심을 더 많이 활용한다.

스피로가 프로이드의 이론을 활용하여 학습과정을 분석한 것은 문화의 발생적 측면을 이해하는 데 큰 공헌을 하였다. 문화와 퍼스낼리티의 이해에 도움을 주기 때문이다.

(2) 발생모델과 분배모델

바르트(Barth, 1966)는 사회조직의 발생모델로 문화를 이해하는 데 도움을 주었다. 그는 문화의 변화과정에 초점을 두고 변화의 결과 어떻게 다른 문화형태가 만들어지는지를 설명하였다. 이 모델에서는 사회변화를 발전하는 욕구에 반응하여 새로운 형태를 만드는 과정이라고 주장하였다. 문화는 가치체계의 변화를 통하여 새로운 사회형태를 창조하는 과정으로 보았다. 문화는 그것의 생존능력을 강화하는 새로운 사회형태와 체제를 창조함으로써 문화의 성장과 적응과정을 발생시킨다.

슈왈쯔(Schwartz)는 문화에 대한 분배모델에서 문화의 발생적 측면을 강조하였다. 그는 개인이 문화가 제공한 정보와 해석에 의하여 경험을 내면화하고 문화화된 다른 어른과의 상호작용을 통하여 학습을 한다고 보았다. 이러한 내면화된 경험은 동시에 인지적-정의적 · 평가적 지도화(mapping)이며 인생 전체의 사건에서 추출한 경험의 표현이다.

개인은 타인과는 달리 이 경험을 내면화하며 따라서 독특한 퍼스낼리티를 형성한다. 처음에는 문화가 조형한 경험의 내면화를 통해 개인은 그와 관계를 갖는 사람의 학습형판(學習型板, learning template)이 된다. 개인은 문화에 의해 조형되고 그 문화를 타인에게 전달하는 매체가 된다. 이런 의미에서 개인은 문화에 대해 분배적이면서 발생적이다.

이상과 같은 문화에 대한 다학제적 접근을 통하여 문화를 정의하면 "문화는 적응적 · 진화적 · 윤리적 과정으로서, 문화를 통하여 집단을 형성하며, 집단은 사회적으로 공유할 수 있는 유의미한 구조를 창조하고, 그 구조는 인간의 욕구를 충족시키기 위하여 사회적 · 정치적 · 언어적 · 상징적 · 학습적 자원을 활용한다"는 것을 알 수 있다.

제3절 리더십에 대한 문화적 해석

실제에 대한 차이를 분석하기 위해서는 그것을 분해하여 접근하는 것이 유용하다. 그러나 유사성과 보편성을 규정하기 위해서는 앞에서 언급한 바와 마찬가지로 전체적인 접근을 해야 한다. 리더십과 문화는 복잡하고, 다양하며, 역동적이고 과정적이며 다차원적이고 상호의존적이며, 다중관점에 의해야 지각할 수 있고, 집단적이며 전체적인 과정이기 때문에 다학제적 접근(multidisciplinary approach)을 해야 한다.

1. 리더십에 대한 다학제적 접근

1) 각 분과 학에서 본 리더십

리더십은 사회적 맥락에서 윤리적 구조와 도덕규범에 뿌리를 두고 있기 때문에 각각의 윤리와 철학에서는 리더십에 대해 다양한 견해를 가지고 있다.

플라톤(Plato)은 철학 왕이 가진 도덕적 자질을 리더십으로 보았다. 아리스토텔레스(Aristotle)는 인간의 잠재력을 인식하고 그 필요를 충족시키는 것을 리더십으로 보았다. 소크라테스(Socrates)는 리더십의 기준을 자아와 의미 및 관계를 비판하는 도덕적 행동에 두었다. 마키아벨리(Machiavelli)는 권력을 윤리로 보았다. 홉스(Hobbes)는 윤리가 추종자가 동의한 합법적 권위에 기초하여 성립하지만 추종자는 타락할 수 있는 본성을 가지고 있다고 보았다. 니체(Nietzche)는 혁신(transformation)을 윤리로 보았다. 루소(Rousseau)는 평등과 열정을 강조했다. 루터(Luther)는 신자공동체의 권리와 특권 및 사제의 권위에서 추종자의 중요성을 고취시켰다. 17, 18세기의 철학에서는 권력의 독재에 대항하여 사람들의 권리를 보호하기 위해서는 권위가 제도화되어야 한다고 보았다. 칸트(Kant)와 로크(Locke)는 개인이 사회보다 우위에 있다고 주장하여 인간의 권리를 주장하였다.

철학과 윤리에서의 리더십에 대한 견해를 요약하면 철학에서는 언제나 리더십을 윤리적 명령으로 간주하고 있다는 것이다. 일정한 문화적 맥락에서 윤리적 준거 틀이 어떠하든 간에 리더와 추종자를 포함한 사람들은 의미부여체제를 구성해야 하며 의미부여체제가 다양하더라도 리더십은 윤리와 깊은 관련성이 있다.

생물학에서는 인간의 행동에 영향을 미치고 통제력을 행사하는 기능적 능력을 가진 선택된 생물적 · 유전적 특성이 있다고 본다. 모든 행동이 문화의 산물은 아니며 일정한 행동을 유발시키는 선유경향(先有傾向)을 가진 유전인자가 있다고 보는 것이다. 이 경우 리더십의 과정은 인간의 기본적인 생물적 욕구에 대한 반응이다.

그러나 개인으로 하여금 리더의 역할을 하거나 추종자 역할을 수행하도록 하는 동기부여적 성향이 전적으로 생물적 영향을 받는 것은 아니다. 리더와 추종자의 행동은 문화와 유전적 결정인자가 상호작용한 결과이다. 리더십과 사회조직은 부분적으로는 생물적 욕구의 산물이며 리더십은 사회시스템과 조직을 표현하는 수단이다. 인간의 사회시스템은 생물적 본성에 기초하고 있기 때문에 사회시스템의 속성 파악은 인간의 생물적 존재에 대한 차원에서 출발해야 한다(Spiro, 1982). 사회시스템은 인간의 생물적 욕구와 집단적 욕구 및 정서적 욕구를 충족시키기 위해서 진화하는 수단적 장치이다(Malinowski, 1944).

심리학에서는 리더십을 정태적인 것이 아니라 동태적인 진화의 과정으로 보며 인간의 욕구를 충족시키기 위한 사람들 간의 상호작용, 적응을 촉진시키는 원천적 기재(resourceful mechanism), 현실을 규정하고 해석하는 인지적 · 상징적 · 이상적 지도화 구조(mapping structure), 사회구조와 퍼스낼리티의 매개를 위한 수단적 메커니즘 등으로 인식한다.

심리학에서는 인간이 그 삶을 통하여 사회적 원천과 상호작용하는 퍼스낼리티 원천을 가지고 있기 때문에 항상 역동적이고 자기 자신이 되어 가는 진화적 과정에 놓여 있다고 주장한다. 인간의 자아는 유전과 환경의 산물이다.

심리학에서 보는 리더십은 리더와 추종자들의 심리적 욕구를 충족시키기 위한 정서적 관계이다. 이런 의미에서 리더십은 사회구조와 퍼스낼리티의 매개요인이라고 말할 수 있다.

리더십의 과정과 리더와 추종자의 행동은 자연적 · 문화적으로 결정된다. 개인은 생래적 행동경향을 가지고 태어나지만 그것은 어린 시절의 경험과 사회화의 영향에 의하여 규정되고 세련되며 방향이 결정된다. 사람의 인지능력은 현실을 조형하고 또 이상적인 삶에 대해 방향을 제시함으로써 급속하게 변화하는 세상에서 적응기제기능을 하여 생존이 가능토록 한다.

사회학은 리더십을 사회제도와 조직에서 파악한다. 리더십이라고 하는 드라마의 공연장은 조직과 제도이다. 가족이나 종교와 같은 사회제도와 교육적 · 정치적 · 경제적 시스템에 표현되는 사회조직은 관계가 구성되고 리더십이 행사되는 맥락이다. 교육, 정치, 경제체제에 표현된 가족, 종교, 사회조직과 같은 제도는 사회적 관계를 구성하고 리더십이 실천되는 다중적 맥락을 제공한다. 이러한 사회화 구조는 개인이 실제, 의미, 역할, 자존심 등에 대해 일정한 개념을 형성하도록 해주고 집단역학의 기초가 된다.

사회학은 리더십을 사회제도의 그물망과 결합시키고 이 복잡한 그물망이 집단의식, 의미부여체계, 상징적 상호작용 등의 핵심적 결정요인이라는 것을 파악해 주도록 한다. 리더십의 과정은 사회관계의 구조적 그물망과 집단적 맥락에서 발생한다.

정치학에서는 권력관계, 경쟁, 갈등, 자원이동, 목표추구, 영향력, 이해관계집단의 영향 등에 대한 연구를 한다. 정치학에서는 리더십이 리더와 추종자의 역동적 관계이며 리더십은 추종자를 권력화시킨다고 본다. 리더와 추종자, 그리고 리더십 환경의 권력 차원에 초점을 두는 것이다.

경영학과 조직이론에서는 리더십이 특정맥락에서 움직이는 것으로 조직이 필요하다고 본다. 즉 맥락과 내용(context and content)을 제공하는 조직구조가 필요하며 리더십은 팀워크, 목적, 의사소통, 인적자원 등에 의존한다는 것이다. 대부분의 조직이론에서는 리더십을 관리와 동일시하며 관료제, 능률성, 생산성 등을 리더십의 중요한 측면으로 간주한다.

기업문화이론에서는 문화의 메타퍼와 리더십을 연결하며 가치의 표현, 언어, 상징, 기업과정의 의미 등을 중요하게 생각한다. 이 이론에서도 리더십과 관리, 그리고 고용자와 추종자를 동일하게 간주하는 문제점을 가지고 있다. 기업문화이론은 조직이론에서 파생된 것으로 리더십과 문화를 동일시함으로써 리더십 연구에 공헌하였다. 기업문화이론은 규정된 집단과 조직의 공유가치에 초점을 둔다. 리더는 조직의 문화를 보다 생산적인 것이 될 수 있도록 조종하고 변화시킬 수 있다고 보는 점에서 이 이론도 역시 관리적 관점을 뛰어넘지 못했다.

인류학에서는 리더십과 문화가 밀접하게 연관되어 있으며 문화는 인류학의 중심적 연구 테마라고 생각한다. 리더십과 문화는 유사한 과정과 개념적 속성을 갖는다. 인류학의 하위 분과 학에서도 문화를 분석한다. 자연인류학에서는 인간의 본질과 진화에 대하여 생물학자나 사회생물학자와 동일한 견해를 갖는다. 경제인류학자들은 경제적 자원에 초점을 두며 적응능력의 향상을 위하여 그런 자원을 활용하는 것을 중요하게 생각한다. 구조인류학자들은 사회학자와 언어학자가 구조와 리더십에 대하여 연구한 것과 유사한 연구를 한다. 상징적, 기호론적 인류학자들은 언어와 상징의 역할이 기업문화이론가들이 제시한 것과 유사하다고 본다. 정치인류학자들은 문화와 리더십에서의 정치의 본질을 설명한다. 사회인류학자들은 사회학자들의 연구 테마와 동일한 것을 연구하였다. 심리인류학자들은 자연과 환경, 유전과 문화, 일상생활의 기능적 · 적응적 생존능력 등을 다룬다.

인류학에서는 리더십이 본질적으로 다 학제적인 것이라고 본다. 모든 다학제적 접근의 공통점은 리더십이 문화의 표현이라는 것이다. 따라서 리더십은 문화적 맥락에서만 정의될 수 있는 것이다.

2) 다학제적 접근에서 파악한 리더십의 초상

이상 살펴본 리더십의 다학제적 해석을 요약하면 다음과 같다.

철학에서는 리더십의 본질을 윤리적인 것으로 파악한다. 생물학자들은 리더십이 인간의 기본적인 욕구를 충족시키기 위하여 설계된 메커니즘이라고 본다. 심리학에서는 리더십을 사회규범과 퍼스낼리티를 매개하는 정서적 관계이며 진화적으로 변화하는 과정으로서 역동적이고 적응적인 것이라고 해석한다. 뿐만 아니라 리더십은 또한 현실을 규정하고 해석하는 인지적 · 상징적인 것이며 이념화 구조

(ideational mapping structure)이기도 하다. 사회학에서는 리더십을 인간의 사회적 욕구와 의미화의 욕구를 나타내는 구조와 사회제도의 그물망으로 본다. 리더십은 집단의식으로서 구조적 형태와 학습을 통하여 발생한다. 정치학에서는 리더십을 권력의 공유관계와 자원활용에 초점을 두는 과정으로 본다. 조직이론에서는 리더십을 인적자원의 활용을 위한 맥락으로 본다. 기업문화이론에서는 리더십을 문화의 메타퍼로, 언어, 신화, 가치관, 상징물, 공유의미 등을 문화로 본다. 인류학에서는 문화와 리더십은 동일한 것이며 리더십은 문화의 표현이라고 본다.

이러한 다학제적인 접근에 의하여 리더십을 정의하면 다음과 같다. 리더십은 역동적이고 적응적이며 윤리적인 과정으로서 리더와 추종자는 그것을 통하여 집단적 관계를 형성하고 그 관계에 의하여 사회적으로 유의미한 구조를 만들고 사회적, 정치적, 언어적, 상징적 및 학습적인 자원을 활용하여 인간의 필요를 충족시킨다.

이와 같은 정의에서 볼 때 리더십은 문화가 창조되고 개혁되는 과정이다. 리더십은 문화를 창조하지만 생존을 위하여 문화는 변화해야만 하기 때문에 리더십은 또한 문화를 개혁하는 메커니즘이다. 리더십은 문화와 분리될 수 없을 뿐만 아니라 문화의 발생과 생존으로부터 분리하여 규정될 수 없다.

문화와 리더십의 본질은 유사한 반면에 확인가능한 맥락 내에서 취하고 있는 형태는 유사하지 않다. 문화의 적응적 · 윤리적 · 발생적인 특성으로부터 발생하는 결과와 리더십의 동일한 특성으로부터 발생하는 결과는 비교할 수 없다. 문화와 리더십은 모두 과정이지 내용이 아니다. 양자의 형태는 사회에 따라 다르며 다양한 내용을 만들어 낸다. 그러나 문화의 본질과 리더십의 본질은 과정으로서 이해해야지 형태나 내용으로 이해해서는 안 된다. 리더십과 문화의 과정이 유사한 특성에 의하여 연결되어 있기 때문에 양자는 동형이종(同形異種)이며 유사한 형태를 가지고 있는 것이 아니라 유사한 특성을 공유하고 있다.

리더십의 연구자들이 리더십의 보편성을 확인할 수 없는 이유는 보편적 과정을 보지 않고 보편적 형태를 찾는 데 사로잡혀 있기 때문이다. 프리즘 메타퍼로 표현하면 이론가들이 환원주의에 사로잡혀 있어서 전체의 스펙트럼을 보기보다는 하나의 색을 분석하고 따라서 전체적 접근을 게을리하기 때문이다.

2. 생물 기초로서의 리더십

리더십에 대한 문화적 이론은 생물 기초적 본성을 문화적 프리즘을 통해 본 하나의 스펙트럼이다. 이러한 프리즘은 리더십이 인간의 욕구를 충족하기 위한 핵심과정이며 이러한 욕구에는 생리적 욕구뿐만 아니라 인간과 문화가 성숙함에 따라 나타난 신체적, 정서적, 심리적 욕구가 포함된다. 리더십은 인간과 문화의 기본적 · 발전적 욕구를 충족시키기 위한 문화적 메커니즘이다.

생물 기초로서의 리더십은 두 가지 차원을 가지고 있다. 첫째는 생물적 기초가 리더십의 형성적 시초(formative beginning)로서 성격을 가진다는 것이고, 둘째는 개인과 문화가 성장해 감에 따라 문화가 인간의 욕구를 만족시켜 준다는 사실을 생물적 기초가 확인해 준다는 점이다.

1) 존재발생적 기능

리더십은 인간의 기본적 욕구와 충동을 만족시키고 실현시킨다는 점에서 인간본성에서 출현한 것이다. 이런 의미에서 보면 리더십은 존재발생적 기능을 갖는다. 리더십은 비교생물학의 관점에서 보면 자연인류학자들이 말하는 형성적 영장류(plastic primate)인 인간이 심리 · 생물적 욕구에 반응하기 위해 생활에서 기능적으로 필요한 사회적 과정이다.

리더십과 문화는 충동감소를 위한 본능적 수단을 갖지 않고 출생하여, 형성적이고 상상적인 마음을 문화적 규범에 따라 형성해야 하는 인간이라는 동물에 있어서는 욕구충족을 위한 가장 중요한 수단이다. 인간의 생활은 음식이나 보호와 같은 유기적 욕구와는 관계없이 사회적 상호작용, 사회적 협동의 방법, 갈등의 해결방법 등과 같이 학습해야 하는 것에 의존하기 때문이다.

전형적으로 인간이라는 존재는 ① 생물적 욕구, ② 사회생활의 불변적 부수물인 집단욕구, ③ 생물과 사회의 상호작용인 정서적 욕구를 충족시킬 수 있는 사회적으로 공유된 행동유형에 의존한다. 문화와 리더십은 사회적 시스템, 신체적 생존 촉진, 사회적 구조, 사회적 유대 등을 위한 수단적 장치이다(Mallinowski, 1944).

2) 보편적 인간본성

생물적 존재로서의 인간의 유전적 특성에 기인하는 인간의 보편적 특성은 공격, 성, 이타주의 및 종교이다(Wilson, 1978).

윌슨은 영토성에 의한 텃세(territoriality), 지배, 성적 공격, 약탈행동, 먹이에 대한 공격, 사회의 규칙을 실행하기 위한 도덕적 · 규율적 공격을 포함하는 공격을 첫 번째의 인간본성으로 들었다. 스피로는 여기에 경쟁을 추가하였다.

성의 주요 목적은 재생산이나 쾌락이 아니라 종(種)의 다양성을 창조하기 위한 것이다. 다양성은 적응성으로 이해할 수 있고 다양성과 적응성은 모든 인간의 보편적 사회조직인 가족을 보호한다. 근친상간의 터부가 다양성을 유지하기 위한 하나의 예이다. 동성애를 방해하고 이성애를 하도록 하는 것은 뇌의 잠재성이다.

이타주의에는 hard-core 이타주의와 soft-core 이타주의가 있다. 전자는 집단 내의 생존을 확보한다. 만약 이것만 있으면 역사는 정실주의(nepotism)와 인종주의(racism)가 가득할 것이다(Spiro, 1978). soft-core 이타주의는 자신을 위하여 사회로부터 상호성을 기대한다는 의미에서 이기적이다. 유동적이고 끝없이 생산적인 언어와 언어적인 분류를 할 수 있는 소질과 결합된 상호성을 통하여 인간은 문화와 문명을 구축할 수 있는 오래 기억되는 약속을 재단(裁斷)한다.

종교적 신념은 인간의 마음에 깊이 뿌리내린 본성이다.

문화와 리더십의 원천은 인간의 보편성에서 발견되는 것으로 스피로는 보편적 인간본성을 psychic unity of human kind라고 불렀다. 리더십과 문화는 모두 인간의 욕구를 충족시키는 메커니즘을 제공하기 위한 것이다.

인간은 출생 시부터 욕구를 가지고 있지만 인간과 문화가 변화하고 성장함에 따라 새로운 욕구가 출현한다. 번즈(Burns)는 리더십이 실용적인가에 대한 궁극적 실험은 변화하는 인간의 욕구를 얼마나 충족시키는가에 달려 있다고 주장하였다(Burns, 1978).

3. 과정으로서의 리더십

역동적인 변화의 담당자로서의 리더십은 의도적이고 개혁적이다. 이것은 실질적이고 의도적인 변화를 추구한다. 리더십은 문화가 생존하고 적응하며 성숙하기 위하여 적응적이고 진화적인 변화를 추진하는 수단적 능력이다. 뿐만 아니라 리더십은 또한 윤리적 과정이다.

1) 역동적 · 적응적 · 진화적 변화로서의 리더십

문화의 과정 자체가 변화과정 중에 있는 역동적인 것이듯이 리더십도 역동적 변화의 과정이다. 리더십은 선택과 의사결정의 과정을 통하여 능동적이고 의도적으로 변화를 촉진시키기 때문에 리더와 추종자는 변화의 과정 중에 있다.

번즈는 리더십을 개혁적인 것과 교환적인 것으로 구분하여 개혁적 리더십은 사람들의 생활과 태도, 행동 및 제도를 구체적으로 변화시킨다고 하였다(Burns, 1978).

리더십에 의한 의도적이고 목적지향적인 변화는 실질적이고 개혁적이며 개인과 집단 및 조직, 그리고 사회와 문명에 대한 태도, 행동, 기본가정 등에 영향을 미치는 변화이다.

로스트(Rost, 1989)는 번즈의 리더십이론을 생산지향적이고 관리적이며 산업적 모델이라고 비판하였다. 그는 리더십이 실질적 변화를 의도하는 것이지만 생산, 성공, 결과, 우수성 등이 리더십의 요소는 아니라고 하였다.

적응은 새로운 조건에 합치하기 위한 수정과정이며, 진화는 시간에 따른 체계적이고 계속적인 변화이다. 적응과 진화가 반드시 진보를 위한 것은 아니며 문화의 생존을 위한 것이다.

리더십은 문화로 하여금 새로운 조건에 합치하기 위해 수정하도록 지시하는 과정이며 시간에 따라 체계적인 변화를 유지하는 과정이다. 리더십은 이상과 같은 역동적 · 적응적 · 진화적 변화를 통하여 문화를 창조하고 변화시킨다.

2) 윤리적 과정으로서의 리더십

리더십은 윤리적인 것으로서 도덕적 행동의 형성이라는 측면에서 문화와 연결되어 있다. 이것은 개별적 동기나 도덕성이 아니라 문화적 맥락의 집단적 관계에 기초한 것이다. 리더십은 문화적 준거 틀에 의한 규범과 기준 내에서 운용되기 때문에 문화적 표현이며 과정이다.

가장 단순한 형태로서 윤리는 생의 의미에 대한 추구이다. 리더십을 정의하기 위해 사용한 주제어(主題語)인 관계, 욕구, 변화, 적응, 권력, 의미, 실제, 집단의식, 집단행동 등은 모두 윤리적 의미를 함축한 용어이다. 보편적 윤리는 존재하지 않는다. 모든 문화에서 인간은 다양한 윤리적 준거 틀과 도덕적 행동의 유형을 가지고 있다. 따라서 리더십의 윤리적 본질은 윤리상대주의의 준거 틀과 연결되어 있다.

윤리와 리더십에 대한 논의에서는 리더의 개인적 윤리가 흔히 거론된다. 베일리(Bailey)는 리더가 추종자를 부분적으로는 속이고 조작하기 위해 자기의 문화를 초월한다고 했다(Bailey, 1988). 발데리(Baldelli, 1971)는 리더십의 행사자가 그 가장 순수한 형태에서는 윤리와 관계없는 것이라고 보았다.

윤리적인 것으로서의 리더십이 의미하는 것은 어느 한 개인의 윤리적 내용, 특히 리더의 개인적 윤리를 측정하는 것이 아니고 리더십의 윤리적 준거 틀을 평가하는 것을 의미한다. 물론 역사에서는 동기와 행동이 비윤리적이고 반도덕적인 것으로 평가받는 수많은 지도자들이 있다. 윤리적인 것으로서의 리더십은 리더나 추종자 개인의 윤리적 준거 틀이 아니다.

(1) 집단적 구성(collective construct)으로서의 윤리

윤리적인 것으로서의 리더십은 문화적 맥락 내에서 집단적인 관계이다. 모든 문화는 하나 혹은 그 이상의 윤리적 준거 틀을 가지고 있고 리더십은 이러한 맥락 내에서 집단적 관계이다. 리더십은 집단적 관계이기 때문에 윤리적이다. 집단적 관계가 아닐 경우는 윤리적인 것이 될 수 없다. 리더십은 문화적 맥락에 존재하기 때문에 윤리적 본성을 가지게 된다. 문화 간에 적용될 수 있는 특정 윤리적 준거 틀을 가진 리더십은 존재하지 않는다. 문화적 과정으로서의 리더십은 특정문화의 윤리적 준거 틀과 관련되어 있다. 이러한 윤리적 준거 틀을 다른 문화에 수출하려는 모든 시도는 선교주의적(evangelism)이지 리더십은 아니다.

(2) 윤리상대주의

번즈(1978)의 변혁적 리더십(transformational leadership)에서는 리더와 추종자는 높은 수준의 동기와 도덕을 고양시킨다. 번즈는 변화주도적 리더십을 상승시켜야 한다고 보았다. 리더는 높은 수준의 도덕성을 가지고 추종자에게 개입해야 한다. 그는 콜버그(Kohlberg)와 매슬로(Maslow)의 도덕발달론을 설명하였다. 번즈는 리더가 추종자를 높은 수준의 도덕적 계층으로 이동시키지만 폭정자와 권력행사자는 낮은 단계로 이동시킨다고 보았다. 그러나 콜버그와 매슬로의 준거 틀은 윤리적 문헌이나 윤리적 철학에 근거를 둔 것이 아니라는 비판이 있다. 그리고 번즈의 도덕단계는 서구문화에 기초한 것으로 타 문화에서는 의미가 없을 수도 있다.

(3) 로스트의 상호관계와 강제

오랫동안 번즈모델의 제자였던 로스트(Rost)는 최근에 번즈의 윤리적 리더십이라는 생각을 배척하여 리더십이 사람들의 도덕적 발달단계를 고양시킨다는 것에 반대하였다. 그 이유는 윤리상대주의 때문이다. 그는 리더십이 완전히 다른 두 개의 양극적 윤리에 존재한다고 보았다. 리더십의 주요 기준은 개혁으로서 선한 방향으로의 변화이며 다른 하나는 악한 방향으로의 변화이다. 따라서 리더십의 윤리는 내용을 다루는 것이 아니라 과정과 강제의 문제를 다룬다.

리더십 윤리에서는 리더와 추종자가 무엇을 변화시키려는 의도를 발생시키는 상호작용이 필요하다고 본다. 이 변화는 상호적 목적을 발전시킨다. 강제적인 상호작용은 보통 상호관계에 의한 목적을 발전시키지 않는다. 리더십의 윤리는 리더와 추종자의 상호적 관계가 어떠한가에 초점이 있다. 양 관계의 상호성 기준의 예는 개인-보편성, 사적이해-공공이익, 개인-시민, 단기-장기관점, 목적-실행과정가치, 공리적 · 표현적 개인주의-성경적 · 공화주의 전통 등이다.

4. 집단관계와 의미구조로서의 리더십

대부분의 선행 리더십이론은 리더십에서 리더와 추종자의 관계를 인식하지 않을 뿐만 아니라 추종자를 고려하지 않는 엘리트적인 경향이 있다.

리더십은 역동적인 관계로서 어떤 사람은 리더로, 어떤 사람은 추종자로서의 역할을 하면서 참여한다. 리더와 추종자가 함께 리더십이라는 집단행동에 참여하는 이유를 3가지 요소의 측면에서 살펴보면 그것은 정서적, 도덕적, 교환적인 것과 관계가 있다. 정서적인 유대는 정신적인 것으로 리더와 추종자의 발전적 욕구에 관한 것이다. 도덕적 유대는 종교와 이데올로기 같은 공유사회제도에 존재하는 것이다. 교환적인 요소는 리더와 추종자의 관계에서 경제적인 차원의 것이다. 집단행동에 대한 심리역동적인 접근을 한 이론을 살펴보면 리더십은 문화와 분리하여 설명할 수 있는 것이 아니라는 것을 알 수 있다. 리더와 추종자의 관계는 본질적으로 정서적, 도덕적, 교환적 요인에 의하여 형성된다.

1) 집단관계로서의 리더십

리더십의 본질을 개인으로 보아서는 안 된다. 그것은 리더와 추종자의 행동적 관계이다. 리더십은 어느 한 개인이 비전이 있고, 힘이 있으며 뛰어난 기능을 가지고 있기 때문에 발생한다는 생각 때문에 리더와 추종자를 구분하게 된다. 리더십에 대한 문화적 접근에서는 뛰어난 자질을 갖기 때문에 리더가 된다는 생각을 하지 않는다. 로스트(1989)는 리더와 추종자는 서로의 위치를 교환하기 때문에 어떤 관계에서는 리더가 추종자가 될 수 있고 다른 관계 추종자가 리더가 될 수도 있다고 주장하였다.

(1) 집단행동이론

모든 집단행동(collective behavior)은 문화적 맥락과 구분하여 설명할 수 없다. 집단행동은 오이디푸스 콤플렉스, 아버지의 법칙, 권위주의, 대상관계이론 등의 심리분석과 사회심리학 등에서 설명한다. 집단행동의 정의에 대한 합의는 없지만 다중적(多重的) 개인 간의 사회적 상호작용으로 상대적으로 조직화된 것이다. 이때 다중적 개인은 인종적 · 문화적 배경에서 동질적일 수도 있고 이질적일 수도 있다.

프로이드는 집단행동과 사회조직을 설명하면서 기본적인 생물적 충동과 욕구가 성인으로서의 사회행동과 사회 자체구조의 결정요인이라고 주장하였다(Freud, 1913, 1930). 유년기의 가족유대는 성인기의 사회적 영역과 집단행동에 반영된다. 외부세계에 대한 개인의 관계는 어머니를 차지하기 위하여 아버지의 위치를 바꾸려는 아들의 집요한 욕망에 의하여 결정된다. 그러한 권위적 인물을 교환하려는 시도가 사회조직에 반영된다. 프로이드의 견해에 따르면 아버지를 교환하고 싶은 욕구의 충족에 대한 방어기제가 억압(repression), 체념(renunciation), 승화(sublimation)이며 이것이 사회에 반영된다. 더구나 개인에게 있어서는 아버지와 같은 권위적 인물과의 만남이 보다 큰 사회생활영역에서의 권위와의 관계를 결정하는 요인이 된다. 사회에서의 권위는 가족구조에 의하여 결정된다. 따라서 프로이드는 집단행동을 부모의 행동에 대한 내면화와 동일시하려는 어린 시절의 지령(指令)으로서 사회적 산물이라고 보았다.

아도르노(Ardorno, 1959)는 부자관계가 성인기의 사회행동에 영향을 미친다는 문제와 관련하여 권위주의와 권위주의적 성격의 개념을 발전시켰다. 아도르노와 프롬(Fromm, 1941)은 성인이 고도로 권위주의적인 사회구조를 선호하는 것은 경직적이고, 처벌적이며 매우 통제적인 가정의 결과라고 보았다.

대상관계이론(object relation theory)에서는 사회적인 애정대상을 원하기 때문에 개인의 행동을 집단행동에 동조시키고 따라서 개인과 집단의 유대를 강화하게 된다고 본다. 이때 문화는 동일시의 대상이고 부분적으로 퍼스낼리티를 구성하게 된다. 개인의 자율적 자아는 적응기제로서 내적 욕구의 충족을 위하여 외부의 객체에 대한 애정의 내면화를 지지한다. 사회적 실제와 집단행동은 내적 · 무의식적 욕구의 투사이다. 개인의 집단에 대한 애착은 문화의 인지적, 정의적, 도덕적, 상징적 차원으로부터 영향을 받는다. 개인은 발전하는 욕구에 반응하고 욕구를 충족하기 위해 여러 가지 집단적 관계에 따라 움직이게 된다.

코헛(Kohut, 1977)과 마즐리시(Mazlish, 1981)는 집단자아 혹은 확대자아(grandiose self)라는 개념을 활용하여 개인이 집단과 연합함으로써 집단동일시와 자아동일시를 발견한다고 주장했다. 마즐리시는 리더십의 집단심리이론을 제시하였다. 리더와 추종자의 관계는 정신적 보고(精神的 寶庫, psychic repository)의 내용을 활성화하며 따라서 자아의 이상(ego ideals)을 실현한다.

요약하면 집단행동에 대한 집단심리학의 견해는 집단심리가 문화적 맥락과 분리하여 설명될 수 없다는 것이다. 프로이드에서 현대에 이르는 이론은 집단행동은 문화적 맥락에 구체화되어 있다는 것이다. 리더와 추종자의 관계의 본질을 집단관계로 규정할 경우 리더십은 문화적 맥락과 분리할 수 없다. 이러한 집단관계의 3가지 요소는 정서적, 도덕적, 교환적인 것이다.

(2) 정서적인 관계

리더십이론은 문화적 맥락에서 집단행동을 설명한다. 리더와 추종자의 유대를 결정짓는 하나의 요소는 정서적 유대이다. 이것은 개인이 집단과정의 한 부분이 됨으로써 정신적 · 정서적 욕구를 충족시키는 것을 의미한다.

레들(Redl, 1942)은 리더와 추종자의 관계에서 동일시의 욕구가 충족되며 자아지원(ego support)이 충족된다고 주장하였다. 개인의 자존욕구는 리더와 추종자관계에서 충족된다. 번즈는 소집단의 리더십에서 정의적 혹은 소속욕구의 표현은 유아기에 박탈당한 애정과 따뜻함 등을 충족시키는 것으로 보았다. 프로이드도 리더를 추종자의 아버지 슈퍼에고(father-super ego)욕구에 대한 상징적 결정체(symbolic crystallization)로 보았다. 리더십이 문화의 적응능력을 향상시키는 것과 마찬가지로 사회적 실제와 개인의 정서적 욕구 간을 조정하는 역할을 한다. 리더십은 실질적이고 의도한 변화를 추구하기 때문에 개인과 문화의 발전욕구를 충족하도록 반응하는 역할을 한다. 리더십에 종사하는 리더와 추종자는 변화하고 출현하는 욕구와 사회적 구조 간의 조정 메커니즘 때문에 리더십 과정에 종사하게 된다. 따라서 리더와 추종자는 개인적으로 또는 공동적으로 정서적 욕구를 충족하기 위해 집단관계에 종사하게 된다. 이러한 정서적 유대가 리더십 과정과 연결되었을 때 인간의 욕구를 충족시키고 사회구조를 변화시킨다. 그렇게 함으로써 사회구조는 변화하는 인간의 욕구를 충족시킬 수 있게 된다.

(3) 도덕적인 관계

리더와 추종자의 관계에서 정서적인 것이 퍼스낼리티의 욕구와 충동에 관련되어 있기 때문에 내재적(內在的)인 것이라면 도덕적인 것은 종교제도, 신화, 혈연관계, 민속, 이데올로기, 상징, 의식과 같은 문화의 외재적(外在的) 요소에 의하여 창조되는 유대관계이다.

이데올로기적, 종교적, 혈연관계의 유대는 이데올로기적인 것에 의해서만 창조되는 것보다 도덕적으로 강한 유대관계를 형성한다. 리더는 도덕적 요소를 현시(顯示)하는 추종자를 더욱 가깝게 인식한다. 따라서 양자 사이에는 도덕적으로 강한 유대관계가 형성된다. 리더와 추종자의 관계는 도덕적 등심원(等心圓) 관계이다. 고도로 동질적인 문화에서는 리더와 추종자관계가 이질적인 문화에서보다 강한 도덕적 유대를 가진다.

(4) 교환적인 관계

번즈는 교환적인 관계가 가치 있는 것을 교환하는 타인과의 계약에 의하여 발생된다고 보았다. 이러한 교환관계는 정치적 · 경제적 · 심리적인 것일 수 있다. 이것은 자원에 대한 접근을 획득하는 것과 가시적인 신체적 욕구의 충족과 관련된 것이다. 그러나 교환적인 유대만으로는 리더십이 형성될 수 없고 도덕적 · 정서적 유대와 결합되어야 리더십으로 인식될 수 있다.

2) 공유의미의 구조적 그물망으로서의 리더십

리더십은 문화와 마찬가지로 구성요소 간의 상호작용이자 구조적 그물망이며 기능적인 전체를 구성하는 많은 부분의 필요성에 의하여 형성된다. 리더십의 과정은 보다 인지적인 수준에서 개인이 문화와 그 방향성을 발견하고 욕구를 충족시키기도록 도와주는 것이다. 리더십은 종교적 · 의식적 · 신화적 시스템의 창조와 유지에서 중심적인 역할을 하며 그러한 요인들은 문화의 의미형성과정에서 중요한 의미를 가진다. 문화가 변화하고 발전하는 사람들의 욕구를 충족시키기 위해서는 리더십이 의미형성체제를 재평가해야 한다.

구조는 보통 견고하고 가시적인 대상으로 물리적 구조와 같은 것이기 때문에 리더십으로 설명하기 힘든 부분이나 여기에서는 구조를 구체적 실제가 아니라 유동적인 과정으로 보고자 한다. 구조는 관계가 어떻게 발생하는가에 대한 과정이다. 이 부분은 인간관계가 서로 어떻게 연결되어 있는가에 대한 구조주의 철학을 반영한 것이다. 사회인류학, 사회학, 언어학에서는 사람을 타인과 제도와의 복잡한 관계로 본다.

인류학에서는 구조를 프락시스(praxis)와 관련시킨다. 'praxis'는 context와 action으로서 구조를 설명하는 데 사용하는 단어이다. 따라서 구조는 사회생활에서 매일매일의 연출과 관련된 것으로 사회적 형태는 그것으로부터 발생된다. 사회적 형태는 어떤 사회적 질서에 나타난 다양한 체계이다.

(1) 관계의 망

주어진 문화 내의 개인은 타인과 상호작용에 의하여 발생되는 다른 체제와 여러 가지 구조에 연결되어 있다. 이런 연결은 상호작용하는 참여자 간에 공유하는 의미의 결과이며 이러한 관계의 망이 바로 리더십의 맥락이다. 리더십은 집단적인 것이며 공유의미의 구조적 망은 메타퍼적인 의미에서 볼 때 리더십의 관계가 작동하도록 하는 아교이다.

리더십은 의미의 구조적 망이며 이 구조적 망은 리더십과 사회적 맥락과의 관계이다. 거기에서 리더와 추종자가 움직인다. 그 관계는 사람들의 생활에서 유의미한 것의 원천이 된다. 따라서 리더십은 문화를 구성하는 부분 간의 상호관계의 네트워크로 전체를 기능하도록 하는 구조이다.

(2) 유동적 실제(fluid reality)

리더십 과정에서는 사람들이 사회적 구조와의 협동으로 자신들의 실제를 창조하고 자신들의 의미체계를 형성한다. 예를 들면 혈연관계, 신념체계, 경제, 정치 등과 같은 사회체제는 공유의미의 구조적 그물망이며 이것이 바로 리더십 과정의 산물이다. 구조적 그물망은 항구적이거나 정체적인 것으로서가 아니라 계속적으로 변화하는 유동적 실제로서 역할을 한다. 리더십에서 문화를 제거하면 구조적 그물망은 고정된 제도가 되며 문화 내의 사람들의 변화하는 욕구를 충족시키지 못하게 된다. 공유의미의 구조적 그물망으로서의 리더십의 근본가정은 사람들의 욕구는 그 본질상 변화하는 것으로 정태적인 것이 아니라고 보는 것이다. 따라서 의미체계는 변화하는 사람들의 욕구 주위에서 형성된다. 문화에서 의미의 구조적 그물망은 사회제도뿐만 아니라 그 제도 간의 관계로서 개인들이 사회구조 내에서 그들의 욕구를 표현하기 위해 형성한 것이다. 문화에서 리더십 기능은 사회적 구조의 한 수단이며 집단적 · 개인적 욕구를 합치시키기 위해 형성되고 재형성되는 것이다.

리더십이 출현하면 사회구조의 맥락은 유동적이고 상호작용적이 된다. 리더십은 개인이 프락시스(praxis)를 통하여 의식적 · 무의식적으로 그물망을 짜거나 사회적 공간을 통하여 경로를 구성하고, 실제와 사회에 대한 다양한 지각을 보완하고 모순을 처리한다. 리더십은 사람들이 그것을 통하여 현재를 평가하고 사회적 상호작용의 구조를 통하여 미래를 재형성하는 과정이다.

(3) 공유의미

공유의미의 그물망으로서의 리더십은 사회적 과정과 의미구성시스템에 대한 반영이거나 재평가이다. 리더십의 이러한 본질은 리더십에 대한 철학적 접근의 가정에 관련된 것으로 사회의 도덕적 질서가 의미 있는 것으로 지각되도록 한다. 포스터(Foster)는 리더십이 도덕적 평가자로서 비판적인 것이라고 주장하였다. 리더십의 특별한 측면은 선행(先行)의 사회생활의 조건을 검사하여 비판하는 것이다. 이것은 사회의 모든 가치를 재평가하는 니체의 super man과 관계있다. 사회는 공유아이디어에 의한 사람들의 연대관계이며 리더십은 사람들의 상상에서 이러한 아이디어를 발생시킨다. 쿨리(Cooley, 1909)와 미드(Mead, 1934)는 이것을 리더십의 상징적 상호작용으로 보았다.

(4) 집단의식의 지시(指示)

리더십은 실제에 대한 공동해석을 규제하거나 문화의 집단적 의식을 지시하는 과정이다. 리더십은 사회적 세계로부터 의미를 추출하여 구성하고 그러한 의미를 유지하는 상호작용이다. 세상과 실제에 대한 사람들의 지각은 공유과정과 의미의 그물망을 통하여 항상 여과된다. 사람들 사이의 관계가 욕구를 충족시킬 경우 리더십 과정이나 흐름에서 이 그물망은 의미를 갖게 된다. 리더십은 바로 이러한 표현의 세계로서 관계와 의미의 유동적이거나 과정적 본질을 특징짓는다. 리더십이 없으면 의미는 정체되고 변화하고 발전하는 욕구에 반응할 능력을 상실하게 된다. 리더십은 사람들이 의미를 찾고 실제에 대한 사회적 모델에 대해 인지적 구성을 재창조함으로써 성장한다.

5. 자원으로서의 리더십

리더십의 본질로서의 자원은 리더십 과정에서 자원이 되는 문화의 모든 본성에 관련되어 있다. 여기에는 사회 · 정치적인 것과 언어와 상징적인 것, 그리고 발생적인 것으로서의 학습이 포함된다. 적응과 변화는 리더와 추종자의 자원충족성에 달려 있다. 그리고 그 자원충족성은 또한 적응과정과 문화의 생존에 직접적인 관련성이 있다.

리더와 추종자는 자원을 기술적으로 활용할 뿐만 아니라 희귀자원의 획득을 위한 경쟁에서 이기기 위한 장비를 가져야 한다. 자원으로서의 리더십을 이해하기 위해서는 상호작용, 선택, 기술 등을 이해해야 한다. 변화의 추진과정에서 리더와 추종자들이 대부분의 자원을 활용하나 숨겨진 문화의 자원을 무의식적으로 사용하기도 한다.

1) 자원충족으로서의 리더십

진화를 통한 인간의 적응은 공리적 기능이나 자원충족성에 의존한다. 자원충족은 변화를 위한 적응에 자원을 활용하는 것이다. 자원충족은 공리주의적이거나 물질적인 것뿐만 아니라 관념, 신념체계, 기술, 언어, 상징, 정치, 관계, 물질적 대상, 힘, 개인의 자질, 자연의 법 등도 포함된다.

(1) 문화의 자원들

번즈는 리더십이 경제적 · 정치적 및 기타의 자원을 조달하는 것을 포함한다고 보았다. 그러나 문화적 과정으로서의 리더십에는 문화의 모든 자원이 포함된다. 경제적 · 정치적 자원에 추가하여 언어, 상징, 관념, 가치관과 신념, 의식(ritual), 윤리적 구조와 의미체계, 학습과 교육체계, 사회제도, 혈연시스템과 집단행동, 심리학, 실제구성에서 인지유형 등도 리더십의 자원이다.

대부분의 문화적 자원은 의식적으로 관찰하기 곤란한 숨겨진 것들이다. 리더의 입장에서 보면 추종자의 퍼스낼리티 구조에서 하위의식수준과 같은 것은 표면에서 관찰할 수 없다. 베일리(Bailey)는 리더와 추종자가 착용하고 있는 마스크를 통하여 이러한 현상을 설명한다. 논리 마스크(mask of reason)는 모든 문제에 대한 논리적 답변이다. 설교 마스크(mask of sermon)는 영원한 진리를 지키는 것이다. 마스크는 흔히 무의식적으로 착용된 것으로 자원이 감추어져 있다는 것을 의미한다. 현실에 대한 인지적 구성에서 감추어진 마음의 과정인 무의식이 감추어진 문화의 자원이다.

레비-스트라우스의 Namibikuara종족에 대한 연구에서 보면 리더가 음식과 거주지역에 대해 추종자가 기대하고 있는 것을 말하지 못하면 리더의 존재는 위험해진다는 것을 알 수 있다.

베일리(Bailey, 1969)는 리더십을 기업(enterprise)으로 보았다. 리더가 그 적대자보다 더 많은 자원에 접근하기 위해서는 보다 좋은 기술이 있어야 한다. 리더는 추종자의 입장에서 보면 자원을 확장하기 위해 항상 그의 램프를 밝히는 사람이어야 한다. 가드너(Gardner, 1986)는 오늘날의 리더에게서 가장 중요한 자원은 복잡한 조직의 기계적 원리와 그것을 움직이는 것이라고 보았다.

상징, 의식, 희귀자원 또한 리더십의 주요한 자원이다.

(2) 상호작용과 선택

코헨(Cohen)과 퍼스(Firth) 등은 경제학이론을 문화에 적용하여 경제적 과정이 사람들로 하여금 필연적으로 희귀자원과 상호작용하도록 한다고 보았다. 이러한 과정에서 희귀자원의 선택을 위한 행동을 한다는 것이다. 이것을 리더십에 적용하면 추종자들도 리더를 선택한다는 것을 알 수 있다. 보다 많은 자원에 접근가능한 리더를 선택하는 것이다.

(3) 기술

리더와 추종자의 자원충족성은 필연적으로 기술에 대한 접근에 의존한다. 리더십에는 지식과 기술의 사용뿐만 아니라 기술적 시스템의 통제 또한 포함한다. 기술적 요인의 충격 때문에 문화에서 중요한 변화가 일어날 수 있다. 리더와 추종자는 변화의 과정에서 기술을 사용한다.

2) 정치적인 것으로서의 리더십

정치를 리더십의 자원으로 인식하는 것은 정치를 권력, 동기, 영향력, 합법성 등에 의한 리더와 추종자 간의 관계로 파악하는 것이다. 리더십과 권력의 가장 핵심적인 차이는 권력이 활용되는 방법에 있다. 리더와 추종자는 자원에 접근하고 자원을 활용하기 위해 권력을 사용한다. 권력행사자는 권력을 강제와 위협의 수단으로 사용한다. 동기도 양자 간에 상호적인 의도를 가지고 있는 것으로 파악할 수 있다.

합법성은 공동의 목표를 성취하기 위한 방향으로 지원을 확보하고 몰입을 유발하기 위해 합의적 권력의 형태를 창조하는 문화에서 정치적 · 비정치적 요소를 포함한다. 리더십의 정치적 요소는 리더십과 문화가 유사한 영역의 관계를 가진다는 것을 강조한다.

리더십은 변화와 적응의 추진과정에서 권력자원을 활용한다.

(1) 권력

번즈는 리더십을 권력관계로 보았다. 권력의 두 가지 본질은 동기와 자원이다. 로스트는 자원과 권력을 동일시하였다. 그는 권력의 원천을 명성, 퍼스낼리티, 목적, 지위, 메시지의 내용, 대인 간 · 집단 간 기술, 주고받는 행동, 권한과 그것의 부족, 상징적 상호작용, 지각, 동기부여, 성별(性別), 인종, 종교, 선택 등 셀 수 없이 많은 것으로 보았다. 가드너(1986)는 원하는 것을 확보하고 원하지 않는 것을 막을 수 있는 능력을 권력이라고 하였다. 그는 권력의 원천을 신체적 힘, 관습, 조직과 제도, 신념체계, 공중의 여론, 시스템의 운용에 대한 지식 등으로 보았다. 리더십에서 권력은 자원의 활용과 접근에 의하여 실행된다. 리더나 추종자가 적대자보다 많은 자원을 활용하고 그것에 더 쉽게 접근할 수 있으면 그들은 보다 큰 권력을 갖게 된다. 보다 많은 자원에 접근할 수 있는 사람이 리더가 된다. 일정한 지위 점유자가 리더가 되는 것은 그 지위가 보다 많은 자원에 접근할 수 있도록 해주기 때문이다.

(2) 동기, 영향력, 합법성

동기는 의도와 목적에 관련된 것이다. 권력소유자의 의도와 목적이 무엇이며 누구와 권력을 공유하느냐는 것은 매우 중요하다. 권력의 소유자가 모두 리더가 되는 것은 아니고 추종자의 욕구를 충족시켜 줄 수 있는 권력을 소유해야 리더가 될 수 있다.

로스트는 리더십을 영향관계로 파악하였다. 영향력은 관계 내의 타인에게 영향을 미치기 위하여 설득이라는 과정을 사용하는 것이다. 권력은 영향력을 행사하기 위해 사용한다. 영향력의 행사관계는 수직적, 수평적, 대각선적, 순환적일 수 있다. 영향력을 이와 같이 파악할 경우 다음과 같은 사실을 알 수 있다.

① 누구든지 리더나 추종자가 될 수 있다.
② 추종자는 리더와 다른 추종자를 리더와 마찬가지로 설득한다.
③ 리더와 추종자는 그 관계 내에서 위치가 바뀔 수 있다.
④ 리더십에는 수많은 상이한 관계가 있다(Rost, 1989).

합법성은 리더와 추종자의 관계에서 신뢰성과 지원을 획득하기 위해 중요한 요인이다. 공유문화는 추종자들의 표현된 욕구가 충족될 것이라는 기대를 지원한다. 지원시스템으로서의 문화에는 가치체계, 신념체계, 의미체계 등이 있다.

보유한 지위나 권한이 강제에 기초할 경우는 합법성에서 문제가 발생한다. 합법성에 의한 권력은 문화적 접근에 의할 경우 합의적 권력이다. 이것은 공동의 목적을 달성하기 위한 공동의 의사결정을 지원하기 위한 양자 간의 상호작용인 것이다.

어떤 리더는 합법적이고 어떤 리더는 합법적이 아니라고 판단하는 문화적 기준은 문화마다 상이하다. 그것은 가치관, 신념체계 및 의미체계가 상이하기 때문이다. 합법성에 대한 판단은 문화의 가치관, 사회구조, 인지적 · 집단적 의식에 연결되어 있다.

문화적 규범에 근거한 합의적 힘의 형태로서의 합법성은 리더와 추종자 관계에서 도덕적 요소로서 이해할 수 있다. 그 관계의 도덕적 성격은 욕구, 그 욕구에 반응하기 위한 공유몰입, 그리고 집단적 방향이나 전략에의 지원약속 등에 현시된다.

3) 언어와 상징으로서의 리더십

공유의미의 구조적 그물망은 언어와 상징 없이는 발생하지 않는다. 문화의 집단적 본성, 의미형성요인으로서의 인간본성, 의미를 통한 경험의 형성, 반사의 과정, 의사소통, 학습, 지각해석, 그리고 상징화 등은 언어와 상징 없이는 불가능하다. 상호작용의 실제는 언어와 상징의 기초 위에서 구성된다.

언어와 상징은 실제의 형성과 집단의식의 수단으로서 리더십에서는 중요한 요소이다. 의사소통, 학습, 지각, 그리고 해석은 언어와 상징에 의해서만 발생한다. 인간의 상호작용은 언어와 상징화의 기능에 의존한다. 언어는 비교적 동질적인 유형의 문화이해에 유용하다. 언어와 상징은 지각과 실제형성에 영향을 미치는 수단이다. 리더와 추종자는 의사전달과 의미 있는 관계의 창조를 위하여 언어와 상징이 필요하다. 리더십은 문화에서와 마찬가지로 언어와 상징이라는 본질을 가진다.

(1) 언어

언어는 문화적으로 규정된 선행요인에 의하여 형성된다. 단어는 선행요인을 가지고 있으며 그 의미는 관습적인 문화적 맥락에서 그런 선행요인을 채택함으로써 학습된다(Wittgenstein, 1958).

리더의 언어사용은 효율성과 신뢰성 및 영향력에 큰 영향을 미친다. 추종자에 대한 리더의 감정이입과 민감성은 동사시제를 사용하는 것처럼 복잡하다. 추종자와 리더의 언어사용은 사건을 발생시키고 목표를 의미 있는 것으로 만드는 것과 관련성이 있다. 리더의 언어는 그들이 하고 있는 일의 의미를 타인에게 전달하며 특히 그 행동의 의미를 전달하는 기능을 수행한다(Pondy, 1978). 마틴 루터 킹(Martin Luther King)의 진정한 힘은 꿈을 가지고 있어서가 아니라 그것을 묘사하여 수많은 사람들에게 접근할 수 있는 것으로 만들었기 때문이다.

폰디는 언어와 의미와 리더십은 경계를 같이하는 과정이라고 보았다. 언어는 우리의 실제를 반영할 뿐만 아니라 실제를 창조하고 세상을 객관화하며 우리의 경험을 응집성 있는 질서로 전환시킨다.

(2) 지각

언어를 통하여 실제를 형성하는 것은 주위의 세계를 지각하는 것과 많은 관련이 있다. 지각은 생물적인 근원을 가지지만 인간의 지각능력은 문화적으로 결정된다. 개인의 문화적 지각은 개인이 성장한 문화의 함수이다. 매일의 일상은 주관적으로 지각한 실제이며 인간의 사고와 행동에서 시작하는 것이다. 리더십은 언어와 상징을 사용하여 지각을 형성하고 행동과 사고를 지휘하는 실제를 창조한다. 지각이라는 개념은 리더의 정체성(正體性)을 나타내는 "리더는 무엇과 같은가"에 대한 것을 표면화시킨다. 리더가 실제로 착용하고 있는 마스크가 무엇인가와 상관없이 지각된 마스크가 사회적 상황에 미치는 영향이 더욱 중요하다.

(3) 상징

지각에는 언어보다 상징이 더 큰 영향을 미친다. 언어는 지각한 것의 깊이와 의미, 자기 자신의 이미지, 개념, 관념과 관계를 의사소통하는 데 실패할 경우가 많다. 언어는 사물지향적이기 때문에 그것으로 관계를 설명할 경우는 삭막하다. 언어가 그 표현에 실패할 때 상징이 힘을 발휘하게 된다. 삭막한 세계 뒷면의 의미와 감정에 대해 보다 깊은 느낌을 의사소통하기 위해서는 언어뿐만 아니라 상징이 필요하다. 상징은 흔히 정서가 부하(負荷)되어 있기 때문에 일상적 언어가 표현하지 못하는 무의식적 방법으로 이야기할 수 있다. 리쾨르(Ricoeur, 1974)는 상징은 언어에 선행하는 것으로 언어의 기층(基層, substrata)을 구성하고 따라서 사고와 지각과 관념을 발생시킨다고 주장하였다. 언어는 상징이 사고과정에 깔려 있는 의식으로 향상된 다음에 발생한다.

스퍼버(Sperber, 1975)는 언어와 상징의 차이를 지적하였다. 동일문화에서 사람들이 사용하는 문법은 동일하지만 상징은 개인의 경험과 관련된 것으로 공유유산과 관련된 것이 아니라고 주장하였다. 언어의 학습은 어린 시절에 대부분 완성되나 상징은 일정한 연령에 한정되지 않으며 성인기에 발달할 수도 있다. 사자는 동물이며 이웃사람은 은행장이라는 것을 언어를 통하여 배운다. 그러나 상징주의의 경우 전혀 다른 것을 학습한다. 사자와 은행장은 전혀 다르기 때문이다. 가톨릭의 성찬식의 경우 언어에 의한 의사소통과는 다른 차원에서 상징을 전달한다. 상징은 언어를 표현하려는 노력을 무의미하게 만들기 때문에 실제에 대한 강력한 의미부여자가 된다.

상징의 이러한 기능은 리더십에 다음과 같은 시사점을 갖는다. 첫째, 상징은 모든 의미에 영향을 미치고 따라서 정서적으로 강력한 힘을 갖는다. 리더십은 인지적 · 정서적 관계이다. 상징은 그 관계의 감정적 측면을 빨리 전달하고 언어는 인지적 측면을 빨리 전달한다. 둘째, 상징은 언어가 전달할 수 없는 것을 전달하는 경우가 많다. 셋째, 상징은 전 성장과정을 통하여 창조된다. 언어는 재창조될 수 없으며 따라서 실제에 대한 새로운 지각이나 해석을 창조할 때는 유용하지 않다. 넷째, 상징은 보다 개인적인 방법으로 공유된다. 따라서 거시적 차원의 리더십보다 소집단의 리더십에 보다 잘 활용될 수 있다. 마지막으로 세계와 문화적 준거 틀에 대한 앎은 언어와 상징을 통하여 달성되며 그것은 각각 다른 수준에서 전달기능을 수행한다. 관계로서의 리더십에서는 양(兩) 수준의 것을 모두 알아야 한다. 따라서 리더십은 상징을 통한 정서적 · 인지적 효과에 의존하며, 상징은 비언어적 의사소통뿐만 아니라 실제를 재창조하고 지각을 형성하며, 리더와 추종자의 공유된 것을 확인하고, 문화적 맥락에서 세상을 보는 방법 등을 창조한다.

(4) 중개자로서의 상징

다른 차원에서 개인화된 상징은 개인의 정신구조와 사회를 중개한다. 개인화된 상징을 많은 사람들이 공유하게 되면 집단의 행동형성에 영향을 미치게 된다. 보다 개인화된 상징이 큰 범위를 가진 문화의 하위문화에서 의사소통의 기초가 되는 경우가 많다. 이 하위문화는 퍼거슨(Ferguson, 1980)이 네트워크(network)라 부른 것으로 리더와 추종자가 변화를 추구할 때 중요한 의사소통의 수단이 된다. 상징은 개인과 사회규범 간을 중개할 뿐만 아니라 리더와 추종자가 변화를 추구할 경우 양자의 관계에서 개인과 집단적 맥락 간을 중개한다.

4) 발생적인 것으로서의 리더십

발생적인 것으로서의 리더십은 리더십 과정이 미래의 세대를 고려하고, 그런 세대를 위하여 문화를 보존하는 것을 의미한다. 이런 의미에서 리더십은 학습과 성숙과정뿐만 아니라 인간의 욕구를 충족시키기 위해 계속되는 사회형태의 발생을 의미한다. 학습과정으로서의 리더십은 의미, 지배력, 의사결정, 변화, 발전과 미래의 리더와 추종자 등의 문제를 나타내는 교육적 요소이다. 성숙과정으로서의 리더십은 보다 성숙하고 발전적이며 변화하는 인간의 욕구에 반응하기 위해 리더와 추종자가 기존의 문화를 뛰어넘으려는 것을 말한다. 리더십은 사회형태를 발생시키고 인간의 적응적이고 진화적인 욕구를 충족시키기 위해서 새로운 구조와 제도를 창조한다.

리더십은 리더와 추종자가 미래세계와 그들의 문화를 존속시키고 발전시키는 데 어떻게 관심을 보이는지를 나타내는 발생적인 측면을 가지고 있다. 리더십의 실천에서 교육과 학습은 중요한 역할을 한다. 성숙과 진보는 리더십의 발생적 본질에서 또 다른 중요한 구성요소이다. 리더와 추종자는 그들이 알고 있는 기존의 것보다 더 성숙하고 더 많은 욕구를 충족시키려고 한다. 사회적 형태를 만들어내는 것은 발생적인 것으로서의 리더십의 또 다른 구성요소이다. 리더십의 과정을 통하여 가치변화와 선택 및 의도적 변화에서 야기되는 새로운 구조와 사회형태를 만든다. 이러한 새로운 사회형태는 인간의 발전하는 욕구를 충족시킨다. 이와 같은 관점에서 문화와 리더십은 동형이질적(同形 異質的, isomorphic)인 성격을 가지고 있다는 것을 알 수 있다.

(1) 교육

번즈(1978)는 교육과 리더십은 교화(敎化)나 강제가 아니라 동기부여의 수준을 상호고양하는 것으로 양자는 분리 불가능의 영역이라고 보았다. 그는 변혁(transformation)이라는 개념에 양자를 결합시켰다. 양자는 가장 광범하고 가능한 목표와 최고의 가능한 도덕수준에 합치되기 위해 미래를 형성하는 것이다.

로스트(1984)는 에릭슨(Erikson)의 변형성(generativity)의 개념을 활용하여 다음과 같은 3가지 형태의 발생적 리더십을 제시하였다.

① 리더는 일생 동안 그가 물려받은 것보다 나은 어떤 것을 발생시키기를 원한다.

② 리더는 현재의 리더가 자기 당대(當代)에 명령했던 것보다 미래의 리더가 더 많은 명령을 할 것을 원한다.

③ 리더는 자신이 살던 시대보다 더 문명화되고, 인간적이며, 도덕적인 세상을 만들기를 원한다.

교육으로서의 리더십은 억압적인 전통을 비판하며 그런 조건의 개혁을 추구하기 때문에 교육적이다. 리더는 과거와 계속성을 유지하면서 새로운 사회적 배치를 위한 의식적 고양(意識的 高揚)이라는 비전을 창조한다.

(2) 성숙

문화적 의미에서의 성숙은 집단자아에 대한 지각을 깊이 있게 하는 것이다. 서구적 사고방식(西歐的 思考方式)에 대한 성숙과정은 자발성, 표현적 발표, 자연성, 자기수용, 충동지각, 자기실현 등을 의미하며 금지, 규율, 훈련, 형성 등은 성숙을 촉진시키지 않는 퇴행적인 것으로 간주한다. 그러나 그런 기준은 문화마다 상이(相

異)할 수 있다. 발생적인 것으로서의 리더십을 이해하는 데 있어서는 리더십의 과정이 문화마다 다양하나 학습과 성숙과정으로서의 리더십의 본성은 범문화적(凡文化的)이라는 사실이 중요하다. 문화는 미래세대를 중요하게 생각하며 리더십은 문화가 그러한 관심을 표현할 수 있게 하는 기재이다. 리더십은 문화로 하여금 성숙을 조형하고 지시하는 기재이다.

번즈가 리더와 추종자가 서로 자기실현을 위한 의식의 고양을 도와야 한다고 말한 것은 바로 성숙을 의미한다. 이러한 성숙과정에서 리더뿐만 아니라 추종자도 성숙한다. 교육과 학습 및 성숙과 진보는 발생적인 본질을 갖는 것으로서 리더십의 핵심요소이다.

(3) 구조발생으로서의 리더십

바르트의 발생모델은 구조와 사회적 형태의 발생으로서의 리더십을 이해하는 데 유용하다. 한 문화에서의 변화과정은 가치변화와 집단적 선택이 새로운 사회구조를 창조하거나 발생시키는 리더십에 의하여 나타난다. 한 문화 내에서 사람들의 상호작용은 예전에 없었던 새로운 연결을 창조하고 이 연결은 또한 새로운 세대와 함께 출현하는 새로운 욕구를 충족시키는 방법이다. 리더와 추종자는 발전하는 인간의 욕구를 충족시키기 위해서 기존가치에 도전하는 능동적인 선택을 할 뿐만 아니라 새로운 가치를 창조한다.

제4절 리더십에 대한 문화적 접근

1. 리더십에 대한 문화적 접근의 필요성

전통적 리더십이론은 리더십을 목표달성의 방법으로 보기 때문에 수단적이라고 할 수 있다. 특성이론에서는 리더와 추종자를 구분하는 개인적 특성을 확인하고 어떤 자질이 리더를 가장 효율적으로 만드는지를 파악하려고 하였다. 행동이론에서는 소위 스타일이라고 부르는 리더의 행동의 집합을 확인하고 그것이 추종자들에게 미치는 영향을 파악하려고 하였다. 상황이론에서는 리더십의 효율성이 리더와 추종자들이 상호작용하는 상황에 달려 있다고 보고 리더십의 효율성을 결정하는 상황의 특성을 파악하는 데 초점을 두었다. 최근의 귀속이론에서는 리더십유효성의 결정인자가 추종자들의 마음속에 있다고 본다. 누가 리더인가를 결정하는 것은 리더의 행동이 아니라 추종자들이 리더라고 생각하기 때문이라는 것이다. 1960년대와 1970년대의 리더십에 대한 연구들은 경영자들이 실제로 무엇을 하는지를 정확하게 기술하지 못했으며 리더십에 대한 문화적 해석을 하지 못했다. 따라서 리더십에 대한 문화적 접근을 해야 할 필요성이 있다.

조직과 경영의 분석에 있어서 리더십은 매우 중요한 역할을 함에도 불구하고 조직문화이론에 있어서 리더십의 역할에 대한 연구는 거의 없는 형편이다. 대부분의 리더십 연구에서는 조직문화를 주변적인 것으로 다루었으며 대부분의 조직문화 연구에서도 리더십은 주변적인 것으로 간주하여 왔다.

2. 문화적 리더십의 의미

리더십에 대한 수단적인 접근(instrumental approach)에서는 리더십을 목표성취 방법의 측면에서 다룬다. 그러나 리더십은 또한 표현적인 측면, 즉 문화적인 측면을 가지고 있다. 리더가 조직목표의 달성에 미치는 영향에 초점을 두는 접근과 추종자들이 리더의 행동을 어떻게 지각하는가에 대한 상징성에 초점을 두는 양 접근법을 연결하는 직선상에 대부분의 리더십이론은 위치한다.

조직에서 발생하는 많은 행동들은 합리적인 계산보다 감정에 의하여 동기부여되는 경향이 있다. 합리성은 회고적인 것으로서 이미 발생한 일에 대하여 의미를 부여하는 것이다. 리더십의 역할에서 가장 중요한 것은 조직에서 발생하는 활동에 의미와 느낌을 부여하여 조직구성원들이 긍정적인 감정과 느낌과 태도를 갖도록 하는 것이다. 이와 같은 역할을 수행하기 위해서는 리더가 언어, 행사 등과 같은 상징성과 상징활동을 하는 것이 중요하다. 효율적인 관리자는 암묵적이든 명시적이든 상징활동의 중요성을 인식하고 그것을 성공적으로 사용한다(Trice and Beyer, 1993). 리더십을 상징활동으로 볼 경우 리더십과 문화는 연결된다.

리더십에 대한 모든 수단적 접근은 문화적 리더십이 조직에서 어떻게 작용하는지를 이해하는 데 도움을 준다. 문화적 리더는 분명한 개인적 특성을 가지고 명백히 구분되는 행동을 보여준다. 문화적 리더십의 출현과 그 효율성은 추종자들이 처한 상황과 효율성이 리더에 의하여 달성된 것이라고 생각하는 추종자들의 자발성의 정도에 따라 다양하다. 이러한 접근법은 리더는 타인에게 영향을 미치는 데 성공한 사람이라는 가정을 내포하고 있다. 리더의 출현은 그의 행동, 자질, 지위에 의하여 추론되는 것이 아니라 추종자에게 나타나는 효과에 의하여 추론되며 따라서 리더십은 그 결과에 의하여 정의된다. 이러한 정의에 의한 리더십은 사회적 과정으로서 일정한 사회적 상황에서 한 사람이 다른 사람에게 영향을 미치는 과정이다. 리더, 추종자, 상황은 리더십의 사회적 과정에서 필수적인 요소이다.

공식적으로 임명된 경영자가 타인에게 바람직한 방향으로 영향을 미치는 데 항상 성공하는 것은 아니기 때문에 리더십과 관리 및 감독이 동의어는 아니다. 양자는 다른 유형의 사람이며 한 유형의 자질에 유리한 상황은 다른 유형의 자질에게는 해(害)가 될 수도 있다. 일정한 조건하에서 양자는 리더로 간주된다. 경영자가 자동적으로 문화적 리더가 될 수 없는 것은 약간의 경영자들만이 부하들이 공유(共有)하고 있는 이데올로기와 표현행동(表現行動)에 성공적인 영향을 미치기 때문이다. 조직에서 문화적 리더십을 분석하기 위해서는 리더뿐만 아니라 관련 집단의 추종자와 상황이 리더십 과정에 어떠한 영향을 미치는지를 분석해야 한다. 한 집단에서 공식적으로 지명된 리더가 실패하고 대신 출현된 리더가 성공할 수도 있다. 출현된 리더에게 공식적 권위가 주어지면 출현된 리더는 지명리더가 될 수 있다. 뿐만 아니라 한 집단의 지명리더가 다른 집단의 출현리더가 될 수도 있다.

카리스마적 리더십을 분석해 보면 문화적 리더십의 과정을 잘 이해할 수 있다.

제5절 문화적 리더십의 요소와 그것이 문화에 미치는 결과

1. 문화적 리더십의 요소

트라이스 등은 문헌을 중심으로 연구한 결과 문화적 리더십의 요소와 그것이 문화의 혁신과 유지에 미치는 영향을 [표 7-1]과 같이 정리하였다.

표 7-1 | 문화적 리더십의 요소와 그것이 문화에 미치는 결과

요소	문화에 미치는 영향	
	혁신(innovation)	유지(maintenance)
1. 개인적 자질	자신감, 강한 신념, 지배적, 선교사, 극적, 표현력	집단 속에서의 자신감, 촉진자, 촉매자, 강한 신념, 설득적
2. 지각된 상황	위기	위기 아니거나 관리가능한 상황
3. 비전과 사명	급진적 이데올로기	보수적 이데올로기
4. 추종자의 귀속	리더가 위기처리에 필요한 비상한 자질을 가지고 있다.	리더는 과거에 성공적이었던 기존가치의 대변자이다.
5. 리더의 행동	효율적 역할모델, 성공과 유능감 창조, 이데올로기의 분명한 표현, 부하에 대한 높은 기대와 자신감의 의사소통, 동기부여	효율적 역할모델, 성공과 유능감 창조, 이데올로기의 분명한 표현, 부하에 대한 높은 기대와 자신감의 의사소통, 동기부여
6. 성과	위기관리에 있어서 반복적 성공	성공의 계속
7. 관리행동	새로운 구조와 전략 혹은 구조와 전략의 혁신	기존구조와 전략을 일신하고 강화, 구조와 전략의 점진적 변화
8. 문화유형의 사용	새로운 문화 이데올로기와 가치를 의사전달	기존의 문화 이데올로기와 가치를 확인하고 공표
9. 전통의 사용	새로운 전통 구축	기존전통의 계승
10. 시간의 지속성	변화의 제도화	계속성을 유지하여 활력 있게 함

자료 : Trice & Beyer, 1993, p.263.

[표 7-1]의 첫째 칸에는 웨버와 그 외의 카리스마에 대한 개념으로부터 추출한 문화적 리더십의 10가지 요소가 나타나 있다. 다음 칸에는 문화혁신과 문화유지를

야기하는 리더십의 차이가 나타나 있다. 문화혁신은 사회집단 내에서 일련의 새로운 공유이해가 발생할 때 일어난다. 새로운 이해는 리더가 자신의 아이디어로 구성원들에게 비교적 직접적인 영향력을 행사하거나, 새로운 문화의 메시지를 전달하기 위해 문화형식이나 행동을 보다 간접적으로 사용할 때 발생한다. 이러한 것은 대부분 동시에 발생하고 상호영향을 미친다. 공유이해에 대한 리더의 해석은 리더의 문화형태와 그 외의 행동에 영향을 미친다.

문화형태와 행동은 리더 자신들의 이해를 형성한다. 문화유지도 동일한 사회적 과정에 의하여 발생한다. 그러나 양자의 차이점은 공유된 이해에 대해 기존의 것을 계속하거나 강화한다는 것이다.

각 요소 중에 문화혁신적 리더십요소는 카리스마와 문화변화에 대한 문헌에서 추출한 것이다. 문화유지적 리더십에 대한 요소는 추론에 의한 것이거나 문화혁신적 리더십과 논리적으로 반대되는 것이다. 그러나 어떤 요소들은 극명하게 반대되지는 않는다. 각 요소에 대한 두 리더십을 비교하면 다음과 같다.

2. 문화혁신리더십

1) 개인적 자질

문화혁신을 포용할 수 있는 리더는 뛰어난 개인적 자질을 가지고 있다. 하우스(House, 1977)는 그러한 자질로서 높은 자신감, 지배력, 자신의 신념에 대해서 강한 도덕적 신념을 가지는 것 등을 들었다. 이러한 자질이 급진적 사명을 유지하고 구성원을 인도한다는 것이다. 클라크(Clark, 1970)는 대담성, 약속한 행동을 즉시 실천하는 것, 지배력, 계획에 의한 시작 등을 문화혁신리더의 자질이라고 보았다. 베익(Weick, 1979)은 전도자(evangelist)를 문화혁신리더의 자질로 보았다. 말과 행동에서 극적이고 표현적인 감각을 가지고 있어야 한다는 것이다. 베이어와 트라이스(Beyer and Trice, 1987)는 전도자, 극적인 감각, 표현력 등의 자질이 있어야 구성원들이 리더의 사명에 추종하려는 열정을 갖도록 할 수 있다고 했다.

2) 상황의 지각

문화혁신리더십은 위기적 상황에 적합하다. 클락(Clark, 1970)은 이러한 위기적 상황의 특성으로 조직에 팽배한 실패감, 점진적 변화로는 불충분하다는 일반적인 합의, 위기에 대한 지각의 공유 등을 들었다. 추종자들은 위기상황에서 급진적 사명을 잘 수용하는 경향이 있다.

3) 비전과 사명

문화의 혁신을 성취하기 위해 문화적 리더십은 기존조직에서 지배적인 이데올로기와는 완전히 다른 비전을 제시해야 한다. 새로운 비전은 추종자들을 인도하고, 통일시키며, 활성화하기 때문이다. 새로운 사명은 새로운 가치관과 규범을 요구한다. 즉 무엇이 바람직하고 무엇을 기대할 수 있는가에 대한 이해가 필요하다는 것이다. 이 경우 새로운 비전은 위기에 반응적인 것이어야 한다(O'Toole, 1984).

4) 추종자 귀속

문화의 혁신을 위해서는 리더의 개인적 자질과 급진적 아이디어가 추종자들의 입장에서 볼 때 조직이 처한 위기상황을 효율적으로 처리할 수 있는 것으로 보여야 한다. 리더 자신이 가지고 있는 매력보다 추종자가 리더에 대해 매력(magnetizability)을 가져야 한다.

5) 리더의 행동

리더의 행동이 추종자에게 영향을 미친다는 것은 모든 리더십이론이 동의하는 것이다. 하우스는 카리스마적 리더의 행동적 특성을 효율적인 역할모델, 성공과 유능감을 창출하는 행동, 이념적 목표의 명확화, 높은 기대의 의사소통과 추종자들에 대한 자신감, 동기유발적 행동 등으로 보았다. 리더의 이러한 행동들은 문화의 혁신과정을 촉진시킨다.

6) 성과

성공적인 성과는 리더의 영향력을 받치는 버팀목이다. 성공적인 성과는 급진적 비전과 카리스마적 사명감 및 그 외의 문화혁신리더를 타당화시키는 데 필수적이다. 성공적 결과가 있어야 추종자를 이끌고 유지하며 리더의 권위를 합법화할 수 있다. 리더의 합법화에 있어서 성공은 반드시 필요한 것이나 그 기준은 추종자들의 기대와 상황에 대한 평가에 따라 규정된다.

7) 관리행동

문화혁신에서 관리행동은 매우 중요하다. 웨버는 카리스마적 비전과 사명에 합치되는 관리기구가 비전과 사명을 일상화하는 데 매우 중요하다고 주장하였다(Weber, 1947). 효율적일 뿐만 아니라 이념을 실천하기에 적합한 관리구조가 없으면 비전과 사명감에 대한 사회적 충동은 점차 약화되어 사라지게 된다. 문화의 혁신을 위하여 기존조직의 구조를 변화시킬 필요성이 있다. 직무개혁, 상징조작, 재구조화, 권한 재분배, 분권화, 연구계획부서의 창설 등이 관리기구의 예이다.

8) 문화형태의 사용

리더의 비전에 포함된 문화적 이해를 의사소통하고 표현하는 것이 문화형태이다. 이야기, 신화, 의식, 보상체계, 언어, 상징 등을 통하여 문화적 의미가 의사소통되고, 공표되며 확인된다. 춤, 파티, 소풍, 기념식 등의 통합의식을 사용하여 추종자들에게 정서적 지원을 하고 그들을 조직에 통합시킨다.

9) 전통의 사용

이것은 문화를 창출하고 부양하는 전통으로서 문화형태의 사용과 밀접히 관련되어 있다. 창조된 문화는 이야기, 의식 등의 문화적 전통을 통하여 새로운 구성원들에게 전달된다.

10) 시간의 지속성

문화혁신리더십에서는 제도화에 의하여 변화가 지속된다.

3. 문화유지리더십

1) 개인자질

문화혁신리더와는 달리 문화유지리더는 선교사적 기질, 극단적이고 표현적인 자질은 없다. 그러나 집단 속에서 자신감을 표현하고, 촉진자로서 강한 신념을 가지고 있으며, 촉매자로서 역할을 한다. 설득적인 자질을 가지고 있다.

2) 상황의 지각

문화유지리더가 처한 상황은 위기가 아니며 관리가능한 상황이다. 가장 중요한 것은 전혀 위기가 없다는 것이 아니라 구성원들이 어느 정도의 위기감을 느끼고는 있지만 그것이 이전의 문화로서 대응하는 것이 가능하다고 생각한다는 것이다.

3) 비전과 사명

문화유지리더도 비전을 가지지만 그것은 과격하거나 급진적인 것이 아니라 보수적인 것이다. 문화유지리더는 사명을 유지하고, 명확한 역할을 강조하며, 집단이나 조직에 몰입한다. 또한 사명을 실천하기 위하여 목표를 구체화하는 과정에서 문화를 유형화한다. 조직이나 집단의 가치체계를 유지하고 문화의 통합성을 방어한다. 이데올로기를 유지하고 안정시키는 특성을 가진다.

4) 추종자 귀속

추종자들은 과거에 성공적이었던 기존가치체계를 유지하려고 한다.

5) 리더의 행동

문화혁신리더와 문화유지리더의 행동적 특성은 동일하다.

6) 성과

성과도 양자는 동일하다. 문화유지를 위하여 리더는 성공을 계속해야 한다.

7) 관리행동

문화유지리더는 기존의 조직구조와 전략을 쇄신하고 강화한다. 성장, 내부관리 문제, 환경변화 등에 적응하기 위하여 구조조정을 하며 전략을 점진적으로 변화시킨다.

8) 문화형태의 사용

문화유지리더는 기존문화의 이데올로기와 가치를 확인하고 공포한다.

9) 전통의 사용

문화유지리더는 기존의 전통을 계속한다.

10) 시간의 지속성

문화의 지속을 강조하고 기존문화의 활성화를 중요하게 생각한다.

이상 살펴본 바와 같이 문화혁신 리더의 특성은 문화유지 리더의 특성과는 상당한 부분에서 차이가 있다. 그러나 몇 가지 영역에서는 유사한 점도 있다.

제6절 문화적 리더십의 다양성

트라이스 등은 또한 문화혁신리더를 문화창조리더와 문화변화리더로 구분하고 문화유지리더를 문화구체화리더와 문화통합리더로 구분하여 문화적 리더십의 형태를 다양화하였다. 이것을 기초로 하여 각 리더십이 조직에서 처리해야 할 문제와 그 해결대책을 다음 [표 7-2]와 같이 정리하였다.

표 7-2 | 문화적 리더십의 다양한 유형

변수	문화혁신		문화유지	
	문화창조	문화변화	문화구체화	문화통합
중심적 조직문제	추종자를 매혹시켜 통합	구문화의 요소를 새로운 것으로 대체	기존문화가 활력을 갖도록 함	하위문화에 대한 다양한 이해관계 조정
조직 문제의 해결책	개인적 자질, 통합의식(統合儀式)	개인적 자질, 강등의식(降等儀式)	갱신의식(更新儀式)	갈등감소의식(葛藤減少儀式)
경영학 문헌의 유사개념	• Charismatic Leadership	• Turn around Leadership • Transformational Leadership • Reform from Within	• Institutional Leadership • Group Leadership • Heroic Leadership • Inspirational Leadership	• Consensus Leadership • Transactional Leadership

자료 : Trice and Beyer, 1993, p.264.

[표 7-2]에는 문화적 리더십의 4가지 변형된 유형에 대한 변수들이 나타나 있다. 그 변수들은 각 리더십에 있어서 조직의 핵심적 문제로부터 도출한 것이다.

1. 4가지 문화적 리더십

새로운 문화를 새로운 조직에 가져오는 리더십은 새로운 조직문화를 창조하는 리더십이다. 이 경우 핵심적 문제는 새로운 추종자들의 집단을 통일하고 그들의 관심을 끄는 것이다. 리더들이 자신들의 비전을 실현하기 위해 새로운 조직을 만드는 경우가 여기에 속한다.

이와는 대조적으로 새로운 문화를 만들어야 할 뿐만 아니라 자기들이 개혁하도록 요청받은 기존조직에 이미 존재하고 있던 문화를 처리해야만 할 경우가 있다. 이들이 직면한 핵심문제는 옛 문화의 요소를 어떻게 자신들의 비전으로 치환하느냐는 것이다. 그들의 리더십은 기존문화를 변화시키는 것이다.

조직문화를 유지하는 리더십이 직면하는 핵심 조직문제는 강한 하위문화에 의해서 분열된 조직과 비교적 통일된 조직에 따라 상이하다. 통일된 문화를 유지하기 위한 리더십의 핵심 조직문제는 단지 통일된 문화를 생기 있고 활기 있게 유지하면 된다. 그러한 리더십은 기존문화에 구체화된 것이다.

다양한 하위문화에 직면한 리더십의 핵심적 조직문제는 어떻게 다양성을 유지하는 동시에 문화차이를 조정하느냐는 것이다. 조직과 그 환경은 본질적으로 다문화지향적(多文化指向的)이기 때문이다. 따라서 대부분의 조직은 다양한 하위문화를 가지고 있다. 이러한 문화적 다양성 때문에 조직에서 조화를 유지하고 조직의 효율적인 기능에 영향을 미치는 다양한 하위문화 간의 합리적인 권력균형을 확보하기 위해서는 문화통합리더십이 필요하다. 문화통합리더십에서는 갈등감소의식을 통하여 문화를 통합한다.

[표 7-2]에는 이와 같은 핵심적 조직문제를 처리하기 위한 가능한 해결책이 표시되어 있다. 문화창조리더는 자신들의 의도대로 추종자들의 매력을 끌기 위해 처음에는 주로 개인적 자질에 의존해야 한다. 그들이 직면한 첫 번째의 조직문제는 새로운 구성원을 모집하는 것이다. 잠재적인 추종자들은 그들에게 영향을 미치는 위기를 효율적으로 처리할 수 있는 리더에 대해 확신을 가질 수 있어야 한다. 추종자들을 확신시키기 위해서는 뛰어난 자질이 필요한 바 그것은 보통의 리더십으로는 위기를 해결하기에 충분하지 않기 때문이다. 급진적 미션을 추구하기 위해서는 집단적 노력의 창출이 필요하고 이것을 위해서는 모집된 추종자들을 통일시켜야 한다. 모집된 추종자들은 이전에 함께 일한 적이 없기 때문에 그들을 통일하기 위해서는 추가적 노력이 필요하다. 통합의식(rites of integration)은 이러한 목적을 위해서 필요한 것이다.

기존의 조직에 들어온 리더는 문화의 변화를 추구하기 위해 기존문화의 신용을 떨어뜨리는 방법을 찾고 기존문화를 유지하지 못하도록 하기 위해 기존문화의 옹호자를 교체한다. 이러한 상황에서는 강등의식(rites of degradation)이 일반적이다. 물론 그러한 리더는 추종자들이 자신들의 비전을 따르도록 확신시킨다. 이렇게 하기 위해서는 뛰어난 개인적 자질이 필요하다. 리더가 자신을 표현하고 강한 신념과 지배적인 퍼스낼리티를 가지고, 드라마와 웅변으로 새로운 비전을 설파하지 않는 한 추종자들이 기존문화에서 획득한 안전성(기득권)을 포기하려고 하지 않을 것이다.

아마도 가장 용이한 형태의 문화적 리더십은 기존문화를 구체화시키는 리더십일 것이다. 이것은 이미 구성원들에게 침투되어 있는 문화에 대해 아이디어를 강화하고 충동하는 것이다. 그러나 기존조직은 다루어야 하는 변화적인 성격이 많기 때문에 문화를 유지하고 활력 있게 하기 위해 역동적인 조치를 취할 필요가 있다. 갱신의식(rites of renewal)이 이러한 목적을 달성하기 위해 가장 효율적이다. 기존문화의 가정과 가치관을 위협하지 않는 수준에서 구성원들이 어떤 변화가 발생하고 있다는 것을 인식할 수 있을 정도로 절차와 구조에 대한 소규모 조정을 하는 것이다.

이상과 같은 4가지 유형의 문화적 리더십은 [표 7-2]에 표시된 바와 같이 기존의 경영학 문헌에 나타난 것과 유사성을 가지고 있다. 따라서 이상에서 제시한 유형은 여러 가지 아이디어를 통합하고 분류하여 만든 것이라 할 수 있다. 전술한 바와 같이 문화를 창조하는 혁신적 리더십은 카리스마적 리더십에 대한 고전적 설명과 유사한 것으로 그러한 리더는 새로운 조직이나 사회운동에서 흔히 발견된다.

문화창조, 문화변화, 문화구체화, 문화통합리더십의 구체적인 내용을 설명하면 다음과 같다.

2. 문화창조리더십

리더가 조직은 어떠해야 하는지를 설명하고, 조직목적의 달성을 위해 비전의 성취를 위한 사회적 과정을 가동시키면 조직문화는 창조된다. 실제로 리더의 비전은 새로운 조직문화의 소재(素材)가 된다. 그러한 리더는 리더의 비전을 실천하기 위해 새로운 조직을 설립하는 일반사회에서 출현하거나 그러한 비전을 가진 사람이 타인에 의해 지명되거나 아니면 자신의 조직을 설립하는 카리스마가 문화를 창조하는 명백한 경로이지만 유일한 것은 아니다. 문헌에 의하면 카리스마적 특성이 없는데도 효율적인 문화를 창조하는 경우가 있다.

카리스마적 리더는 그 비전이 급격하기 때문에 새로운 조직의 설립자가 된다. 그런 리더는 기존의 조직과 문화에서 나온다. 그러나 기존조직에서는 비전을 실천하는 것이 불가능하기 때문에 비전을 구현할 다른 조직을 찾는다. CIO(committee of industrial organizations)의 설립자 존 루이스(John L. Lewis), 오나이다실버회(Oneida Silver Company)의 알프레드 노이스(Alfred Noyes), 리드칼리지(Reed College)의 윌리엄 포스터(William T. Foster), 메리케이(Mary Kay)화장품회사의 메리 케리(Mary Kay) 등이 그 예이다(Trice and Beyer, 1993).

루이스는 1930년대 AFL(American Federation of Labor)의 자매조직인 UMW(United Mine Workers)의 회장이었으나 미국의 대공황기에 AFL이 해결하지 못한 노사 간의 전쟁을 대규모 기업의 비조직 근로자들을 결합시킨 CIO (committee of industrial organizations)를 창설함으로써 해결하였다. 그의 비전은 미국의 노동운동에 충격을 주었고 노동조합에 이전과는 전혀 다른 문화를 창조하였다(Dubofsky, Van Tine, and Lewis, 1977).

자신의 이름을 따서 메리케리화장품회사를 설립한 메리도 자신의 이데올로기와 가치관에 따라 기업문화를 창조한 카리스마적 리더의 좋은 예이다. 여성도 가정을 돌보면서 사업에 성공할 수 있다는 비전을 가지고 많은 문화형태를 사용하여 성공적인 조직문화를 창조하였다(Trice and Beyer, 1984).

그러나 [표 7-2]의 문화혁신리더십의 요소를 모두 갖춘 카리스마적 리더십의 사례는 흔하지 않다. 대부분의 사례에서 보면 위기가 존재한다는 공통성을 가지고 있다. 대부분의 사례가 비전을 가지고 있지만 추종자들을 이끌 메시지로 전환하는 경우는 드물다.

[표 7-2]에 의한 카리스마적 리더의 조건을 갖추고 있지 않으면서도 문화를 효율적으로 창조한 리더들이 있다. 풀러브러시사(Fuller Brush Company) 설립자인 알프레드 풀러(Alfred Fuller)가 그 예이다. 풀러는 우수한 세일즈맨 출신으로 방문판매로 성공한 사람이다. 방문판매 세일즈맨들이 고객들로부터 거절을 당할 때 느

끼는 좌절감을 해소하기 위해 회사주최의 무도회, 파티, 소풍 등을 통하여 응집성을 고취하고 근로자들을 단결하도록 만들었다(Trice, 1993).

권한에 의하여 임명된 사람이 새로운 조직의 책임자가 되었을 때 새로운 조직문화를 창조하는 경우도 있다.

설립자가 조직의 문화를 창조할 가능성은 많지만 반드시 문화창조에 성공하는 것은 아니다. 샤인에 의하면 ① 설립자의 이데올로기가 설립된 조직구성원들 사이에 공유(共有)되고, ② 이러한 공유가 조직이 상당히 커진 다음에도 지속될 때 설립자가 조직의 문화창조에 영향을 미칠 수 있다고 한다(Schein, 1983).

3. 문화변화리더십

어떤 요인에 의하여 문화의 기본적 요소가 변화했을 때 문화는 변화한다. 문화의 변화는 이데올로기의 변화와 지배적 문화행태의 변화를 포함한다. 전자(前者)는 문화변화의 원인이고 후자(後者)는 문화변화의 결과이다. 미세한 적응이나 불가피한 상황적응은 문화의 변화가 아니다. 실질적인 문화변화의 기준은 ① 사람들의 활동이 문화변화에 어느 정도 영향을 받는가, ② 어느 정도의 자원이 대체되었는가, ③ 얼마나 새로운 이해와 행동이 문화에서 표현되는가 등이다. 문화를 변화시키는 리더십이란 실질적이고 의도적으로 문화를 변화시키는 것을 의미한다.

문화의 변화를 초래하는 리더십에는 ① 회생리더십(turnaround leadership), ② 변혁적 리더십(transformational leadership), ③ 기존으로 부터의 개혁 등이 있다. 앞의 2개는 지명된 리더이고 세 번째 것은 출현된 리더이다.

리 아이아코카(Lee Iacocca)는 회생리더십의 대표적인 예이다. 아이아코카는 임명된 리더이며 조직문화를 변화시켰다. 초기 크라이슬러(Chrysler)에서의 리더십은 카리스마적 리더십의 모든 조건을 다 갖추고 있다. 아이아코카는 카리스마적 리더의 자질을 갖추고 있었지만 포드자동차회사에 근무할 때는 카리스마적 리더십을 발휘할 상황이 아니었다. 1978년의 크라이슬러는 위기상황이었다. 외적으로는 재정위기와 대량의 리콜(recall)이 발생하였고 무질서와 경영의 혼란이 계속되어 가망 없는 회사로 전락하고 있었다. 이러한 회사의 회장이 된 그는 뉴 크라이슬러

(New Chrysler)라는 비전을 선포하였다. 뉴 크라이슬러는 ① 부채를 청산하고, ② 국내외의 시장경쟁력을 향상시키는 것이었다. 성공의 가능성을 가진 비전을 선포하여 그것을 실천할 핵심관리자들을 움직였다.

아이아코카는 정부로부터 15억 달러의 채무보증을 받았고 UAW의 회장을 크라이슬러의 이사(Board of Director)로 임명하였다. 그는 TV에 직접 출연하여 간단명료한 언어로 자신의 비전을 표현하였다. 그의 이와 같은 리더십의 실천으로 1983년에는 채무의 상당액을 변제하고 경영악화에서 탈출했으며, 수익성 높은 차를 생산하기 시작했고, 정부보증 채무를 변제하였다. 자신의 급여가 크라이슬러로 옮길 당시에 36만 달러였는데 1979년에 그의 연봉을 1달러로 정하여 조직구성원들에게 자신이 뉴 크라이슬러에 깊이 관여하고 있다는 것을 믿도록 하였다. 1982년에는 자신감의 표현으로 Dodge와 Chrysler Convertible을 생산하였다. 그의 자서전은 1986년 6월까지 50만 부가 판매되어 비소설부분의 베스트셀러가 되었다(Trice and Beyer, 1993).

조직이 위기에 처하기 전에 조직의 주요 문화를 변화시키는 리더십이 변혁적 리더십이다. GM을 개혁한 알프레드 슬로언(Alfred P. Sloan)이 그 예에 속한다. 그는 하위경영자로부터 최고경영자까지 진급했다는 점에서 아이아코카와 유사하다. 분권관리(分權管理)로 GM을 재조직하고 자율적인 조직을 설계하여 해당 부서의 관리자가 그 부서를 책임지도록 하였다. 분권화된 제조시스템과 집권화된 정책 및 재정통제를 결합시킨 GM모델을 만들었다. 이것은 미국 내뿐만 아니라 세계적인 조직모델이 되었다.

위기의 부재(不在) 가운데 조직을 급격하게 변화시킨 다른 예는 1928년에서 1953년까지 시어스로벅(Sears Roebuck)의 회장이었던 제너럴 로버트 우드(General Robert E. Wood)이다. 그가 CEO가 되었을 때 시어스는 침체되어 있었다. 몽고메리사(Montgomery Ward)가 최고 경쟁회사로서 mail-order방식의 사업을 확장하고 있었다. 시어스의 시장지배력은 4년간 하강하고 있었다. 그는 미국통계국(U.S. Census)과 의논하여 인구동향을 파악하고 교외지역에 소매점들을 개장하였다. 자동차의 증가에 따른 소비자들의 구매습관을 예측한 것이다. 1954년에 우드가 은퇴했을 때 시어스는 600개 이상의 소매점을 개점했으며 11개의 mail-order plants와 570개의 catalog sales office를 가진 지배적인 회사가 되었다. 우드는 지배적이고 확신에 찬 리더로서 성공적인 군경력과 시어스에 근무하기 전 몽고메리사(Montgomery Ward)에 잠시 근무한 경력이 있었다. 제1차 세계대전 시에는 미군 전체의 군수품을 공급하는 책임자였고 제1차 세계대전 전에는 파나마운하 건설의 민간과 군인 인력공급 책임자였다.

그의 기본적 철학은 실용적인 인본주의(human pragmatism)였다. 인간적 가치가 경제나 사업적 가치와 상충되어서는 안 된다고 믿었다. 시어스에서 30여 년간의 근무를 통해서 정당하게 보살피고 양육하면 근로자들은 상호지원적이 된다는 것을 증명하였다. 그 당시 시어스를 제외하고는 인본주의적 가치를 보존하려고 노력한 회사는 거의 없었다. 사람들은 상위층의 독재적인 경영통제를 싫어했다. 군경력 소유자이면서도 평평한 조직도(flat organization chart)를 고안하여 많은 계층을 제거하였다. 제2차 세계대전이 종료될 때쯤 인사관리부서가 근로자 의견조사프로그램을 향상시키도록 독촉하였다. 그 결과 1944년 시카고대학의 Committe on Human Relation in Industry와 지속적인 관계를 갖도록 하였다. 고도로 개혁적인 학회의 지지자가 된 것은 시어스가 처음이다.

위기 없이 임명된 리더가 혁신을 통하여 조직의 실질적인 문화를 변화시키는 것은 카리스마적 리더십보다는 더욱 일반적이다. 그런 리더는 성공을 위하여 혁신적인 아이디어를 갖는 것 이상이어야 한다. [표 7-2]에 의한 문화변화리더십의 여러 가지 요소 외에 기존문화에 민감하여 기존문화를 혼란시키지 않고 새로운 문화를 만들어 발전시키는 경우도 있다.

기존으로부터의 개혁은 임명되지 않았지만 기존조직에서 출현하여 문화의 변화에 성공한 리더이다. 기존문화는 과거의 경험에 기초한 것이기 때문에 구성원들로부터 환영받고 공유된다는 점에서 보수적이다. 단지 소수만이 급격한 비전과 수많은 설득으로 조직에서 출현하여 조직문화를 급격하게 변화시킬 수 있다. 조직에서 권력을 가질 수 있도록 임명되지는 않았지만 자신들이 비전을 개발하여 조직문화의 변화에 성공하기 위해서는 비상한 자질을 가져야 하고 추종자들의 지지를 받아 카리스마적 설립자들과 유사한 상황을 만들어 내야 한다. 이미 수용되고 있는 문화와 연결될 수 있는 새로운 문화를 만들면 성공할 가능성이 높다. 기존조직의 문화를 개혁한 리더의 사례는 흔하지 않다. 수많은 기존조직 출신자가 문화의 변화를 시도하지만 실패하는 경우가 많다.

4. 문화구체화리더십

이것은 기존문화를 보존하고 구체화하는 리더십이다. 이들은 자기집단의 지배적인 이데올로기를 향상시키고 실천하고 보호한다. 이러한 리더십은 다음과 같은 3가지의 중요한 일을 한다. ① 조직의 사명을 유지하고 구분되는 역할을 하며 조직에 기본적 몰입을 한다. ② 사명을 실제로 실천함으로써 조직의 목적을 구체화하여 문화의 모양을 결정한다. ③ 문화의 통합성(integrity)을 방어함으로써 조직의 가치와 동일성을 유지하고 그 이데올로기를 가능한 안정적이도록 한다. 조직구성원들이 추상적인 일을 처리하는 데 어려움이 있을 경우 문화구체화리더는 상징물이 된다. 추상성을 구체화하여 물질적인 목표를 처리한다. 리더는 구체화의 손쉬운 목표이며 따라서 문화를 상징화한다. 문화구체화리더십에는 ① 제도적 리더십(institutional leadership), ② 소집단 리더십(group leadership), ③ 영웅적 리더십(heroic leadership)이 있다.

제도적 리더십은 사회집단의 사명과 역할을 재규정하고 이데올로기를 촉진시키는 리더십으로서 임명된 리더가 수행하는 문화적 기능이다. 이러한 재규정과 촉진을 통하여 사회집단의 활동을 지원한다. 그들은 소속집단에서 오랫동안 생활한 구성원으로서 그 집단의 문화를 잘 이해하고 있는 사람들이다. 조지 워싱턴(Geroge Washington)이 그 예이다. 그는 ① 전통적 영국문화에 기초를 두고 정치, 경제, 사회구조를 유지했으며, ② 카리스마적 자질이 없고, ③ 평범하다는 것 때문에 그 당시의 지배적 이데올로기를 가장 잘 반영하는 대변자가 될 수 있었다.

IBM의 토마스 왓슨 주니어(Thomas Watson Jr.)는 설립자인 아버지와 차이가 나지만 아버지가 설립하여 중요한 역할을 수행하던 IBM의 주요 사명과 이데올로기를 유지했다. 성과에 대한 높은 기준과 소매에 집중하고, 높은 수준의 도덕과 윤리기준으로 소비자에 대한 서비스를 강조하고 공격적인 마케팅을 실시하였다. 문화구체화리더의 중요한 역할은 집단의 일상생활에 의미를 부여하는 사명과 일련의 가치체계를 표현하는 것이다.

소집단 리더십은 소집단에서 출현하는 비공식적 리더십으로서 보통 문화구체화리더이다. 그 이유는 그러한 리더는 집단 내에서 지배적인 문화를 동일시하여 기존문화를 존경하고 행동으로서 그 문화를 대변한다. 홀랜더(Hollander, 1958)는 특이 평판이라는 용어를 사용하여 집단문화에 동조하지 않거나 개혁자를 통제하는 과정을 설명했다. 집단규범에서 일탈하거나 규범의 실천수준이 낮게 되면 평판수준(credit balance)를 감소시키고, 집단규범에 동조하거나 규범을 실천한 성과가 높으면 평판수준을 증가시킨다. 이 신뢰가 일정한 영역에 도달한 구성원만이 리더십의 역할을 획득할 수 있다. 따라서 기존의 집단문화를 존경하고 행동으로 그 문화를 대변하는 사람이 집단의 리더십 역할을 지명받을 수 있다.

왜 특정인이 집단의 비공식적 리더가 되는가에 대한 또 다른 설명은 실험으로부터 나왔다. 소위 재잘거림의 가정(babble hypothesis)이라고 하는 것으로 집단에서 말을 가장 많이 하는 사람이 리더로 부상된다는 것이다(Sashkin and Garland, 1979). 이 사람들은 언어가 유창할 뿐만 아니라 지배적인 퍼스낼리티 특성을 가지고 있어서 외부인에게 집단의 이해관계를 대변한다.

소집단의 리더들은 지배적인 집단규범과 문화적 실천을 강화하는 노력을 하기 때문에 문화적 리더가 되는 경우가 많다. 집단이해와 경계에 대한 방어는 권력이 없는 집단구성원들에게는 매우 중요한 것이다. 집단리더들은 권력의 5가지 원천 중 준거권력(準據權力)에 의존하는 경우가 많다. 그것은 집단구성원들이 리더의 특정 퍼스낼리티 자질을 좋아하고 따라서 추종자들에게 역할모델이 되기 때문이다.

비공식리더는 일정한 부분의 전문가인 경우가 많다. 집단구성원들이 가치 있게 생각하는 전문적 능력을 가지고 있기 때문이다. 뿐만 아니라 비공식리더는 보통 집단구성원들의 입장에서는 보상적 권력과 강제권력을 가진 것으로 인식된다. 따라서 동조성이 확보될 때는 보상하고, 일탈행동에 대해서는 처벌함으로써 집단의 가치관과 규범을 강화하는 것으로 구성원들이 기대한다.

비공식적 리더의 영향력의 기초는 특정 하위문화의 기존가치관과 규범을 구체화하는 것이기 때문에 그들의 영향력이 다른 하위문화로 전이되지는 않는다. 한 집단에서 효율적인 리더라고 해서 다른 집단에서도 효율적인 것은 아니기 때문이다. 한 집단의 비공식적 리더가 다른 하위문화의 리더가 되는 경우는 드물다. 공식적으로 임명된 리더가 문화구체화리더가 되는 경우도 있다.

영웅적 리더(heroic leader)들은 일상적인 의미에서 리더가 아니라 다른 사람에게 영향을 미치려고 의식적으로 노력하는 리더이다. 영웅적 리더들은 다른 사람들이 받는 영향력의 정도에 따라서 문화구체화리더의 기능을 수행한다. 그들은 회사의 근로자들이 따를 역할모델이 된다. 영웅은 위대한 동기부여자이며 마술사로서 어려울 때 모든 사람이 그에게 의존하고 싶어 한다. 영웅적 리더들은 흔들리지 않는 성격적 특성과 스타일을 가지고 있다. 그들은 모든 사람이 원하지만 두려워서 하지 못하는 일을 한다. 영웅은 상징적인 존재로서 그들의 행동은 일상적(日常的)인 것이 아니기 때문에 추종자의 입장에서 볼 때 영웅으로 보이는 것이다. 그들은 흔히 인간의 능력범위 내에서 성공적인 일을 극적으로 이루어낸다(Deal and Kennedy, 1982).

관리자들이 영웅적 리더가 되는 경우는 드물다. 영웅들은 결정적(decisive)이지 않고 직관적(intuitive)이기 때문이다. 그들은 의사결정을 하지 않고 "그것이 비전에 적합한가"를 따진다.

5. 문화통합리더십

조직과 그 환경은 다문화지향적(多文化志向的)이다. 대부분의 조직은 하위문화를 가지고 있다. 이러한 문화적 다양성 때문에 조직에서 조화를 유지하고 조직의 기능에 영향을 미치는 다양한 하위문화 간의 합리적인 권력균형을 확보하기 위해서는 문화의 통합이 필요하다. 문화통합리더십의 종류에는 합의적 리더십(consensus leadership)과 교환적 리더십(transactional leadership)이 있다. 전자는 조직의 정상에 있는 리더에 의한 것이고 후자는 직근 상사에 의한 리더십이다.

합의적 리더십은 협상, 절충(trade-off) 및 기타의 방법을 통하여 다양한 가치와 이해관계를 조정하여 집단이 협력적인 의사결정과 행동을 할 수 있도록 해준다. 합의적 리더십은 다양한 하위문화를 포함하는 문화를 창조하거나 기존문화를 변경하는 것이 아니라 다양한 하위문화들이 그 독특성을 유지하면서 작동될 수 있도록 영향력을 행사한다. 이러한 리더들은 좋은 청취자, 협상자, 조정자이기 때문에 문화의 통합방법을 역동적으로 만들어 낸다. 또한 보편적 의사결정의 촉진자와 보상과 처벌의 분배자로서 행동하며, 상이한 하위문화를 각 하위부분에 설명할 수 있는 좋은 의사전달자이다. 그들은 완전한 합의에 도달하는 것을 추구하는 것이 아니라 눈앞의 문제만을 충분히 처리할 뿐이다.

자기들의 특정 이해관계를 실현시키기 위하여 조직에 압력을 행사는 외부 이해관계자들이 있기 때문에 경영은 외부 이해관계자들의 상호 간의 이해관계뿐만 아니라 내부의 다양한 이해관계를 균형시킬 방법을 찾아야만 한다. 근로자, 주주, 노조, 정부기관, 공급자, 수요자, 고객, 채무자, 지역사회의 구성원 등 모든 이해관계자들은 조직에 그들의 운명이 달려 있기 때문에 자신들의 요구를 조정하거나 통합하는 방법을 찾지 못하면 조직의 기능화는 방해를 받게 된다. 따라서 최고경영층의 누군가가 다양한 내 · 외부의 이해관계를 조정하는 역할을 하는 합의적 리더가 되어야 한다.

피에르 듀퐁(Pierre Du Pont)은 듀퐁(Du Pont)사(社)가 급성장할 때 경쟁적인 가족을 통합시킨 사람으로 합의적 리더의 좋은 예이다. 20세기 초에 피에르가 듀퐁사에서 활동할 때는 화약과 폭발물을 만드는 회사였다. 처음에 그는 그의 두 사촌 콜맨(Coleman), 알프레드(Alfred)와 함께 회사를 공동으로 운영하였다. 피에르는 재무관계를 담당하였다. 1900년대 초기 많은 회사합병에 중심역할을 했다. 다른 화약회사와 계속적인 협상을 하고 합병을 하였으며 합병 후에는 지속적으로 성장하는 회사로 성공적으로 통합시켰다. 미국 산업에서 처음으로 부서구조를 가진 조직을 혁신적으로 설계하게 되었다.

피에르는 가족에 기반을 둔 문제점을 해결하여 회사의 통합에 위협이 되는 문제들을 해결하였다. 무엇보다도 해결해야 할 중요한 문제는 자신과 사촌들 간의 경쟁으로서 이것이 전체 대가족에게 영향을 미쳤다. 그러나 그는 이러한 문제들을 생산적으로 해결하였다(Trice and Beyer, 1993).

합의적 리더가 최고경영층에 속해 있는 반면에 다양한 이해관계를 가진 사람들과 하위집단에서 발생하는 갈등을 해결하기 위해서는 하위계층의 리더십 또한 필요하다. 그러한 리더십은 일상적인 사회적 교환과정에 의존한다. 교환적 리더십은 추종자들의 성과와 순응을 보상 · 교환하는 데 협상의 초점을 두는 리더십이다. 이러한 과정에서 교환적 리더는 협동적 노력을 끌어내기 위해 다양한 가치체계와 이해관계를 균형시키고 조정한다. 때로 그들이 관리하는 보상은 물질적이 아닌 경우도 있는데 피드백, 칭찬, 진급추천, 공개적 인정, 명예롭게 하는 것 등이 그것이다. 이러한 비물질적 보상은 고도로 상징조작적이어서 그것이 근로자들에 갖는 의미는 하위집단의 신념체계, 가치관, 규범 등에 따라 상이하다(Trice, 1993).

제7절 요약

이상으로 리더십의 본질에 대한 문화적 접근을 함으로써 리더십의 경계를 재정의(再定意)하려는 시도를 하였다. 기존 리더십이론의 제한점을 지적하고, 리더십의 복합적 · 총체적 · 과정적 · 집단적 성격에 대한 것을 살펴보았다. 대부분의 리더십 연구에서는 리더십의 형태를 다루고 있으며, 리더십의 보편적 과정에 대한 연구를 소홀히 하는 경향이 있다. 리더십의 본질은 과정에 있지 형태에 있지 않다.

리더십 과정의 본질을 인류학 문헌을 중심으로 문화적 맥락에서 살펴보았다. 분석결과 문화에 대한 연구들도 형태에 관한 것이 대부분이고 과정에 대한 연구를 소홀히 하는 경향이 있었다. 문화에 대한 선행연구를 분석한 결과 리더십은 문화의 표현이라는 것을 알 수 있다. 문화에 대한 10가지 본질을 살펴보았다. 물론 9가지는 중첩되는 부분도 있다. 그러한 10가지 본질은 문화에 대한 보편적 차원이라는 것을 알 수 있었다. 문화는 리더십을 이해하기 위한 메타퍼이다.

문화의 본질을 살펴보면 기존 리더십이론을 평가할 수 있다. 철학, 사회학, 심리학, 조직과학, 정치과학, 인류학에서의 리더십이론을 다학제적 관점(多學際的 觀點)에서 살펴보았다. 이러한 분과 과학에서는 리더십에 대해 분과학문 나름의 스펙트럼을 파악하고 있었다. 기존의 리더십이론은 복합적이고, 집단적이며, 과정적이고, 다학제적이며 윤리적인 리더십의 본질 파악에 실패하였다. 리더십의 이러한 본질은 보편적인 것이었다. 인류학을 제외한 대부분의 분과 과학에서는 리더십의 그와 같은 본질을 다루지 않았다.

다학제적 접근을 통하여 통합한 10가지의 리더십의 본질은 문화의 10가지 본질과 병행적이며 유사하다는 것을 알 수 있다. 리더십의 본질과 문화의 본질은 분리될 수 없으며 양자는 동형이질적(同形異質的)으로 합치(isomorphic congruence)된다.

이상과 같은 분석에 의하여 리더십을 정의하면 리더십은 역동적이고 적응적이며 윤리적 과정에 의하여 리더와 추종자가 집단관계를 형성하고 그것으로 사회적으로 유의미한 구조를 만들고 사회적 · 정치적 · 언어적 · 상징적 · 발생적 자원을 활용하여 인간의 욕구를 충족시키는 것이라는 것을 알 수 있다.

리더십에 대한 문화적 접근의 결과 다음과 같은 4가지의 결론을 얻을 수 있다. ① 리더십의 본질은 문화적 접근을 통하여 가장 잘 정의할 수 있다. ② 문화적 표현으로서의 리더십은 형태로서가 아니라 과정으로 정의할 수 있다. ③ 리더십을 과정으로 정의할 경우 그것은 보편적인 현상이다. ④ 상호의존적 스펙트럼으로 볼 때 리더십은 다학제적 본질을 가진다.

이러한 결론에 따라 새로운 리더십이론이 탄생한다. 리더십에 대한 기존이론은 문화와 리더십의 전체적인 관계를 포함하지 않았다. 새로운 이론에 의하면 리더십의 본질은 과정이고 보편적이며 다학제적 현상이다. 리더십은 사회구조 중의 하나가 아니고 문화의 창조와 재형성의 결절(結節, nodal place)을 점유하고 있으며 따라서 사회구조의 핵심에 존재한다. 사회집단과 집단의식의 형성에서 리더십은 중심적 위치를 차지하고 있으며 사회의 가치관, 태도, 상징, 구조 등에서 매우 중요하다. 리더십은 인간사회의 응집성에 관련된 많은 변수와 분리될 수 없다. 리더십은 응집성의 중심에 있다(Kracke, 1978).

리더십은 문화의 사회적 형태를 표현할 수 있는 협동적 방법으로 집단행동을 움직이는 힘이다. 리더십은 사회시스템을 움직이도록 한다. 리더십 과정에서 발생하는 사회형태가 없으면 사회는 존재하지 않는다. 문화의 창조자와 재형성자로서의 리더십의 핵심 역할은 보편적인 것이다.

리더십은 사회형태를 창조할 뿐만 아니라 공식적 구조와는 상이한 과정이기도 하다. 리더십은 사회구조와 퍼스낼리티를 매개한다. 매개자로서 리더십의 역할은 개인의 동기, 욕구, 의도를 공동의 활동으로 이동시키고 출현적 집단에너지와 정서를 사회조직의 실질적 변화에로 향하도록 한다. 중개자로서의 리더십은 또한 사회구조와 퍼스낼리티의 완충장치이며 사회행동의 규칙성과 개인의 불규칙성을 조정한다. 크랙크(Kracke)는 리더십을 규범적 요구의 완충자로서 개인이 자신의 욕구를 충족하고 잠재력을 실현할 수 있도록 집단 내의 niche를 발견하도록 해준다고 주장하였다. 리더십이 리더와 추종자의 독특하고 광범위한 정서적, 도덕적, 교환적 행동유형을 연결시키기 때문에 리더십 과정의 산물인 사회형태는 독특한 행동을 보다 나은 사람들의 집단적 욕구를 충족시키기 위해 사회조직을 혁신하는 데 집단적으로 집적(集積)시킨다. 행동을 규제하는 규칙이 많은 개인들의 저항에 부딪히면 그런 규칙은 불만족한 사람들이 그들의 에너지를 집단적으로 발산시키기 때문에 변화할 수 있다. 리더십은 문화변화의 주요 메커니즘이다.

리더십의 과정은 보편적이지만 특정문화에서의 리더십의 형태는 문화의 형태만큼 다양하다. 리더와 추종자는 다양한 퍼스낼리티와 스타일을 갖는다. 그러나 리더로 출현하는 사람은 자신의 욕구뿐만 아니라 추종자의 정서적, 도덕적, 교환적 욕구를 반영하고 상징화해야 한다. 리더는 그가 이끄는 집단과 분리하여 규정할 수 없다. 리더와 추종자는 자신들이 움직이는 문화에 의하여 구체화되고 제약된다. 성공적인 리더와 추종자를 형성하는 자질, 기능, 스타일, 카리스마, 상황변수와 수많은 퍼스낼리티 요인 등은 문화적 맥락이 그 존재를 허용할 때만 활용된다. 리더십의 형태를 윤색(潤色)하고 제약하는 기준을 만드는 것은 문화이다. 리더십의 과정과 형태를 구분하지 않았기 때문에 관리와 같은 수많은 현상을 리더십이라는 이름으로 연구한 것이다.

리더십의 형태와 과정을 전술(前述)한 10가지의 본질에 따라 구분할 수 있어야 한다. 과정으로서의 리더십은 상호작용적인 관계이며 리더와 추종자의 역동적인 관계는 문화에 따라서 다중적인 형태를 가지게 된다.

사회조직의 핵심에 있으며 근본적으로 문화적 현상인 리더십은 다양한 개인을 리더와 추종자 간의 집단적 관계로 결합시킨다. 리더십은 현존하고 출현하는 인간의 기본적 욕구에 뿌리를 두고 있다. 리더십의 목적은 발전하고 변화하는 사람들의 욕구충족 메커니즘을 제공하는 것이다. 리더십과 문화는 사람들이 자신의 정체성을 형성하고, 생활에 의미를 불어넣으며, 이해된 수준에서 상호작용하고 개인존재의 범위와 희망을 제공하는 2개의 주요 수단이다.

리더십에 대한 문화적 접근에서 얻을 수 있는 또 하나의 중요한 명제는 대부분의 리더십이론의 문제점으로서 리더십 행동을 실천하는 사람의 범위를 좁힘으로써 리더십에 대해 엘리트적인 파악을 한 것이다. 리더십은 문화와 관련되어 있기 때문에 문화 내의 모든 사람들은 리더십 행동을 실천할 수 있다. 모든 문화는 리더십 행동을 창출하고 또 리더십 행동은 문화를 성장시킨다. 리더십은 선택된 집단의 리더들이 수행하는 엘리트적 역할이 아니며 모든 사람들이 리더와 추종자로서 참여할 수 있는 과정이다.

리더십은 또한 지위에 관련된 것이 아니다. 지위가 없는 사람도 리더가 될 수 있다. 어느 한 맥락에서 리더인 사람은 다른 맥락에서는 리더가 아닐 수 있다. 자원에 접근할 수 있는 사람이 리더이지 지위가 있다고 해서 리더가 되는 것은 아니다. 리더와 추종자의 관계에 속한 모든 추종자들은 자원과 권력의 원천이며 역동적인 리더는 이것을 활용할 수 있다.

리더십에 대한 문화적 접근은 현상을 분해함으로써 실제를 더 잘 파악할 수 있다는 과학적 패러다임의 변화를 가능하게 한다. 리더십과 문화에 대한 패러다임은 실제가 복잡하고, 광범하며, 역동적이고, 과정적이며, 다차원적이고, 상호의존적이며, 다중관점에 의한 지각이고, 집단적이며 전체적인 것이어야 한다.

참|고|문|헌

Adams, John D., *Transforming leadership: From Vision to Result*, Alexandria, VA., A Miles River Press, 1986.

Adorno, T. W., *The Authoritarian Personality*, New York, W. W. Norton, 1950.

Argyris, C., Leadership, Learning and Change the Status Quo, *Organizational Dynamics*, Vol.4, Winter, 1976, pp.29~43.

Aronoff, M. J., Ideology and Interest, The Dialectics of Politics. In Aronoff M. J. (Ed.), *Political Anthropology*, Yearbook, 1., London, England, Transaction Books, 1980.

Bailey, F. G., *Humbuggery and Manipulation, The Art of Leadership*, Ithaca, New York, Cornell University Press. 1988.

Baldelli, G., *Social Anarachism*, Chicago, Aldine-Atherton, 1971.

Barth, F., *Models of Social Organization*, Royal Anthropological Institute Occassional Paper No.23. 1966.

Bass, B. M. and B. J. Avolio, Developing Transformational Leadership : 1992 and beyond, *Journal of European Industrial Training*, Vol.14, 1990, pp.21~27.

Bass, B. M. *Stogdill's Handbook of Leadership*(Rev. ed), New York, The Free Press, 1981.

Bass, B. M., D. A. Waldman, B. J. Avolio, and Michael Bebb, Transformational Leadership and the Falling Dominoes Effect, *Group & Organizational Studies*, Vol.12, No.1, March, 1987, pp.73~87.

Bass, B. M., *Improving Organizational Effectiveness through Transformational Leadership*, San Francisco, CA., Sage Publication, 1994.

Bass, B. M., *Leadership and Performance beyond Expectation*, New York, The Free Press, 1985.

Bass, B. M., Transformational Leadership and Organizational Culture, *International Journal of Public Administration*, Vol.17, No.3 & 4, 1994, pp.541~554.

Bate, Paul, Using Culture Concept in an Organization Development Setting, *The*

Journal of Applied Behavioral Science, Vol.26, No.1, 1990, pp.83~106.

Bennis, W., *Why Leaders Can't Lead: The Unconscious Conspiracy Continues*, San Francisco, CA., Jossey–Bass Publisher, 1989.

Beyer, J. M. and H. M. Trice, How an Organization's Rites Reveal Its Culture, *Organization Dynamics*, Spring, 1987, pp.5~24.

Birket–Smith, K., *The Paths of Culture*(K. Fennow, Trans), Madison, WI., University of Wisconsin Press, 1965.

Boas, F., *Introduction to Handbooks of American Indian Languages*, Lincoln, NB., University of Nebraska Press, 1966.

Bryman, A., *Charisma & Leadership in Organization*, San Francisco, CA., Sage Publications, 1992.

Burns, J. M., *Leadership*, New York, Harper & Row, 1978.

Burns, James MacGregor, *Leadership*, New York, Harper Torch Book, 1978.

Campbell, B. G., *Humankind Emerging*, 5th ed., Glenview, ILL., Scott, Foresman, 1988.

Chardin, T., *The Divine Milieu*, New York, Harper, 1959.

Chemers, M. M. and Roya Ayman, *Leadership Theory and Research : Perspectives and Directions*, San Diego, CA., Academic Press, Inc., 1993.

Clark, B. R., *The Distinctive College: Antioch, Reed, and Swarthmore*, Chicago, ILL., Aldine Publishing Co., 1970, p.242.

Clark, B. R., The Organizational Saga in Higher Education, *Administrative Science Quarterly*, 17, 1972, pp.178~183.

Clark, K. E. and M. B Clark, *Measures of Leadership*, West Orange, N.J., Leadership Library of America, Inc., 1990.

Cohen, A., Political Symbolism. *Annual Review of Anthropology*, 8, 1979, pp.37~113.

Cohen, A., *Two–Dimensional Man*, Berkeley, CA., University of California Press, 1974.

Conger, J. A. , *Learning to Lead*, San Francisco, CA., Jossey–Bass, 1992.

Conger, J. A., R. N. Kanungo, and Associates, *Charismatic Leadership: The Elusive Factor in Organizational Effectiveness*, San Fracisco, CA., Jossey–Bass, 1988.

Conger, J. A. and R. N. Kanungo, Toward a Behavioral Theory of Charismatic Leadership in Organization Settings, *Academy of Management Review*, Vol.12, No.4, 1987, pp.637~647.

Conger, J. A. , *The Charismatic Leader*, San Francisco, CA., Jossey–Bass, 1989.

Cooley, C., *Social Organization*, New York, Scribners, 1909.

Cunningham, William G. and Donn W., Gresso, *Cultural Leadership : The Culture of Excellence in Education*, *Needham Heights*, Boston, MA., Allyn and Bacon, 1993.

D'Andrade, R. G., A Folk Model of the Mind, In D. Holland and N. Quinn(Eds.), *Cultural Models in Language and Thought*, Cambridge, England, Cambridge University Press, 1987.

D'Andrade, R. G., Cultural Meaning Systems, In R. A. Shweder and R. A. LeVine(Eds.), *Essays on Mind, Self, and Emotion*, Cambridge, England, Cambridge University Press, 1984.

Deal, Terrence E. and Allan A. Kennedy, *Corporate Culture : The Rites and Rituals of Corporate Life*, Reading, Boston, MA., Addison Wesley, 1982, p.37.

Deluga, Ronald J. and Joanne Souza, The Effect of Transformational and Transactional Leadership Style on the Influencing Behavior of Subordinate Police Officers, *Journal of Occupational Psychology*, Vol.64, 1991, pp.49~55.

Dension, Damiel R., *Corporate Culture and Organizational Effectiveness*, New York, John Wiley & Sons, 1990.

Downton, J. V., *Rebel Leadership: Commitment and Charisma in the Revolutionary Process*, New York, Free Press, 1973.

Dubofsky, M., W. R. and Van Tine, Jon L. Lewis, *A Biography*, New York, Quadrangle/The New York Times Book Company, 1977.

Dunphy, Dexter C. and Doug A. Stace, Transformational and Coercive Strategies for Planned Organizational Change: Beyond the OD Model, *Organization Studies*, Vol.9, No.3, 1988, pp.317~334.

Durkheim, E., *The Elementary Forms of the Religious Life*, New York, Collier Macmillan, 1915.

Echavarria, Nancy Urbaez, A Test of Bass's Model of Transformational Leadership among Managers in the Dominican Republic, *A Theses of Master of Science, Psychology*, Old Dominion University, June, 1993.

Ferguson, M., *The Aquarian Conspriacy*, Los Angeles, CA., Tarcher, 1980.

Firth, R., Theories in Economic Anthropology, In R. Firth(Ed.), *Theories in Economic Anthropology*, London, England, Tavistock, 1967.

Forst, Peter J., Larry F. Moore, Meryl Reis Louis, Craig C. Lundberg, and Joanne Martin, *Reframing Organizational Culture*, Newbury Park, CA., Sage Publication, 1991.

Fox, R., The Cultural Animal, In J. F. Eisenberg and W. S. Dillon(Eds.), *Man and Beast: Comparative Social Behavior*, Washington, DC., Smithsonian Institution, 1971.

Fox, R., The Evolution of Mind, An Anthropological Approach, *Journal of Anthropological Research*, 35, 1979, pp.138~156.

Freeman, F. H., K. B. Knott, and M. K. Schwartz, *Leadership Education 1994~1995: A Source Book: For those Planning Programs and Teaching Courses in Leadership*, Greensboro, NC., Center for Creative Leadership, 1994.

Freidland, William H., For the Social Concept of Charisma, *Social Forces*, Vol.43, 1964, pp.18~26.

Freud, S., Civilization and Its Discontents, In J. Strachey(Ed. and trans.), *The Standard Edition of the Complete Works of Sigmund Freud*, Vol.21, London, England, Hogarth Press, 1930.

Freud, S., Group Psychology and the Analysis of the Ego, In J. Strachey(Ed. and Trans.), *The Standard Edition of the Complete Works of Sigmund Freud*, Vol.18, London, England, Hogarth Press, 1913.

Freud, S., Totem and Taboo, In J. Strachey(Ed. and Trans.), *The Standard Edition of the Complete Psychological Works of Sigmund Freud*, Vol.13, London, England, Hogarth Press, 1913.

Fromm, E., *Escape from Freedom*, New York, Rinehart, 1941.

Gardner, J. W., *Leadership and Power*, Washington, DC., Independent Press, 1986.

Gardner, J. W., *On Leadership*, New York, Free Press, 1990.

Geertz, C. , *The Interpretation of Culture*, New York, Basix Books, 1973.

Geertz, C., *The Cerebral Savage*, On the Work of Claude Levi-Strauss, Encounter, 28, 1967, pp.25~32.

Gleick, J., *Chaos*, New York, Penguin, 1987.

Goodenough, W. H., Cultural Anthropology and Linguistics, In P. Garvin(Ed.), *Report of the Seventh Annual Round Table Meeting on Linguistics and Language Study*, Washington, DC., Georgetown University Press, 1957.

Hall, E. T., *Beyond Culture*, New York, Doubleday, 1977.

Hallowell, A. I., *Culture and Experience*, Philadephia, PN., University of Pennsylvania Press, 1955.

Harris, M., The Cultural Ecology of India's Sacred Cattle, *Current Anthropology*, 7(1), 1966, pp.51~64.

Hater, John J. and Bernard M. Bass, Superiors' Evaluation and Subordinates' Perception of Transformational and Transactional Leadership, *Journal of Applied Psychology*, Vol.73, 1988, pp.695~702.

Hesselbein, Frances, Marshall Goldsmith, and Richard Beckhard, *The Leadership of the Future*, New York, The Drucher Foundation, 1996.

Hofstede, G., *Cultures and Organizations: Software of the Mind*, New York, McGraw-Hill, 1991.

Hollande, Edwinr, Conformity, Status and Idiosyncrasy Credit, *Psychological Review*, 65, 1958, pp.117~27.

House, R. J., A 1976 Theory of Charismatic Leadership, *in Leadership, in The Cutting Edge*, J. G. Hunt and L. L. Larson(Eds.), Carbondale, ILL., Southern Illinois University Press, 1977, pp.189~273.

Hunt, James G., and Associates, *Emerging Leadership Vistas*, Lexington, MA., Lexington Books, 1988.

Hunt, James G., and Lars L. Larson, *Crosscurrents in Leadership*, Carbondale and Edwardsville, ILL., Southern Illinois University Press, 1978.

Hunt, James G., *Leadership: A New Synthesis*, Newbury Park, CA., Sage Publication, 1991.

Izard, C., *Emotion in Personality and Culture*, Paper Presented at the American

Anthropological Association Annual Meeting, Washington, DC., 1980.

Kant, I., *Critique of Pure Reason*(F. Max Muller, Trans.), New York, Doubleday, 1966(Original Work Published 1871.

Kardiner, A., *The Psychological Frontiers of Society*, New York, Columbia University Press, 1945.

Keesing, R. M., *Theories of Culture*, *Annual Review of Anthropology*, 3, 1974, pp.73~97.

Kluckhohn, C., *Mirror for Man*, New York, Premier Books, 1949.

Kohut, H., *The Restoration of the Self*, New York, International Universities Press, 1977.

Kotter, J. P., *The Leadership Factor*, New York, The Free Press, 1988.

Kotter, J. P., What Leaders Do, *Harvard Business Review*, May–June, 1990, pp.104~111.

Kracke, W. H., *Force and Persuasion: Leadership in an Amazonian Society*, Chicago, ILL., University of Chicago Press, 1987.

Kroeber, A. L., *Anthropology*, New York, Harcourt, Brace, Janovich, 1948.

Kuhnert, Kari W. and Philip Lewis, Transactional and Transformational Leadership: A Constructive Development Analysis, *Academy of Management Review*, Vol.12, No.4, 1987, pp.648~657.

La Barre, W., *The Human Animal*, Chicago, ILL., University of Chicago Press, 1954.

Levi–Strauss, C., *Structural Anthropology*, volume 1. (C. Jacobson and B. G. Schoepf, Trans.), New York, Basix Books, Original French Edition Published, 1958.

Levi–Strauss, C., *Structural Anthropology*, volume 2. (M. Layton, Trans), New York, Basic Books, 1976(Original French Edition Published, 1973).

Levi–Strauss, C., *The View from afar*(J. Neugroschel and P. Hoss, Trans.), New York, Basic Books, 1985(Original French Edition Published, 1984).

Malinowski, B. A., *Scientifix Theory of Culture*, Chapel Hill, NC., University of North Carolina Press, 1944.

Malinowski, B. A., *The Dynamics of Social Change*, New Haven, CT., Yale University Press, 1945.

Mazlish, B., Leader and Led, Individual and Group, *The Psychohistory Review*, 9(3), 1981, pp.214~237.

Mead, G. H., *Anthropology: A Human Science*, Princeton, N.J., Van Norstrand, 1964.

Mead, G. H., *Mind, Self and Sciety*, Chicago, ILL., University of Chicago Press, 1934.

Murdock, G. P., *Culture and Society*, Pittsburgh, N.J., University of Pittsburgh Press, 1945.

Nadler, David A. and Michael L. Tushman, Beyond the Charismatic Leader: Leadership and Organizational Change, *California Management Review*, Winter, 1990, pp.77~97.

Nicholls, John, The Heart, Head and Hand of Transforming Leadership, *Leadership & Organization Development Journal*, Vol.15, No.6, 1994, pp.8~15.

O'Toole, P., *Corporate Messiah: The Hiring and Firing of Million Dollar Manager*, New York, William Morrow and Co., 1984.

Parsons, T., *Politics and Social Structure*, New York, The Free Press, 1969.

Pony, L. R., Leadership is a Language Game, In M. W. McCall and M. M. Lombardo(Eds.), *Leadership: Where Else Can We Go?*, Durham, NC., Duke University Press, 1978.

Pony, L. R., *The Role of Metaphors and Myths in Organizations and in the Facilitation of Change*, (*Eds.*), *Organizational Symbolism*, Greenwich, CT., JAI., 1983.

Radcliffe-Brown, A. R., The Mother's Brother in South Africa, *South Africal Journal of Sciences*, 21, 1924.

Radcliffe-Brown, On Social Structure, *Journal of the Royal Anthropological Institute*, 70, 1940.

Radcliffe-Brown, *Structure and Function in Primitive Society*, Glencoe, ILL., Free Press, 1952.

Redl, F., *Group Emotion and Leadership*, Psychiatry, 5, 1942, pp.573~596.

Ricoeur, P., The Hermeneutics of Symbols and Philosophical Reflections, In. D. Ihde(Ed.), *The Conflict of Interpretations: Essays in Hermemeutics*,

Evanston, ILL., Northwestern University Press, 1974.

Rost, J. C., *Generative Leadership*, Unpublished Manuscript, San Diego, CA., University of San Diego, 1984.

Rost, J. C., The Nature of Leadership in the Postindustrial Era, Paper Presented at a Meeting of Educational Leadershep Researchers, Center for Creative Leadership, Greensboro, NC., 1989.

Sashkin, Marshall and Howard Garland, Laboratory and Field Research on Leadership: Integrating Divergent Steams, in Jame G. Hunt, and Lars Larson(eds.), *Crosscurrents in Leadership*, Carbondale, ILL., Southern Illinois University Press, 1979, pp.64~84.

Schein, E. H., *Organizational Culture and Leadership*, San Francisco, CA., Jossey-bass, 1992.

Schein, E. H., The Role of the Founder in Creating Organizational Culture, *Organizational Dynamics*, Summer, 1983, pp.13~28.

Schneider, D. M., Notes toward a Theory of Culture, In K. H. Basso and H. A. Selby(Eds.), *Meaning in Anthropology*, Albuguerque, NM., University of New Mexico Press, 1976.

Smith, Peter B. and Mark F. Peterson, *Leadership, Organizations and Culture : An Event Management Model*, Newbury Park, CA., Sage Publications, 1988.

Sperber, D., *Rethinking Symbolism*(Morton, A. L., Trans.), Cambridge, England, Cambridge University Press, 1975.

Spiro, M. E., *Oedipus in the Trobriands*, Chicago, ILL., The University of Chicago Press, 1982.

Spiro, M. E., *Culture and Human Nature*, Chicago ILL., The University of Chicago Press, 1987.

Spiro, M. E., Social Systems, Personality and Functional Analsys, In B. Kaplan(Ed.), *Studing Personality Cross-Culturally*, New York, Harper & Row, 1961.

Swartz, M. J., Processual and Structural Approaches in Political Anthropology: A Commntary, *Canadian Journal of Africal Sudies*, January, 1969, pp.1~11.

Swierczek, Fredric Willian, Leadership and Culture: Comparing Asian Managers,

Leadership & Organization Development Journal, Vol.12, No.7, 1991, pp.3~10.

Talyor, E. B., *Primitive Culture, Reasearches in to the Development of Mythology, Philosophy, Religion, Language, Art and Customs*, London, England. J. Murray, 1871.

Tichy, and Ulrich, The Leadership Challenge: A Call for the Transformational Leaders, *Sloan Management Review*, Vol.26, Fall, 1984, pp.59~68.

Tichy, N. and M. A. Devanna, *The Transformational Leader*, New York, John Wiley & Sons, 1986.

Trice, Harrison M. and Janice M. Beyer, Charisma and It's Routinization in two Social Movement Organization, *Research in Organizational Behavior*, Greenwich, CT., JAI Press(eds.), Barry M. Staw, L. L. Cummings, Vol.8, 1986, pp.113~164.

Trice, Harrison M. and Janice M. Beyer, Studying Organizational Cultures through Rites and Ceremonials, *Academy of Management Review*, Vol.9, No.4, 1984.

Trice, Harrison M. and Janice M. Beyer, *The Culture of Work Organization*, Englewood Cliffs, N.J., Prentice Hall, 1993.

Vick, Amy L., The Impact of leadership Style and Subordinate Charisma on Organizational Outcomes, *Thesis of the degree of Master of Science, Psychology*, Old Dominion University, 1993.

Weber, M., *The Theory of Social and Economic Organization*, F. M. Hederson and T. Parsons (eds. and trans.), New York, Free Press, 1947.

Weick, K. E., Cognitive Processes in Organization, in *Research in Organizations*, B. M. Staw(Ed.), Greenwich, CT., JAI Press, 1979, pp.41~73.

Wilson, E .O., *On Human Nature*, New York, Bantam, 1978.

Wittgenstein, L., *Philosophical Investigations*(G. Anscombe, Trans.), Oxford, England, Basil Blackwell, 1958.

Yammarino, F. J. and B. M. Bass, Transformational Leadership and Multiple Level of Analysis, *Human Relations*, Vol.43, 1997, pp.975~995.

Yukl, Gary, *Leadership in Organization*, 3rd ed., Englewood Cliffs, N.J., Printice Hall, 1994.

Chapter 08

내적 리더십과 동양의 리더십

제1절 외적 리더십과 내적 리더십

1. 서구 리더십이론의 문제점과 한계

미국 사회학자들 중심으로 발전된 리더십이론은 특히 윤리적 측면에서 심각한 문제점을 가지고 있다. 이러한 문제는 심리학자들과 사회학자들이 20세기 초의 물리학 모델에 따라 사회과학도 과학주의와 과학적 관점을 채택함으로써 야기된 것이다. 이런 갈등은 도덕철학과 인간행동의 분석은 분리될 수 없다는 고전적 사고방식과 상충된다. 더구나 아리스토텔레스가 말했듯이 정치 · 사회적 행위에 대한 신중한 지식과 이론은 신중한 인간행동에서 비롯된다.

1800년대 말~1900년대 초에 과학의 개념과 인간 및 사회현상 등에 있어서 경제학, 정치학, 사회학, 심리학 등과 같이 출현 중인 학문에 뜨거운 논쟁이 일어났다. 이들 중에는 두 개의 조류가 있었다. 하나는 인간의 생활은 본질적으로 문화와 의미에 관련되어 있다는 것이고 다른 하나는 사회현상은 뉴턴의 방식처럼 기계주의에서의 물리학처럼 정교하게 유형화되어야 한다는 것이었다.

미국에서 개발되어 검증된 대부분의 리더십이론은 후자의 견해인 소위 논리실증주의를 채택하고 있다. 그러나 유럽에서는 양자의 견해가 팽팽하다. 수많은 학파

간의 논쟁은 계속되었다. 후설(Husserl), 하이데거(Heidegger), 메를로-폰디(Merleau-Pondy), 슐츠(Schutz), 가핑클(Garfinkel)과 같은 현상학자들의 연구가 하나의 학파이다. 다른 하나의 그룹은 언어적 · 개념적 분석을 하는 사람들로서 비트겐슈타인(Wittgenstein)의 후기 연구, 즉 철학적 조사(philosophical investigation)에서 유래된 것이다. 이런 관점에서 초기에 가장 중요한 공헌은 피터 윈치(Peter Winch)의 사회과학의 관념(The Idea of Social Science)이다. 양자의 견해(현상주의자, 언어분석학파)를 결합한 세 번째 그룹은 마르크스(Marx)의 이론이다. 이 그룹을 비판적 이론가 혹은 프랑크푸르트(Frankfurt)학파라 부른다. 이 그룹의 유명한 사람들 중에 아도르노(Adorno)와 마르쿠제(Marcuse)가 있으며 최근의 하버마스(Habermas)도 여기에 속한다. 이러한 사람들이 서구 사회과학의 한 부분인 리더십이론의 논리실증주의의 문제점을 지적하였다.

비판의 핵심은 현대 리더십이론이 리더십 행동은 가치중립적이 아니라는 사실을 무시하였다는 것이다. 뿐만 아니라 리더십을 종업원들의 편의에 초점을 두고 설명하는 것이 아니라 고용자들의 도구적 이해관계의 효율성(effectiveness for instrumental interests) 측면에서 본다는 것이다. 마찬가지로 리더십이론이 조직의 전반적이고 장기적인 선(善)을 고려하지 않으며 사회의 전체적 모양과 본성을 고려하지 않는다는 것에서 비판을 받고 있다. 리더십과 사회과학을 기업에서 실천하는 사람들이 사실상 지배권력과 사회구조의 공급자와 지원자가 되었다는 말이다.

사회역사가 바리츠(Baritz)는 산업계의 이러한 사회학자들을 이론, 개념, 방법적인 측면에서 권력의 종(servants of power)이라고 불렀다. 이러한 점에서 20세기 초의 물리학에 기초를 둔 사회과학을 만듦으로써 상황이론과 목표경로이론(contingency and path goal theory)의 혼란스러운 결합을 초래하여 리더십이론을 도구적이고 도덕과 관계없는 관점(instrumental and unmoral in nature)에서 보기에 이르렀다.

"좋은 리더십이론은 어떤 것인가?"라는 질문 대신에 "어떤 리더십이론이 효율적인가?", "어떤 리더십 행동과 스타일이 주어진 상황에서 사람들에게 일정한 일을 시키는 데 성공하도록 하는가?"와 같은 질문을 한다. 그러므로 이 경우의 효율성은 특별한 의미를 가지며, 권력의 소유자인 지배자의 우선순위(priorities)와 욕구(desire)에 의하여 구체화된다.

따라서 리더십을 고려할 때는 "누구의 목적을 위한 리더십인가?"를 따져야 한다. 특히 교육리더십의 경우 그것이 누구의 선(善)을 만족시키는가를 분석해야 한다.

서구에서 만들어진 리더십이론은 윤리적 약점을 가지고 있으며 사람의 문제를 다룸에 있어서 합리성을 강조하고 기계적인 접근을 하는 철학에 뿌리를 두고 있다. 그런 관점에 따른 리더십이론은 리더십이 생산성과 부하들의 복종을 최대한 확보할 수 있도록 조직목적에 사람들을 순응시키도록 하는 도구적 행동을 하는 것으로 인식하고 있다.

서구의 리더십이론은 하나의 행위자(actor)와 상사에 관한 것으로 조직과 상사가 원하는 효율성과 능률성을 극대화하는 행동방법을 유도하는 것이다. 이 결과 인간 행동을 조작하고 통제하는 것의 어려움을 계산하고 거기에 적응하는 방법에 따라 복잡한 리더십이론을 개발하였다. 이것은 쿤(Kuhn)이 말한 정상과학(normal science), 즉 과학혁명의 구조로서 사회에 대해 가장 지배적인 권력을 가진 사람의 가치관을 반영하는 리더십이론을 조성하게 된다.

2. 직위관련 영향력과 인간적 영향력

권한이나 권력에 기초를 둔 영향력을 외적 리더십, 인간적인 것에 기초를 둔 영향력을 내적 리더십이라 부른다. 프렌치와 레이븐의 영향력 분류에서는 권력, 보상, 합법성 등에 근거한 영향력은 외적 리더십에 가깝고 정보, 전문성 등에 근거한 영향력은 내적 리더십에 가깝다고 보고 있다.

연구에 의하면 전문성과 준거에 근거한 리더십이 부하의 만족과 성과에 정적인 영향을 미치며(이상욱, 2004), 전문성과 준거력 및 합법성에 근거한 리더십은 부하들의 태도적 반응과 관련이 있고, 보상과 강제에 근거한 리더십은 순응과 관련이 있다고 한다(이상욱, 2004).

그러나 다양한 영향력의 원천들은 사실상 복잡한 상호관련성이 있을 수 있다. 예를 들면, 많은 권한을 가진 리더는 동시에 보상과 강제에 근거한 영향력의 원천을 더 많이 가질 수 있다. 다른 조건이 동일하다면 보다 다양한 영향력 원천을 가진 리더들이 보다 더 효율적인 리더십을 행사할 수 있다. 그러나 어느 하나의 원천에만 의존하는 리더의 영향력 행사는 일정한 한계가 있을 것이다.

3. 보상을 통한 리더십의 한계

현대조직의 리더에게서 가장 대표적인 영향력 행사 원천은 보상이다. 사실 보상에 의한 영향력은 자원과 보상을 배분하는 공식적 권한에서 발생하는 것이 대부분이다. 대부분의 보상에는 할당방법이 조직의 공식적 규정에 정해져 있다. 보상을 영향력의 원천으로 사용할 때 가장 중요한 것은 보상이 그것을 받는 사람의 입장에서 중요하고 가치 있는 것이어야 한다. 따라서 리더는 구성원들이 어떤 보상을 가치 있게 생각하는지를 파악하는 것이 중요하다.

보상을 통한 영향력은 기대 이상의 노력을 발휘하도록 동기부여시키기는 곤란하다. 뿐만 아니라 보상을 조작적인 방법으로 실시할 경우 순응은커녕 오히려 저항에 부딪힐 수도 있다. 보상에 의한 교환적 리더십의 한계는 다음과 같다(Bass and Avolio, 1990).

첫째, 보상을 원천으로 하는 교환적 리더십은 순응과 보상을 교환하기 때문에 이것에 익숙해지게 되면 사람들은 ① 보상을 받기 위한 지름길만 택하고, ② 철저하게 감독하지 않으면 문제를 발생시키거나 게임플레이를 할 수 있으며, ③ 보상에만 의존하는 리더십은 기본적으로 조건강화적이기 때문에 보상을 받는 사람의 입장에서 공평성을 느끼지 못할 경우 반작용, 철회, 적개심 등의 부작용이 발생될 수 있다. 둘째, 리더의 입장에서 계속적인 순응의 수준을 향상시키기 위해 제공할 수 있는 보상자원이 부족하거나 기대–보상 간의 관계를 합치시키기 어렵다.

4. 내적 리더십의 의미 : 영향력의 원천

조직의 관리와 변화는 관리자의 가장 중요한 과업이다. 관리자는 조직의 일상을 처리하는 직무와 조직의 미래를 예측하여 비전을 제시하는 소명을 가진다. 미래를 예측하고 비전을 제시하는 것이 바로 리더십이다. 관리는 리더십에 의하여 정해진 일을 옳게 수행하는 것이며 리더십은 옳은 일을 하는 것이다. 리더십의 핵심은 영향력이며 진정한 영향력은 리더의 인격으로부터 나온다.

지금까지의 리더십에 대한 지배적인 접근방식은 리더십의 자질은 타고난다는 위인론, 리더 개인이 가진 성격을 강조하는 특성이론, 혹은 리더의 행동특성을 설명하는 행위론, 그리고 이 모든 것을 함께 고려하는 상황이론 등이다. 이런 이론들은 리더가 성공할 수 있었던 이유를 설명하는 것이다. 그러나 보다 중요한 것은 추종자들이 왜 리더를 따르는지를 밝혀내는 것이다. 이것이 바로 리더십의 인식론이고 귀속이론이다.

권력을 사용한 리더십에서는 구성원들이 리더를 두려워하기 때문에 영향력이 발생한다. 만일 리더의 명령대로 하지 않을 경우 자신들이 무슨 일을 당할지 모르기 때문에 마음에 없더라도 충성을 한다. 그러나 잠재적인 위험이 사라지면 더 이상의 충성심은 소거되고 오히려 반항과 파괴가 따를 수도 있다. 보상에 의한 리더십은 구성원들이 리더로부터 혜택을 받기 위해 리더의 명령에 따르는 경우이다. 이 경우 보상이 공정하지 않으면 구성원들은 착취망상이나 상대적 박탈감에 빠지고 치열한 경쟁으로 개인주의가 강화되는 경향이 있다. 뿐만 아니라 계속적인 충성을 확보하기 위한 보상원천이 실제에 있어 그렇게 풍부하지 않다는 문제점도 있다.

인격계발을 통한 리더십은 앞의 두 경우와는 다른 이유로 구성원들이 리더의 영향력에 따른다. 이것은 추종자들이 리더를 존경할 만한 인물이라고 생각하기 때문에 따르는 것이다. 추종자들은 리더를 신뢰하고, 감화를 받고, 그가 제시하는 비전과 목표를 신봉한다. 이것이 내적 리더십(inner leadership)의 영향력이다. 권력과 보상에 의한 리더십은 영향력의 원천이 리더의 인격 밖에 있다. 그러나 인격에 의한 리더십은 영향력의 원천이 리더의 인간됨에 있다. 리더가 자아 외부의 여러 자원이나 수단 혹은 지위를 이용하여 영향력을 행사하는 것이 아니라 인격에 바탕을 둔 신뢰성으로 영향력을 행사하기 때문에 추종자들은 리더의 목적의식과 비전, 성품과 본성, 그리고 리더가 제시하는 비전에 투심(投心)하고 헌신한다.

이 경우 리더가 영향력을 증가시키기 위해서는 장기적인 노력을 해야 한다. 물론 리더는 영향력 행사를 위해 다른 수단을 사용하기도 하지만 그것은 진정한 의미의 리더십이 아니고, 바로 관리이다.

리더와 추종자들의 관계에서 신뢰는 임기응변적으로 조종하고 조작할 수 있는 것도 아니고 설사 조작된다 하더라도 장기적으로 지속될 수는 없다. 결국 리더의 인간적 참모습은 드러날 수밖에 없다. 가장 장기적이고 깊은 영향력은 인간됨, 즉 리더가 어떤 인간인가로부터 나온다.

앨빈 토플러의 말을 빌리면 폭력에 의한 힘은 저질(低質)의 권력이고, 부나 보상에 의한 힘의 행사는 중질(中質)의 권력이며, 인격, 즉 지식에 의한 권력은 고질(高質)의 권력이다. 부와 폭력에 의한 힘이 hard power라면 인격과 지식에 의한 힘은 soft power이다. 이것은 약자와 가난한 사람, 그리고 낮은 직위의 사람도 가질 수 있고 계발할 수 있기 때문에 출현적 리더(emerging leader)에게도 적합하다. 모든 계층의 관리자들, 즉 전체 구성원이 리더가 되어야 변화하는 환경과 극심한 경쟁에서 승리할 수 있는 21세기 정보화 조직에 가장 적합한 리더십이라 할 수 있다. 정보화시대는 구성원 개개인이 각각의 상황에 적합한 의사결정을 해야 하고 개개인이 다중기능과 진행 중인 일에 대한 지식을 가져야 한다.

5. 내적 리더십의 내용

내적 리더십(inner leadership)은 스미스(Smith, 2000)가 『Inner Leadership』이라는 책을 출판하면서 알려진 최근의 개념이다. 스미스는 내적 리더십을 자신의 잠재력을 인식하고(recognize), 계발하며(explore), 그 잠재력을 실현하여(realize) 다른 사람에게 리더십을 행사하는 데 사용하는(lead) 것으로 보고 그것을 'Real model'이라 불렀다(Lloyd and Smith, 2001). 내적 리더십은 다음과 같은 가정을 가지고 있다.

① 자신에 관한 의식(consciousness)과 자각(self-awareness)의 양(量)은 무의식의 양보다 상대적으로 적다.

② 내적 리더십은 매슬로가 말하는 보다 위대한 자아실현(greater self-actualization : 자신의 진정한 모습은 세상에서 자신이 어떤 사람인가를 표현하는 능력)을 위한 자각과 자기성찰(self-reflection)의 여정을 위한 체계적 방법을 제공한다.

③ 일하는 상황과 그 외의 삶에서 사람들의 내부에는 거대한 자원(resource)과

자질(quality)을 가지고 있다는 것을 알아야 한다.

스미스는 20여 년의 조직생활 경험을 통하여 수많은 리더들과 상호작용한 결과 대부분의 사람들은 사업기술과 기법에는 유능하고, 목적의식이 강하며, 하고 있는 일에 대하여 강한 인식을 가지고 있으나 자기인식의 수준은 대부분 매우 낮다는 것을 발견하였다. 이런 원인으로 사람들은 자신의 행동특성과 강점 및 약점을 알지 못하고, 비현실적인 자신감을 가짐으로써 다른 사람들이 가진 견해의 요점을 이해하기 어렵도록 하고 타인을 평가하는 기능을 개발하지 못하도록 한다는 것이다.

내적 리더십은 자기 자신을 보다 효율적으로 리드(lead)할 수 있는 수준까지 도달할 수 있다는 것을 발견하도록 하는 과정이다. 자신을 더 많이 알면 알수록 더 좋은 리더가 될 수 있다. 자각의 수준이 낮으면 타인의 욕구에 대한 지각수준도 낮다. 안전의 욕구가 자신의 행동을 지배하고 있다는 것을 모르는 사람이 변화와 불확실성에 반응할 수 없는 것이 그 예이다. 그런 사람들은 공포와 의심으로 변화와 불확실성에 반응할 것이다.

현대조직의 지배적인 교육은 기술적 기능만을 강조하고 사람을 관리하는 기능을 등한시하는 경향이 있다. 따라서 자신을 볼 줄 아는 교육을 받지 않는 것이다. 자신을 엔지니어나 매니저로만 보는 관리자는 자기 자신을 자기의 일부분과 동일시한다. 다른 사람이 자신을 바라보는 구멍(pigeon hole)보다 더 좁은 구멍으로 자기 자신을 본다. 내적 리더십은 바로 자신에 대한 관점을 확장하는 것이다.

자각과 자기성찰은 인생을 훨씬 재미있고 자아실현적이 되도록 한다. 모든 사람들은 자신이 영향을 미치는 영역에서 리더의 자세를 가지면 리더가 될 수 있다. 리더십 개발에서 가장 어려운 점은 의사결정과 창의성을 그것이 필요한 적재적소에서 발생하도록 하는 것이다. 조직의 상층부에서 의사결정과 권력을 독점하고 공포에 기초를 둔 문화에서는 그것이 불가능하다.

자아지수(self-intelligence quality)는 자신의 감정을 이해하고 조절하는 감성지수에 자신의 잠재력을 인식할 수 있는 능력을 합한 것이다. 다른 사람을 이해하기 위해서는 자신을 먼저 이해해야 한다. 외부를 실질적으로 볼 수 있기 전에 자기 자신을 이해해야 위대한 내적 잠재력의 개발도상에 있게 된다.

6. 내적 리더십의 개발

이상과 같은 이유로 전통적 방법에 의한 리더십 개발에 추가하여 내적 리더십에 의한 리더십의 개발이 필요하다. 내적 리더십은 직위에 의한 리더십이 아니라 리더의 인간적인 측면(personal based)에 기초한 리더십이다.

현대조직의 구성원들은 위험부담에 더 많이 노출되고 더 많은 책임을 져야 한다. 모든 구성원들은 생각해야만 하고, 위험부담을 감수해야 하며, 틀릴지도 모르는 아이디어를 제시해야 하고, 일을 향상시킬 수 있는 방법을 찾아야 하며, 가치를 전달할 수 있는 서비스와 제품을 소비자들에게 제공해야 한다. 모든 사람들은 자신의 지식을 사용해야 하고, 그 지식을 가치 있는 것으로 바꾸어야 한다. 사람들은 자신이 알고 있는 것을 즉각 보여줄 수 있어야 하고, 규칙을 위반하더라도 스스로 의사결정을 해야 한다.

이런 상황에서의 리더는 다음과 같은 일을 해야 한다(Smith, 2000).

① 자각한 상태에서 일정한 자세와 목표를 가지고 각 상황이 요구하는 실제적 필요에 대응한다.
② 능력과 창의성의 활용과 개발을 극대화한다.
③ 자신의 행동결과에 대한 완전한 책임을 진다.
④ 위험부담에 노출되고 신념을 유지한다.
⑤ 더 큰 그림을 보고 자신의 통찰력을 목표에 적용한다.
⑥ 우수성을 추구한다.
⑦ 조직에 있을 동안 하는 일을 향상시킨다.
⑧ 타인이 최선을 다할 수 있도록 영감을 준다.
⑨ 도전에 개방적이 되고 타인의 관점을 이해하려고 노력한다.
⑩ 용기, 열정, 인본주의, 그리고 내면의 세계(spirit)를 가지고 일에 접근한다.

이러한 종류의 리더십을 수행하기 위해서는 기술이나 기법에 의하기보다는 내적인 힘에 바탕을 두는 리더십이 더욱 필요하다. 말하자면 내면의 세계가 필요한 것이다. 자신을 구성하고 있는 여러 부분을 인식하고 개발하여 힘이 있고 통합적인 전체에 결합시켜야 한다. 자신과 인생과 일에 대한 기본적 가정을 개발할 필요가 있다는 말이다. 자신이 직면한 상황과 과업을 자기 자신과 구분할 수 있어야 한다. 자신의 모든 원천(resources)을 사용하여 각 상황의 실질적 요구에 적절하게 반응해야 한다.

훌륭한 리더는 자기를 혁신하여 상황의 필요를 충족시킨다. "리더는 지위가 높든 낮든, 권한이 있든 없든, 사람들로 하여금 도전하도록 하고, 사람들의 가치관을 조정하도록 하며, 관점을 변화시키고, 새로운 습관을 배우도록 해야 한다(Heifetz and Laurie, 1997)."

모든 사람들이 위만 쳐다보는 영웅적 리더십 문화에서 모든 사람들이 리더이고, 자신감을 가지고 권능화되어 의사결정할 수 있는 문화로 바뀌어야 한다. 그렇게 함으로써 사람들의 태도를 바꾸고, 자신과 회사에 대해 이전과는 다르게 생각하도록 한다. 그렇게 되면 미래를 위해 실제로 성공적인 회사를 만들고 혁신할 수 있다. CEO의 역할은 주도성과 창의성이 풍부한 리더들로 가득 찬 회사를 만드는 것이다. 리더십은 높은 지위에서만이 아니라 많은 곳에서, 한 사람만이 아니라 많은 사람으로부터 온다. 많은 사람들을 셀프리더로 만들어야 하고 그런 셀프리더들이 많은 회사가 좋은 회사이다.

개인의 혁신을 위한 내적 리더십 과정은 [그림 8-1]과 같다(Smith, 2000).

그림 8-1 | **내적 리더십 모델**

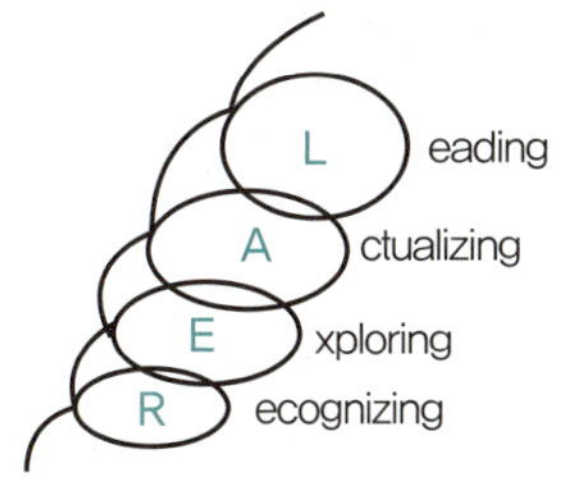

① Recognizing(인식) : 자신의 내적 세계와 자질을 인식하는 것을 증가시키고, 비교적 인식되지 않는 측면을 인식한다.

② Exploring(개발) : 자신이 누구인가에 대해 더 깊이 배우고, 자신의 가정, 신념, 그리고 성격의 다양한 부분 간의 갈등 때문에 자신이 얼마나 한정적인가를 배운다.

③ Actualizing(실현) : 의식적인 선택을 하기 위해서 습관적인 마음의 어떤 경향성(mind sets), 자아의 구성인자들(constituents), 그리고 행동을 자유롭게 풀어주어 자신의 가치관과 목표에 합치되고 또 그것에 따라 행동할 수 있는 사람이 되도록 한다.

④ Leading(리딩) : 자각을 활용하게 되면 자신들의 가장 깊은 곳에 있는 원천과 셀프리딩(self-leading) 잠재력을 실현한다. 각각의 상황이 가지고 있는 실제의 필요를 확인함으로써 그 상황의 필요성과 자신의 관계를 혁신하고 따라서 자각(awareness), 태도(attitude), 목표(purpose)를 가지고 반응할 수 있다.

내적 리더십은 우리 자신에게 영향력을 행사할 것을 요구하지만 우리 자신만을 위해서 그렇게 하는 것은 아니다. 그것을 적용해서 실천할 때만 가치가 있다. 사람이 자신의 셀프리딩 가능성을 인식하면 주위의 다름 사람에게 영향을 미치고 이러한 셀프리더들이 많아지면 승수적인 효과가 발생한다(Smith, 2002).

내적 리더십의 원리를 실천하는 사람들이 모이면 높은 성과를 달성하는 팀을 창조한다. 그들은 높은 수준의 정직성과 개방성을 가지고 이야기할 수 있으며 쉽게 신뢰할 수 있고 방어적이 되지 않는다. 사람이 자기 자신으로부터 더 많은 안전을 느끼면 사고하는 것과 느끼는 것에서 위험부담이 있는 표현을 할 수 있다. 위험부담을 하면서 창의적인 아이디어를 제안할 수 있고, 자신의 아이디어가 완전히 받아들여지지 않더라도 좌절감을 느끼지 않는다. 자신의 아이디어를 고집하는 것이 별로 중요하지 않기 때문에 팀으로서 아이디어를 더 잘 도출할 수 있다. 이런 분위기에서는 타인의 견해를 위협으로 보지 않는다. 자신의 견해와 반응에 대해 책임을 지고 자신의 느낌을 타인에게 투사하지 않는다.

반대로 지각된 공격, 어리석게 보이는 것, 자신의 잘못 등에 대해 우리 자신을 방어하게 되면 다른 사람과 일이 잘못되도록 하는 외적 요인을 비난하게 된다. 이렇게 되면 문제를 소유하지 못하고 외부화하거나 타인에게 투사하기 때문에 명백한 의사소통을 하지 못하고, 따라서 실수로부터 배우는 것이 불가능하게 된다(Smith, 2000).

제2절 유교 리더십

공자의 일생

공자는 기원전 551년 부친이 그의 노년에 모친 안씨를 맞아 공자를 낳았는데, 부친은 숙량흘(叔梁紇), 모친은 안징재(顏徵在)이다. 공자의 이름은 성은 공(孔) 이름은 구(丘), 자는 중니(仲尼)이다.

사기에 의하면 공자는 부모를 여의고 고아 신세가 되어 거칠고 천한 일에 종사하면서 곤궁하고 불우한 소년시절을 보냈다. 기원전 549년 부친 숙량흘은 공자가 3세 때에 별세하였다. 부친 숙량흘은 시골 무사 계급으로 모아 놓은 재산이 없었기 때문에 18세인 모친 안징재는 공자를 데리고 궐리라는 시골마을로 이사하였다. 말년에 공자는 자신의 일생을 회고하면서 이런 말을 하였다.

'내 나이 열다섯 살 때, 나는 학문에 뜻을 두었다(論語,爲政 子曰 吾十有五而志于學).'

공자는 모친이 세상을 떠나자 당시의 풍습대로 3년상을 마친 뒤 부친 묘소 옆에 모친을 안장하였다. 모친상을 마친 공자는 19세에 은나라의 문화를 계승한 송나라로 가서 기관씨의 딸과 혼인하였고, 20세에 아들 리(鯉)를 얻었다.

공자는 30세에 이르러 관리로서의 지위도 얻었다. 관직은 회계출납직인 위사(委吏)를 거쳐 목장경영직인 사직(司直) 등으로 관리생활을 시작하였다. 공자는 이후 주(周)의 낙읍(洛邑)을 돌아보고 귀국한 후 그의 명망은 차츰 천하 각국으로 퍼져 나갔다. 이에 따라 그에게 배움을 청하는 제자들이 많이 모여들었다.

공자는 36세 때 소공(昭公) 25년 노나라에 '삼환(三桓, 맹손(孟孫) · 숙손(叔孫) · 계손(季孫) 등 당시 노나라의 권세가)의 난'이 일어나 피난하여 제(齊)나라로 갔다. 공자는 제나라의 왕 경공(景公)과 신하들에게 여러 진리를 가르쳤다. 그는 그곳에서 음악을 논하고 경공에게 정명주의(正名主義)에 입각한 정치 이상을 말하였다. 공자의 박학다식함과 고매한 인품에 매료돼 그를 흠모하게 된 경공은 그를 자신의 정치적 고문으로 기용하려 했으나, 공자의 높은 학식과 덕망으로 인해 자신의 지위가 위태로워지는 것을 꺼린 제나라 재상 안영(晏嬰)의 적극적인 반대로 좌절되었다. 이로 인해 2년 만에 귀국한 공자는 제자들을 가르치다가 46세 무렵 왕의 측근 배신(陪臣)인 양호(楊虎)가 세력을 잃고 물러나게 되면서 중도재(中道宰)가 되었다. 52세 무렵에는 대사구(大司寇)로 지위가 올랐다. 그 이듬해 노나라의 정공을 따라가 참석한 제나라와의 강화회의에서 예전에 제나라에 빼앗긴 노나라의 땅을 돌려주도록 요구하여 이를 관철시켰으며, 난신대부를 축출하는 데 참여하였다. 노나라 삼환씨의 세력을 꺾으려 했으나 실패하고, 총리급인 대부(大夫)와도 대립하게 되었다. 이 때문에 크게 낙담한 공자는 그의 큰 뜻을 이루지 못할 것으로 판단하여 벼슬을 버린 후, 14년 동안 제자들과 온갖 고초를 무릅쓰고 위 · 송 · 조 · 정 · 진 · 태 등 여러 나라를 주유하였다.

공자는 말년에 고향으로 돌아와 후학 양성에 힘을 기울였다. 그는 중국의 오래된 전통적 경전들을 제자들에게 가르쳤다. 또 노나라에 전해 내려오던 역사서를 다시금 새로 엮어 『춘추』를 편찬했다. 공자의 만년에 아들인 백어가 50세의 나이로 죽었다. 또 특히 아끼던 제자 안연과 자로마저 잇따라 죽었다. 아들 백어가 사망하자 공자가 어린 손자를 키웠다. 그의 손자인 자사는 조부인 공자의 사상과 학맥을 이어 훗날 『중용(中庸)』을 저술하였다. 아들과 아끼던 제자들을 잇따라 잃고 상심에 빠진 공자는 고향인 곡부로 돌아와 후학 양성으로 만년을 보냈다. 공자는 만년들어 자신의 삶을 반추하며 말하기를, "마흔에는 어떤 일에도 미혹됨이 없었고, 쉰에 이르러서는 하늘의 뜻을 모두 알았으며, 예순에는 모든 일에 대해 순리를 알 수 있었고, 일흔에는 하고 싶은 대로 해도 법도에 어긋나는 일이 없었다(論語, 爲政篇 : 四十而不惑 五十而知天命 六十而耳順 七十而從心所欲不踰矩)"고 하였다. 공자는 72세가 된 해인 기원전 479년에 제자들이 지켜보는 가운데 승하하였다. 공자가 세상을 떠난 후 제자들은 스승이 남긴 말씀들을 모아서 『論語』라는 책을 저술하였고, 이후 손자인 자사는 『中庸』을 저술하였으며, 사후 300년 후 『孔子家語』가 저술되었다.

공자는 사상은 德과 仁의 정치사상으로 집약된다. 공자는 백성들을 덕으로 인도하고 예로써 질서를 잡으면 도덕적 책임감을 느끼고 스스로 올바르게 된다고 하였다(論語, 爲政篇 子曰 道之以政 齊之以刑 民免而無恥 道之以德 齊之以禮 有恥且格).

공자가 교육에 있어 목표로 삼은 것은 국가와 사회를 이끌어갈 지도층 인사로서 인격의 완성체인 이른바 군자(君子)의 양성이었다. 군자란 원래는 한 나라의 정치에 참여하는 능력과 자격을 겸비한 귀족계층의 사람을 두고 하는 말이었으나, 공자는 그러한 지위에 어울리는 도덕적 인격 · 정치적 능력 · 인문적 교양을 지닌 사람으로 뜻을 확대하여 이러한 인재의 육성을 자신의 교육목표로 삼았다. 공자는 인(仁)을 지향하고 예(禮)에 정진하고 실천하는 사람이 군자요, 그렇지 못한 사람이 소인이라고 하고, 인(仁)은 성인만이 능히 이룰 수 있는 것으로 자신도 외경(畏敬)할 만큼 이루기 어렵다고 하였다. 공자의 군자교육(君子教育)에서 중심이 되는 것은 '인의예지'였다. 공자 사상의 핵심인 '인(仁)'은 하나의 문장으로서 명백히 개념이 규정되지는 않았으나, 도(道), 덕(德,) 선(善) 등의 뜻을 지니고 있는 것으로 해석된다. 따라서 '인'은 공자가 생각하는 인간의 최고의 도(道)와 덕(德)이었다. 그는 제자들에게 '인'을 터득하게 함으로써 학식과 함께 인격적인 '덕'을 겸비하는 군자가 되도록 하고, 난세를 평화적 방법으로 평정하려 했던 것이다.

1. 내적 리더십으로서의 유교 리더십

내적 리더십은 개인의 혁신에 대한 것이다. 내적 리더십은 자신을 보는 방법의 혁신으로서 자신을 보는 관점의 혁신 없이는 어떤 변화도 발생하지 않는다는 견해를 가지고 있다.

서구적 패러다임에 의하여 개발된 리더십이론의 제한적 성공과 수많은 상황적 조건 및 요인들을 볼 때 리더십의 새로운 패러다임을 생각해볼 만한 시점이다. 이것이 과학혁명의 시작방법이다. 그 새로운 패러다임이 바로 유교에 대한 것이다. 유교는 중국에서 발생하여 동아시아에서 발전한 동양철학에 뿌리를 둔 것으로서 인간관계를 인과적이고 기계적인 관점에서 파악하는 서구적인 것과는 달리 사회현상과 모든 존재를 상호적이고 다차원적인 관계로 이해한다(Cha Bong Kim, 1999).

하늘의 뜻과 그것에 대한 인간의 관계와 인간 상호 간의 관계는 유교적 용어로 표현하면 조화와 균형상태에 있다고 인식한다. 그러므로 유교적 관점에서 보면 리더십이나 인간관계도 서구적 관점에서처럼 일방적이거나 영향력을 행사하는 한 사람의 행위자 혹은 한 사람만이 다른 사람을 통제하는 그런 관계로 인식하는 것은 곤란하다. 그런 관계는 인(仁), 의(義), 예(禮), 지(智)의 네 가지 중요 덕에 기초하여 균형적인 관계로 파악해야 한다.

2. 유교 리더십의 이론적 접근

유교는 철학, 사회윤리, 교육, 정치, 이데올로기, 리더십, 문화, 삶 등에 있어서 지난 2000년 이상 동아시아 전체에 영향을 미쳐 왔다. 유교는 신과 하늘을 부정하지 않으면서 모든 것을 포괄하는 인본주의시스템이라 할 수 있다. 종교적인 측면보다는 현세에 관심을 두며 자아, 가정, 사회, 국가, 세계의 평화와 조화를 하늘의 뜻에 따라 어떻게 성취할 것인가에 대한 철학시스템이기도 하다. 유교에서는 평화와 조화가 실현되는 이상사회는 자질과 능력을 갖춘 리더에 의하여 성취할 수 있다고 본다. 이러한 능력과 자질을 갖춘 리더가 바로 군자(君子)이다. 군자는 이상적 리더로서 리더의 이념형(ideal type)이라 할 수 있다.

유교에서 말하는 리더십의 가장 중요한 목적은 리더가 규칙을 제정 · 실행하거나 리더 자신의 행복과 즐거움을 추구하는 것이 아니라 추종자들의 행복과 자기계발(enlightenment)을 추구하는 것이다. 따라서 리더십의 중요한 책임은 사람들이 자신의 행복과 자기계발을 성취할 수 있도록 가르치는 것이다. 리더는 모범을 통하여 이것을 가장 잘 달성할 수 있다. 리더는 전 생애를 효율적인 리더십의 원칙을 실행하는 데 헌신해야 한다. 리더십의 원칙은 윤리와 도덕에 기초하고 개인의 존엄에 바탕을 두어야 한다.

서구적 리더십이론에서는 사람 문제를 다룸에 있어서 과학적 · 기계적 접근에만 주로 의지함으로써 리더십을 오로지 부하들을 조직목표에 순응하도록 하는 행동의 집합으로 인식한다. 그러므로 이러한 접근법에 의한 최선의 리더는 부하로 하여금 상사가 원하는 것을 가장 능률적이고 효율적으로 수행하도록 하는 리더이다. 이것은 내적 리더십의 원칙에 적합하지 않다. 유교적 리더십은 이와는 달리 도덕과 윤리와 철학을 강조하기 때문에 서구의 리더십이론을 비추는 거울이 될 수 있고 진정한 영향력의 원천으로서 인격의 계발을 위한 리더십이론이 될 수 있다.

3. 유교 리더십

1) 개요

유교 리더십은 타인에 대한 순수한 사랑(인 : 仁), 공통선의 실천훈련(의 : 義), 사회적 규범을 존경하는 훈련(예 : 禮), 도에 관한 지식과 이해의 계발(지 : 智)로부터 시작된다.

유교 리더십의 첫 번째 단계는 리더가 생활의 모든 측면에서 네 가지 덕의 사용을 실천하는 것이다. 리더는 덕을 쌓는다. 덕의 기초를 쌓은 후에는 자신의 일과 사람을 다룸에 있어서 음과 양의 원칙에 대한 균형을 가져야 한다.

두 번째 단계는 리더가 균형과 조화로 네 가지 덕을 적용하는 것이다. 리더십을 실천할 때는 인에 기울어 의를 버리기 쉽고, 의에 기울어 인의 균형을 잃기 쉽다. 이것이 리더가 한쪽에 치우치지 않으면서 정의와 사랑에 대한 균형을 유지하도록 조심해야 하는 이유이다. 또한 음과 양의 이론에 기초하여 사물에 대한 종합적 이해를 계발하는 것을 포함한다. 균형을 유지하는 것이 리더의 성공을 결정하는 핵심이다.

세 번째 단계는 앞의 두 단계가 올바르게 실행되는지를 분석하고 발견한 문제들을 교정하는 것이다. 리더가 균형과 조화를 유지하는 능력을 갖추었을 때는 하늘의 명령을 실행해야 한다.

마지막 단계는 리더가 사명과 목표를 숙고하는 것이다. 리더는 사명과 목표의 배열을 확인한다. 앞에서 설명했듯이 하늘의 명령은 한 번만 실천하고 잊어 버려서는 안 된다. 리더십을 유지하기 위해 필요한 조건을 실천하고 있는지를 연속적으로 평가하고 확인해야 한다. 마지막 단계는 균형과 조화의 필요성을 항상 염두에 두고 인, 의, 예, 지의 계발에 대한 개인적 발전 정도를 연속적으로 평가하는 것을 포함한다. 유교 리더십 모델은 연속적이어서 한 번에 한 단계를 실천하면 끝나는 것이 아니다. 매일매일의 실천이 필요하며 리더가 실천하면 할수록 더 성숙해질 것이다.

[그림 8-2]와 같이 4가지 기본적인 덕과 균형과 조화, 그리고 하늘의 명령을 실천하는 것이 리더십의 핵심이다. 이러한 과정은 리더가 최고의 선과 성공을 위해 항상 노력하는 데 도움이 될 것이다.

그림 8-2 | 유교 리더십이론

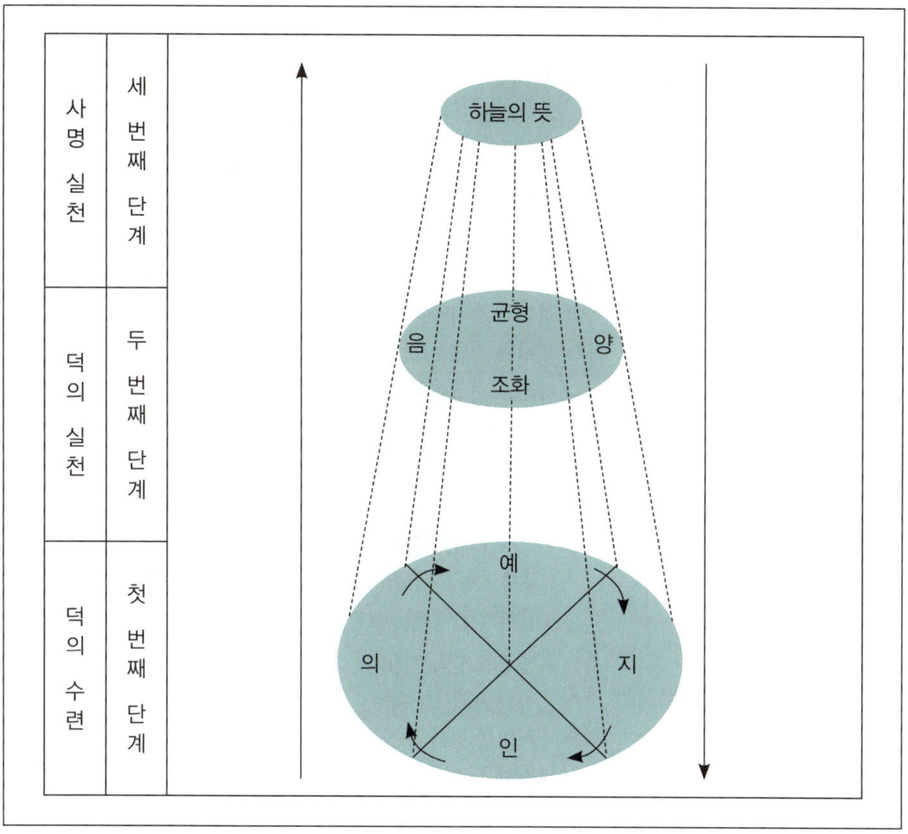

자료 : Cha Bong Kim의 모델을 수정한 것임, Cha Bong Kim, 1999, p.227.

성공적인 리더는 항상 유교 리더십 모델의 기준에 의하여 자신의 성과가 4가지 중요한 덕, 균형과 조화, 그리고 하늘의 명령 등 거시모델의 세 가지 주요 원칙을 따르고 있는지를 확인한다.

2) 4가지 중요한 덕

4가지 중요한 덕을 현대조직의 구체적인 관리용어로 표현하면 [표 8-1]과 같다.

표 8-1 | 네 가지 덕의 내용

덕목	내용
仁 : 타인에 대한 순수한 사랑	• 부하의 필요와 복지의 배려 • 상사에 대한 충성 • 진정한 인간관계 • 타인의 결점 수용 • 호혜주의 원칙 실천 • 동료를 신뢰함 • 솔선수범
義 : 공통의 善 실천	• 조직 내의 불의와 불공정 교정 • 최대다수의 최대행복 추구 • 도덕적 힘에 의한 설득 • 부도덕한 이득 배제 • 정신적 가치 신뢰 • 정의의 기준 지킴
禮 : 사회적 규범 존중	• 사회와 정부의 행동규범 이해 • 소속 조직의 행동규범 이해 • 인간관계의 5가지 조건 실천 –상사에게 정당한 봉사(君臣有義 : 군신유의) –부자간의 사랑(父子有親 : 부자유친) –부부 사이의 역할 존중(夫婦有別 : 부부유별) –선배의 존중(長幼有序 : 장유유서) –친구의 신뢰(朋友有信 : 붕우유신) • 가족의 교육 · 훈육 • 자신의 점검과 교정 • 철저한 책임감 • 소속 조직의 예의(禮義)를 성문화

智 : 道에 대한 지식과 이해	• 우주 원리에 대한 이해와 탐구 • 지식의 발견과 적용 • 仁, 義, 禮에 대한 이해 • 문화적 자각 • 균형된 인격과 지성의 유지 • 자기 동기부여와 평생학습 • 하급자의 교육 · 훈련

리더는 [표 8-1]에서와 같이 유교의 4가지 덕을 수련해야 한다. 말하자면 리더십의 자질을 갖추는 것으로서 진정한 영향력의 원천으로서 인격을 계발하는 것이다.

3) 균형과 조화

모델의 두 번째 단계는 리더가 덕을 실천하고 적용하는 단계이다. 이 단계에서는 네 가지 중요한 덕에 대한 균형과 조화를 이루며 음과 양의 원칙을 이해해야 한다. 극단을 피함으로써 중용의 길을 찾고 조직목표의 추구에서 균형과 조화를 강조한다. 그렇게 함으로써 시간, 노력, 자원 등을 효율적으로 활용하여 바람직한 결과를 획득한다.

4) 天命(천명) : 하늘의 뜻, 리더십의 정신

모델의 세 번째 단계는 리더십의 사명성취이다. 하늘의 뜻은 또한 리더십의 사명이라고도 할 수 있다. 리더십의 사명실천 목록을 요약하면 다음과 같다.

① 하늘을 마지막 권력의 원천으로 이해한다.

② 하늘만이 완벽한 모델이고 규범인 것을 안다.

③ 하늘의 뜻이 보통사람들의 의지인 것을 기억한다.

④ 하늘의 뜻을 통해 합법적인 리더십을 수행한다.

⑤ 다른 사람에게 해를 끼치지 않고 자신의 추종자들에게 최대행복을 가져오기 위해 높은 수준의 도덕과 정의에 따른 리더십을 행사한다.

유교 리더십 모델의 핵심은 4가지 덕에 대한 균형과 조화이다. 리더는 이들 덕을 발전시킴에 있어서 개인적 발전과 소속한 조직의 발전 여부를 계속적으로 일관되게 평가해야 한다. 4가지 중요한 덕에 조화와 균형이 있어야 정당성을 기대할 수 있으며 하늘의 뜻을 실천하는 것이다. 유교 모델에 의한 리더십 과정은 계속적인 발전과 평가과정이다.

- 군자는 도를 구할 뿐 밥을 구하지 않는다. 도를 걱정하고 가난함을 걱정하지 않는다.
- 바탕이 겉꾸밈을 이기면 속되고, 겉꾸밈이 바탕을 이기면 겉치레만 잘하는 것이니, 바탕과 겉꾸밈이 함께 빛이 나야 군자이다.
- 군자는 자신의 재능 없음을 근심하지, 남이 자신을 알아주지 않는 것을 근심하지 않는다.
- 군자는 남의 좋은 점을 이루게 하고 남의 나쁜 점을 이루지 못하게 하지만, 소인은 이와 반대이다.
- 군자는 섬기기는 쉬우나 기쁘게 하기는 어렵다. 소인은 섬기기는 어려우나 기쁘게 하기는 쉽다.
- 군자는 의에 밝고, 소인은 이욕에 밝다.
- 군자는 자신에게서 구하고, 소인은 남에게서 구한다.
- 군자는 평정하고 너그러우며, 소인은 항상 겁내고 두려워한다.
- 군자는 남과 화합하지만 부화뇌동하지 않으며, 소인은 남과 부화뇌동하지만 화합하지 못한다.
- 군자는 두루 통하면서 편파적이지 않으며, 소인은 편파적이면서 두루 통하지 못한다.

4. 유교 리더십의 현대 조직관리에의 적용

1) 개요

유교 리더십을 현대의 조직관리과정에 적용할 수 있다.

5가지 관리과정은 전략적 목표, 운영계획, 운영활동, 통제, 평가 등이다. [그림 8-3]의 경영의 관리과정 모델은 운영계획에 따른 운영활동에 의해 순환적이고 계속적인 목표설정과정으로 구성된다. 운영활동 다음은 통제와 평가이다. 서양과 동양의 모델들을 통합할 때는 5가지 활동의 핵심이 4가지 중요한 덕에 확고한 기초를 두어야 한다. 그리고 4가지 덕은 조화와 균형이 있어야 한다. 그러한 핵심과 도(道)

는 모든 조직의 효율적인 기능화에 많은 영향을 끼친다.

리더는 자신과 조직구성원들이 균형과 조화를 갖춘 이 4가지 덕을 계발하는 책임을 가진다. 이것이 미시모델의 목적이다. 만일 이 모델에 따른다면 조직은 구성원들 모두에게 인, 의, 예, 지의 계발을 촉진하는 시스템이 될 것이고 이 모델을 더 큰 범위로 적용하면 더 좋은 사회와 세계평화로 이끌 것이다.

리더는 4가지 덕을 계발해야 하늘의 명령을 유지하고 조직의 업무를 올바르게 수행할 수 있다. 하늘의 뜻을 아는 리더는 이 모델에 의한 철학적 입장과 일치하는지 여부를 따져 의사결정을 할 것이다. 다시 말하면, 리더는 조직운영에서 발생하는 각각의 의사결정과 목표, 계획, 활동, 통제, 절차, 평가 등에 대한 의사결정의 적절성을 판단하는 기준으로 균형과 조화 속에서 4가지 중요한 덕을 사용할 것이다.

거시모델에 나타난 4가지 덕의 목록을 사용함으로써 리더는 그 자신과 조직구성원들의 의사결정뿐만 아니라 조직의 운영 측면의 성과도 증진시킬 수 있다.

균형과 조화 속에서 조직기능의 5가지 측면과 4가지 중요한 덕 사이의 관계를 실천하기 위해서는 이 모델을 완전하게 이해하는 것이 필요하다.

그림 8-3 | 유교 리더십 이론의 적용

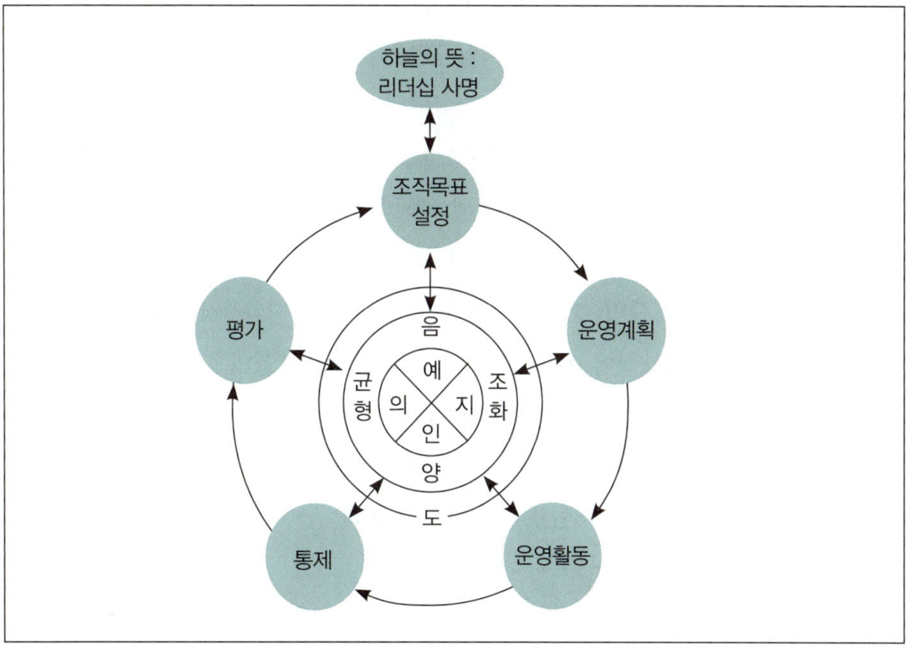

자료 : ChaBong Kim, 1999, p.235.

2) 조직목표의 설정

장기적인 조직목표는 결국 조직의 사명을 달성함으로써 성취해야 한다. 리더는 목표설정의 정확한 과정을 만들어야 한다. 유교 리더십 모델에서 주요 관심사는 앞에서 언급한 3가지 원칙과 일치하도록 목표를 설정하는 것이다. 이것이 정당한 목표의 설정에 도움이 된다. 바람직한 목표가 설정되면 조직의 모든 계층에서 지지가 있을 것이고 이러한 지지가 목표수행에 반영될 것이다.

예를 들면, 조직의 목표설정에서 구성원과 고객을 관리할 때 인, 의, 예, 지를 고려해야 한다. 종업원의 동기부여에 성공적인 경영자는 그들의 욕구충족에 적절한 환경을 제공해야 한다(Hersey and Blanchard, 1982).

조직구성원과 고객의 복지를 향상시키는 것은 인에 근거한다. 보다 명확하게 말하면 목표는 조직구성원의 현재와 미래의 필요에 대한 명확한 비전을 포함해야 한다. 목표의 정당성 여부를 체크해야 하며(義) 목표는 윤리적이고 도덕적이어야 한다.

예의 원칙에 합치되기 위해서는 목표가 명확하게 공시되어야 하며 목표설정자의 의도를 밝혀야 한다. 이런 방법은 목표가 잘못 이해될 가능성을 줄이고 목표의 성취가능성을 더욱 높인다. 목표는 조직의 사명에 반하지 않아야 하고 조직과 사회의 규범에 따라야 한다. 목표는 또한 현실적으로 달성될 수 있는 것이어야 한다. 그래야만 조직구성원들이 조직, 사회, 정부의 규범을 존중하면서 목표를 달성하기 위해 필요한 업무를 수행할 수 있다.

목표설정에서 지를 고려해야 한다. 이것은 목표가 우주(道)의 원칙과 일치해야 하며 리더는 우주의 원칙을 적용하기 위해 지혜와 지식을 가져야 하는 것을 의미한다. 각 분야는 각각 그 자신의 도를 가진다. 교육조직, 사업조직, 군조직은 각각 자신의 도를 가진다. 의료산업, 가정, 정치도 각각 도를 가진다. 각 분야가 조화롭기 위해서는 자신의 도를 따라야 한다. 만일 군조직이 의료산업의 도를 따르면 부조화가 따르며 특히 전쟁에서는 매우 큰 부조화가 발생할 것이다.

마찬가지로 목표를 인, 의, 예, 지와 일치하도록 설정해야 한다. 목표는 4가지의 덕을 리더십 정신과 균형될 수 있도록 결합해야 한다.

3) 운영계획

운영계획의 목적은 전략적 계획단계에서 설정된 목표를 성취하기 위한 것이다. 운영계획은 조직이 현재의 상태에서 바람직한 상태를 달성하기 위한 것이다. 운영계획은 목표의 성공적 달성에 필수적이며 그것을 실천함으로써 조직은 바람직한 상태로 이동한다. 운영계획은 보통 특정시기에 기반을 두고 있으며 조직목표보다 더 상세하다.

또한 미시모델의 3가지 원리는 조직의 계획활동에서 핵심이다. 운영계획을 담당하는 중간리더는 3가지 원리를 이해하고 상위관리자에 의해 확립된 목표의 실행에 3가지 원리를 적용해야 한다. 상위관리자는 조직목표가 유교 리더십 모델에 어느 정도 잘 합치되는지를 판단하는 거울로서 3가지 원리를 사용하고 중간리더도 운영계획단계에서 마찬가지로 이 원리를 따라야 한다. 중간리더는 주어진 목표에 따라 그것을 실천할 절차와 과정을 만든다. 조직이 목표설정과정에서 구성원과 고객을 다룰 때 인, 의, 예, 지를 고려해야 한다는 것을 위에서 말한 바 있다. 리더십은 이와 같은 방법으로 고객과 조직구성원의 복지를 향상시킨다. 계획의 설정은 인에 기초한다.

인, 의, 예, 지의 균형과 조화를 가진 계획을 하면 리더는 조직구성원 개개인과 개인적으로 관련되고 관심을 가지는 기회를 갖게 된다. 이러한 관심은 조직구성원에 대한 정서적 · 재정적 지원이다. 이런 유형의 관심은 리더가 조직구성원 각각의 장 · 단점을 알도록 해준다. 그렇게 되면 리더는 조직구성원 개인의 특정욕구에 따라 각 개인을 대하고, 각 구성원의 잠재력을 개발하도록 도와줄 수 있다. 따라서 고객이 받는 서비스는 자동적으로 향상될 것이다.

조직의 리더는 또한 조직과 관련 있는 모든 이해관계자 간에도 균형과 조화를 유지해야 한다. 계획을 만든 다음에는 그 계획이 정의롭고, 도덕적이며, 윤리적인지(의)를 고려해야 한다. 계획은 불공정과 부정한 것을 제거할 수 있도록 설정되어야 한다. 계획은 또한 서비스의 가치와 삶의 정신적인 측면을 중요하게 생각하도록 수립해야 한다. 이렇게 함으로써 조직구성원은 사회와 조직의 의를 위반하는 유혹을 극복하기 위해 필요한 인격과 덕을 갖출 수 있다.

계획은 의의 모든 측면에 합치되도록 만들어야 한다. 의는 사회와 조직의 규범을 포함한다. 계획에 의의 개념이 포함되어야 고객과의 좋은 관계를 발전시키는 것에 필요한 조직 내의 조화가 있을 수 있다.

계획은 의의 원리에 일치시키기 위해 권위와 조직의 질서 및 사명뿐만 아니라 개인의 장점과 공헌을 존중할 수 있도록 수립되어야 한다. 계획은 극단적인 것을 피해야 한다. 이런 조건을 갖춘 운영계획은 가장 큰 성공의 기회를 제공할 것이다.

도의 본질을 이해하고 아는 것의 기초인 지는 계획의 중요한 부분이다. 우주의 궁극적인 도는 다른 모든 도의 조합으로 구성되어 있다. 예를 들면 조직의 도는 궁극적인 도의 한 부분이다. 마찬가지로 조직의 도는 더 작은 도로 나눌 수 있다.

조직의 각 전략적 목표는 조직의 도의 한 부분이다. 이 전략적 목표는 다시 분할될 수 있다. 조직의 전략적 목표는 운영계획으로 구성되어 있다.

전략적 목표의 도는 운영계획이 갖는 모든 도의 조합이다. 이런 의미에서 도의 개념은 작은 시냇물에 비교할 수 있다. 시냇물은 다른 작은 시냇물과 합해서 작은 강을 만든다. 작은 강들이 만나 큰 강을 이루고 다시 큰 강들이 만나서 결국은 큰 호수나 바다를 만든다.

계획은 전략적 목표의 도에 합치해야 한다. 이것은 리더의 책임이다. 계획의 영향을 받는 조직구성원이 계획의 이면에 존재하는 근본적인 이유를 이해할 수 있도록 리더는 계획을 설명할 책임이 있다.

개인의 목표와 조직의 목표는 통합될 필요가 있다. 그 이유는 개인목표와 조직목표 간의 갈등은 생산성을 낮추지만 적절하게 연합된 목표는 종업원들을 동기부여시키기 때문이다(Hersey and Blanchard, 1982).

4) 운영활동

운영활동은 조직의 일상적인 활동이다. 운영활동은 인사관리, 교육, 재무, 마케팅, 서비스와 생산 등 계속되는 관리적 활동으로서 많은 의사결정이 관련되어 있다. 운영활동과 운영계획 및 조직목표 간의 조화는 매우 중요하다.

리더는 4가지 기본적인 덕을 균형시키는 방식으로 운영계획을 실행해야 한다. 매슬로의 욕구계층의 첫 단계는 생리적 욕구를 충족시키는 것이다. 다음에는 안전의 욕구이다. 안전의 욕구 다음은 사회적 욕구, 그 다음은 존경과 자기실현 욕구이다. 세 번째 욕구인 사회적 욕구와 소속의 욕구는 인의 원리와 일치한다. 만일 조직이 인과 합치되도록 행동하면 종업원들에게 동기를 부여할 것이다.

예와 관련된 다른 중요한 점은 운영계획이 올바르고 공정한 방법으로 실행되도록 하는 것이다. 이것은 프로그램의 관리자가 균형과 조화를 통하여 어떤 것에는 도움을 주는 반면 다른 것을 배척하지 않도록 해야 한다는 것을 의미한다.

리더가 인을 실천할 때는 예의 원리를 위반하지 않도록 주의해야만 한다. 리더는 예가 실천되는지 신중하게 관찰해야만 한다. 조직의 규범을 실천하고 신뢰를 쌓으면 좋은 분위기와 더불어 조화와 균형이 유지된다.

리더가 솔선수범을 통하여 예를 가르치는 것은 권위와 조직의 명령과 사명, 그리고 각 개인의 장점과 공헌을 인정하는 것 등이다. 이와 같은 모든 것은 중용과는 반대인 극단을 피하면서 수행해야 한다. 극단을 경계하는 것이 운영활동 성공의 핵심이다.

관리자가 직무수행에서 스튜어드십(stewardship)의 정신으로 책임을 다하는 것이 바로 예를 실천하는 것이다. 리더와 종업원 사이에 좋은 관계를 유지하는 것도 예를 실천하는 것이다. 리더가 사기를 증진시키기 위해 의사결정과정에 구성원을 참여시키는 것은 구성원과의 관계유지에 중요하다. 사기가 높을 때 종업원은 보다 적극적인 방법으로 의무를 수행하고 싶어 할 것이다.

지혜와 지식인 지는 운영활동에서 또 다른 중요한 부분이다. 운영활동에 있어서 도에 대한 지식과 이해는 성공에 필수적이다. 성공하기 위해서는 도에 합치되는 행동을 해야 한다. 도에 따르는 것은 리더의 책임이다. 도를 이해하기 위한 노력에서 리더의 솔선수범은 조직구성원의 동기부여에 매우 중요하다. 리더는 계몽적인 방법으로 의무를 수행하기 위해 구성원을 훈련시켜야 하는 책임이 있다. 리더의 의무는 또한 조직의 구성원들을 교육하고 훈련하여 그들의 지를 계발하는 것이다. 이와 같은 리더의 의무수행은 조직의 성공을 확실하게 하는 최고의 방법이다.

5) 통제

통제는 운영계획의 일탈을 수정하기 위한 것으로(道) 운영활동의 결과를 측정하는 것이다. 조직목표와 운영계획은 해당 기간 동안 정해진 것을 실행하면 조직이 어떠해야 하는지를 나타낸다. 통제과정은 마땅히 있어야 할 것으로부터 얼마나 떨어져 있는지를 측정하여 목표와 실행결과의 조화를 시도하는 것이다.

통제과정의 핵심은 리더가 어떤 것을 교정하기 위해서 무엇이 필요한지를 알아야 한다는 것이다. 이런 생각은 유교 리더십 모델의 거시모델과 미시모델에 모두 적합하다.

리더가 통제과정에서 거시모델에 합치되는지를 알아보기 위해서는 4가지 주요 덕이 조화와 균형을 이루고 있는가와 하늘의 명령에 따르고 있는지를 평가해야 한다. 만일 결함이 있다면 리더는 그것을 교정하려고 노력한다.

리더는 운영계획으로부터의 일탈을 발견하면 수정활동이 필요한지를 결정해야 한다. 이 결정은 매우 큰 주의를 필요로 한다. 유교 리더십 모델의 4가지 기본적인 덕목에 기초하여 그러한 결정과 수정활동을 하는 것이 필수적이다.

리더는 조직사명의 달성을 위하여 성실, 관용, 겸손, 신뢰와 헌신의 정신으로 문제를 수정하는 업무에 접근해야 한다. 이것이 인의 특질이다. 할당받은 일을 완성하기 위해 법을 위반하여 조직이 벌금을 지불하도록 한 조직구성원을 처리하는 것이 그 예가 될 것이다. 조직구성원을 어떻게 다룰 것인가는 중요한 문제이다. 리더는 조직과 관련된 모든 부분의 가장 큰 이익을 인의 자세로 접근해야 한다.

리더는 또한 예의 관점에서 문제에 접근해야만 한다. 이것은 리더가 밝혀진 부정과 부당한 일을 수정하기 위하여 확실한 활동을 할 때 필요하다. 리더는 조직에서 어떤 형태의 악이라도 제거하기 위하여 도덕적 힘과 끊임없는 열망을 가져야 한다. 이 경우 악의 정의는 조직 자체의 법과 규범뿐만 아니라 사회의 법과 규범에 반하는 것을 포함한다.

수정행동이 필요한 상황에서 예를 고려할 경우 수정자와 피수정자가 적용할 수 있도록 미리 설정된 예의와 행동규범이 있어야 한다. 양자 모두 행동규범을 준수해야 하는 책임이 있다. 활동과 행동이 예에 의해 절제될 때 조직과 사회의 질서는 잘 지켜질 것이다. 예의 원리는 각 당사자가 자기존경과 열린 마음을 유지할 수 있는 방법을 제공한다. 문제를 수정하고 있는 사람은 피상적인 방법이 아니라 개인의 가치를 인정하고 개인이 중요하다는 느낌을 받도록 해야 한다.

문제해결과정에서 지 또한 중요하다. 리더는 먼저 조직목표와 운영계획의 성질을 알고 이해해야 한다. 리더는 또한 훈련, 관리, 직무만족, 자금, 인간관계 또는 의사소통문제 등을 완전하게 이해해야만 한다. 리더는 문제를 최선의 방식으로 수정할 수 있는 방법을 알고 이해해야 한다. 이것은 리더십의 도에 관한 이해를 포함한다. 리더는 또한 수정을 받고 있는 사람들을 위한 지의 계발을 고려해야 한다. 만일 그들의 책임영역에서 도의 이해에 관한 결점을 발견한다면 리더는 선생이 되어 관련된 개인을 수련시켜야 한다. 이것이 지의 본질이다.

6) 평가

통제과정이 완성되면 리더는 조직목표와 관련된 성과를 평가한다. 평가과정은 새로운 조직목표 설정을 위한 선행요인이다. 개별운영계획을 조사하기보다는 전략적 계획에 초점을 둔다. 평가는 하나의 단위로서 바다를 고려하는 것이지 결국 바다로 흘러 들어가는 각각의 강을 고려하는 것은 아니다.

평가는 목표달성 여부를 고려한다. 사회변화 혹은 조직구성원의 불만과 같은 조직에 대한 내·외적 압력의 역동성에 따라 강점과 약점을 평가한다.

리더의 책임은 평가과정에서 조직의 목표를 유교 리더십 모델의 3가지 원칙에 합치시키는 것이다. 설정된 목표와 실제성과를 조사함으로써 이러한 책임을 수행한다. 이 평가는 그 다음의 목표설정과정에 반영한다.

조직이 목표달성에 성공한 후 그 성공에 공헌한 요인의 평가에서 각 종업원의 공헌도를 조사하는 것이 중요하다. 이것이 성과평가이다. 효과적인 성과평가프로그램은 종업원의 바람직한 행동과 사기를 장려하기 위해 필수적이다. 인, 의, 예, 지에 의하여 실천되는 프로그램은 종업원들이 가치 있는 존재로 평가받고 있다고 느끼기 때문에 스스로 더 많이 동기부여된다.

평가과정은 목표설정과정에서 중요한 투입요소이기 때문에 리더는 유교 리더십 모델의 4가지 덕에 기초한 제안을 해야 한다. 리더는 인에 깊게 뿌리를 두고 조직구성원과 고객의 욕구에 민감해야 한다. 의는 평가에서 핵심적 역할을 해야 한다. 리더는 공정하거나 불공정한 것에 관하여 강력한 도덕적 힘을 행사해야 한다.

성과평가에서는 사회나 조직의 규범을 고려하는 것이 예를 실천하는 것이다. 쉐링턴은 "사람관리에서는 행하는 방법(행동)이 결과(산출)만큼 중요하다"라고 주장하여 성과평가에서 예의 중요성을 강조하였다(Cherrington, 1989).

평가는 동기부여만큼 중요하기 때문에 결과만을 평가한다면 사람들은 수단에 신경 쓰지 않고 그 결과에만 집착하게 될 것이다. 결과에 너무 많은 초점을 두면 비윤리적인 행동을 고무키며 조직에 해로운 결과를 초래한다. 비윤리적 조직은 번성할 수 없다. 만일 조직규범과 사회규범 사이에 중요한 차이가 있다면 조직규범을 수정하여 사회규범에 맞추어야 한다. 최대의 관심사는 질서와 평화가 확립되어야 한다는 것이다.

7) 4가지 기본적인 덕과 리더십 기술 사이의 관계

허쉬와 블랜차드는 여러 가지 상이한 리더십 수준에서 필수적인 리더십 기술모델을 제시하였다(Hersy and Blanchard, 1982). 그들은 필요한 기술을 3개의 기본적인 카테고리들(기술적 기능, 인간관계기능과 개념적 기능)로 나누었다. 기술적 기능은 특정과업의 실행에 관련된 것이고, 인간관계기능은 다른 사람과 함께 효과적으로 일하기 위해 필요한 기능이다. 개념적 기능은 더 큰 그림과 이 그림 내의 작은 활동들의 역할을 이해는 능력이다.

하위수준 관리자에게는 기술적 · 인간관계기능이 가장 중요하다. 중간관리자는 3가지가 균형되어야 하고 상위관리자는 인간관계기능과 개념적 기능이 혼합되어야 한다.

인간관계기능은 인, 의, 예에 해당되는 것으로 모든 수준의 관리에서 중요하다. 인간적 기능은 어떠한 관리자의 성공에 있어서도 필수적이다. 기술적 기능과 개념적 기능은 지의 2가지 다른 표현이다. 기술적 기능은 보다 작은 도에 대해 이해하는 것이고 개념적 기능은 조직의 큰 도를 이해하고 작은 부분의 도와 상호작용을 이해하는 지에 관련된 것이다.

한비자의 유가 비판

한비자는 이론과 실제의 합치를 무엇보다도 중시하여 법치의 정당성을 당시의 인간 심성에 잘 부합하는 점에서 찾고자 하였으며, 유가의 덕치에 대한 비판 역시 동일한 근원에서 시작하려 하였다.

한비자는 유가가 말하는 덕치의 한계를 다음과 같이 지적하였다. 첫째, 덕치는 정치의 공정성과 형평성을 상실하게 한다. 한비자는 인(仁)이란 사람으로서 억제할 수 없는 동정심을 베풀고 남을 도와주는 뜻을 가진 것으로 해석하고, 이러한 동정심으로 정치를 할 때 공정한 정치가 불가능하다고 보았다. "대체로 자(慈)라고 하는 것은 사람으로서 억제할 수 없는 동정심이요, 혜(惠)라고 하는 것은 사람에게 주는 것을 좋아하는 마음이다. 사람을 대하여 참을 수 없는 동정심이 일 때는 과실이 있더라도 벌할 수가 없고 사람에게 주는 것을 즐길 때는 공을 세우기도 전에 상을 주게 되는 폐단을 낳는다(『한비자』 내저 상)"라고 주장했다. 이것은 곧 인정(仁政)을 실현할 경우 상벌의 정상적인 시행이 어려워지며, 급기야는 나라의 기강이 문란해질 수 있다는 것이다.

둘째, 덕치는 효율이 떨어지는 통치방식이다. 덕치는 감화라는 우회적인 방법을 사용함으로써 좁은 지역에만 실현할 수 있는 것이다. 한비자는 "몸소 고행을 겪고 또 뒤에 백성을 감화한다는 것은 요임금, 순임금과 같이 뛰어난 사람이 있었다 하더라도 쉽사리 그 효과를 거둘 수는 없을 것이다(한비자, 난일)"라고 말하여, 덕치가 우회적인 통치방법이라는 점을 지적했다. 그리고 "(유가에서 덕치의 본보기로 간주하는) 순임금이 그 풍습을 바로잡는 데 1년이 걸려 겨우 한 지방을 바르게 했다면 3년 걸려서 3개소밖에 바로잡을 수가 없다. 그러나 순임금의 힘도 한도가 있고 또 순임금의 수명에도 한도가 있다. 그렇다면 한계지워진 수명으로써 끝없는 범죄자를 구한다는 것은 그 효과가 대단히 적은 것이다(한비자, 난일)"라고 말하여, 덕치는 근본적으로 적용범위가 좁기 때문에 국가의 조직이 방대한 곳에서는 시행하기가 어렵다는 점을 지적했다.

셋째, 덕치는 현실적 대응력이 약한 한계를 갖고 있다. 덕치를 하기 위해서는 요임금, 순임금 정도의 인격을 가진 현인이 등장해야 하는데, 그러한 현인들은 좀처럼 만나기 어려운 분들이다. "이제 천년에 한 번 나올 듯한 요임금 순임금을 기다린 다음에 현세의 백성을 다스리려고 하는 것은 마치 좋은 쌀과 고기를 얻어서 굶주림을 면하고자 하는 것과 같다(한비자, 난세)"라는 말은, 곧 요임금 순임금을 만나는 일이 쉽지 않으며, 그렇게 기다리는 동안 당장이 문제라는 점을 지적한 것이다.

한비자의 덕치에 대한 비판은 곧 법치의 유용성을 강조하는 데로 이어졌다. 한비자는 덕치가 불공정하고 비효율적이며 비현실적인 것인 반면에, 법치는 공정하고 효율적이며 현실적인 것임을 강조했다. 왜냐하면 법은 모든 사람에게 예외 없이 적용되므로 공정하며, 넓은 지역에도 적용할 수 있으므로 효율적인 것이기 때문이다. 한비자는 특히 법이 백성의 심성이 타락한 자신의 시대의 현실상황과도 잘 부합한다는 점을 강조했다. 〈중략〉

그렇다면 인간 심성이 손상되고 타락한 이유는 무엇인가? 한비자는 그 이유를 주로 물질의 양의 변화로 설명하고자 하였다. 즉 고대에는 물질의 양이 풍부하였으나 후대로 올수록 부족해졌으며, 이에 따라 생존경쟁이 치열해지고 인간 심성이 점차 손상되었다는 것이다.

한비자는 이처럼 시간의 흐름이 인간 심성을 손상시키고, 문물제도와 통치방식을 포함한 모든 환경을 변화시켰다는 관점에 근거하여 옛 성왕의 행적을 정치도리로 삼는 상고주의 복고주의는 시대상황에 부합하지 못하는 병폐를 갖고 있다고 주장했다.

유가와 법가의 다른 학문적인 차이점은 나라의 근본을 누구로 보느냐 하는 데서도 발견할 수 있다. 유가는 전통적으로 민본주의(民本主義)를 표방해 왔다. 〈중략〉 그런데 한비자는 유가의 주장과는 대조적으로 나라의 주인은 군주일 뿐이며, 영토 내의 모든 사람과 사물이 군주의 소유라고 주장하였다. 그리고 그는 나아가 군주가 강력한 정치를 하기 위해서는 특히 군주가 속마음을 드러내지 않는 것이 중요하다고 역설했다. 한비자는 이 점을 "군주가 그 지혜를 갖추어도 입 밖에 내지 않으면 아랫사람은 알 턱이 없고, 재능이 있어도 나타내지 않으면 아랫사람은 윗사람의 가치를 추측할 방법이 없으므로 항상 두려워하고 자기 맡은 일에 언제나 전력을 다하게 된다(한비자 주도)"고 했다.

자료 : 최승호 외, 동양철학의 이해, 2012.

제3절 도교 리더십

노자의 일생

노자(老子)는 기원전 6세기경에 활동한 중국 제자백가 가운데 하나인 도가(道家)의 창시자이다.

성(姓)은 이(李), 이름은 이(耳), 자는 백양(伯陽) 또는 담(聃), 노군(老君) 또는 태상노군(太上老君)으로 신성화되었으며 도교경전인 『도덕경(道德經)』의 저자로 알려져 있다. 현대 학자들은 『도덕경』이 한 사람의 손에 의해 저술되었을 가능성은 받아들이지 않으나, 도교가 불교의 발전에 큰 영향을 미쳤다는 사실은 통설로 받아들이고 있다. 노자는 유가에서는 철학자로, 일부 평민들 사이에서는 성인 또는 신으로, 당(唐 : 618~907)에서는 황실의 조상으로 숭배되었다.

노자는 그 역사적 중요성에도 불구하고 신원이 자세하게 알려져 있지 않다. 그의 생애에 대한 주된 정보원은 사마천(司馬遷)이 쓴 『사기』의 노자전(老子傳)이다. 그러나 기원전 100년경에 『사기』를 저술한 이 역사가도 노자에 대한 확실한 정보는 제공하지 못했다. 『사기』에 따르면, 노자는 초(楚)나라 고현(古縣) 여향(術鄕) 곡인리(曲仁里 : 지금의 허난성[河南省] 루이현[鹿邑縣]) 사람으로 주(周 : 기원전 1111경~255) 수장실(守藏室)의 사관(史官)이었다. 사관은 오늘날 '역사가'를 의미하지만, 고대 중국에서는 천문(天文) · 점성(占星) · 성전(聖典)을 전담하는 학자였다. 사마천은 노자의 벼슬에 대해 언급하고 난 뒤, 늙은 노자와 젊은 공자(孔子 : 기원전 551~479)와의 유명한 만남에 대해 말했다. 이 만남에 대해서는 학자들 사이에서도 많은 논의가 있어 왔다. 이 만남은 다른 문헌에서도 언급되어 있으나, 일관성이 없고 모순되는 점이 많아 단지 전설에 불과한 것으로 여겨진다. 노자와 공자가 만났을 때 노자는 공자의 오만과 야망을 질책했고, 공자는 그로부터 깊은 감명을 받아 그를 구름과 바람을 타고 하늘로 올라가는 용에 비유했다고 한다.

이 이야기 못지않게 유명한 전설은 노자가 서쪽으로 사라진 이야기이다. 그는 주가 쇠망해가는 것을 보고는 주를 떠나 진(秦)으로 들어가는 길목인 함곡관(函谷關)에 이르렀다. 관문지기 윤희(尹喜)가 노자에게 책을 하나 써달라고 간청했다. 이에 노자는 5,000언(言)으로 이루어진 상편 · 하편의 저서를 남겼는데 그것이 도(道)와 덕(德)의 뜻을 말한 『도덕경』이다. 그러고 나서 노자는 그곳을 훌쩍 떠났고, "아무도 그 뒤 그가 어떻게 되었는지 알지 못한다"라고 사마천은 기술하고 있다.

노자의 인간관은 자연의 본성을 따르는 것이 가장 바람직한 삶이라는 생각에서 출발한다. 그는 인간이 선하다 혹은 악하다는 개념 자체가 인위적인 것이고 따라서 악한 것이라 본다. 일체의 제도와 관습과 규범에서 벗어난 완전한 자유인, 자연의 흐름에 순응하여 가랑잎처럼 흘러가는 삶을 가장 이상적으로 본다. 이런 인간관은 도가사상의 현세 도피적 사유에 상당부분 영향을 끼쳤다. 죽림칠현의 은둔생활은 노자적 삶의 철학을 구체적으로 실천하려 한 하나의 예에 불과하다.

노자사상의 특징은 유가적 권위주의와 규범주의에 반대하고 인간의 자유로운 삶을 강조했다는 점에 있다.

공자의 정교한 의식과 경직된 사회질서와는 대조적으로 그와 동시대의 인물인 노자(老子)는 역동적인 도교(道敎)철학을 주창했다. 노자는 숲 속을 걷거나 산 속의 시냇물과 대나무숲을 관찰하여 자기 주위의 세계로부터 영감을 이끌어냈다. 그는 자연의 순환을 지켜보면서 자연은 강제되거나 통제될 수 없다는 것과 우주 속에서 가만히 있는 것은 아무것도 존재하지 않는다는 것을 깨달았다. 그의 철학에서는 변화가 바로 삶의 본질이라고 본다.

전통적인 유교 리더들은 그들의 안전을 그들을 둘러싸고 있는 사회의 위계질서에서 찾는 반면, 도교의 리더들은 자기들의 내부에서 안전을 찾음으로써 변화하는 삶의 물결 속을 항해하는 동안 인격의 힘을 확신한다. 그것이 잔심이다.

현대의 리더십에 관한 서적이 권력의 행사, 즉각적인 해결책, 현명한 전략, 게임계획과 같은 것에 초점을 두는 것과는 대조적으로 도덕경은 인간적인 리더십, 즉 지속적인 인격의 힘을 주장한다.

1. 도덕경(道德經)

고대 중국의 전국시대(戰國時代)에 집필된 도덕경은 노자가 자연에 대한 세밀한 관찰을 통하여 기록한 것이다. 도덕경이 그후 계속 존속된 것은 그것의 원리가 2,500년 전처럼 지금도 사실이기 때문이다. 도는 생명체의 지혜를 나타내고, 우리의 내면과 주변에 존재하는 에너지의 유형을 설명한다. 중국인들은 이러한 생명력을 기(氣)라고 불렀다. 기는 생명력 그 자체이다. 이러한 기는 모든 존재에서 역동적인 형태로 흐르고 있다. 조수의 간만, 달이 차고지는 것, 계절의 변화 등과 같은 자연계뿐만 아니라 개인, 가족, 인간관계, 사회조직 그리고 국가도 순환적으로 변화한다. 리더들을 위한 안내서로 고안된 도덕경은 이러한 순환을 염두에 둠으로써 리더가 보다 더 현명한 선택을 할 수 있도록 도와준다.

81구의 시로 되어 있는 이 작은 책은 성경을 제외하고는 그 어느 책보다 더 많이 번역되었다. 도덕경은 철학, 정치학, 무예 그리고 인본주의 심리학 등과 같은 다양한 분야를 통해 리더들에게 영감을 주었다. 헤겔(Hegel)은 1800년대 초기에 하이델베르크대학에서 중국 철학에 관한 강의를 했는데, 그의 변증법은 역동적인 도(道)의 에너지를 반영하고 있다. 그로부터 약 2세기 후부터 서구에서의 도교(道敎)의 영향은 점점 커져 갔다. 하마스퀼드(Hammarskjöld)의 『마킹(Marking)』이라는 잡지에서는 도가(道家)를 집착과 초월(detachment)의 균형으로 파악하고 있다. 모리헤이 우시바는 공격자를 해치지 않고 상대를 굴복시킬 수 있도록 에너지를 집중하고, 결합하고, 방향을 바꾸는 도의 원리에 기초하여 비폭력적인 무술인 합기도를 창시하였다. 로저스(Rogers)는 평화를 위한 치료와 연구에 도의 임파워먼트(empowerment) 철학을 활용하였는데, 그는 도덕경 17장을 지갑 속에 넣고 다녔다고 한다.

도덕경은 홀로 고립해서 존재하는 것은 아무것도 없으며, 우리 모두는 복잡하고, 모든 것을 포함하는 형상(pattern)의 한 부분이라는 것을 가르쳐 준다. 이것은 바로 시스템적 사고와 닮았다고 볼 수 있다.

2. 도덕경(道德經)에서의 리더

도덕경 17장에서는 최상의 리더에 대해서 다음과 같이 이야기하고 있다.

太上 下知有之 태상 하지유지
其次 親而譽之 기차 친이예지
其次 畏之 기차외지
其次 侮之 기차모지
故 信不足焉 有不信焉 고 신부족언 유불신언
悠兮*其貴言 功成事遂 유혜기귀언 공성사수
百姓 皆謂我自然 백성 개위아자연
* 悠兮(유혜) : 자연적인 무위로서 세상을 다스리고 있는 모양

가장 훌륭한 리더는 모든 구성원들이 그러한 사람이 있다는 사실만 알 뿐이며 시시비비를 가리려 하지 않는다. 그 다음 리더는 구성원들이 친하게 따르며 칭찬하고 기린다. 그 다음은 구성원들이 리더를 겁내고 멀리하며, 그 다음 리더는 구성원들이 미워하고 업신여긴다. 이처럼 차이가 생기는 것은 리더의 인물됨의 수준에 따라 구성원들로부터 믿음을 받아내는 수준이 다르기 때문이다. 스스로가 유유자적하여 말을 잊은 것같이 하고 있어도 어느 사이에 공적을 이루고, 일이 완수되면 구성원들은 우리 모두가 그것을 해내었다고 말한다(도덕경 17장 전문 : 노재욱 해석, 노자도덕경, 83~84쪽).

도덕경 17장에 따른 최선의 리더는 일이 성취되고 계획이 완성되었을 때, 구성원들이 "우리 스스로가 그것을 해냈다"는 말을 들을 수 있는 리더이다. 현대적인 용어로 말하면 슈퍼리더인 것이다.

사람들은 2000여 년 이상 고대 중국의 고전인 도덕경에서 영감을 받아 왔다. 도덕경에 기초를 두고 최근에 관리자와 리더의 차이점에 관한 많은 책들이 출판되었다. 관리자는 매일의 일상적인 업무를 수행한다. 관리자는 감독자로서 서비스의 공급, 제품의 생산, 주문의 처리, 배달 등과 같은 일이 계획대로 수행되는지를 확인한다. 관리자는 예산, 사무의 진행, 그리고 일반적인 현상을 유지하는 일 등을 담당하는 반면에 리더는 비전을 가진 사람으로서 매일의 세부적인 일을 중요성에 따

라 큰 틀에 일치시키는 방법을 다룬다. 훌륭한 리더는 사전에 계획을 세우고, 변화를 촉진하며 구성원들과 조직을 발전시킨다. 위대한 리더는 더 큰 가능성을 가진 비전으로 사람들을 고무시킨다. 사람들은 비전을 공유함으로써 자신들도 스스로 비전을 개발하며 잠재력을 최대한 계발한다. 위대한 리더는 생명체의 비전인 도의 지혜를 늘 가지고 있다.

도덕경은 우리 모두가 어떻게 하면 리더가 될 수 있는가와 리더십을 예술로 만드는 것, 주위의 경험과 새로운 조화를 창조하는 용기를 가지는 것, 원천으로써 움직이는 사람이 될 수 있는 것 등에 대해 설명하고 있다.

도덕경 81장은 크게 음(陰)의 리더십과 양(陽)의 리더십으로 나누어 볼 수 있다. 내면적인 음의 리더십에서는 리더십의 개인적인 요소에 더 많은 초점을 둔다. 양의 리더십은 리더십의 실천에 관한 것으로 리더의 인간관계와 책임에 초점을 둔다.

양의 리더십과 음의 리더십은 개인적 지혜로부터 실천적 행동으로 나아가는 선형적 발전을 의미한다. 도덕경의 구조는 순환적이다. 여러 가지 도의 원리를 상이한 맥락에 따라 한 번은 내적이고 한 번은 외적으로 반복한다. 해변에 끝없이 부딪히는 파도처럼 도가(道家)의 원리는 친근한 동시에 새롭게 반복된다.

리더십의 안내서로서 도덕경 전체를 읽게 되면 리더들은 통일적인 하나가 되는 것과 역동적인 성장의 원리를 발견하게 될 것이다. 모든 사물은 연결되어 있고, 영원한 변화의 순환과정을 거치며, 상반되는 음과 양이 보완적으로 통합되어 새로운 유형을 창조하는 것을 알게 될 것이다. 도를 공부하면 할수록 이런 유형을 더 잘 인식하게 되고, 또 그 유형과 통합되며, 그 과정에서 자신이 균형되어 있는 것을 발견하게 된다. 모든 것은 때가 있다는 교훈을 배움으로써 모든 활동의 상호의존성을 관조(觀照)할 수 있게 된다. 바쁜 일상생활에서 관조의 공간을 개발하는 방법을 발견할 수 있다. 그렇게 함으로써 리더는 자신과 타인에 대한 더 큰 존경심과 인생여정에 대한 더 큰 열정을 발전시킨다. 다시 말하면 삶이 끝없는 교육의 여정임을 점점 더 깨닫게 된다. 도와 더불어 우리의 내부와 주위에 존재하는 기의 작용을 배울 때, 외부의 도전은 자아실현과 문제점에 대한 창조적이고 새로운 해결책을 제공해 준다.

도를 실천하는 리더들은 도처에서 볼 수 있다. 도의 리더들은 정치, 소규모 기업, 대기업, 교육기관, 지역사회 등에서 볼 수 있다. 그들은 기업의 최고경영자, 법률가, 의학연구자, 과학자, 예술가, 출판업자, 교사들, 그리고 부모들일 수도 있다. 도의 지혜를 가지고 우리 모두는 자기 분야의 리더가 될 수 있고 세상을 조화와 협력으로 새롭게 순환되도록 만들 수 있다.

3. 비움의 리더십

도덕경에 흐르는 가장 큰 논조는 비움이다.

노자는 주나라가 멸망해 가는 시점에 장서관직을 떠나면서 리더가 가져야 할 덕목을 도덕경 도처에 말하고 있다.

노자는 나라를 다스리는 권력자에게 권력을 놓음으로써 리더십을 행할 수 있다고 하였다.

도덕경 60장에는 다음과 같이 적고 있다.

> 治大國 若烹小鮮 치대국 약팽소선
>
> 큰나라를 다스리는 것은 마치 작은 생선을 굽는 것과 같이 조심스럽게 하라.

즉 권력자의 힘이 아닌 팔로워의 힘으로 조직을 이끌 수 있는 분위기를 만들어 주는 것을 리더십의 주요 덕목으로 말하고 있다.

1) 무위하라

무위(無爲)는 아무것도 하지 않는 것이 아니라 강요하지 않는 것이다. 도덕경 37장은 無爲而無不爲(무위이무불위), 즉 강요하지 않을 때 제대로 이룰 수 있다고 설파하고 있다.

> 道常無爲而無不爲 도상무위이무불위
> 侯王若能守之, 萬物將自化, 化而欲作, 吾將鎭之以無名之樸
> 후왕약능수지, 만물장자화, 화이욕작, 오장진지이무명지박

無名之樸, 夫亦將無欲, 不欲以靜, 天下將自定
무명지박, 부역장무욕, 불욕이정, 천하장자정

도는 항상 하는 것이 없지만 하지 않는 것도 없다.
만일 군주가 자연의 도를 따라 지켜나가면,
만물은 저절로 생성하고 발전할 것이다.
저절로 생성하고 발전하게 만물에 맡기지 않고
인간들이 조작하려고 하면
나는 그러한 짓을 못하게 자연의 덕으로 진정시키리라.
자연의 덕은 욕심을 내지 않는다.
욕심을 부리지 않으니 고요하고,
욕심이 없어 고요하면 천하는 저절로 바르게 된다.

2) 침묵하라

권력자는 자신의 힘을 과시하기 위하여 많은 말들을 쏟아낸다. 노자는 지도자가 말이 많으면 결국 그들이 한 말에 의해서 궁지에 몰린다고 설파했다.

天地不仁 以萬物 爲芻狗　천지불인 이만물 위추구
聖人不仁 以百性 爲芻狗　성인불인 이백성 위추구
多言數窮 不如守中　다언삭궁 불여수중

하늘과 땅은 인자하지 않아 만물을 풀과 개처럼 버려두고
성인은 인자하지 않아 백성을 풀과 개처럼 버려둔다.
말이 많으면 자주 궁지에 몰리니 말없이 자신의 자리를 지키는 것만 못하다.

또 "진정 아는 사람은 떠들어대지 않고, 말을 많이 하는 사람은 알지 못하는 것이다(知者不言 言者不知 지자불언 언자부지)"라고 하면서 언행의 조심을 말하고 있다.

3) 겸손하라

노자는 권력자가 권력을 가지고 있을 때 자신의 몸을 낮추기를 말하였다. 이 '攻城身退(공성신퇴)', 즉 "성공한 이후에는 몸을 낮춰라. 그래야 내 공이 된다"라는 자세를 가지고 있을 때 비로소 많은 사람들이 존경하는 지도자가 된다고 이야기한다.

> 持而盈之 不如其已 揣而銳之 不可長保
> 지이영지 불여기이 취이예지 불가장보
> 金玉滿堂 莫之能守 富貴而驕 自遺其咎
> 금옥만당 막지능수 부귀이교 자귀기구
> 功遂身退 天地道 공수신퇴 천지도
>
> 가지고도 채우려고 하는 것은 그것을 그치는 것만 못하며, 두드림이 예리하면 오래도록 보존되지 못한다.
> 금과 옥이 집안에 가득하여도 능히 지키지 못하며, 부귀하면서 교만하면 스스로 허물을 남기게 되니,
> 공을 이루면 스스로 물러나는 것이 천지의 도이다.

4) 채우기 위한 비움의 리더십

리더는 발전을 통해 팔로워를 새로운 곳으로 인도하여야 한다. 그러나 많은 지도자들은 자신의 힘을 항상 축적하는 데만 열중하고 있다. 이러한 리더는 새로운 환경에 대한 유연한 대처를 하기 위해 온 힘을 다 쏟아야만 한다.

냉장고가 채워져 있으면 새로운 것이 들어가지 못하는 것처럼 자신이 가지고 있는 고집과 편견을 버리기를 요구하고 있다.

> 不尙賢 使民不爭 불상현 사민불쟁
> 不貴難得之貨 使民不爲盜 불귀난득지화 사민불위도
> 不見可欲 使民心不亂 불견가욕 사민심불란
> 是以聖人之治, 虛其心實其腹 弱其志强其骨

시이성인지치 허기심실기복 약기지강기골
常使民無知無欲 상사민무지무욕
使夫知者不敢爲也 사부지자불감위야
爲無爲 則無不治 위무위 칙무불치

특정의 사상이념이나 종교 등을 숭상하지만 않는다면
백성들 간에 파벌이 갈라져서 생기는 다툼은 없게 되오.
희귀한 재화를 소중하게 취급하지 않는다면
백성들도 물욕에 눈이 어두워 도둑질하는 일은 없을 것이오.
큰일을 도모하려는 계획을 보여주지 않으면
백성들은 마음이 불안하지 않을 것이오.
그러므로 성인의 다스림은,
자신의 마음을 깨끗이 비워서
나라의 경제를 풍족하게 채우며,
큰일을 저지르려는 의욕을 스스로 자제하게 되면,
국가기강과 국력은 튼튼하게 다져지는 것이오.
백성들은 언제나 바라는 것도 없고, 알 것도 없을 것이오.
대체로 이와 같이
소위 좀 안다는 지식인들이라 할지라도 감히 함부로 나서서
엉뚱한 수작을 부리지는 못할 것이기 때문에,
무위적인 다스림을 본보기로 삼는다면,
이 세상 다스리지 못할 것은 없소이다.

5) 물과 같은 리더십

고대 중국은 농업사회였다. 농업사회에서 가장 중요한 것은 물이었으며, 많은 사상가들이 물을 통해서 자기의 주장을 하는 경우가 많았다. 노자도 리더십의 가장 큰 예로 물을 들고 있다. 노자는 상선약수(上善若水)의 정신, 즉 가장 훌륭한 것은 물같이 되는 것으로 리더의 본보기를 제시하였다.

上善若水 水善利萬物 而不爭(而有靜) 處衆(人)之所惡 故幾於道
상선약수 수선리만물 이부쟁(이유정) 처중(인)지소오 고기어도

居善地 거선지
心善淵 與善仁(予善天) 심선연 여선인(여선천)
言善信 正善治 언선신 정선치
事善能 動善時 사선능 동선시
夫唯不爭 故無尤 부유부쟁 고무우

물은 모든 만물을 이롭게 한다.
이롭게 한다고 해서 그 공을 과시하지 않는다.
그리고 모두 싫어하는 낮은 곳으로 흐른다.
그러나 물은 결국 강과 바다가 된다.

4. 잔심(殘心, ざん)

잔심은 일본어로서 혼이 '머무르다, 지체하다'는 뜻이다. 여기서는 새로운 조화를 창조하기 위해 자신의 에너지를 외부로 확장시키는 것을 의미한다.

우리는 소위 '역사의 중요한 전환점'에 서 있다(Bennis and Nanus, 1985). 기술적 · 사회적 · 정치적인 변화가 되풀이되는 물결에 직면하여 많은 사람들은 이 혼돈의 시대를 통과할 수 있도록 안내해 줄 새로운 희망의 근원을 찾고 있다. 이러한 혼돈의 시대에 리더는 도덕경 4장의 잔심의 원리를 활용하여 내적인 리더십의 지혜를 찾을 수 있다.

道沖而用之 或不盈 도충이용지 혹불영
淵兮 似萬物之宗 연혜 사만물지종
挫其銳 解其紛 좌기예 해기분
和其光 同其塵 화기광 동기진
湛兮 似或存 담혜 사혹존
吾不知誰之子 오부지수지자
象帝之先 상제지선

도는 그릇같이 텅 비어 있음으로 사용할 수 있고, 혹은 채우지 않는다.

깊고 조용하다, 만물의 으뜸 같음이여.
도는 만물의 예리함은 꺾어주고, 얽혀 있는 것은 풀어주며
빛과는 조화를 이루고, 먼지와 같이 한다.
맑고 고요하도다, 혹은 존재하는 것 같음이여.
나는 누구의 아들인지 알지 못하는데
하느님보다 먼저 있는 것을 본뜬 것이다.

도덕경 4장을 요약하면 다음과 같다.

도는 빈 그릇이며, 무한히 사용할 수 있고,
만물의 근원이다.
도는 예리한 것을 무디게 하고, 모든 매듭을 풀며,
광선을 부드럽게 하고 흙과도 섞인다.
도는 대양(大洋)보다 더 깊고, 그 한계는 무한하며,
그 힘은 영원하다.

도덕경 65장에서는 이렇게 말하고 있다.

古之善爲道者　고지선위도자
非以明民 將以愚之　비이명민 장이우지
民之難治 以其智多　민지난치 이기지다
故以智治國 國之賊　고이지치국 국지적
不以智治國 國之福　불이지치국 국지복
知此兩者亦稽式　지차량자역계식
常知稽式　상지계식
是謂玄德　시위현덕
玄德深矣 遠矣　현덕심의 원의
與物反矣　여물반의
然後乃至大順　연후내지대순

옛날에 도를 훌륭히 닦은 사람은
국민을 밝게 하는 것이 아니고, 어리석게 하고자 하였는데

> 국민을 통치하기 어려운 것은 그들이 지혜가 많기 때문이다.
> 그러므로 지혜로써 국가를 통치하는 것은 국가의 도적이고
> 지혜로써 국가를 통치하지 않는 것이 국가의 행복이다.
> 이 둘을 아는 것이 역시 올바른 법도이다.
> 영원히 올바른 법도를 아는 것,
> 이를 일러 현명한 배품이라 한다.
> 현명한 배품은 깊고 깊다.
> 현명한 덕은 깊게 침투하고
> 멀리 퍼져 모든 사물을 근원으로 되돌린다.
> 그리하여 마침내 도와 합치된다.

도덕경 65장을 요약하면 다음과 같다.

> 옛날의 리더는 도를 잘 따랐다.
> 사람들에게 섬세한 전략은 가르치지 않았고,
> 간단한 시범을 보여주었다.
> 지나치게 영리해지려고 하면,
> 이끌기가 어렵다.
> 지나치게 영리하면 집단의 조화를 해친다.
> 영리한 전략 없이 이끄는 사람은 모든 사람에게 축복을 준다.
> 이러한 원리를 안다는 것은 곧 도를 행하는 것이다.

노자는 영리한 전략이나 권력의 행사는 단기적으로는 효과가 있지만, 장기적으로는 사람들이 조작당하고 있다는 것을 알고 분개하게 된다는 것을 알았다. 관리자가 지식과 좋은 아이디어를 갖고 있더라도 그것을 가지고 사람을 통제하는 데 사용하면 그것은 조작적 전략으로 비치고 사람들로부터 지원을 받기가 어려워진다. "지나치게 영리함은 집단의 조화를 해친다." 도덕경은 신뢰가 없으면 지속적인 힘이 있을 수 없다는 것을 가르쳐 준다.

1) 덕(德) : 인격의 힘

81장으로 구성된 도덕경은 인격의 힘을 강조한다. 한자로 덕(德)은 도덕경이라는 책 제목의 두 번째 용어인데, '미덕, 선행, 힘, 도덕' 등의 뜻으로 다양하게 번역되었지만 그 글자는 '가다, 바른 것, 마음'이라는 의미를 갖는 3가지 글자로 구성되어 있다. 따라서 덕은 성실성이나 인격, 즉 "마음에 따라 산다"는 뜻이다. 인격의 힘은 우리의 주변세계에 끊임없이 영향을 주고 그것을 변화시킨다.

도덕경 51장은 이렇게 말한다.

道生之 도생지
德畜之 덕축지
物形之 물형지
勢成之 세성지
是以萬物幕不尊道而貴德 시이만물막부존도이귀덕
道之尊, 德之貴 도지존, 덕지귀
夫莫之命而常自然 부막지명이상자연
故道生之, 德畜之 고도생지, 덕축지
長之, 育之 장지, 육지
亭之, 毒之 정지, 독지
養之, 覆之 양지, 복지
生而不有 생이불유
爲而不恃 위이불시
長而不宰 장이부재
是謂玄德 시위현덕

도는 만물을 낳고
덕은 만물을 기르고
도 위에서 물체로서의 그 꼴이 형성되고
힘이 만물을 형성한다.
이로써 만물은 도를 높이고 덕을 귀하게 하지 않는 것이 없다.
도는 높고 덕은 귀하다.

도가 높고 덕이 귀한 것은 명령 없이도 항상 스스로 그러하다.
그러므로 도는 만물을 낳고 덕은 만물을 기른다.
길게 하고, 기르고
성장하게 하고, 자라게 하고
양육하고, 보호하고
생산하나 소유하지 않고
경영하나 의지하지 않고
키워도 지배하지 않는다.
이것이 바로 지혜로운 베풂이다.

도덕경 51장을 요약하면 다음과 같다.

모든 행위는 도로부터 나온다.
인격(德)은 그것을 성장하게 하고, 환경은 그것을 완성한다.
만물은 도를 숭상하고 관습이나 덕을 존중한다.
관습이나 규율에 의해서가 아니라 자신의 본성에 의하여
스스로 이루어진다.
그러므로 도는 창조하고,
덕은 배양하고, 양육하고, 보호한다.
향상시키지만 소유하지 않고
힘을 주지만 부담을 갖지 않게 하고
지배하지 않고 지도한다.
이것이 인격의 힘이다.

도덕경을 공부하게 되면 자연의 원리를 깨닫게 됨으로써 인격의 힘을 계발할 수 있다. 그것은 우리가 어떠한 도전에 직면하더라도 용기와 효율성과 은총의식을 가지고 그것에 대응할 수 있는 힘을 준다.

2) 변화와 함께 흐름 : 잔심

도덕경의 많은 구절들은 우주의 에너지에 관해서 말하고 있다. 그것이 바로 기(氣)이다. 기는 모든 창조물을 알려주는 에너지이다.

도덕경 34장은 다음과 같이 말하고 있다.

> 大道氾兮 其可左右 대도범혜 기가좌우
> 萬物恃之而生而不辭 만물시지이생이불사
> 功成不名有 공성불명유
> 衣養萬物而不爲主 의양만물이불위주
> 常無欲, 可名於小 상무욕, 가명어소
> 萬物歸焉而不爲主, 可名爲大 만물귀언이불위주, 가명위대
> 以其終不自爲大 이기종부자위대
> 故能成其大 고능성기대
>
> 큰 도는 넘치는 물과 같아 좌우 어느 곳으로나 흘러 넓혀간다.
> 만물은 도를 의지하여 생겨나고 도는 그것을 싫다 않고 사양하지 않는다.
> 무수한 일들이 성취되고 있지만 도는 스스로 자신의 공명으로 소유하지 않는다.
> 도는 만물을 감싸고 키우면서도 그것들의 주인으로서 주제하지 않는다.
> 도는 항상 욕구가 없고, 작은 것이라 이름 붙일 만하다.
> 만물은 결국에는 모두 도로 돌아오게 되지만 도는 그들의 주인이 되지 않기 때문에 큰 것이라 이름 붙일 수 있다.
> 따라서 도를 득한 성인은 스스로 위대하다고 생각하지 않기 때문에 능히 위대한 일을 성취할 수 있다.

도덕경 34장을 요약하면 다음과 같다.

> 위대한 도는 도처에 있다. 좌우에 흐르고 있다.
> 만물은 도로부터 흐르지만, 도는 그것을 지배하지 않는다.
> 그러나 도는 목적을 달성하지만 명성을 갖지 않는다.
> 초연한 것처럼 보이고, 한없이 작게 보이지만
> 기는 모든 창조물 속에서 흐르고 있다.

이러한 기는 만 가지 사물, 즉 모든 창조물 속에 흐른다. 기는 태극권과 합기도

로 확산되고 개발되었다. 기는 문자 그대로 '거대한 에너지', '에너지의 조화법'을 뜻한다. 전통적인 중국의 한의학은 침술과 보약으로 기를 자극함으로써 신체 에너지의 순환을 치료하는 것이다. 카프라(Capra)가 『물리학에서의 도(The Tao of Physics)』에서 설명한 것처럼 동양철학에서의 기는 현대적인 표현으로는 양자역학이다. 현대 물리학에서는 이와 같이 모든 것을 포함하고 있으면서 무한히 작은 에너지단위를 입자 혹은 파장으로 본다.

자신과 다른 사람들 또는 다른 사물과의 사이에 흐르는 기를 인식하는 것이 일본인들에게 잔심(殘心)으로 알려진 하나의 지혜이다. 합기도에서 잔심이라는 것은 기를 외부로 확대하고 조화를 창조하기 위해서 그것을 혼합하는 능력을 말한다(Capra, 1993).

변화와 함께 흐르는 것이 잔심이다. 현대생활의 상황에서의 잔심은 변화를 인식하고 그것과 함께 흐르는 능력이다. 도의 리더는 세계가 동태적이라는 것을 인식하기 때문에 변화를 환영한다. 1980년대 초기에 마디(Maddi)와 코바사(Kobasa)라는 학자는 수백 명의 최고경영자들이 어떻게 스트레스에 대처하는가에 대한 종단적인 연구를 하였다. 연구결과를 『잘 견디는 경영자(The Hardy Executive)』라는 책으로 출판하였다. 여기서 그들은 정태적(靜態的)인 조건이 정상이라고 믿고 있는 리더는 변화를 비정상적인 스트레스 요인으로 간주하기 때문에 불안정감을 느끼고 변화에 의해 희생된다고 설명하였다. 이러한 사람들은 변화를 정상적인 삶의 일부라고 보는 '잘 견디는 경영자들'보다도 훨씬 더 자주 병에 걸린다(Maddi and Kobasa, 1984).

도의 리더는 잔심의 지혜로써 변화의 파노라마를 환영할 뿐만 아니라 그러한 잔심을 집단에 민감하게 전달한다. 그러한 조직은 유연성과 개방성의 정신을 개발하고 자신감 있는 태도를 발전시킨다. 공통의 조직목표를 수행하기 위해 구성원들의 에너지를 결합하고, 변화를 상호발견의 과정으로 보고 환영하며, 새로운 도전이 발생하면 그것에 적응한다.

3) 유연성으로서의 잔심 : 대나무의 힘

도덕경 76장은 다음과 같이 말한다.

人之生也柔弱 인지생야유약
其死也堅强 기사야견강
萬物草木之生也柔脆 만물초목지생야유취
其死也枯槁 기사야고고
故堅强者死之徒 고견강자사지도
柔弱者生之徒 유약자생지도
是以兵强則不勝 시이병강즉불승
木强則兵 목강즉병
强大處下 柔弱處上 강대처하 유약처상

사람이 살아서는 부드럽고
죽어서는 견강하다.
만물과 초목이 살아서는 부드럽고
죽어서는 마르고 단단하다.
그런 고로 견강한 것은 죽음의 무리요
유약한 것은 삶의 무리다.
이로써 군사가 강하면 곧 이기지 못하고
나무가 강하면 곧 부러진다.
강대한 것은 아래에 처하고
유약한 것은 위에 처한다.

이것을 현대적인 언어로 표현하면 다음과 같다.

생명은 부드럽고 유연하게 시작되지만,
죽음은 유연하지 않고 빳빳하다.
자라는 풀은 푸르고 유연하다.
죽으면 마르고 시든다.
따라서 유연하지 않은 것은 죽음에 속한다.
부드럽고 유연한 것은 생명으로 충만하다.

도의 리더는 대나무와 같은 힘을 가지고 있다. 상황에 따라 휘어질 수도 있고, 변화에 적응하고 역경을 극복할 수도 있기 때문에 그들은 어떠한 도전이라도 용기와 열정을 가지고 역경에 맞선다.

세상 사람들이 좋아하는 리더 중 한 사람인 링컨은 장래성이 없는 배경을 가지고 있었다. 오늘날은 그를 '결손가족(dysfunctional family)' 출신이라고 말할 것이다. 그의 어머니는 어릴 때 죽었다. 그는 가난하게 성장하였고, 학업을 중단해야 했다. 그러나 그는 독학을 하였고 일생 동안 책을 사랑하였다. 그는 미시시피강에서 예인선으로 화물을 운반하며 돈을 벌려고 애썼지만 성공하지 못하였다. 그는 주의원에 입후보하였지만 낙선하였다. 그는 친구와 잡화점을 시작하였지만 그 친구가 알코올 중독자여서 많은 빚만 남겨준 채 죽었기 때문에 잡화점을 닫아야만 했고 모든 재산이 경매처분되었다. 링컨은 마침내 주의원에 선출되었지만 그의 사생활은 비통함 그 자체였다. 링컨의 친구 앤(Ann)-어떤 사람은 그녀를 그가 진실하게 사랑한 유일한 애인이었다고 말한다-이 22세에 죽었다. 링컨은 친구 누이에게 1년 이상 청혼했지만 거절당했다. 청혼을 거절받은 후, 그는 결국 결혼하였지만 아내는 울화병을 앓았고 발작으로 울부짖고, 정신질환의 경력이 있었다. 링컨은 어린 아들 에디(Eddie)는 죽었다. 링컨 자신도 한동안 잦은 우울증으로 괴로웠다. 어떤 사람은 그가 조울증 환자라고 했다. 그러나 그는 고난을 딛고 일어섰고, 재능을 계발하여 국가를 위해 봉사하기로 결심하였다. 그는 독학으로 법률을 공부하여 하원의원에 출마하였으나 낙선하였다가 다시 당선되었다. 그리고 투표에 의하여 그 자리에서 쫓겨났다. 그는 상원에 출마하였다. 그러나 연속해서 실패하였다(Oates, 1977).

1860년 미국 대통령으로 당선된 링컨(Lincoln)은 역경에 의해서 강해졌고 수년간의 실망에 의한 교육을 받았다. 그는 포기하거나 굴복하지 않고 굽지만 부러지지 않는 대나무의 지혜를 확신하였다. 좌절과 실망을 극복하는 그의 능력은 그에게 역사상 가장 어두운 한 시기에 국가를 지도할 수 있는 도덕적 용기를 주었다.

이제 다음 단계로 전진하라. 과거는 뒤로 남겨두고 떠나라. 대담하게 인생을 개척하라. 성공한 모든 정치지도자, 예술가, 과학자 또는 올림픽 선수들은 많은 실패를 경험했다는 것을 기억하라. 리더와 실패자를 구별하는 것은 리더는 그들의 고난으로부터 배우고, 조정하고, 그리고 계속 전진하는 데 있다. 대나무와 같이 굽혀지기는 하여도 부러지지는 않는다. 인내하면서 결승점에 도달할 때까지 버틴다.

5. 미지의 세계에 맞서는 것

이전에 한 번도 해보지 못한 어떤 것이 가장 불안한 이유 중의 하나는 단지 이전에 그것을 해보지 못했다는 것뿐이다. 이러한 미지의 사실이 새로운 직업이든, 새로운 프로젝트이든, 새로운 환경이든, 삶에 있어서 새로운 사랑이든 지도 없이 미지의 땅에 서게 된다. 그런 상황에서 지금 무엇을 할 것인가?

1) 의심을 통한 훈련

모든 사람은 거대한 미지에 직면하게 되면 그것이 자신에게 어떤 의미를 갖든 자기불신의 순간을 갖게 된다. 도의 리더는 항상 새로운 길을 계획한다. 미지의 영역을 통과함으로써 해결능력, 용기, 그리고 믿음을 시험한다. 마음을 집중한 상태로 계속 전진할 수 있는가?

진실로 창조적인 모든 사람들은 이러한 근본적인 도의 교훈, 즉 인생은 현재의 우리 자신보다 훨씬 더 큰 하나의 과정이라는 것을 깨닫는다. 순간적인 도전과 후퇴가 있을 수 있다. 그러나 도의 리더는 이러한 것들이 그들의 진로를 벗어나게 하거나 포기하도록 버려두지 않는 경로 발견자이자 장거리 경주자이다.

잔심과 더불어 전진하는 것은 과오와 불신에 고착하지 않고, 그러한 과오와 불신이 현재의 상황에 연결되지 못하도록 한다는 의미이다.

"불신을 통하여 훈련하고, 두려움을 통하여 훈련하라. 마음으로 훈련하고 과정에 머물도록 하라." 불안과 불신에 굴복하면 의식이 분산되고 자신의 에너지 흐름이 파괴될 뿐이다. 자아를 초월하라. 잔심과 더불어 전진하라. 거대한 미지에 대해 자신의 마음이 시키는 대로 따르라. 이것이 도의 용기이다.

이러한 과정을 알게 되면, 불확실성으로부터 조화를 창조하면서 지식의 세계에서 미지의 세계로, 자신으로부터 남에게로 잔심과 함께 흘러갈 수 있다.

시인 키츠(Keats)는 이것을 "부(負)의 능력(negative capability)"이라고 하였다. 이것은 모든 예술가에게 필수적인 것이다. 최고의 상태에서는 리더십과 삶은 예술작품과 같다. 키츠가 깨달은 것처럼 "흥분하지 않고, 사실과 이성에 입각하여 불확실성, 불가사의, 불신 등에 직면할 수 있을 때(Bartlett, 1992)" 우리는 부의 능력을 나타낸다. 잔심과 더불어 자신과 우주에 대한 본질적인 믿음을 가지고 위대한 미지의 세계에 직면하면서 불신과 성급함을 극복할 수 있다.

도덕경 64장은 모든 자연은 잉태에서 창조까지 한 번에 한 단계씩 진행하면서 이러한 잔심의 과정을 따라 흐른다는 것을 말해준다.

其安易持 其未兆易謀 기안이지 기말조이모
其脆易泮 其微易散 기취이반 기미이산
爲之於未有 治之於未亂 위지어미유 치지어미란
合抱之木 生於毫末 합포지목 생어호말
九層之臺 起於累土 구층지대 기어누토
千里之行 始於足下 천리지행 시어족하
爲者敗之 위자패지
執者失之 집자실지
是以聖人無爲故無敗 시이성인무위고무패
無執故無失 무집고무실
民之從事 常於幾成而敗之 민지종사 상어기성이패지
愼終如始 則無敗事 신종여시 즉무패사
是以聖人欲不欲 不貴難得之貨 시이성인욕불욕 불귀난득지화
學不學 腹衆人之所過 학불학 복중인지소과
以輔萬物之自然而不敢爲 이보만불지자연이불감위

그 편안함은 지니기 쉽고
그 싹트지 않은 것은 꾀하기 쉬우며
그 연한 것은 풀리기 쉽고
그 미소한 것은 흩어지기 쉽다.
있지 않은 것에서 하고
어지럽지 않은 것에서 다스린다.
아름드리나무도 털끝에서 생기고
구층대도 쌓은 흙에서 일어나며
천리길도 발 아래서 시작된다.
하는 자는 패하고
잡는 자는 잃는다.

이로써 성인은 하는 일 없는 고로 패하는 일 없고
잡은 일 없는 고로 잃는 일 없다.
민이 일을 좇아 항상 거의 이룬 것에서 패한다.
끝을 조심하기를 처음같이 하면 곧 일에 패함이 없다.
이로써 성인은 욕심 없음을 욕심으로 하고
얻기 어려운 재화를 귀히 여기지 않으며
배우지 않은 것을 배워 뭇사람의 지나친 바를 돌이키고
만물로써 자연을 도와 감히 하지 않는다.

이것을 현대적인 언어로 표현하면 다음과 같다.

손닿지 못할 정도로 자란 나무는
아주 작은 씨앗으로부터 솟아오른다.
9층 이상의 높은 건물은
작은 흙 둔덕으로부터 시작된다.
천 리 길의 여행도 한 걸음부터 시작된다.

더 강력한 인격을 발달시킴으로써 미지의 세계에 대처할 수 있고, 자신과 세계를 위한 새로운 가능성을 창조할 수 있다. 초월의 지혜와 잔심의 기술을 계발하면 주변과 내면에서 나타나고 있는 형상을 인식하고 결합하는 능력을 계발할 수 있다.

도덕경 59장은 다음과 같이 말한다.

治人事天莫若嗇 치인사천막약색
夫唯嗇 부유색
是謂早服 시위조조복
早服謂之重積德 조복위지중적덕
重積德, 則無不克 중적덕, 즉무불극
無不克, 則莫知其極 무불극, 즉막지기극
莫知其極, 可以有國 막지기극, 가이유국
有國之母, 可以長久 유국지모, 가이장구

是謂深根固柢 시위심근고저
長生久視之道 장생구시지도

사람을 다스리고 하늘을 섬기는 것보다 더 인색한 것처럼 하는 것은 없다.
무릇 오직 인색함이여.
이것을 일러 일찍 따름이라 한다.
일찍 따름을 일러 여러 번 베풂을 쌓는 것이라 한다.
여러 번 베풂을 쌓음은 곧 극복하지 않는 것이 없는 것이고
극복하지 않는 것이 없음은
곧 그 끝을 알지 못하는 것이고
그 끝을 알지 못함은 가히 국가가 있는 것이다.
국가를 있게 하는 근원은 가히 장구하다.
이것을 일러 가는 뿌리를 깊게 박고 굵은 뿌리를 깊게 박고 있음이라 한다.
오래 살고 오래 봄의 길이라 한다.

이것을 현대적인 언어로 표현하면 다음과 같다.

인격의 힘이 있으면 불가능한 것이 없다.
불가능한 것을 포용하기 위해 우리의 마음을 넓히면
도와 함께 이끌 수 있다.

참 | 고 | 문 | 헌

이상욱 역, G. A. Yukl 저, 현대조직의 리더십 이론, 시그마프레스, 2004.

Bass, B. M. and B. J. Avolio, *Transformational Leadership Development : Manual for the Multifactor Leadership Questionnaire*, Palo Alto, CA., Consulting Psychologists Press, 1990, pp.12~14.

Bennis, W. and B. Nanus, Leaders : The Strategies for Taking Charge, New York, Harper & Row, 1985.

Capra, Fritjof, *The Tao of Physics*, New York, Bantam Books, 1975.

Cha Bong Kim, *A Confucian Theory of Leadership*, Seoul, Parkmungak Publishing Co., 1999.

Cha Bong Kim, *A Confucian Theory of Leadership : Building Western Leadership Practice on Eastern Thought*, Seoul, Parkmungak Publishing Co., 1999.

Cherrington, David J., *Organizational Behavior : The Management of Individual and Organizational Performance*, Boston, MA., Allyn and Bacon, 1989.

French J. and B. H. Raven, The Bases of Social Power, D. Cartwright (ed.), *Studies in Social Power*, Ann Arbor, MI., University of Michigan Press, 1959, pp.118~149.

Heifety and Laurie, The Work of Leadership, *HBR*., Jan./Feb., 1997.

Hersey, P. and K. H. Blanchard, *Management of Organizational Behavior: Utilizing Human Resources*, Englewood Cliffs, N.J., Prentice-Hall, Inc., 1982.

Lloyd, Bruce and Simon Smith, Exploring Inner Leadership, *Leadership & Organizational Development Journal*, 22/1, 2001.

Maddi, S. R. and S. C. Kobasa, *The Hardy Executive: Health Under Stress*, Chicago, ILL., Dorsey/Dow Jones-Irwin, 1984, pp.31~32.

Mitsugi Saotome, *Aikido and the Harmony of Nature*, Boston, MA., Shambhala, 1993, p.175.

Smith, S., *Inner Leadership*, Nichols Brealey Publishing, London, 2000.

Part 04

리더십의 개발과 실제

Chapter **09**

퍼스낼리티 발달과 리더십

제1절 심리역학적 리더십

1. 리더십에 대한 심리역학적 접근

리더십에 대한 심리역학적 접근은 다음과 같은 2가지의 명제를 갖는다(김남현 역, 2006).

첫 번째 명제는 리더는 자기 자신의 심리적 상태를 통찰할 수 있는 능력을 가졌을 때 보다 더 효과적으로 행동한다는 것이다. 따라서 이러한 통찰력을 얻기 위해 특정모델이나 관련용어를 이해하는 것보다는 인간의 욕구와 성향, 그리고 정서적 반응을 이해하는 것이 더 중요하다.

두 번째 명제는 리더는 부하들의 심리적 상태를 이해했을 때 보다 더 효과적으로 행동한다는 것이다.

특성이론에서는 사람이 가지고 있는 어떤 특성이 리더십 지위를 얻거나 리더십을 발휘하는 데 중요한 역할을 한다고 가정한다. 행동이론은 특정한 리더십 유형, 특히 팀형(team management)(9, 9) 리더십 유형이 가장 최선의 유형이라고 가정한다. 또한 상황이론은 리더의 리더십 행동유형을 부하들의 욕구와 성숙수준 및 과업특성에 적합시키는 것이 리더십의 핵심요소라고 주장한다.

그러나 심리역학적 접근에서는 이러한 가정들을 인정하지 않고 있다. 즉 리더십 직위에 어떤 특정한 성격유형이 다른 성격유형보다 더 좋다는 가정은 있을 수 없다는 것이다. 또한 리더십의 효과성을 위해 리더의 성격유형과 부하들의 성격유형을 적합시킬 필요도 없다는 것이다. 가장 중요한 것은 리더가 자신의 정서적 반응과 습관적 행동양식을 꿰뚫어 보는 통찰력을 가지는 것이라고 본다.

예를 들면, 권위적 리더가 자신의 그러한 특성이 과거로부터의 강력한 영향을 받아 형성되었다는 것을 이해하고, 또 그러한 자신의 행동이 작업집단의 구성원들에게 매우 특별한 영향을 미친다는 사실을 이해한다면 보다 더 효과적으로 리더십을 행사할 수 있게 된다는 것이다. 더 나아가 그 리더가 자신의 권위적 행동이 부하들의 성격특성에 따라 매우 다양한 반응을 야기시킨다는 사실을 이해한다면 훨씬 더 효과적이 될 것이다. 어떤 사람들은 권위적 리더가 내리는 일방적 지시에 저항을 하겠지만, 다른 사람들은 강력한 리더십에 대해 안도감을 느낄 수도 있기 때문이다.

그리고 팀구성원들도 자신들의 성격특성을 인식하여 다른 동료들이나 리더에 대해 자신들이 어떻게 반응하는가를 이해하게 된다면 상황은 훨씬 더 개선될 것이다. 리더의 중요한 역할은 이러한 접근법을 사용하여 사람들이 심리상태를 통찰하는 과정을 용이하게 하고 자신들의 욕구와 다른 사람들에 대한 정서적 반응의 양식을 파악하도록 하는 것이다.

심리역학적 접근의 밑에 깔린 중요한 가정은 개인의 성격특성이란 심층에 깊이 뿌리박힌 것이어서, 사실상 그러한 성격특성을 크게 변화시킨다는 것은 거의 불가능하다는 것이다. 따라서 자기 자신의 성격특성과 기벽을 수용하고 다른 사람들의 성격특성과 기벽도 이해하고 수용해야 한다는 것이 이 접근법의 핵심이다.

다시 말하면, 심리역학적 접근은 리더가 자신의 성격특성을 통찰할 수 있는 능력을 습득해야 한다는 것과 부하들의 성격특성에 따른 그들의 정서적 반응을 이해해야 한다는 것을 강조하고 있다. 리더는 작업집단의 성원들을 고무하여 그들의 성격특성을 꿰뚫어 보는 통찰력을 갖게 하여 다른 사람들에 대한 자신들의 정서적 반응은 물론 리더에 대한 자신들의 정서적 반응을 이해할 수 있게 해야 한다.

2. 리더십에 영향을 미치는 심리역학적 요인

리더십에 영향을 미치는 심리역학적 요인은 내력, 성숙의 정도 혹은 개체화(individuation), 의존성과 독립성, 퇴행, 억압(불쾌한 관념이나 충동을 의식의 표면에 떠올리지 않으려는 심리적 경향), shadow 자아 등이다.

1) 부모의 역할

부모의 역할은 어린 자식을 사회화시키는 것이다. 어린이는 본질적으로 자기중심적인 존재이고 인간적이기보다는 동물적이라는 것이 심리역학의 견해이다. 이러한 특성을 보이는 유아기 동안 부모의 주된 역할은 아이들의 욕구를 충족시키는 것이다.

따라서 부모는 그들에게 매우 의존적인 아이들을 통제하지만, 어떤 의미에서는 아이들도 동시에 자신들의 욕구를 통해 부모를 통제하게 된다. 예를 들면, 아이가 울 때마다 부모는 음식을 주거나 토닥거리거나 혹은 기저귀를 갈아주는 반응을 보인다는 의미이다. 이러한 의존성은 리더십상황에서도 일어날 수 있으며 실제로 일어나고 있다. 다시 말해서 리더가 자신의 부하를 돌보고 먹여 살리며 욕구를 충족시키는 데 대해 전적으로 책임을 지는 경우가 여기에 해당한다. 이것이 종업원 모두에게 아버지나 어머니가 되려는 진정한 가부장적 경영의 독특한 형태인 것이다.

따라서 어린 시절의 가족배경은 리더가 자신의 심리적 특성을 이해하거나 구성원들의 심리적 특성에 반응하는 방법에 영향을 미친다.

2) 개체화과정

아이는 사춘기를 거쳐 성인이 되어 가는 성숙의 과정을 경험한다. 이 과정을 심리학자들은 개체화(individuation)라고 부른다. 아이는 처음부터 독립된 개체가 되기보다는 심리적 탯줄에 얽매여, 실제로 유아기에 느꼈던 부모의 특정부분에 여전히 애착을 보인다. 성인이 되면서 아이는 개별화되고 나름대로 개성적이 되며 부모나 형제들과 다르게 된다. 이것이 개체화과정인 것이다.

이 과정에 나타나는 첫 번째 문제는 권위적 인물들과의 관계이다. 이는 자식에 대한 부모의 행동양식과 관련이 있다. 매우 권위주의적인 부모는 아이로 하여금 매우 복종적이거나 혹은 매우 저항적인 태도를 갖도록 할 것이다.

반면에 자유방임적인 부모는 자신의 행동범위와 한계를 정하는 데 어려움을 겪는 '혼란스런 아이'로 키울 수 있다. 이런 사람이 권위적인 인물과 직면하게 되면 그 반작용은 예측하기 어려울 것이다. 우리 모두는 출생한 가정에서 억제된 자신의 경험에 따라 권위적 인물에 대한 뿌리 깊은 감정을 지니게 되고 선생님이나 카운슬러, 코치, 그리고 사춘기와 성인시절의 초기에 만났던 사람들과의 관계를 맺으면서 우리들의 그러한 감정들은 수정을 겪게 된다.

권위적 리더에 대한 부하들의 반응은 대개 합리적이지 못한 경우가 많다. 권위적 인물에 대한 반응양식은 부모나 선생님 혹은 다른 권위적 인물과의 관계에서 경험했던 상처를 입은 사건들로부터 생겨나기도 하고 장기간에 걸쳐 이루어진 일련의 상호작용으로부터 초래되기도 한다.

두 번째 문제는 친밀성과 개방성에 관련된 문제이다. 대부분의 부모들은 한편의 극단에는 친절하고 상냥하며 양육적이고, 다른 편의 극단에는 쌀쌀하고 비판적이며 무감정한 행동양식을 지닌 연속체를 따라 어느 한 지점에 있게 된다. 모든 성인은 성숙과정에 따라 양극단의 어느 한편을 지향하는 뚜렷한 경향을 보인다. 어른으로서의 개개인은 부모의 행동유형을 계속 보이거나 그 반대되는 행동유형을 보이기도 한다.

양육적 리더는 부하의 마음에 따스한 감정은 물론 심지어 애정이 생기도록 할 수 있다. 그래서 리더로서 혹은 부하로서 사람은 권위적인 데서부터 관대한 데까지, 양육적인 데서부터 비판적인 데까지, 그리고 이러한 특성들이 혼합된 범주의 어딘가에 위치해 있다. 따라서 리더로서 자신이 채택한 행동유형은 부하들이 반응하는 방식에 큰 영향을 미친다. 반면에 부하들이 채택한 행동유형은 리더가 어떻게 반응할 것인지에 영향을 미친다.

3) 의존성과 독립성

리더의 행동유형은 성장과정에서 부모나 선생님, 그리고 다른 성인들이 보인 리더십 모델에 기인한다. 그 중에서도 특히 유아기와 감수성이 예민한 시기에 부모가 보인 행동양식이 가장 유력한 영향을 미친다. 대부분의 성인들은 자기 부모의 행동양식을 그대로 모방한다. 엄격하고 권위적인 부모 밑에서 자라게 되면 똑같이 엄격하고 권위적인 리더가 된다. 그렇지 않고 정반대의 행동유형을 받아들이는 경우, 권위적인 집안의 경우와 대조적으로 자유방임적 리더가 되기도 한다. 이 같은 부하들은 권위적인 리더에게 강하게 반발할 가능성이 높다.

만약 조직구성원들이 권위주의적인 리더나 혹은 참여적인 유형의 리더와의 관계 속에 있다면 그 같은 리더에 대한 팀구성원들의 반응양식은 권위적 인물들, 특히 부모가 보인 과거의 행동양식 및 대처방식에 영향을 받게 될 것이다.

심리역학적으로 개인은 리더에 대해 의존적, 반항적 혹은 독립적인 태도로 반응한다. 우선 의존적인 태도는 설명할 필요 없이 자명하다. 반항적인 태도는 리더의 지시를 거부하는 불순종적인 반응이다. 독립적인 태도는 부하가 상황을 객관적으로 보고 리더십 행동을 평가할 때 나타난다. 이러한 독립적 태도는 팀구성원이 리더의 지시가 합리적이고 윤리적이며 현실적인 것인가의 여부를 판단할 때 나타나는 태도이다.

4) 억압과 shadow 자아

부모는 자식을 사회에 적응시킬 책임을 지고 있다. 그것은 옳고 그름의 차이, 사회에서 수용되는 것과 수용되지 않는 것의 차이를 가르친다는 의미이다. 그릇되고 수용될 수 없는 행동은 처벌을 받는다. 예를 들면, 대다수 부모들은 아이에게 다른 사람, 특히 부모를 때리는 것은 잘못이라고 가르친다. 그럼에도 불구하고 아이들은 자신에게 고통을 주는 누군가를 때리려는 충동을 여전히 느낀다. 이럴 경우 부모가 꾸지람을 하거나 일정시간 동안 구석에 세워놓고 벌을 주는 행동은 자식에게 남을 때리지 않도록 가르치는 것이지만, 실제로는 그 같은 처벌로 인해 자식에게 분노를 느끼지 않도록 가르치는 것일지도 모른다.

이런 과정의 결과를 전문적인 용어로 억제력 혹은 억압(repression)이라고 부른다. 우리는 사회적으로 수용되기 어려운 듯한 생각과 느낌들을 마음속 깊숙이 묻어둔다. 그렇지만 누군가에 의해 상처를 받게 되면, 사람은 심리적 반응을 통해 그 같은 것들을 밖으로 표출한다.

shadow 자아는 개인이 자신의 자아특성 중에 의식적으로 받아들이고 싶지 않은 부분이다. 따라서 shadow 자아는 앞에서 설명한 억압과 관계가 있다. 예를 들면, 어떤 리더는 자신의 매우 높은 윤리성과 나무랄 데 없는 청렴성을 자랑할지 모른다. 그러나 그 사람 역시 회사 내부의 복잡한 인간관계 속에서 살아남기 위해 언행을 신중히 하고, 어떤 문제에 대해서는 모호한 태도를 취하는 등 극히 정치적으로 약삭빠른 사람이 될 수도 있다. 그의 이러한 인격적 측면은 자신의 자아상과 맞지 않을 뿐만 아니라 본인도 그것을 인정하고 싶지 않지만 다른 사람들은 그 사람이 정치적으로 능수능란하다는 것을 알게 될 것이며, 더 나아가 그런 점을 존경스러워하기까지도 할 것이다. 이와 같은 shadow 자아는 본인의 부인에도 불구하고 다른 사람들에게는 명확하게 보일 때가 있다.

이러한 리더는 때때로 "사람들은 왜 나와 관련된 것을 말하면서 그렇게도 조심스러워할까?"라는 의구심을 갖는다. 물론 이런 의문에 대한 답은 대개의 사람들은 회사에서 벌어지는 정치적 게임에 대단히 능숙한 사람에 대해 경계를 늦추지 않는다는 것이다. 이런 점에서 그 사람은 잠재적으로 위험한 인물인 것이다. 그러나 그 사람 자신은 자기의 그러한 측면을 보지 못하고 있다. 만약 그 사람이 자기 성격의 정치적인 면을 파악하고 이를 수용할 수 있다면 자신에게 큰 도움이 될 것이다. 그렇게 되면 그 사람은 자신의 말에 대해 다른 사람들이 보이는 반응을 이해하게 될 것이다.

제2절 퍼스낼리티 발달과 리더십

1. 케간의 퍼스낼리티 발달이론

개인에게 있어서 경험의 범위를 결정하는 중요 퍼스낼리티 변수는 경험을 조직하는 과정과 조직화과정의 내용이다. 케간(Kegan, 1982)은 전자를 주관적, 후자를 객관적이라고 하였다.

사람은 직접적으로 경험하는 실제세계에 반대되는 것으로서 경험을 모양 짓는 세상에 대한 주관적인 이해를 구성한다. 인간은 살아가는 과정에서 의미를 구성하는 방법이 연속적인 제일성이나 유형을 가지고 있다(구성주의자의 견해). 이런 과정에서 사람들은 단순함에서 복잡함으로 발달된다. 케간은 이 제일성(regularities)은 마치 언어의 심층구조가 문법적 언어를 발생시키듯이 퍼스낼리티의 심층구조로서 사람의 사고, 느낌, 행동 등을 발생시킨다고 주장하였다. 이러한 발달과정을 통하여 사람은 개인적이고 대인관계적인 세계를 반성하고 이해함으로써 개인의 능력은 확장되어 가며 성인의 경우에도 이것은 계속된다. 자아를 타아와 구분하고 이전에는 차별화되지 않았던 견해를 보다 복잡하고 포괄적인 견해로 통합시킴으로써 능력의 확장은 가능하다.

사람이 경험을 구성하는 구조는 말하자면 렌즈와 같은 것으로서 그것은 주관적이다. 경험을 구성하는 구조는 인간의 기능화에 워낙 기초적이기 때문에 전형적으로 사람들은 그것을 알아차리지 못한다. 다시 말하면 경험을 조직화하는 과정은 렌즈이거나 내적 경험이기 때문에 사람들은 그 렌즈 자체를 조사할 수 없다.

피아제(Piaget, 1954)의 실험에서 보면 4세의 아동은 더 짧고 넓은 비커의 물보다 더 깊고 좁은 비커의 물이 많다고 지각한다(실제의 물의 양은 같다). 이와 같이 전조작기(pre-operational)에 속한 아이의 지각은 객관적일 수 없다. 그러나 구체적 조작기(operational stage)가 되면 지각에 대한 관점을 가지기 때문에 비커의 모양은 다르지만 물의 양은 같다고 지각한다. 지각의 조직화과정을 통하여 비로소 지각을 객관화할 수 있다.

구성적 발달이론은 어른의 퍼스낼리티 구조에 대해서도 이와 비슷한 견해를 가지고 있다.

케간의 발달단계는 6개인데 그 중에서 3개가 성인에 있어서 대인관계수준의 이해에 관한 것이다.

표 9-1 | 조직화과정(주관적)과 조직화 과정의 내용(객관적)에 의한 성인의 발달단계

단계	조직화과정(주관적)	경험의 내용(객관적)
2단계지배적 (저차원의 교환)	개인적 목표와 어젠다	지각, 직접적 욕구, 느낌
3단계대인 간 (고차원 교환)	대인 간 연결 · 상호의무	개인적 목표와 어젠다
4단계제도적 (변화주도적)	개인적 기준과 가치관	대인 간 연결 · 상호의무

2. 각 발달단계의 리더십 특성(상호관계와 동기부여적 특성)

케간의 대인관계 발달단계에 따른 리더십과 동기부여 특성은 다음과 같다.

1) 2단계

2단계에 속한 리더의 개인적 준거 틀(subject)은 개인적 목표와 어젠다(agenda)이다. 이것은 2단계에 속한 성인이 대인관계를 바라보는 렌즈이다. 그들이 바라보는 모든 것은 이 렌즈에 의하여 경험되고 평가된다. 예를 들어 이 단계에 속한 어떤 리더의 경우 부서의 초급관리자로 승진하는 것이 그의 목표일 경우 부하들을 자기 목표의 달성에 촉진물이냐, 방해물이냐의 관점에서 보게 된다.

이 과정에 속한 사람들은 조직화과정으로서의 개인의 목표에 함몰되어 있기 때문에 다른 사람들도 자기와 유사한 동기에 의하여 움직인다고 잘못 가정하는 경우가 흔하다. 2단계 이상으로 발달하지 못한 리더들은 저차원의 교환적 리더십을 사용하는 경향이 있기 때문에 리더의 목표와 부하의 목표를 교환함으로써 부하를 동기부여한다. 이 단계에 속한 리더는 오로지 저차원의 리더십 기법만을 사용할 수 있다.

2단계의 리더들이 자신들은 고차원의 교환(팀스피리트, 상호존경)을 열망한다고 말할지 모르나 인지발달이론의 입장에서 보면 이 사람들은 상호적 경험과 공유지각을 이해하는 데 필요한 조직과정(주관적)이 발달되지 않았다. 초급관리자가 되기를 원하는 것이 부서에서 수용될 경우도 있겠지만 그와 같은 외골수의 비전은 동료, 부서, 조직 등에 부정적 결과를 초래할 가능성이 있다. 이 경우 리더의 행동이 부서의 효율성에 어떤 영향을 미치는지를 확인할 수는 없지만 조직에 대해서 교환적인 몰입을 하는 것만은 사실이다.

2단계의 리더들은 자신들의 목표를 돌이켜 통찰할 능력이 없다. 그들은 그러한 어젠다를 가지고 있지 않으며 그들 자신이 어젠다를 규정한다.

2) 3단계

3단계의 발달수준에 도달한 리더는 자신의 이해관계를 돌아볼 수 있는 능력이 있으며 타인의 이해관계를 고려하여 생각할 수 있다. 이 단계에서는 개인의 욕구가 이미 주관적 조직화과정의 요소가 아니며 새로운 조직화과정의 대상이 된다. 이것은 대인 간의 이해의 성장에서 매우 중요하다. 왜냐하면 개인은 이제 처음으로 고차원적 교환에 의한 리더십에 있어서 중요한 가치인 신뢰, 몰입, 존경, 상호성 등을 경험하게 되기 때문이다.

3단계 리더의 주관적인 준거 틀(부하와의 관계)은 자신의 개인적 욕구를 뛰어넘어 자신의 욕구와 타인의 욕구를 조정할 수 있는 능력이 있기 때문에 가능하다. 2단계의 리더가 부하들의 개인적 어젠다를 만족시키기 위해 협상하는 데 비하여 3단계의 리더들은 부하와의 관계를 유지하기 위해 자신의 개인적 목표를 희생한다. 3단계 리더의 중심적인 교환은 상호지원, 약속, 기대, 의무 등이다. 대인관계가 개인의 목표를 초월한다는 것을 이해할 정도로 발달된 리더이다.

어떤 부하의 입장에서는 리더가 제공한 보상이 상호 간의 관심을 유지하는 데 비하여 중요하지 않다는 것을 이해할 수 있는 리더이다. 이것이 부하의 성과를 끊임없이 조사하고 보상하도록 하는 압력이 되며 더 높은 수준의 교환이 가능하도록 한다. 의사전달의 태도, 예를 들면 신뢰 혹은 존경과 같은 것이 이런 유형의 리더십에서는 중요하다. 이러한 것에 의하여 부하의 작업성과와 태도를 유지하는 것이 가능하다.

2단계보다 더 높은 수준의 교환에도 심각한 단점이 있을 수 있다. 3단계의 리더에게서 몰입과 충성심은 기본적인 것이기 때문에 몰입과 충성심을 조망할 수 있는 관점은 가질 수 없다. 이 리더들은 사실 고차원의 욕구에 의하여 통제된다. 3단계의 리더들이 예를 들면 조직에 대한 충성심과 부하에 대한 충성심과 같이 갈등적인 충성심의 상황에서는 고통을 경험하게 된다. 조직화과정에서 충성심이 가장 중요한 구성요소이기 때문에 상충적인 충성심에 대한 관점을 갖지 못하고, 따라서 이 리더의 행동에서 유일한 만족적인 과정은 모든 집단에 공정함으로써 경쟁적인 충성심을 유지하는 것이다.

3단계의 교환적인 리더는 일하는 것이 의무에 따른 대가를 지불함으로써 성과달성을 확보하는 것 이상이라고 믿고 부하를 동기부여시키기 위해서 관계를 통한 유대를 사용한다는 점에서는 변화주도적이다. 부하는 리더로부터의 존경을 유지하기 위해 직접적인 보상을 적게 받더라도 성과를 많이 낸다. 그러나 다음과 같은 매우 중요한 이유 때문에 교환적 리더는 여전히 변화주도적일 수 없다.

고차원적인 거래를 하는 리더에 의하여 부하가 설득되어 리더와 상호적인 관계를 유지하기 위해 보통 이상의 노력을 할지는 모르지만 부하의 신념과 목표는 아직 변화하지 않았다. 상호적인 관심은 상황적인 리더십일 가능성이 높다. 이런 상황하에서는 리더와 부하 사이에 계속적인 기브 앤 테이크(give and take)가 필요하다. 리더와 부하 간에 흥정이 많으면 많을수록 모든 약속된 교환을 잘 실천할 수 없게 된다. 가장 큰 문제점은 3단계의 리더는 그들의 부하들처럼 상호존경심에 의존한다는 것이다.

3) 4단계

4단계의 리더는 모든 사람과의 존경을 유지하는 것 때문에 발생하는 경쟁적 충성심을 경험하지 않는다. 4단계의 리더들은 자아를 규정하는 주관적 준거 틀(조직화과정)을 3단계의 리더처럼 타인과의 관계에서 추구하는 것이 아니라 내적 가치관이나 베이스(Bass)의 최종값과 같은 기준의 측면에서 발전시킨다.

이러한 발전단계에 처한 리더들은 자신의 목표와 몰입에 대하여 객관적인 견해를 가질 수 있다. 이러한 리더들은 자신의 어젠다와 충성심을 초월하는 개인적 가치체계 내에서 움직인다. 다시 말하면 변화주도적 리더로서 움직인다. 변화주도적 단계에 도달하기 위해서는 리더가 모든 관점이 갖는 한계, 결점, 강점 등을 알아야 한다.

대인관계에 대한 관점을 가지고 정체성에 대한 자기결정감을 가질 수 있게 되면 그는 4단계의 발달수준에 이른 리더라는 증거가 된다. 3단계에 처한 리더가 대인관계를 통하여 자기 자신을 규정하기 때문에 갈등이 발생할 경우 고통을 겪는 데 반하여 4단계의 리더는 자신의 내적 기준에 기초하여 갈등을 해결한다. 구성적 · 발달적 성숙도에서 이 단계에 도달한 리더는 예를 들면, 성실성(integrity), 자기존경, 평등 등과 같은 가치관에 따라 행동할 수 있는 필수적인 요건을 가지고 있다.

4단계의 리더는 독립적인 자아가 권위를 부여하는 가치관(self-authorizged values)을 가지고 있어서 자신의 성과를 평가하는 동시에 상충되는 충성심에도 불구하고 자신의 가치관을 실천할 수 있다. 따라서 자신의 가치관을 부하에게 전환시키고 자신의 가치관을 작업집단에 통합할 수 있다.

리더가 목적가치에 따라 움직인다고 해서 교환에 의한 방법을 전혀 사용하지 않는다는 것은 아니다. 때론 교환적 방법을 사용하지만 상황에 가장 적절한 리더십을 선택하여 실천할 수 있는 능력이 있다. 퍼스낼리티가 4단계까지 발전하지 않은 리더는 타인의 욕구와 몰입을 초월하여 자신의 목적가치를 추구할 수 없다.

변화주도적 리더는 부하가 이전에는 추구하지 않던 어려운 목표를 수용하고 성취하도록 동기부여시킨다. 리더의 목적가치(내적 기준)를 부하가 채택하고 부하의 태도, 신념, 목표 등이 변화되어야 변화주도적 리더십이 효력이 있다고 할 수 있다. 부하를 변화시킬 수 있는 목적가치는 성실성, 정직, 정의 등이다. 부하들이 리더의 가치에 몰입되어 실천하게 되면 리더십은 조직 전체를 변화시키게 된다(Bass, Waldman, and Avolio, 1986).

참|고|문|헌

김남현 역, P. G. Northouse 저, 리더십, 경문사, 2006, 312~314쪽.

Bass, B. M., D. A., Waldman, and B. J. Avolio, *Transformational Leadership and the Falling Dominoes Effect*, Tech Rep, No.86~99(Binghamton: State University of New York, School of Management, 1986).

Kegan, R. *The Evolving Self: Problem and Process in Human Development*, Cambridge, MA., Harvard University Press, 1982.

Kegan, R. and L. L. Lahey, Adult Leadership and Adult Development: A Constructivist View, In *Leadership : Multidisciplinary Perspectives*, B. Kellerman ed. Englewood Cliffs, N.J., Prentice-Hall, 1984, pp.200~230.

Kuhnert, K. W. and P. Lewis, Transactional and Transformational Leadership : A Constructive/Developmental Analysis, *Academy of Management Review*, 1984, Vol.12, No.4, pp.648~657.

Chapter 10

궁정주의 심리학과 리더십

제1절 개요

리더십은 영향력이다. 영향력의 원천에는 관리, 권한, 권력, 리더십 등이 있다. 영향력으로서의 리더십이 다른 원천과 구분되는 핵심은 리더십이 인간중심적 영향력이라는 점이다. 리더십의 이론은 특성이론, 행동이론, 상황이론 등으로 발전되었다. 이 과정에서 리더의 인간적 특성이 중요한 요인이 아니었던 적은 한 번도 없다.

따라서 리더십의 유효성을 고려할 경우는 리더십이론이 각 심리학들의 명제와 무관할 수 없는 것이다. 영향력의 원천으로서 관리, 권한, 권력에 핵심적으로 적용되는 심리학과 리더십에 중심적으로 적용되는 심리학은 동일할 수 없다.

관리, 권한, 권력 등에 중심적으로 적용되는 심리학은 전통적 심리학으로서 부족한 것이 없다. 그러나 오늘날 리더십이론의 새로운 패러다임에 적용할 심리학의 명제들은 그 새로운 패러다임의 설명에 적합한 것이어야 한다. 변화주도적 리더십, 내적 리더십, 섬기는 리더십, 감성리더십, 비전리더십, 자기희생적 리더십 등에서는 리더가 구성원들에게 미치는 영향의 심리적 과정과 리더와 구성원들 간의 상호작용을 설명하기 위한 특별한 심리학이 필요하다.

심리학이 인간의 기능과 행동을 부정적 · 병리적 측면에서 접근하는 것에 대한 반작용으로 등장한 것이 긍정주의 심리학이다. 긍정주의 심리학을 리더십 개발에 적용하는 것이 이 장의 목적이다. 낙관주의, 자기유능감, 감성지능 등을 리더십 개발에 적용하는 것이다. 사회적 자산으로서의 감성지능을 사회조직과 리더십에 적용하는 문제도 다룬다.

제2절 긍정주의 심리학의 내용

1. 긍정주의 심리학의 의미

긍정주의 심리학은 심리학이 인간의 기능과 행동에서 부정적 · 병리적 측면에만 집중하는 것에 대한 반작용으로 셀리그만(Seligman) 등이 긍정주의 심리학 운동(positive psychology movement)을 하면서 시작된 심리학이다. 인생을 살 만한 가치가 있는 것으로 만드는 힘과 특징에 초점을 두는 심리학이다. 인생에서 발생하는 가장 나쁜 일에서 벗어나 최선의 것을 강조하는 것으로 초점을 이동시킨 심리학이다. 개인, 집단, 조직, 공동체가 최선의 것을 추구할 수 있도록 하는 요인을 발견하고 그러한 요인을 촉진시키는 과학적 방법을 찾는 것이 긍정주의 심리학의 목적이다. 병리적인 인간기능보다는 최선의 인간기능에 관심을 갖는다.

긍정주의 심리학의 3가지 수준은 다음과 같다(Seligman and Csikszentmihalyi, 2000).

① 주관적인 경험의 평가 : 웰빙, 만족(과거), 희망, 낙관주의(미래), 생활 형편과 행복(현재)

② 긍정적인 개인 자질 : 사랑, 직업, 용기, 대인기술, 미적 감각, 인내, 용서, 창의성, 미래지향성, 높은 재능, 지혜에 대한 역량

③ 공민으로서의 덕성과 보다 좋은 시민으로 변화시키는 제도 : 책임감, 양육적 태도, 이타주의, 예절, 절제, 인내

이상과 같은 긍정적 목표들은 치료, 교육, 가정생활, 사회 등의 전반적 분야뿐만 아니라 조직생활의 관리에도 중요하다. 긍정주의 심리학은 인본주의적인 영역뿐만

아니라 조직행동에도 공헌하는 바가 있다(Frost, 1999).

긍정주의 심리학과 관련된 영역은 낙관주의, 희망과 SWB(subjective well being), 그리고 감성지능과 자기유능감 등이다. 이하에서는 긍정주의 심리학과 관련하여 낙관주의와 그것에서 파생된 희망, SWB, 감성지능, 그리고 자기유능감 등에 대해서 설명한다.

2. 낙관주의

낙관주의는 심리학자나 일반인들에 의하여 오래전부터 인식되어 온 것으로서 낙관주의가 심리적 · 신체적 건강에 긍정적인 영향을 미치고 학문, 운동, 정치, 직업적 성공 등에 관련된 인내심, 성취, 동기부여 등을 고취시킨다는 증거들이 많다.

마찬가지 논리로 비관주의는 수동적 자세, 실패, 사회적 고립, 그리고 그 극단적인 형태인 우울증과 자살에 영향을 미친다. 물론 낙관주의의 역기능도 있다. 예를 들어 건강에 대해 지나치게 낙관적인 태도를 가짐으로써 영양이나 자기관리를 게을리할 수도 있다. 또 낙관적인 관리자가 목표달성을 위한 노력을 게을리할 수도 있다.

낙관주의에 대한 정의는 빈센트 필(Vincent Peal), 데일 카네기(Dale Carnegie) 등의 '적극적 사고(positive thinking)의 힘'에서와 같은 옛날 방식과는 다르다. 심리학에서는 낙관주의를 긍정적 결과에 대한 일반화된 기대 혹은 긍정적 인과귀속(positive causal attribution)과 같은 인지적인 특성으로 파악한다. 골먼(Goleman)은 낙관주의 역할을 감성지능 개념에서 다루고 그것을 감성지향적인 태도로 본다. 그러나 미시간대학의 심리학자 피터슨(Peterson)은 낙관주의는 단지 차가운 인지에 대한 것뿐만이 아니라 낙관주의의 지배적인 감성적 특성을 간과하면 그것의 동기부여적 측면의 의미를 파악할 수 없다고 주장한다.

1) 낙관주의의 차원

대부분의 심리학자들은 낙관주의를 사람들의 본성이나 개인차로 다룬다.

(1) 인간본성으로서의 낙관주의

소포클레스(Sophocles), 니체(Nietzsche) 등의 철학자들과 프로이드(Freud), 알포트(Allport), 에릭슨(Erikson), 메닝거(Menninger) 등의 심리학자들은 낙관주의에 대해서 부정적이다. 낙관주의는 환상이기 때문에 현실의 어려움을 보다 정확하게 지각하는 것이 건강한 심리적 기능화에 더 좋다는 입장을 가지고 있다. 1960년대와 1970년대에 시작된 인지심리학에서는 많은 사람들이 자신들에 대해 차가운 현실보다 더욱 긍정적인 왜곡을 한다고 주장했다. 특히 심리적으로 건강한 사람들이 그런 경향이 있다는 것이다. 인류학자, 진화심리학자, 그리고 신경심리학자들은 이와 같은 긍정성(positivity)을 인간본성의 한 부분으로 본다(Tiger, 1989).

(2) 개인차로서 낙관주의

현대의 주요 심리학에서는 낙관주의를 개인차로 본다. 다른 심리학적 특성처럼 낙관주의도 인지적으로 결정된 기대, 인과관계의 귀속, 불행, 실패, 나쁜 사건의 원인 등에 대해 습관적으로 귀속하는 기술(記述)스타일(explanatory style)이라는 것이다(셀리그만이 연구한 학습된 무원조감(learned helplessness)에서 나온 개념). 개나 사람은 통제불가능하고, 처벌받으며, 역경이 계속적으로 발생하면 드디어 무원조감을 학습하게 된다. 즉 자신들이 통제할 수 없는 역경에서는 무원조적인 방법으로 행동하게 된다는 것이다. 모든 사람들이 그렇게 되는 것은 아니다. 1/3가량은 저항하거나 인내하고 무원조적인 상태에 빠지지 않으려 한다. 셀리그만은 학습된 무원조감을 일반화된 인과관계귀속 혹은 낙관주의/비관주의라는 인과관계기술 스타일로 확장하였다. 낙관주의자와 비관주의자가 경험하는 나쁜 사건에 대해 귀속하는 인과관계기술 스타일은 다음과 같다.

① 비관주의자 : 내적(자신의 잘못), 안정적(오래 계속될 것이다), 전반적인 것(하는 모든 일이 잘못된 것이다) 등의 방법으로 귀속한다.

② 낙관주의자 : 외적(자신의 잘못이 아님), 비안정적(일시적인 방해), 특정적인 것(이 상황에만 국한된 문제) 등의 방법으로 귀속한다.

(3) 낙관주의에서 앞으로 더 연구되어야 할 부분(Peterson, 2000)

① 낮은 낙관주의/높은 낙관주의

- 낙관주의의 크기와 수준은 매우 다르게 기능한다.
- 낮은 낙관주의는 긍정적인 결과에 대해 구체적인 기대를 한다(5시까지 숙제를 완성할 수 있다. 따라서 오늘밤의 경기를 볼 수 있다).
- 높은 낙관주의는 긍정적인 결과에 대해 보다 일반적이고 더 큰 기대를 한다(우리 회사는 산업에서 리더가 될 수 있다).
- 낮은 낙관주의와 높은 낙관주의가 관계는 있지만 동일한 개인이 낮은 낙관주의에 속하면서 높은 비관주의자일 수 있다. 낙관주의가 결과에 연결되는 전략, 메커니즘, 경로 등은 상이하다(예 : 시간관리, 비전리더십).

② 낙관주의/비관주의 : 양자를 배타적인 것으로 인식하는 것이 일반적이다. 그러나 그렇지 않을 수도 있다. 어떤 사람들은 좋은 결과와 나쁜 결과를 동시에 기대하기도 한다. 나쁜 사건에 대한 귀속기술 스타일은 좋은 사건에 대한 귀속기술 스타일과 독립적이다. 다른 말로 하면 나쁜 사건에 대한 귀속은 낙관주의 혹은 비관주의일 수 있으나, 좋은 사건에 대한 귀속은 그렇지 않다. 좋은 사건에 대한 귀속은 낙관주의의 이해에 있어서 나쁜 사건에 대한 귀속만큼 중요하다.

③ 학습과 낙관주의의 개발 : 때로는 낙관주의가 안정적인 퍼스낼리티 특성으로 인식되기도 하지만 셀리그만은 학습된 낙관주의를 주장했다. 말하자면 누구든지, 심지어 비관주의자라도 낙관주의자가 될 수 있는 기능을 배울 수 있다고 말했다.

사회학습이론의 모델링과정을 통해서(자신의 관련 환경이나 평가한 환경에서 긍정적인 사건이나 결과를 관찰하고서) 낙관주의를 배울 수 있다.

2) 일터에서의 낙관주의

낙관주의는 동기부여되는 요소이기도 하고 동기부여하는 요소이기도 한 것으로 행복, 인내, 성취, 건강 등을 위해 바람직한 요소이다. 낙관주의는 또한 나쁜 사건에 대해 외적 · 비안정적 · 구체적인 귀속을 하고, 직업적 성공과 같은 긍정적인 측면과 관련성이 있다. 따라서 낙관주의는 일터에 영향을 미치는 매우 긍정적인 힘으로 추정된다. 예를 들면 낙관주의자는 열망의 수준이 높으며 확장된 목표를 설정하고, 난관과 어려움을 참아내며, 개인적 실수와 방해를 일시적인 것으로 인식하고 개인의 부적절성으로 인식하지 않으며, 그러한 실패를 한 번만 발생하는 독특한 현상으로 보고, 모든 것을 좋게 느끼고, 신체적 · 정신적으로 활력 있다. "물컵의 반이 차 있다" 형이다. 따라서 판매, 광고, PR, 제품설계, 고객서비스, 건강, 사회복지와 같은 직무에는 낙관주의자가 좋다.

(1) 현실적 낙관주의

경우에 따라서는 낙관주의자가 무의미하고 역기능적인 결과를 초래할 수도 있다. 초점 없는 막연한 노력(골프대회 5위 이상 입상), 비현실적인 목표(스트레스, 고혈압 등을 초래하는 과도한 판매목표) 등이 그 예이다. 잘못된 낙관주의보다는 현실적 낙관주의(realistic optimism)가 리더십의 효율성을 증가시킨다. 안전, 재무, 회계와 같은 직무에는 비관주의자가 더 적합할 수 있다.

(2) 셀리그만의 Met Life 연구

낙관주의와 그것에 관련된 인내심 등은 판매직의 성공에 매우 중요하다. 셀리그만은 ASQ(Attribution Style Questionnaire)로 200명의 보험 에이전트를 조사하였다. ASQ는 질문이 개방형이며, 피조사자들의 습관적인 인과귀속 스타일을 확인하기 위하여 개인화(personalization), 성과(performance), 충만성(pervasiveness) 등의 측면에서 6개의 좋고/나쁜 삽화들을 해석하도록 구성되어 있다. 여기에는 거짓으로 낙관주의자인 척하지 못하도록 하는 척도도 들어 있다.

ASQ 점수 파일의 분포에서 상위 1/2인 낙관적인 사람들은 나머지 반인 비관주의적인 사람들에 비해서 입사 후 첫 2년 동안 평균 37% 이상의 매출실적을 더 올렸다. 그러나 이 결과는 상관관계일 뿐 인과관계는 아니다. 낙관주의자이니까 성과가 높을 수도 있고 성과가 높으니까 낙관주의자가 될 수도 있기 때문이다.

셀리그만은 인과관계를 확인하기 위하여 다음과 같은 연구를 하였다(Seligman, 1998). 104명의 신입 세일즈맨을 예비조사(pilot)한 결과 낙관주의자가 성과가 높고 그만둔 경우도 적었다. Met Life에 지원한 15,000명 중 보험회사 자체 시험과 ASQ를 통해 1,000명을 채용하였다(보험회사 시험 불합격자도 ASQ를 통해 채용). ASQ 점수에서 상위 50%인 129명으로 특별팀을 구성하였다. 입사 첫해에는 낙관주의자가 비관주의자보다 8% 더 성과를 올렸다. 2년째는 31% 더 높았다. 129명의 특별팀은 첫해에 21%, 2년째는 57% 더 높았다. 그 후 Met Life는 입사시험에 ASQ를 채택하였다.

Met Life에 대한 포괄적 연구 외에 낙관주의가 일터에 미치는 영향을 분석한 연구는 드물다. 유능한 관리자는 실패를 교정가능한 실수로 귀속하여 참고 견뎌낸다는 연구도 있다(Boyatiz, 1982; Spencer et al., 1993).

리더십의 낙관주의를 연구한 경우도 있다. 낙관주의의 정도가 높은 사관학교 생도들이 리더십의 잠재적 가능성이 더 높았다(House and Shamir, 1993). 인적자원의 선발과정에서 낙관주의가 높은 사람들은 열정과 흥분과 에너지의 수준이 더 높았다(Chamer et al., 2000). 종업원의 훈련에서 낙관주의를 훈련시킬 수도 있다.

3. 희망

긍정주의 심리학 운동에서 낙관주의 외에 최근에 희망이 주목을 받고 있다. 희망이 학업성취, 운동성과, 정서적 건강, 질병에 적응하는 것, 기타의 어려움 등에 긍정적 영향을 미친다고 주장했다. 희망을 갖는다는 것은 매우 큰 걱정이나 패배자적 태도와 같은 어려운 조건이나 방해에 직면하여 항복하지 않는다는 것을 의미한다. 희망을 갖거나 갖지 않는 것은 귀속 스타일의 2개 차원인 충만성과 성과에 의하여 결정된다.

신더(Synder)는 희망을 목표를 성취할 수 있다는 개인의 결단뿐만 아니라 목표 달성을 위해 성공적인 계획을 만들고, 목표를 성취하기 위한 경로를 확인하는 것으로 정의했다. 희망적이라는 것은 목표를 설정할 수 있고, 그것을 성취할 방법을 파악하며, 그것을 성취할 수 있도록 동기부여되는 것이다. 이것이 긍정주의 심리학의 다른 구성개념과 구분되는 점이다.

신더는 희망척도(Hope Scale : 나는 나의 목표를 정력적으로 추구한다. 모든 문제에는 많은 해결책이 있다)를 개발했다. 연구결과 신더는 희망이 목표기대, 지각된 통제, 자존감, 긍정적 감정, 적응, 성취 등과 정적(正的) 상관이 있다는 것을 발견했다.

희망은 자질이 아니고 학습된 것이며 상태이다. 따라서 교육 · 훈련에 의하여 향상시킬 수 있다.

4. 행복, 주관적 웰빙(SWB)

1) 의미와 배경

행복이라는 말은 문어(文語)이나 보다 심리학적인 용어로는 SWB(subjective well-bing)이다. 셀리그만 등은 SWB가 보다 과학적인 용어라고 주장하였다. 그것은 자신의 생활에 대한 정의적(affective mood and emotion)이고 인지적인(cognitive) 평가이다. 누가 행복한가가 중요한 것이 아니고(인구변수) 언제, 왜 행복하다고 느끼는가, 어떤 과정을 거쳐 행복해지는가가 중요하다. 생활만족에 초점을 두는 개념이다.

2) 구성요소

SWB의 구성요소는 다음과 같다(Diener, 2000).

① 인생에 대한 만족 : 자신의 인생목표에 대한 판단

② 주요 영역에 대한 만족 : 예) 노동만족

③ 긍정적인 감정 : 높은 수준의 유쾌한 감정과 분위기

④ 낮은 수준의 부정적 감정 : 불쾌한 감정과 분위기의 수준 낮음

SWB를 30여 년간 연구한 디너(Diener)는 SWB 척도를 개발하였다. 최근에는 퍼스낼리티, 목표, 적응 등과 SWB의 관련성을 중심으로 연구하고 있다.

3) 성격 경향 및 SWB

성격은 SWB의 가장 강력하고 합당한 예측요인이다. 예를 들어 외향성은 SWB와 정적으로 관련이 있고 신경증은 부정적인 SWB와 관련이 있다. Big 5의 외향성과 동조성은 SWB와 관련이 있다. 환경과 특정상황은 성격과 SWB의 매개요인이

다. 생래적인 특성, 퍼스낼리티 경향, 목표, 적응 등은 상호작용적으로 SWB와 관련된다.

4) 목표의 역할

너무 높은 목표, 너무 낮은 목표는 SWB를 감소시킨다. 목표와 그것의 달성을 지원할 중요한 자원은 행복과 관련성이 높다. 목표와 자원 중 어느 하나를 갖는 것은 SWB의 충분조건이 아니다. 자신의 중요한 목표를 지원할 자원은 SWB와 관련이 있다.

5) SWB와 적응

성격에 따라서 좋은 사건과 나쁜 사건에 다르게 적응한다. 시간이 지나면 원래 수준의 SWB에 복귀한다. 최근의 연구에 의하면 주요 사건(예 : 승진) 등은 3개월 내에 SWB에 대한 영향을 상실한다. 유전적 · 성격적 경향, 목표, 적응 등은 SWB에 상호관련적으로 영향을 미친다.

6) SWB와 문화

SWB는 긍정주의 심리학의 다른 요소와 달리 문화와 깊은 관련성이 있다. 다음은 문화와 SWB와의 관계이다(Diener, 2000).

① 부자 나라가 전반적으로 SWB가 높다.

② 브라질, 칠레, 아르헨티나와 같은 나라는 소득요인을 통제하면 동일하게 부자인 나라보다 예상 외로 SWB가 높다. 반면 동일한 조건에서 동부 유럽은 SWB가 특별히 낮다.

③ 일본은 소득이 높으나 SWB는 상대적으로 낮다.

④ 중국, 인도, 나이지리아와 같은 개발도상국은 다른 개발도상국처럼 SWB가 극단적으로 낮지는 않다.

⑤ 동일한 나라를 매년 반복적으로 조사해도 SWB는 증가하지 않는다. 심지어 소득이 매우 향상되어도 그것은 비교적 일정하다.

⑥ 자존감, 준거타아(準據他我), 결혼, 사회적 지원 등과 같은 변수와 SWB와의 관계는 나라와 문화에 따라 다르다.

5. 자기유능감

1) 이론적 배경과 의미

자기유능감을 설명할 수 있는 개념적 틀은 사회인지이론이다. 골먼(Goleman)은 자기유능감이 감성지능과 낙관주의의 기본인자라고 말했다. 신더(Synder)는 자기유능감이 낙관주의와 희망의 구성요소라고 말했다. 반두라(Bandura)는 사회인지이론에 근거를 둔 자기유능감을 30여 년간 연구했다.

사회인지이론(SCT : social cognitive theory)은 사회환경적 요소와 인지요소가 행동형성에 상호작용을 한다고 보는 심리학으로서 사회환경적 사건의 심리적 기능화, 인지구조, 정서와 생물적 변수 등의 내적 인간적 요인, 행동유형 등을 설명한다. 환경, 개인의 인지, 행동 등은 각각 상호작용을 하면서 서로 간에 영향을 미친다.

사람들은 상징화, 선견(先見), 관찰학습 등을 통하여 자기조절과 자기성찰을 할 수 있는 능력이 있다. 특정과업, 사건과 관련된 자신의 행동과 경험을 되돌아보고 이런 것이 미래에 발생할 때 그것을 얼마나 성공적으로 성취할 수 있는지에 대한 인지적으로 처리한 신념이 자기유능감의 이론적 기초이다. 주어진 맥락에서 특정과업을 성공적으로 수행하기 위해 필요한 동기부여, 인지적 자원, 행동과정을 발휘하기 위한 능력 등에 대한 확신인 것이다.

자기유능감이 가장 중요한 심리 메커니즘의 하나인 이유는 사람들이 자신의 행동으로 바람직한 결과를 가져오고 바람직하지 못한 결과를 피할 수 있을 때 행동하려는 인센티브를 갖기 때문이다. 어떤 요인이 동기부여인자로 작용할 경우는 바람직한 결과를 가져올 수 있는 힘에 대한 신념이 있을 경우이다.

행동주의 심리학은 관찰할 수 있는 행동에만 초점을 두었다. 반두라는 수많은 행동들이 관찰하기 어려운 기대, 사고, 신념 등과 같은 인지과정을 통하여 발생한다고 주장하였다.

사람들은 자신의 사고, 감정, 행동 등을 어느 정도 조절할 수 있는 자기체제(self-system)를 가지고 있어서 주어진 환경을 변화시키고 개인의 행동을 조정할 수 있다. 이와 같은 자기조정에서 자기유능감이 가장 중요한 역할을 수행한다.

자기유능감은 능력에 대한 신념으로서 어떤 일에 투입하는 노력의 수준과 일을 추진하는 과정에서 부딪힌 장애에 어느 정도 대응할 것인지에 영향을 미쳐 성취수준의 강한 결정요인이 된다.

정보화시대는 변화의 속도가 워낙 빠르기 때문에 사람들로 하여금 높은 수준의 인지적 · 자기관리적 능력을 갖도록 요구한다. 빠른 기술변화와 지식과 정보의 급속한 증가는 평생을 통한 자기주도적 학습능력이 필요한 시대이다. 자기유능감은 이러한 적응능력에서 매우 중요한 역할을 하는 요인이다. 자기유능감이론에서는 인간의 동기부여수준, 정의적 상태, 그리고 행동에 있어서는 "무엇이 객관적 사실인가 하는 것보다는 자신이 믿는 것에 보다 많이 근거한다"는 명제를 강조한다.

사람은 자신의 능력을 결정하는 요인과 과정에서 자기 자신의 심리 · 사회적 기능에 있어서 인과관계적 귀속을 한다. 사람이 지각한 자기유능감은 사람이 행동하는 데 있어서 인과관계적 요인으로 작용한다.

2) 자기유능감의 정의와 원천

(1) 정의

자기유능감은 특정과업의 수행이나 사건과 관련된 경험과 행동을 되돌아보고 그와 같은 것이 미래에 다시 발생할 경우 그것을 얼마나 성공적으로 성취할 수 있는가에 대한 신념으로서 주어진 맥락에서 특정의 과업을 성공적으로 수행하기 위해 필요한 동기부여수준, 인지적 자원(cognitive resources), 행동과정 등을 발휘하기 위한 능력에 대한 믿음이다.

이와 같은 자기유능감, 즉 "나에게는 이 일을 해낼 수 있는 능력이 있다"고 믿는 신념을 개발하기 위해서는 다음과 같은 방법이 있다.

(2) 자기유능감의 원천과 개발

자기유능감은 성공경험, 대리경험, 혹은 모델링, 사회적 설득, 그리고 신체 · 심리적 각성(arousal)에서 온다. 따라서 자기유능감을 개발하기 위해서는 이 4가지 영역을 개발하면 된다.

자기유능감의 개발방법을 요약하면 [표 10-1]과 같다.

표 10-1 | 자기유능감의 훈련

SE원천	성공적 훈련과 직무에 전이를 위한 핵심	훈련지침
1. 성공 경험과 성과획득	훈련생은 성과의 원인이 자신들이라는 사실을 배워야 한다.	1. 성공할 수 있도록 많은 연습(훈련목적에 의하여 규정함)을 함 2. 목표성취를 위해 학습을 단계별로 실시 3. 학습진도(실패는 안 됨)를 피드백(성과)
2. 대리 경험과 모델링	모델은 훈련생과 유사한 인구속성을 가져야 하며 수행 중인 훈련은 훈련생이 직무에 복귀했을 때 실행 가능한 것이어야 한다.	1. 모델을 신중히 선발, 훈련생의 특징과 유사성이 있도록 함 2. 성과가 모델의 능력에 의해서만 달성된다는 것을 훈련생들이 지각하도록 훈련을 계획 3. 모델은 과업분석관점(과업에 초점을 두고, 실수할 경우 그것은 학습방법의 잘못에 기인한 것이지 개인적인 부적절성에 기인한 것이 아니다)을 가짐
3. 사회적 설득	모든 코멘트는 영향력을 가지고 있어야 한다. 그래서 피드백은 훈련생이 자신감을 가질 수 있도록 긍정적으로 해야 한다.	1. 훈련생이 성공을 기대할 수 있도록 피드백 코멘트는 긍정적이어야 함 2. 훈련자는 훈련생들이 상당한 정도의 신체적 · 심리적 노력을 하는 것이 개인적인 부적절성을 의미하는 것은 아니라는 것을 이해하도록 해야 함
4. 신체적 · 심리적 각성	훈련생들이 심리적 · 신체적으로 경험하는 증상은 훈련의 과업이지 몇몇 생도의 개인적 부적절성이 아니라(예 : 능력결핍)는 사실을 주시하도록 해야 한다.	1. 훈련생들은 심리적 · 신체적으로 적합해져 가면 성공적이 되고 학습의 동기가 발생하는 데 도움이 됨 2. 상당한 정도의 심리적 · 신체적 노력을 경주하는 것이 개인능력의 결함은 아니라는 사실을 이해시켜야 함

성공경험(mastery experience)은 강한 자기유능감을 형성하고 실패경험은 자기유능감을 약화시킨다. 작은 성공의 경험들을 쌓으면 이것이 자기유능감의 자료가

된다. 따라서 성공할 수 있도록 많은 연습(훈련)을 하는 것은 중요하다.

골프선수들이 타이거 우즈와의 시합에서 패배하는 이유 중의 하나가 타이거 우즈 앞에서 긴장하기 때문이라는 이야기가 있다. 타이거 우즈는 연습벌레라는 사실과 자신들보다 그가 더 많은 연습을 했다는 것을 믿기 때문에 긴장하고, 긴장하기 때문에 평범한 퍼팅도 실수를 한다는 것이다.

구약성경에 보면 소년 다윗이 돌팔매로 골리앗을 쳐 죽인 이야기가 있다. 이것은 어느 날 우연히 들판에 나와 골리앗을 무찌른 것이 아니라 목동으로서 평소에 사자, 늑대, 곰 등을 죽인 강화된 자기유능감을 가지고 있었기 때문에 골리앗에 대적할 자신감을 가질 수 있었고, 그렇기 때문에 한 번의 시도로 골리앗의 급소를 맞힐 수 있었다. 평소에 수행하는 작은 일들을 성실하게 수행하여 성공한 경험이 쌓이면 자기유능감의 원료가 된다.

힘들이지 않고 성공을 경험한 사람들은 빠른 결과를 기대하고 실패했을 경우 좌절한다. 따라서 끈기 있는 노력을 통하여 장애물을 극복하는 경험을 함으로써 회복력 있는 자기유능감을 개발할 수 있다. 이런 사람에게 있어서 어려움과 실패는 성공하기 위해서는 부단한 노력이 필요하다는 것을 가르쳐 주는 스승이다. 불운을 이겨내고 실패를 교훈으로 삼아 인내한 사람들은 역경에 처할 때 보다 더 강해진다.

자기유능감을 개발하는 두 번째 방법은 사회적 모델이 제공하는 대리경험이다. 이것은 다른 사람을 보고 배우는 것이다. 자기 주변의 사람들이 어려움을 극복하고 성공하는 것을 관찰하면 자기유능감에 대한 신념이 고양된다. 그 반대로 열심히 노력했음에도 불구하고 실패하는 것을 관찰한 사람들의 자기유능감은 약화된다. 이 경우에 관찰대상인 모델이 관찰자와 나이, 성(性), 신체특성, 교육수준, 지위, 그리고 경험 등에서 유사할 경우 자기유능감에 미치는 영향은 더욱 크다.

사람들은 유능한 모델을 찾는다. 이 유능한 모델이 멘토(mentor)이다. 멘토는 행동과 사고방식, 그리고 지식의 전수를 통하여 환경에 적응하는 기술과 전략을 멘티(mentee)에게 가르친다. 주위에 직접 관찰할 수 있는 모델이 없을 경우 위인전과 같은 책 속의 인물을 통하여 자기유능감을 계발할 수 있다. 모델인 위인(mentor) 혹은 영웅이 장애물에 대처하는 적극적 태도를 통하여 관찰자를 유능하게 임파워링(empowering)할 수 있다.

자기유능감을 개발할 수 있는 세 번째 방법은 사회적 설득(social persuasion)이다. 이것은 "너는 할 수 있다"와 같은 CAN DO 접근이다. 설득력 있는 격려는 자기유능감을 촉진시킨다.

사회적 설득은 현실적이어야 한다. 자기유능감이 높은 사람들은 자신의 능력에 대한 신념을 향상시킬 뿐만 아니라 다른 사람을 격려함으로써 다른 사람의 자기유능감을 높이고 성공을 복제하도록 한다. 이러한 사람들의 정신은 어떤 의미에서는 사회간접자본과 유사한 역할을 한다.

어린 시절에 불우한 환경에 있던 사람들 중에는 교사나 주위 사람들의 기대와 격려를 받으며 성장하면서 그 기대에 부응하기 위한 노력을 통하여 성공한 사람들이 많다. 어떤 사람의 현재의 인간됨의 수준은 그 사람이 태어나서 지금까지 받은 기대의 합계라는 말이 있다. 『칭찬은 고래도 춤추게 한다』라는 책이 베스트셀러가 된 것은 이런 이치를 반영한 것이라 할 수 있다. '말이 씨'가 되는 것이다. 언어적 설득은 다른 사람의 열정을 일으키고 자기유능감을 향상시킨다. 그러나 부정적 방향의 언어적 설득은 도전을 회피하고 역경에 처하면 쉽게 포기하게 함으로써 자기유능감을 저하시키는 원인이 된다.

마지막으로, 자기유능감과 신체 · 심리적 각성은 관련성이 있다. 매우 피곤하고 정신상태가 양호하지 않으며 우울한 경우에는 자기유능감이 낮아진다. 이럴 때 사람들은 자신의 능력이 약하다고 생각할 수 있다. 기분이 좋을 때는 과거의 성공경험이 살아나고 우울할 때는 실패경험이 살아나서 자기유능감에 대한 확신을 낮추게 된다. 말하자면 사람들은 자신의 능력을 판단할 때 신체적 상태와 심리적 상태의 영향을 받는다는 것이다. 따라서 신체 · 정신적으로 최적의 상태를 유지하는 노력은 자기유능감 개발에 매우 중요하다.

신체 · 심리적 각성을 통해 자기유능감을 향상시키기 위한 부분에서 중요한 것은 신체반응과 정서반응의 강도를 바꾸는 것이 아니라 그것을 지각하고 해석하는 방법을 바꾸는 것이다. 자기유능감이 높은 사람의 경우 자신의 정서적 각성을 자신이 하고 있는 일의 수행수준을 촉진시키는 에너지로 보지만 자기유능감이 낮은 사람은 그것을 낮추는 것으로 해석하는 것이 그 예이다. 어쨌든 신체적 건강을 증진시키고 스트레스와 부정적인 정서성향을 줄이며 신체의 상태에 대한 오해를 바로잡는 것은 자기유능감 개발에 중요한 영향을 미친다.

개인의 자기유능감에 영향을 미치는 정보 자체보다는 그 정보를 인지적으로 어떻게 해석하느냐가 중요하다. 이러한 인지적 해석에 영향을 미치는 요인에는 자신의 능력에 대한 선입견, 수행해야 할 과제의 난이도를 어떻게 지각하느냐, 개인이 그 과제의 수행에 투입하는 노력의 양, 그 당시의 신체 · 정서적 상태, 외부로부터 받은 도움의 양, 개인이 처한 상황에 대한 선입견 등이 있다.

이상 설명한 자기유능감의 의미와 원천 및 개발방법을 요약하면 다음과 같다.

사람들이 자기의 상황에 영향을 미치는 요인을 통제하기 위한 노력을 하기 위해서는 그 노력이 바람직한 결과를 가져올 것이라는 신념, 즉 믿음이 있어야 한다. 이러한 신념이 없으면 사람들은 그러한 노력을 하지 않을 것이다. 따라서 일정한 결과를 성공적으로 획득할 가능성에 대한 신념인 자기유능감은 개인의 성취에 매우 중요한 영향을 미친다.

이러한 자기유능감은 성공경험, 대리경험, 사회적 설득, 신체 · 심리적 각성(생리적 · 정서적 상태) 등에 의하여 형성된다. 성공경험은 자기유능감을 향상시키고 실패경험은 그것을 감소시킨다. 자신과 유사한 다른 사람의 성공을 관찰함으로써 자기유능감을 형성하고 개발할 수 있다. 이것이 모델링으로서 자신감을 향상시키고, 정보를 제공하며, 상황에 대한 예측가능성과 통제가능성을 향상시킴으로써 자기유능감을 향상시킨다. 어렵고 도전적인 과제를 수행할 때 주위 사람들의 언어적 설득과 격려는 자기유능감을 향상시킨다. 사회적 설득을 하는 사람에 대한 신뢰도가 이 과정에서 중요한 영향을 미친다. 마지막으로 사람들은 자신의 신체 · 생리적 상태와 정서적 상태를 통하여 자기의 능력에 대한 평가를 한다. 따라서 이러한 것에 대한 자신의 지식과 주위 사람들의 이것에 대한 인식과 평가가 중요하다. 자신의 신체 · 생리적 상태와 정서적 상태에 대한 각성은 자기유능감 형성에 영향을 미친다.

3) 자기유능감과 다른 개념의 비교

자기유능감과 자존감, 그리고 기대를 비교하면 다음 [표 10-2], [표 10-3]과 같다.

표 10-2 | 자기유능감과 자존감

자기유능감	자존감
• 특정 자기유능감은 상태(state)로서 반두라의 개념임 • 일반적 자기유능감은 특성이나 자질(trait like)로서 다양하고 광범한 성취상황에서 과업을 성공적으로 성취할 것이라고 생각하는 일반적 믿음	일반적 자기유능감과 자존감은 유사
과업과 특정맥락에 관련된 능력에 대한 믿음	전반적 가치에 대한 믿음과 평가로서 전반적 구성개념
새로운 정보, 과업, 경험 등에 따라 변함	자질로서 안정적임
과업의 미래 성공에 대한 현재의 평가	현재의 자아에 대한 측면
예 : 세일즈맨이 낮은 소득계층에 사치품을 판매하여 높은 판매실적을 올렸을 경우 자기유능감은 높으나 자존감은 낮을 수 있다.	

표 10-3 | 자기유능감과 기대

자기유능감	기대개념
특정노력이 성과를 가져올 확률이 E1이라면 자기유능감은 능력, 기술, 지식, 경험 등이 특정과업의 성과를 가져올 것인가에 대한 지각이다. 자기유능감은 감정, 스트레스, 심리적 피로 등에 대한 심리역동적 반작용(psychomotor reaction)이다. 자기유능감은 능력에 대한 믿음으로서 기대 이전의 것이다.	기대이론에서 E1은 노력이 성과를 가져올 확률이고 E2는 성과가 보상을 가져올 확률이다. 즉, 기대는 특정행동이 가져올 결과에 대한 판단이다.
자기유능감은 능력에 대한 믿음으로서 자기유능감은 기대 이전의 것이다.	통제위치와 귀속은 특정행동이 특정결과를 가져올 것에 대한 인과관계 귀속이다.
자기유능감은 능력에 대한 믿음이다.	통제위치와 귀속은 행동이 결과를 가져올 것에 대한 믿음이다.

※ E1, E2는 브룸(Vroom)의 기대

4) 자기유능감의 매개과정

자기유능감이 인간기능의 조절에 미치는 매개과정에는 다음의 4가지가 있다. 이 4가지 과정들은 각각 독립적으로 작용한다기보다는 함께 상호작용한다.

(1) 인지적 과정

유능감에 대한 신념은 다양한 형태로 인지과정에 영향을 미친다. 자신의 능력에 대한 평가는 개인의 목적설정에 영향을 미친다. 지각한 자기유능감이 높을수록 보다 높은 목적에 도전하고 또 그것을 성취하기 위해 더욱 몰입한다. 유능감의 수준이 높은 사람들은 성취할 목표에 대해 긍정적으로 안내하고 지원하는 성공 시나리오를 마음속에 떠올린다.

대부분의 행동과정은 사고에서 시작된다. 사고의 중요한 기능 중의 하나는 자신의 생활에 영향을 미치는 사건들을 예측하고 통제할 수 있는 방법을 개발하는 것이다. 생활에 영향을 미치는 문제의 해결을 위한 정보는 복잡성, 모호성, 불확실성 등의 수준이 높기 때문에 문제를 해결하기 위해서는 효과적인 인지적 처리가 필요하다. 자기유능감이 높을 경우 문제해결과정에서 인지적 구성을 촉진시킨다. 성공의 시나리오를 만드는 것이 그 예이다.

효과적인 인지적 처리란 예언적이고 조절적인 규칙을 배워 자신의 지식을 구성하고, 예측가능한 요인들을 조작하고 통합하며, 자신의 행동결과에 대한 판단을 검증하여 수정하고, 자신이 지금까지 검증해 온 요인들과 그 요인들이 작용하는 방법을 기억하는 것이다. 환경적 압박, 그리고 실패와 좌절에 직면해도 목표를 달성하고자 계속적인 노력을 하기 위해서는 훌륭한 분석적 사고를 하는 효과적인 인지처리가 필요하다. 예를 들어 자기유능감이 낮은 사람들은 어려움에 직면하면 분석적 사고가 점점 더 산만해지고 열망의 수준이 낮아지며 결과적으로 목표성취수준의 질이 떨어진다. 반대로 유능감의 수준이 높은 사람들은 도전적인 목적을 설정하고 훌륭한 분석적 사고를 한다. "호랑이에게 물려가도 정신만 차리면 산다"는 말이 그 예이다. 유능감의 수준이 높아야 호랑이를 죽이고 살아나올 도전적인 목적을 설정하고 그 문제를 해결할 전략을 찾는 효율적인 인지적 처리를 할 수 있다.

(2) 동기부여과정

자기유능감은 개인의 동기부여수준에 영향을 미친다. 사람은 스스로 동기를 부여할 수 있으며 그 수준을 조절할 수 있다. 예를 들어서 어떤 회사에서 관리자에게 프로젝트를 일정한 기간 내에 완성하도록 요구했다고 하자. 이 경우 그 관리자는 프로젝트의 난이도를 분석하고 과거에 수행했던 유사한 과제의 수행으로부터 추론한 자신의 능력을 판단하고 회사의 지원수준과 그것을 달성할 수 있는 관리도구를 점검하여 그 프로젝트를 기간 전에 완성할 수 있는지, 기간에 맞춰 완성할 수 있는지, 심지어 기간 내에 완성할 수 없는지를 예측할 수 있다. 이것이 기대이다. 기대는 인지적 처리과정에 기초한 것이다. 이 경우 자기유능감의 수준이 높은 관리자는 기간 전에 완성하는 대안을 선택할 가능성이 있으며 따라서 동기부여수준이 높은 것이다.

사람들은 스스로 동기부여수준을 결정하고 자신의 행동을 계획한 대로 이끌어 나가면서 자신이 할 수 있는 것에 대한 신념을 만든다. 그렇게 함으로써 가능한 결과와 그것이 가져올 보상을 예측한다. 그들은 행동의 가능한 결과를 예측하고 그것을 실행하기 위해 고안된 행동과정을 계획한다. 그리고 자신의 명령에 따라 성공에 필요한 자원을 준비하고 노력의 수준을 결정한다.

이러한 동기부여과정을 설명하는 3가지 이론이 있다. 귀속이론, 기대이론, 목표이론 등이 그것이다.

자기유능감에 대한 신념은 인과관계의 귀속과정에 영향을 미친다. 예를 들어 유능감의 수준이 높은 사람은 자신의 실패원인을 노력부족이나 불리한 상황조건 때문이라고 판단하는 데 비해 유능감의 수준이 낮은 사람들은 자신의 실패원인을 능력부족으로 판단한다는 것이다. "잘되면 내탓, 못 되면 조상 탓"이란 말은 이런 의미에서는 좋게 해석할 수도 있다. 로터(Rotter)는 사람들의 성격특성을 외재론자와 내재론자로 구분하였다. 내재론자는 자기운명의 주인이 자신이라고 보는 반면 외재론자는 자기운명의 주인은 자신이 아닌 환경이라는 인과관계 귀속을 한다는 것이다. 자기유능감이 높은 사람들은 자신의 능력에 대한 기대치가 높기 때문에 일이 잘못되었을 경우는 능력 외의 다른 요인 때문에 실패했다고 판단(인과관계 귀속 판단)한다.

앞에서 예를 든 회사와 관리자 이야기가 기대이론에 의한 설명이다. 자기유능감의 수준이 높으면 자신의 행동결과에 대한 주관적 기대수준이 높고 따라서 동기부여의 수준이 높아진다.

목표이론에서는 수행해야 할 목표의 성격이 구체적이고 명확하며 도전적일 경우 목표수행을 위한 동기부여수준이 높다고 주장한다. 목표의 성격이 동기부여의 수준을 결정한다는 것이다. 자기유능감의 수준이 높을 경우보다 도전적인 목적달성을 위한 동기부여수준이 높을 것이다.

(3) 정서적 과정

자기유능감은 정서상태를 조절하는 데 중심적인 영향을 미친다. 예를 들면, 어려운 상황에 부딪혔을 때 스트레스와 우울증과 같은 정서적 위협을 인지적으로 처리하는 데 영향을 미친다는 것이다. 자기유능감이 낮은 사람들은 환경에서 야기되는 잠재적 위협을 처리할 수 없는 것으로 보고 자신의 무능력에 대처하느라 정신이 없다. 이런 사람들은 위협의 심각성을 최대화하여 거의 일어날 수 없는 일에 대해 염려하는 비효율적인 사고방식 때문에 자신을 불행하게 만들 뿐만 아니라 신념의 정상적인 기능에 손상을 입는다.

반면에 자기유능감의 수준이 높은 사람들은 동일한 환경적 어려움에 노출된다 하더라도 자신이 그것을 통제할 수 있다고 믿기 때문에 환경적 위협을 하나의 도전으로 보고 거기에 적극적으로 대처한다. '걱정이라는 새'가 머리 위로 날아다니는 것을 막을 수 없다는 점에서는 유능감이 높은 사람과 낮은 사람은 동일하지만 유능감이 높은 사람은 걱정의 새가 머리 위에 둥지를 짓는 것을 막을 수 있다. 자신을 무능력하다고 지각하는 것이 불행의 주된 원인이다. 스트레스와 불안을 통제할 수 있다고 믿으면 불안과 각성은 거의 일어나지 않는다. 호랑이에게 물려가도 두려워하지 않는 것이다.

(4) 선택적 과정

자기유능감은 사람들의 선택행동에 영향을 미친다. 사람들은 일상생활에서 부딪히는 문제들을 통제하여 해결하는 연습을 하고 자신들에게 유익한 환경을 창조하기 때문에 인간은 어떤 의미에서는 환경의 산물이라고 할 수 있다. 사람들은 여러 가지 사건을 통제하고 지배력을 행사하기 위해서 거기에 필요한 대안과 환경을 선택한다. 자기유능감은 이러한 선택과정에 영향을 미친다.

자기유능감이 높은 사람들은 더욱 어렵고, 도전적인 대안을 선택하여 실행함으로써 잠재력을 계발할 수 있는 기회를 가진다. 자기유능감이 낮은 사람들은 아예 대안을 선택하지 않거나 보다 도전적인 대안을 선택하지 않음으로써 잠재력의 계발을 제한하게 된다. 예를 들어 자기유능감이 높은 사람들은 직업선택의 가능성을 더 많이 고려하고 선택한 직업을 열심히 실천한다.

사람들은 자신의 대응능력 밖에 있는 활동과 환경을 선택하지 않는다. 이런 과정에서 사람들은 자신이 선택한 활동과 환경에 의하여 잠재능력을 계발하기 때문에 어떤 의미에서 선택은 인간의 운명을 결정한다고 볼 수 있다.

자기유능감이 높은 사람들은 동일한 조건에서 더욱 어렵고 도전적인 과제를 선택하여 열정을 가지고 그것을 어떻게 성취할 것인지에 대해 몰입하고 집중한다. 그러나 유능감이 낮은 사람들은 어려운 과제를 보고 그것의 선택을 회피할 뿐만 아니라 자신이 선택한 과제에 대해 열정의 수준도 낮고 실행력이나 몰입의 수준도 낮다.

5) 자기유능감과 사회적 적응 및 성취

매우 도전적인 일을 성취할 경우 개인적 · 사회적으로 이익을 가져올 수도 있고 값비싼 대가를 치를 수도 있다. 그럼에도 불구하고 도전과 모험이 없이는 개인과 사회가 발전할 수 없다.

사람들이 살아가는 환경으로서의 사회에는 개인의 입장에서 볼 때 자신이 성취하고자 하는 일에 대한 방해, 역경, 실패, 좌절, 불평 등이 가득 차 있는 것이 일반적 현실이다. 이러한 현실 속에서 인내심과 열정을 가지고 노력하여 성공하기 위해서는 자기유능감이라는 신념이 필수적이다.

사람들이 만약 자기의 능력평가에서 객관적인 평가만 한다면 자신의 능력에 대해 보수적인 판단으로 습관적인 결과를 초래하는 일만을 하게 된다. 그렇게 되면 어떤 일에 열정을 갖거나 필요 이상의 노력은 하지 않게 되고 따라서 그러한 개인들만으로 구성된 사회는 정체될 수밖에 없다.

맥클레란드(Maclelland)의 성취동기 연구에 의하면 성취욕구가 높은 사람들은 도전받기를 좋아하고, 매우 어려운 목표를 설정하여 오랜 시간 동안 노력하여 그것을 달성함으로써 큰 희열을 느낀다고 한다. 구체적으로 성취욕구가 높은 사람들은 개인적 책임성이 요구되는 과업을 선택하고, 성취를 통해서 얻는 보상보다는 성취 그 자체를 목적으로 하는 과업지향성이 크며, 성취가능성에 대해 긍정적으로 확신하는 자신감이 높으며, 혁신이 필요한 상황에서 정열적이고 혁신적인 방법으로 일을 추진하는 특성이 있으며, 장래에 발생할 일을 예측하여 현재의 행동을 이끌어가는 미래지향성이 높다. 따라서 이러한 사람들이 많은 사회가 성취지향적인 사회(achieving society)이다.

자기유능감의 원천과 결과 간의 관계를 표시하면 [그림 10-1]과 같다.

그림 10-1 | 자기유능감의 원인과 결과

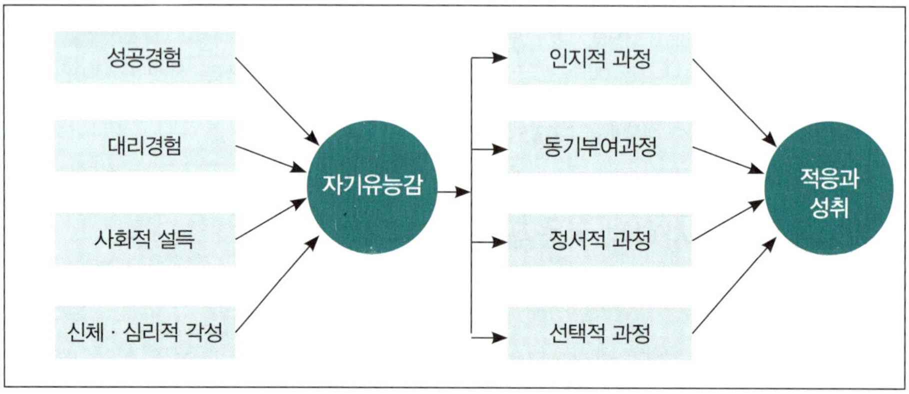

제3절 정서자본의 관리

1. 정서자본의 의미

IMF 이후 구조조정 등과 같은 경영환경의 급격한 변화로 구성원과 경영자들이 혼란을 겪고 있다. 평생직장의 개념이 무너지면서 조직구성원들의 조직과 일에 대한 인식과 가치관이 흔들리고 있다. 관리자들은 구성원들의 마음을 어떻게 다독일지에 대해 혼란스러워하고 있다. 이러한 상황에서 조직의 정서자본에 대하여 논의하는 것은 매우 중요한 의의를 갖는다.

정서자본(emotional capital)은 마음과 감성을 다룬다. 조직의 핵심은 사람이며 사람의 마음과 감성을 관리할 줄 아는 기업이 경쟁에서 유리하다. 개인들이 느끼고 있는 것이 무엇인지 파악하여 거기에 맞추어 기업경영을 하고 대고객관계를 해야 한다. 내부고객과 외부고객 모두가 감정을 가진 존재라는 것을 인식하는 것이 정서자본관리의 핵심이다. 사람의 마음과 감성을 움직이는 방법을 알고 그것을 기업의 중요한 자산으로 변화시켜야 기업이 존속하고 성장할 수 있다. 조직구성원들의 정서자본의 관리가 조직경쟁력의 근원이다. 조직구성원들이 조직에 몰입하게끔 하려면 조직의 성장방향과 개인의 성장방향이 일치해야 한다.

정서자본은 지식자본을 불태우는 연료이다. 기업은 구성원들의 정서자본과 지식자본을 활용해야 최고의 성과를 낼 수 있다. 기업의 회계장부에도 정서자본이 표시되어야 한다. 금전적 자산에만 초점을 맞추는 전통적인 방식에서 벗어나 지식과 정서도 기업의 중요한 자산이라는 인식을 해야 한다. 정보화시대에는 지식이 가치창출에 기여하는 바가 크다.

구성원들의 감정, 신념, 이해, 가치관 등이 정서자본이다. 토지, 노동, 자본 등의 전통적 자산보다 더욱 중요한 것이 정서자본이기 때문에 정서자본은 대차대조표상에서 자산의 한 요소가 되어야 한다. 기업 내부에 축적된 정서자본은 기업과 구성원들이 가진 유·무형의 경험과 기술이다. 드러커는 지식이 전 세계의 조직을 움직이는 자본이라고 말했다. 베니스는 조직의 사회적 구조를 발전시켜 지식자본을 창출하는 것이 중요하다고 말했다. 지식자본의 창출에 직접적인 영향을 미치는 것이 바로 구성원들의 감정, 신념, 지각, 가치관 등으로 구성된 정서자본이다. 앞으로 정서자본은 조직이 가치를 창조하고 부를 생성하는 데 중요한 기여를 할 것이다.

성공적인 기업을 관찰해 보면 지식, 지적재산권, 베스트 프랙티스(best practice), 정보 기반 등과 같은 지식자본과 구성원들의 열정, 집요함, 추진력, 의욕, 열망, 혁신, 신념, 가치관, 비전, 정신 등과 같은 정서자본이 성공의 중심기둥인 것을 알 수 있다. 기업의 성공요소는 정서에 의하여 움직이는 지식이다.

감성과 이성이 동전의 양면을 이루듯이 지식자본과 정서자본은 매우 상이하면서도 관련성을 가지고 있다. 스튜어트(Stewart)는 지식자본의 3가지 유형을 인적자산(human capital), 조직구조자산(structural capital), 고객자산(consumer capital)으로 보았다. 인적자산은 생각하는 것, 즉 이성과 감성을 합한 것이다.

지식은 시간, 자금, 훈련, 각종 데이터베이스(data base), 매뉴얼, 공식, 절차, 처리과정 등으로 구성되어 있다. 이러한 지식은 책자나 컴퓨터, 혹은 사람들의 기억 속에 보관되어 있다. 지식은 정보와 달리 사람들의 지적 능력을 통해서만 가치를 증가시키거나 창출할 수 있다. 지식이 바람직한 정서와 연결되지 못하면 그것은 무용지물이다. 정서는 지식자본을 활성화하는 연료이다. 사람들의 머릿속에 있는 지적 능력을 활용할 수 있도록 사람들에게 동기를 부여하고 그들의 열정과 추진력을 이끌어내는 것이 정서자본이다. 정서자본은 사람의 가슴속에 있는 것이다.

외적인 정서자본은 고객이나 외부 이해관계자들이 기업에 대해 가지는 정서이다. 브랜드가치와 기업에 대한 선의(善意)가 바로 외적인 정서자본이다. 내적인 정서자본은 기업구성원들이 자기기업에 대해 가지는 정서이다. 이 중에 브랜드가치는 회계장부에 기록되기 시작했다. 브랜드가치는 고객의 충성도로서 계속적인 재구매의 원천이다. 내적인 정서자본은 조직구성원들의 감정, 신념, 가치관 등을 의미한다. 이러한 것은 구성원들이 기업의 제품과 서비스를 산출하는 활동에 영향을 미친다. 따라서 내부고객의 가슴속에 있는 정서자산은 외부고객의 가슴속에 있는 브랜드가치와 등가물(等價物)이라 할 수 있다. 내적 정서자본은 제품을 만들고 그것을 외부로 전달하는 견인차 역할을 한다.

골먼(Goleman)은 성공적인 비즈니스를 만들어 내는 것은 감성지능이라고 말했다. 지식 그 자체만으로는 일할 사람이 아무도 없고 무엇을 만들어야 할지 결정할 사람도 없는 공장처럼 아무런 쓸모가 없다. 지식은 정서적으로 활성화되었을 때만이 가치가 향상되기 때문이다. 탁월한 지적 능력도 혼신의 열정에 의해 자극을 받을 때만 비로소 추진력 있고 경쟁적인 사업으로 창출될 수 있다. 조직을 추진력 있고 역동적으로 만드는 정서는 집요함, 도전정신, 열정, 몰입, 확신, 기쁨, 애정, 자부심, 열망, 신뢰 등이다. 조직을 절망적으로 만드는 정서는 두려움, 분노, 무력감, 스트레스, 불안, 적대감, 질시, 탐욕, 이기심, 증오 등이다. 한 나라를 세계의 경제적 중심국가가 되도록 한 원동력은 정서이다. 정서는 현재의 자본주의가 꽃을 피우도록 한 원천이다. 따라서 정서자본주의라는 말이 성립될 수 있을 것이다.

정서자본은 조직으로 하여금 비전을 형성하도록 하고 에너지, 추진력, 몰입 등과 같은 사람들의 감성을 통해 사업으로 연결된다. 정서자본은 자료, 과정, 지침서 등으로 표현되는 것이 아니라 열정, 집요함 같은 매력적이고 감정적인 언어로 표현된다. 만약 조직의 내부 사람들과 외부 사람들이 자신들의 감성과 이성을 적극적으로 활용하여 의사소통을 하고 그 진실과 열의가 성공적으로 전달된다면 무언가 특별한 일이 일어날 수 있다. 지성과 정서를 활용하면 조직은 인간적인 것이 되고 경이롭게 될 수 있다. 소위 살아 있는 회사로서 마치 생각과 감정을 가지고 있는 유기체처럼 되는 것이다. 조직은 단지 상업적인 실체만이거나 단순한 숫자와 사실만으로 기술될 수 있는 것이 아니다. 조직도 성격이 있으며 냉혹하거나 전제적이며 몰인정할 수 있다.

정서자본은 기업의 성격을 형성하고 유지하는 힘이다. 조직이 사람들의 긍정적인 정서와 인식과 성격을 활용할 수 있을 때 조직의 고유한 특성이 나타난다. 사람들의 이성과 감성을 사로잡는 데 성공한 회사들은 열정, 의욕, 몰입 등과 같이 고객들에게 호소력을 가진 정서로 충만해 있다. 어떤 기업들은 절망적이고 부정적인 정서, 예를 들면 두려움, 분노, 무력감 등과 같은 부정적 정서로 가득 차 있을 수 있다. 이런 조직에서는 구성원들이 생산적이지 못하며, 조직의 개선을 위한 노력을 하지 않으며, 조직에 오래 남아 있으려 하지 않을 것이다. 외부 관련자들이 조직에 대해 이러한 정서를 가지고 있을 경우에는 투자를 꺼릴 것이다. 결국 조직은 이와 같은 절망적인 정서들 때문에 장기적으로는 손실과 많은 비용을 부담해야 한다. 조직구성원들이나 고객들은 경직되고 감정조차 없는 관료사회의 구성원들이 아니기 때문이다. 그들은 자신들이 좋아하는 회사, 자신들을 인정해 주는 회사에서 일하고 싶어 하고, 고객들도 자신들의 느낌이 좋은 회사의 제품을 구입하고 싶어 한다. 사업에 있어서 제품, 부가가치, 매력적인 상표 등은 복제할 수 있어도 회사의 정서와 성격은 복제가 어렵다. 구성원들과 고객은 회사의 성격과 이성 및 감정에 반응한다. 고객들은 좋은 성격과 감정 및 이성을 가진 회사와 장기적 관계를 갖기를 원한다.

2. 정서자본의 구성요소

1) 외적인 기업성격

외적인 기업성격은 고객, 소비자, 외부 이해관계자 및 다른 영향력 있는 사람들이 기업에 대해 갖는 이미지이다. 이런 사람들은 기업을 좋다거나 나쁘다고 평가한다. "나는 그 회사의 방식을 좋아한다"와 같이 기업에 대한 정서를 갖는다. 이와 같은 기업성격은 기업 내부의 모든 이해관계자들이 형성한 것이다. 회사 내의 모든 사람들의 긍정적인 성격특성과 정서 및 개성이 한데 어우러져 기업의 성격을 외부에 전파한 것이다. 이러한 전파가 일어나기 위해서는 적절한 형태와 적절한 양의 긍정적인 정서자본이 회사구성원들의 가슴에 쌓여야 한다.

2) 외적인 브랜드의 성격

외적인 브랜드의 성격은 시장에 있는 고객의 마음속에 있는 것이다. 브랜드는 고객의 성격이나 열망을 반영해 놓은 것이기 때문이다. "나는 이 브랜드가 나에게 맞기 때문에 좋아한다"는 말은 고객의 감정과 브랜드가 갖는 성격이 일치하기 때문이다. 브랜드는 이성과 감정에 대한 것이다. 브랜드는 정서적이고 심리적인 것으로서 정서자본의 바탕 위에서 만들어진다. 고객과 비즈니스의 가치를 창조하는 것은 정서와 감각이다. 이러한 브랜드를 만든 사람들은 조직구성원들이다. 브랜드의 명성과 성격에는 조직구성원들의 성격과 정서가 반영되어 있다. 브랜드에 구성원 자신들의 혼을 불어넣은 것이다.

브랜드가치는 유형적인 것과 정서적인 것으로 나눌 수 있다. 예를 들어 브랜드가치를 신뢰성, 접근가능성, 적절성으로 볼 때 신뢰성의 경우 '효율적인'인 것은 유형자본이며, '의지할 수 있는' 것은 정서자본이다. 접근가능성의 경우 '쉽게 활용할 수 있는' 것은 유형자본이며 '쉽게 이해되는' 것은 정서자본이다. 적절성의 경우 '올바른 세부 특성과 서비스'는 유형자본이며 '많은 사람들에게 올바르다는 느낌'은 정서자본이다.

3) 내적인 기업성격

내적인 기업성격은 기업문화이다. 기업이 강한 문화를 가지고 있으면 조직구성원들이 조직에 대해 관심을 갖고 기업의 미래에 대해 개인적인 책임을 느낀다. 기업은 문화를 변혁시키려는 노력을 통하여 종업원들을 동기부여하기 위한 정서를 조성한다. 기업구성원들이 의사소통하는 방식은 기업문화의 성격을 형성한다.

내적인 정서자본은 종업원들의 신념과 가치에 대한 열정으로 표현된다. 이것을 통하여 종업원들은 독특한 제품을 만들고 좋은 서비스를 할 수 있다. 내부고객인 종업원들의 가슴속에 있는 정서자본은 좋은 사업전략을 마련할 수 있는 기초이다.

내부고객의 정서자본은 바로 외부고객이 느끼는 브랜드가치와 동일하다. 기업과 구성원들 간의 법적인 계약, 심리적 계약과 마찬가지로 정서적 계약도 매우 중요한 것이다.

3. 정서자본의 관리

조직의 주요 이해관계자들이 조직의 사업가치, 행동, 관행 등을 인정하지 않으면 조직은 자신의 명성과 성격에 치명적인 손해를 입게 된다. 조직의 내부고객에 대한 마케팅과 의사전달이야말로 조직구성원들의 인식과 행동변화에 중요한 수단이다. 내부마케팅과 의사전달의 목적은 조직구성원들의 진정한 욕구를 이해하여 그것을 충족시킴으로써 그들로부터 진정한 이해를 얻어내기 위한 것이다. 조직이 의사전달을 통해서 구성원들과의 관계를 개선하기 위한 노력을 한다는 것을 구성원들이 알면 그들은 정서적 계약(emotional contract)을 돌아보게 된다.

정서적 계약이란 조직과 구성원 간에 문서화되지 않은 기대사항들로서 심리적 · 정서적 이슈들과 관련된 것이다. 예를 들면 신뢰, 안정성, 이해 등이 그것이다. 이에 대한 위반은 조직에 대한 신뢰도와 직무만족도를 감소시켜 구성원들을 이직하게 만든다. 조직의 젊은 구성원들은 풍요로운 시대에 태어나서 자아가 형성되었기 때문에 그 전 세대에 비해서 정서적 계약의 내용이 점점 더 복잡해지고 있다. 이들은 조직이 업무 외에 자신들의 삶의 질에도 관심을 가져야 한다고 생각한다. 자신들의 삶에서 일과 여가의 균형을 중요하게 생각한다. 정서자본과 지식자본은 개방적인 의사소통을 통해서 형성될 수 있다.

조직은 비전, 미션, 가치, 목표, 인수, 합병, 다운사이징, 신제품, 새로운 서비스, 사업계획, 문화변화, 고객서비스, 전략적 제휴, 인력계획, 비즈니스 프로세스, 리엔지니어링, 조직변화, 운영계획, 마케팅계획, 리스트럭처링, 품질, 비용, IT 등의 메시지를 담은 하향식 의사전달에 익숙하다. 그러나 이러한 것들이 성공적으로 수행될 수 있도록 구성원들의 참여와 헌신을 이끌어내려면 조직 내의 정서자본과 지식자본을 더 많이 증가시켜야 한다. 일의 성공과 실패를 좌우하는 것은 인간이다. 구성원들은 하향식으로 의사전달한 경영자의 말을 신뢰하지 않는다. 구성원들은 자신들의 외침이 받아들여지지 않는다고 느끼면 자신들도 다른 사람들의 소리에 귀 기울이지 않는다. 하향식 의사전달은 밀어내기(push)전략이지 끌어당기기(pull)전략이 아니다. 경제적 논리는 구성원들의 꿈과 욕망을 실현해 줄 수 있도록 설계되어야 한다. 자기존중, 자기결정, 자율성, 창의적 표현 등의 욕구를 충족시켜 줄 수 있을 때 자아실현이 가능하고 자아실현이 가능한 사람들이 건강하고 활기찬 경제를 일으킬 수 있다. 구성원들이 상향 전달하고자 하는 욕구는 정서적 계약의 구성요소들과 밀접한 관련이 있다.

이러한 욕구들은 발탁의 욕구, 유인욕구, 리더십욕구, 훈련과 개발욕구, 미래의 안정성에 대한 욕구, 경력개발에 대한 욕구, 변화노력에 참여하려는 욕구, 보상과 인정에 대한 욕구, 업무와 환경의 질에 대한 욕구, 의사전달욕구 등이다. 이러한 욕구들을 충족시키는 것이 정서자본을 관리하는 것이다.

중요한 직업이나 지위에 발탁되고자 하는 욕구가 발탁욕구이다. 직업이 없거나 다운사이징의 결과로 인력수요가 충분하지 않을 때는 발탁욕구가 가장 중요하다. 우수한 인재를 조직에 끌어오는 선발과정을 잘 운영해야 한다.

유인욕구는 조직에 대한 첫인상의 형성에 매우 중요하다. 새로운 내부고객에게 흥미로운 유인절차를 제공하는 것은 중요하다.

리더십욕구는 상사들이 훌륭한 리더십을 가지는 것에 대한 욕구이다. 리더들이 미래에 대해 가지는 확실한 비전, 비전을 실천하기 위한 가치관, 비전을 실천하기 위한 대안 등은 구성원들의 리더십에 대한 욕구를 만족시켜 줄 수 있다. 리더십은 정서와 관련이 크다. 경영자들의 책임은 급여를 체크하는 것이 아니라 구성원들이 하는 일에 고상한 목적을 불어넣는 것이다. 구성원들은 금전상의 이득보다 지성과 감성에 대한 호소를 더욱 중요하게 생각한다. 사람들은 리더가 자신들을 감동시키고 고무시켜 주기를 바란다. 구성원들이 리더에 대해 가지는 좋은 감정의 정도가 바로 조직의 정서자본의 크기를 알려주는 지표이다. 빌 게이츠가 마이크로소프트를 떠난다면 어떤 일이 일어나겠는가? 리더는 자신의 가슴속에 값을 매길 수 없는 정서자본을 가지고 있는 존재이다. 물론 이러한 욕구는 최상위 리더에 대해서만 가지고 있는 욕구는 아니다. 구성원들은 멀리 떨어져 있는 상관의 말보다 직속상관의 견해에 더 귀를 기울인다.

구성원들은 미래에 담당하게 될 역할의 수행과 현재의 담당업무를 성공적으로 수행하기 위해 필요한 능력을 키울 수 있는 훈련에 대한 욕구가 있다. 인트라넷을 통한 훈련의 중요성도 점점 더 커지고 있다.

미래와 안정에 대한 욕구는 다운사이징, 컴퓨터화, TQM, 자동화 등이 시행되면서 중요해진 욕구이다. 오늘날의 조직구성원들은 직무의 안정을 위하여 조직에 충성하는 대신 조직이 자신의 미래를 보장해줄 때 조직에 몰입한다. 일방적인 충성이 아니라 양방향적인 몰입을 중요하게 생각한다. 특히 지식노동자들은 자신들의 미래 안정성을 확보해줄 수 있는 것이 자신들의 독창적인 지식뿐인 것을 알고 있다. 따라서 골먼이 말하는 감성지능이 중요해지는 것이다. 조직의 자비를 원하는 것이 아니라 자신들의 미래를 위해서 경력을 계획하고 준비하기를 원한다.

경력에 대한 욕구는 승진과 관련된 것이다. 더 많은 아웃소싱과 프리랜서 등은 경력욕구에 대한 기회를 더 많이 제공해 줄 것이다.

변화계획의 수립에 구성원들을 참여시키면 그 변화계획의 실천에 대한 구성원들의 동기부여수준을 향상시킬 수 있다.

보상과 인정에 대한 욕구는 매슬로와 허즈버그의 이론에 따른 욕구로서 하위욕구의 충족과 상위욕구의 충족을 고려해야 한다.

업무와 환경개선에 대한 욕구는 자극적이고 의욕과 열정이 넘치는 일을 하고 싶어 하는 욕구이다. 사람들에게 동기를 부여할 수 있는 일은 도전거리, 기회, 문제, 목표, 개선, 새로운 아이디어, 조직 내·외의 사람들과 관계를 개선하는 일 등이다. 즉 도전의식을 고취시킬 수 있는 일이다.

의사전달에 대한 욕구는 조직구성원들이 조직의 일이 어떻게 진행되고 있는지를 알고자 하는 욕구이다. 조직에서 일어나고 있는 일에 참여하고 싶은 욕구이다.

이상의 욕구를 충족시키면 기업의 정서자산이 증가한다. 이것은 기업의 성공을 위한 튼튼한 기초가 된다.

4. 정서자본의 측정

1) 새로운 재무모델

정서자본을 포함한 대차대조표는 다음과 같은 항목으로 구성된다.

① 사업(물리적 · 유형적)자산 : 수익을 창출하는 자산이다.
② 브랜드의 기업가치자산 : 지적자산과 정서자산이 외부에서 표현된 것이다.
③ 지식자산과 정서자산 : 사람들이 가진 자산이다.

찰스 핸디는 조직의 시장가치는 대차대조표의 3배 정도라고 말했다. 이와 같이 가치를 몇 배로 높여주는 것은 바로 브랜드와 기업가치, 그리고 지식자본과 정서자본이다. 마이크로소프트사의 가치가 8,910억 달러라면 실제 가치는 그 10배 이상 될 것이다.

GM은 마케팅 프로세스를 이용하여 고객의 언어, 말, 사고, 느낌에 귀를 기울였다. 지식자본과 정서자본을 얻기 위해서였다. '프로세스×언어=손익'을 '행위하는 것×말하는 것=얻는 것'으로 바꿀 경우 언어가 프로세스를 파괴하기도 하고 구축하기도 하여 사업결과에 영향을 미친다. 이 공식은 상징적이기도 하지만 실질적이기도 하다. 예를 들어 "사람들이 모인다(행위), 고객의 요구를 만족시키기 위한 말을 한다(언어), 그러한 연구를 한다(행위), 고객들에게 그것에 관하여 이야기 한다(언어), 그 안을 실천한다(행위)……"와 같이 언어는 손익의 원인이 되는 것이다.

그러나 적절하지 않은 언어를 적절하지 않은 상황에 사용하면 손해를 끼칠 수도 있다. 이와 같은 의미에서 언어는 새로운 통화(currency)이다. 지식노동자가 고객에게 제공하는 언어는 가치를 생산한다. 언어는 지식자본을 교환하는 매개체이다. 언어는 지식을 전달하기 때문에 가치를 지니는 것이다. 언어는 뿐만 아니라 감정도 전달한다. 감정은 때로 엄청난 가치를 지닌다. 감정은 지적 능력을 발휘하고 지적 능력은 수익을 창출한다. 감정은 기업의 숨겨진 예비병력으로서 조직 내 · 외부 사람들의 마음속에 숨어 있는 잠재적 수익원천이다. 따라서 조직은 사람이라는 광산에서 이러한 자산을 캐내어야 한다. 책을 예로 들어 보자. 글을 쓰는 사람은 책 속의 언어를 통해 저작료를 받는다. 책상에 앉아 있는 시간에 대해 돈을 지불받는 것이 아니다. 언어가 전달한 가치에 대해 돈을 받는 것이다.

구성원들은 지식자본을 만들기 위해 언어를 통화로 쓴다. 그들은 숨겨진 자원인 감정을 가지고 혁신을 이루어내고 헌신적으로 일한다. 언어는 의사전달의 수단이다.

2) 정서자본의 측정

지식자본의 3가지 깊이는 지식, 정보, 데이터이며, 정서자본의 3가지 깊이는 느낌, 믿음, 가치이다. 지식의 광산과 감정의 광산에서 가치를 파내어야 한다. 새로운 자산의 측정방법에 대한 모델은 트리플A 모델이다. 자산(assets), 성취(achievement), 계정(accounts)이 그것이다.

(1) 자산

여기에는 ① 정서자본(감성) : 느낌, 믿음, 가치, ② 지식자본(이성) : 데이터, 정보, 지식, ③ 사업자본(물리적인 것, 재무적인 것) : 재고, 원자재, 설비, 현금 등이 포함된다.

(2) 성취

여기에는 ① 프로세스 또는 행동 : 신제품 출시를 위한 TQM과 같은 것, 인수, 합병 등, ② 언어 또는 말 : 공식적으로 발표된 논문(정보)의 수, 태도조사 혹은 고객리서치(참여), 제안의 수와 질(혁신), 외부조직으로부터의 보상, 언론 논평, 성공 또는 실패한 주주총회(통합), 실제의 사용언어, ③ 조직기능 개선 : 조직 업적의 향상을 위한 개선조치들이 포함된다.

에드빈슨(Edvinsson)과 멜론(Malon) 등은 『지식자본(Intellectual Capital)』에서 이러한 자산의 측정에 포함시킬 수 있는 150가지를 나열했다. 스베이비(Sveiby)는 『새로운 조직의 부(New Organization Wealth)』에서 무형자산 모니터라는 개념을 소개했다. 종업원의 능력, 내부구조, 외부구조, 성장과 쇄신, 효율성과 안정성 등이 그것이다.

(3) 계정

여기에는 ① 재무적인 것 : 손익계산서의 모든 항목, ② 사실(fact) : 베스트 프랙티스, 벤치마킹 등과 같이 생산성을 향상시키고 비용을 줄이려는 노력의 결과들, ③ 느낌 : 프리미엄가격, 시장점유율 상승, 평생고객가치와 같은 부가가치 창출 마케팅, 혹은 의사전달이 있다.

이상의 내용은 다음과 같은 공식으로 표시할 수 있다.

총기업가치(TBV) = 정서자본(느낌 · 믿음 · 가치)(EC) × 지적자본(생각 · 지식)(IC) + 사업자본(유형의 물리적 자산)(BC)

제4절 요약

지금까지 긍정주의 심리학의 각 특성을 리더십에 적용하는 문제를 논의하였다. 그 결과를 요약하면 다음과 같다.

첫째, 관리, 권한, 권력에 중심적으로 적용되는 심리학은 리더십이론의 새로운 패러다임에 적용하기에 적합하지 않다. 변화주도적 리더십, 내적 리더십, 섬기는 리더십, 비전리더십, 자기희생적 리더십 등에서 리더가 구성원들에게 미치는 영향의 심리적 과정과 리더와 구성원들 간의 상호작용을 설명하기에 적절한 특별한 심리학이 필요하다.

둘째, 긍정주의 심리학은 심리학이 인간의 기능과 행동에서 부정적 · 병리적 측면에만 집중하는 것에서 벗어나 인생을 살 만한 가치가 있는 것으로 만드는 힘과 특징에 초점을 두고 인생에서 발생하는 가장 나쁜 일에서 벗어나 최선의 것을 강조하는 것으로 초점을 이동시킨 심리학이다. 개인, 집단, 조직, 공동체가 최선의 것을 추구할 수 있도록 하는 요인을 발견하고 그러한 요인을 촉진시키는 과학적 방법을 찾는 것이 긍정주의 심리학의 목적이다. 이상과 같은 긍정적 목표들은 치료, 교육, 가정생활, 사회 등의 전반적 분야뿐만 아니라 조직행동의 관리에도 시사하는 바가 크다.

셋째, 행복, 인내, 성취, 건강 등을 위해 바람직한 요소이다. 낙관주의는 또한 나쁜 사건에 대해 외적 · 비안정적 · 구체적인 귀속을 하고, 직업적 성공과 같은 긍정적인 측면과 관련성이 있다. 따라서 낙관주의는 일터에 영향을 미치는 매우 긍정적인 힘이다. 낙관주의자는 열망의 수준이 높으며 확장된 목표를 설정하고, 어려움을 참아내며, 개인적 실수와 방해를 일시적인 것으로 인식하고 개인의 부적절성으로 인식하지 않으며, 그러한 실패를 한 번만 발생하는 독특한 현상으로 보고, 모든 것을 좋게 느끼고, 신체적 · 정신적으로 활력 있다. 조직이 어려움에 처해 있을 때 낙관적 성향이 강한 리더가 그 어려움을 없애기 위해 구성원들에게 보다 효율적인 리더십을 행사할 수 있다.

넷째, 희망은 목표를 성취할 수 있다는 개인의 결단뿐만 아니라 목표달성을 위해 성공적인 계획을 만들고, 목표를 성취하기 위한 경로를 확인하는 것이다. 희망은 목표를 설정할 수 있고, 그것을 성취할 방법을 파악하며, 그것을 성취할 수 있도록 동기부여되는 것이다.

다섯째, 감성지능은 사회지능의 집합으로서 자신과 타인의 감정을 알 수 있는 능력이다. 즉 자신의 사고와 행동을 안내할 수 있는 정보를 구분하는 능력이다. 성지능은 구체적으로 자신의 감정과 타인의 감정을 인식할 수 있는 능력, 자신과 자신의 인간관계를 동기부여하고 관리할 수 있는 능력이다. 감성지능은 성장가능하며 학습가능하다. 따라서 리더십의 개발에 시사하는 바가 크다.

여섯째, 자기유능감은 능력에 대한 신념으로서 어떤 일에 투입하는 노력의 수준과 일을 추진하는 과정에서 부딪힌 장애에 어느 정도 대응할 것인지에 영향을 미쳐 성취수준의 강한 결정요인이 된다. 자기유능감은 특정과업의 수행이나 사건과 관련된 경험과 행동을 되돌아보고 그와 같은 것이 미래에 다시 발생할 경우 그것을 얼마나 성공적으로 성취할 수 있는가에 대한 신념으로서 주어진 맥락에서 특정의 과업을 성공적으로 수행하기 위해 필요한 동기부여수준, 인지적 자원(cognitive resources), 행동과정 등을 발휘하기 위한 능력에 대한 믿음이다. 이것은 자질이 아니고 하나의 성향이기 때문에 훈련이 가능하다. 자기유능감의 수준이 높은 리더는 리더십을 실천하는 여러 부분에서 효율성을 발휘할 수 있다.

일곱째, 정서자본(emotional capital)은 마음과 감성을 다루는 것으로 조직의 핵심은 사람이며 사람의 마음과 감성을 관리할 줄 아는 기업이 경쟁에서 유리하다는 인식에서 출발한 개념이다. 사람의 마음과 감성을 움직이는 방법을 알고 그것을 기업의 중요한 자산으로 변화시켜야 기업이 존속하고 성장할 수 있다. 조직구성원들의 정서자본의 관리가 조직경쟁력의 근원이다. 조직구성원들이 조직에 몰입하게끔 하려면 조직의 성장방향과 개인의 성장방향이 일치해야 한다. 정보화시대의 조직에서는 리더가 감성자산의 개념을 이해하고 감성자본의 관리에 초점을 둘 때 진정한 영향력의 행사가 가능하다.

리더십욕구는 상사들이 훌륭한 리더십을 가지는 것에 대한 욕구이다. 리더들이 미래에 대해 가지는 확실한 비전, 비전을 실천하기 위한 가치관, 비전을 실천하기 위한 대안 등은 구성원들의 리더십에 대한 욕구를 만족시켜 줄 수 있다. 리더십은 정서와 관련이 크다. 경영자들의 책임은 급여를 체크하는 것이 아니라 구성원들이 하는 일에 고상한 목적을 불어넣는 것이다. 구성원들은 금전상의 이득보다 지성과 감성에 대한 호소를 더욱 중요하게 생각한다. 사람들은 리더가 자신들을 감동시키고 고무시켜 주기를 바란다. 구성원들이 리더에 대해 가지는 좋은 감정의 정도가 바로 조직의 정서자본의 크기를 알려주는 지표이다. 리더는 자신의 가슴속에 값을 매길 수 없는 정서자본을 가지고 있는 존재이다. 물론 이러한 욕구는 최상위 리더에 대해서만 가지고 있는 욕구는 아니다. 구성원들은 멀리 떨어져 있는 상관의 말보다 직속상관의 견해에 더 귀를 기울인다.

리더라는 존재는 원래부터 사람들의 감정에 큰 영향을 미쳐 왔다. 초기 인류의 리더들, 즉 부족장이나 주술사 등이 많은 영역에서 자신들의 입지를 확보할 수 있었던 까닭은 그들의 리더십이 감성적 차원에서 권위를 가지고 있었기 때문이다. 어떤 집단에서든 리더는 구성원들의 감성을 좌우할 수 있는 최상의 힘을 갖추고 있는 존재이다.

위대한 리더십을 발휘할 수 있는 열쇠는 감성지능을 바탕으로 한 리더의 리더십이며 위대한 리더십을 갖추고 있는 리더는 구성원들의 감성을 올바른 방향으로 잘 이끌 수 있다. 리더십의 유효성은 리더가 자기 자신과 자신이 맺고 있는 구성원들과의 관계를 통제하는 능력에 달렸다는 말이다.

여덟째, 따라서 조직에서는 리더십의 감사가 필요하다. 회계정보에 대한 감사뿐만 아니라 장기적으로 조직의 유효성에 영향을 미치는 리더십의 질에 대한 정보를 공시해야 하고 또 그것을 감사할 필요가 있다. 조직은 눈에 보이고 단기적인 성과를 위하여 눈에 보이지는 않지만 장기적으로 조직의 성장과 존속 및 유효성에 영향을 미치는 조직의 내적 자산관리에는 소홀한 경향이 있다. 단기적으로 측정가능한 성과에 집중하는 경영방식이 매니저십 스타일의 경영(managership style of management)이다. 예를 들어 리스트럭처링이나 다운사이징 등과 같은 구조조정으로 주로 인원감축을 통하여 경영의 효율성을 추구할 경우 직무불안정감, 근로자들의 소외와 같은 사회심리적 영향으로 이기심, 냉소적인 태도, 사회적 네트워크와 관계에 대해 단기적 교환태도와 계약적인 태도를 갖게 함으로써 구성원들의 지각과 태도, 동기부여, 몰입 등과 같은 부분에 부정적인 영향을 미친다. 이것은 매니저십 스타일의 경영이 너무 지나치고 리더십 스타일의 경영이 너무 적기 때문에 일어나는 현상이다. 이렇게 되면 부정적인 사회적 과정과 사회적 자산의 잠재적 결핍이 초래된다. 따라서 사회적 네트워크를 개발할 수 있는 여력이 없어진다. 때문에 조직시민행동에 종사할 재량적인 시간이 없어진다. 그 결과로 연결감이 줄어든다. 신뢰성도 줄어든다. 당연한 결과로 사회적 자본이 감소된다.

참고문헌

김용준 · 박세환, 측정도구 개발을 위한 연구, 성균관대 연구보고서, 1998.

박영기, 효과적인 리더십: 감성지능을 키워라, 하버드 비즈니스리뷰, 2000, 제93호, 94~113쪽.

양동훈, 감성은 리더십의 중요한 뿌리, 인사관리, 164호, 2003, 48~50쪽.

이주일 등 역, 캐빈 톰슨 지음, Emotional Capital, 새로운 제안, 2000.

장석훈 역, 다니엘 골먼 등 지음, 감성의 리더십, 청림출판, 2003

Averill, J, *Anger and Aggression: An Essay on Emotion*, New York, Springer-Verlag, 1982.

Boyatzis, Richard, *The Competent Manager: A Model for Effective Performance*, New York, Wiley, 1982.

Chemers, Martin M., Carl B. Watson, and Stephen T. May, Dispositional Affect and Leadership Effectiveness : A Comparison of Self Esteem, Optimism, and Efficacy, *Personality and Social Psychology Bulletin*, Vol.26, No.3, 2000, pp.267~277.

Chy-Sum, W., S. L. Kenneth, The Effect of Leader and Follower Emotional Intelligence on Performance and Attitude: An Exploratory Study, *The Leadership Quarterly*, 13, 2002, pp.243~274.

Diener, Ed, Subjective Well-Being: The Science of Happiness and a Proposal for a National Index, *American Psychologist*, January, 2000, p.34.

Frost, Peter, Why Compassion Counts!, *Journal of Management Inquiry*, Vol.8, No.2, June, 1999, pp.127~133.

Goleman, D., *Working with Emotional Intelligence*, New York, Bantam, 1998.

House, R. J. and B. Shamir, Toward the Integration of Transformational, Charismatic, and Visionary Theories, in M. M. Chemers and R. Ayman(Eds.), *Leadership Theory and Research : Perspectives and Directions*, San Diego, CA., Academic Press, 1993, pp.81~108.

Humphrey, R. H., The Faces of Emotional Leadership, *The Leadership Quarterly*, 13, 2002, pp.493~504.

Palmer, B., M. Walls, Z. Burges, and C. Stough, Emotional Intelligence and Effective Leadership, *Leadership & Organizational Journal*, 22, 2001, pp.1~7.

Peterson, Christopher, The Future of Optimism, *American Psychologist*, January, 2000, pp.49~52.

Salovey, Mayer and Caruso, Emotional Intelligence as Zeitgeist, as Personality and as a Mental Ability, In R. Bar-On and J. Parker(Eds.), *Handbook of Emotional Intelligence: Theory, Development, Assessment, and Application at Home, School, and Work Place*, San Francisco, CA., Jossey-Bass, 2000, pp.92~117.

Seligman, Martin E., *Learned Optimism*, New York, Basic Books, 1998.

Seligman, Martin E. and Mihaly Csikszentmihalyi, Positive Psychology, *American Psychologist, January*, 2000, p.5.

Spencer, M. Jr. and Signe M. Spencer, *Competence at Work : Model for Superior Performance*, New York, Wiley, 1993.

Sternberg, R. J. and E. E. Williams, *How to Develop Student Creativity*, Alexandria, VA., Association of Supervision and Curriculum Development, 1996.

Taylor, S. E., *Positive Illusion*, New York, Basic Books, 1989.

Tiger, Lionel, *Optimism: The Biology of Hope*, New York, Simon & Schuster, 1979.

Chapter 11

감성지능과 리더십

직원도 고객이다

대부분의 회사가 그렇듯 고객의 만족을 최우선으로 생각하고 서비스의 향상을 기업의 목표로 삼는다. 기업이 고객의 사랑에 의해서 성장 · 발전해 가는 것은 당연하다. 따라서 회사는 직원들에게 고객불만을 해소하도록 강요당하고 있으며, 고객감동을 실현시키도록 지시한다. 그러나 어떤 회사는 다른 관점에서 접근하기도 한다.

사우스웨스트항공의 창업자 허브 켈러허 회장은 "나에게는 직원이 최우선이고, 두 번째가 고객, 세 번째가 주주이다"라는 '직원중시'를 경영철학으로 삼았다. 직원을 만족시키면 자연히 고객을 만족시킬 것이고 만족한 고객은 기업의 이익을 가져다준다는 생각은 직원들이 스스로의 일을 사명감을 가지고 할 수 있도록 동기부여를 주게 된다.

이러한 철학을 알 수 있게 하는 유명한 일화를 소개하면 어떤 여성이 사우스웨스트항공의 기본서비스 자체에 사사건건 불만을 표한 편지를 회사에 보내게 되었으며, 고객센터 담당자 간에 여러 번의 편지가 오간 후 마침내 이 문제를 켈러허 회장이 알게 되었다. 켈러허는 이 여성의 편지를 다 읽고 나서 바로 다음과 같은 내용의 답장을 썼다.

"친애하는 부인! 이제 우리 항공사를 이용하지 않으셔도 됩니다. 그럼 안녕히. 사우스웨스트항공사 회장 허브 켈러허로부터"

켈러허는 자사 직원과 자사가 제공하는 서비스의 질을 신뢰했다. 켈러허는 고객이 항상 옳은 것은 아니라는 사실을 깨달았을 뿐 아니라 잘못된 혹은 대접받을 자격이 없는 고객으로부터 직원을 보호하려는 경영자가 있을 때 직원이 더욱 회사와 경영진을 신뢰하게 된다는 사실을 알았다.

그 결과 사우스웨스트항공은 1971년에 설립된 저가 항공사지만 여객 운송수가 세계 3위이며, 창업 이래 단 한 번도 적자를 낸 적이 없고, 비행기 1대당 직원수가 다른 항공사에 비해 가장 적으면서도 수화물 처리 등 이륙준비시간이 가장 짧기로 유명하여 미국에서 가장 일하기 좋은 기업으로 꼽힌다.

1994년 미국 일간지 USA투데이에 사우스웨스트항공의 전체 직원 1만 6,000명이 자신들의 최고경영자(CEO)인 허브 켈러허에게 보내는 편지가 전면광고로 실렸다.

> "허브, 감사합니다.
>
> 모든 직원들의 이름을 일일이 기억해 준 것을, 추수감사절 날 수화물 적재를 직접 도와준 것을, 모든 사람에게 키스해 준 것을, 우리가 하는 말에 관심 있게 귀 기울여 준 것을, 유일하게 흑자를 내는 항공사를 경영해 준 것을, 휴일 파티에서 노래를 불러 준 것을, 직장에서 반바지와 운동화를 신게 해준 것을, 할리데이비슨 오토바이를 타고 사우스웨스트 본사에 출근한 것을, 보스가 아니라 친구가 되어 준 것을, 경영자의 날을 맞아 16,000명 임직원이 진심으로 감사를 드립니다.

이처럼 기업의 제1자산인 직원들에게 기업은 직원을 보호하고 성장의 원동력을 제공하는 터전이 되어야 한다. 그것이 결과적으로 고객만족으로 이어져 기업의 지속적인 성장을 가져올 것이다.

자료 : 김경원, 부산일보 칼럼, 기업속 경영이야기

제1절 감성과 리더십

원시시대부터 리더는 구성원들의 감정에 큰 영향을 미쳐 왔다. 부족장이나 주술사들이 많은 부분에서 자신들의 위치를 차지할 수 있었던 것은 그들이 구성원들에 대해 감성적 차원에서 권위를 가지고 있었기 때문이다. 오늘날도 대부분의 조직과 집단에서 리더는 구성원들의 감성을 좌우할 수 있는 영향력을 가지고 있다.

효율적인 리더는 구성원들의 감성을 올바른 방향으로 이끌고 간다. 이러한 리더는 자신의 감성지능을 바탕으로 자신이 맺고 있는 여러 관계를 조직목적을 달성하는 방향으로 결집시킬 수 있다.

감성지능은 마음의 질에 관련된 것으로서 감정조절, 동기부여, 타인의 감정 인식, 원만한 대인관계와 같은 능력이며 성공적인 조직생활에 매우 중요한 요소이다. 특히 정보화시대에는 개인의 창의성에 기반을 둔 지식의 개발이 조직의 성과에 큰 영향을 미친다. 지성이나 이성을 움직이게 하는 것은 감성이기 때문에 리더가 조직 구성원들의 감성을 이해하고 조절하는 것은 매우 중요한 의미를 가진다.

이 장에서는 이러한 이유로 주로 문헌연구를 중심으로 최근에 개발된 감성리더십이론을 살펴봄으로써 리더십 개발의 기초를 제공하고자 한다.

제2절 감성지능의 이론

1. 감성지능의 개념

감성지능 또는 감성지수라는 개념을 최초로 사용한 사람은 미국의 심리학자 메이어(Mayer)와 샐로베이(Salovey)이다. 태도발달, 동기, 적성 등 정의적(情意的) 영역에 관심을 둔 샐로베이와 인지지능에 관심이 있는 메이어는 감성이 지능이 될 수 있는 근거로 모든 지적인 문제해결은 감성적 정보가 수반되어야 한다고 주장했다. 샐로베이와 메이어는 감성지능영역을 초기에는 감성의 평가와 표현, 감성의 조절, 감성의 활용 등으로 분류하고, 감성지능을 자신과 타인의 감정과 정서를 평가하고, 그것들을 변별하며, 이러한 정보를 활용하여 자신의 사고와 행동을 이끌어낼 수 있는 능력이라고 정의했다(Salovey and Mayer, 1990).

골먼(Goleman)은 가드너(Gardner)의 대인관계지능을 기초로 샐로베이가 만든 5개 영역의 감성지능을 응용하여 자신의 감성 알기, 감성 조절하기, 자신을 동기화하기, 타인감성 인지하기, 대인관계 다루기 등의 요인으로 크게 감성지능을 분류하였다. 여기에 대한 자세한 내용을 살펴보면 다음과 같다.

첫째, 자신의 감성 알기는 자아인지(self-awareness)를 말하며 자신의 내부 상태에 관심을 가지고 그것을 관찰하여 자신의 삶, 특히 감정을 인지하는 것이다. 각 순간마다 감정을 탐지하는 능력은 심리적 통찰과 자기이해가 없이는 안 되는 능력으로 감성지능에서 가장 기본이 된다.

둘째, 자신의 감성 조절하기에서 감성조절능력은 일차적인 감성을 직설적으로 표현하기보다는 자신의 기분과 감정을 제대로 파악하고 조절하여 완곡하게 표현하는 능력이다. 이러한 자신의 감정을 잘 다루고 적절하게 발휘하는 능력은 자기인식이 그 기초가 된다.

셋째, 자기동기화에서 동기는 내적 상태를 활성화시키고 작동시켜서 목표지향적으로 행동을 하게 한다. 자신을 동기화하는 감성능력은 목표달성을 위해 자기 자신을 인식하고 자기의 감정을 적절히 통제하여 스스로 동기부여를 할 수 있는 능력이다. 자기동기화되면 주의집중과 동기부여, 자기극복, 창의성 등이 증가한다.

골먼(1995)은 인간의 성취에서 자기동기화의 요인들을 인간 내부의 정의적 영역과 감성으로 분류하였다. 그는 특히 분노와 걱정과 같은 부정적 감성보다는 긍정적인 감성이 대뇌피질의 기억기능을 활발하게 하여 과제수행에 좋은 결과를 준다는 것을 주장하였다. 따라서 긍정적으로 동기화시키는 대표적 감성요인들은 충동 억제, 일시적 만족감 지연, 인내력, 긍정적 사고, 낙관론, 충만감(flow) 등이다. 결국, 감성지능의 동기화란 내부의 인내력, 자아통제, 낙관론, 충만감, 자아존중감 등의 긍정적 감성이 자신의 목표성취로 동기화됨으로써 자기능력을 최고점에 도달하게 하는 감성능력이라 할 수 있다.

'충만감'은 긍정적으로 동기화되어 자아의식을 잃을 정도로 즐거워서 환희의 마음으로 과업에 몰두하는 감성상태이다. 이러한 충만감은 자신의 능력이 최고점일 때 발생하며 소모되는 에너지는 극소화하면서 과업과 완벽하게 조화를 이루게 된다.

장정애(1998)는 감성지능의 동기화요소의 하위요소로 자존감(self-esteem)을 포함시켰다. 자존감을 자기효능감과 자존감을 기초로 형성된 개인 내면의 능력으로 간주했다. 자존감은 자아에 대한 긍정성, 타인에 대한 호의적인 감성, 그리고 성공에 대한 확신, 역경을 이겨내는 능력 등을 형성한다고 주장했다. 다시 말하면 자신의 마음을 진실로 신뢰하면 내적 안정을 가져오게 되고, 이것은 다가오는 도전에 적절하게 대응하며 동기를 일으킬 수 있다는 것이다. 따라서 자존감이 높으면 실패 후에도 재기하는 능력이 높을 뿐만 아니라, 타인에 대한 공동체의식을 통해 높은 수준의 사회적 협동심, 이타심 등의 친사회적 행동을 하게 된다. 그러므로 자존감도 자신의 동기를 유시키는 감성지능의 중요한 요인이 될 수 있다.

넷째, 타인감성 인지하기에서 감정이입(empathy)은 타인의 주관적 경험을 지각하는 능력을 나타내며 타인의 고통을 자기 내부에서 동일한 감정으로 재경험해 볼 수 있는 능력이다. 타인이 느끼는 바를 자기 것으로 하지 않는 공감(sympathy)과는 구분된다. 감정이입은 감성적 자기인식이 있어야 구축될 수 있는 또 다른 능력으로서 인간관계능력의 근본이 되는 것이다.

고통이나 궁핍 혹은 위험에 처해 있는 사람에게 감정이입을 하고 그들의 고통을 공유함으로써 남을 도울 수 있는 이타성이 생기기 때문에 감정이입은 도덕적 원리의 근원이 된다. 남을 도와주는 이타심을 가진 사람끼리 깊은 위로, 제안, 통찰 등을 주고받을 수 있다. 이것을 통해서 자기 자신이 다른 사람에게 도움을 줌으로써 자신이 필요한 존재라는 것을 느끼게 되고 그로 인해서 자신과 상대의 문제가 해결된다. 자신의 외부에 있는 어떤 사람이나 대상에 몰입하여 이타심을 가질 때 자신의 문제도 해결되는 현상이 자주 일어난다. 이것의 의미는 자기 삶의 실현이 자기의식적 추구를 통해서 달성되는 것이 아니라 타인에 대한 배려, 즉 이타심과 도덕성을 기초로 할 때 이루어짐을 알 수 있다. 따라서 감정이입능력이 높으면 자신에게 불이익이 되더라도 남을 생각하는 이타심이 생기고 결국 높은 도덕성을 갖추게 된다.

다섯째는 대인관계이다. 인간관계를 관리하는 능력은 넓게 보면 타인의 감정을 관리하는 기술로서 이것이 가능하기 위해서는 감성조절과 감정이입의 두 가지 감성능력이 먼저 성숙되어야 한다. 타인의 감정을 관리하기 위해서는 인간관계에서 가끔씩 실패를 겪을지라도 자신의 분노나 흥분을 가라앉힐 수 있는 능력이 있어야 하고, 상대방을 위한 노력을 기울일 수 있는 것은 애타심의 근원인 감정이입이 있어야 하기 때문이다. 대인관계를 다루는 기술은 인기와 리더십, 또는 인간 내부적 효율성 등을 포착하는 능력이기도 하다. 대인관계지능은 감성지능의 가장 높은 기능이다. 대인관계능력은 자기개방을 통해 타인을 동기화하고 친밀한 관계를 형성하는 능력이다. 이러한 능력은 EQ능력 개발학습을 통해 뚜렷한 효과를 볼 수 있다. 원활한 대인관계를 위해서는 의사소통능력, 자아표출능력, 집단의 역동성과 갈등을 해결하는 통찰력, 그리고 의사결정력과 책임감 등이 있어야 한다.

2. 감성지능 개념의 발전단계

전통적인 의미에서 지능이란 심리학자들이 인지지능(cognitive intelligence)이라고 명명한 특정능력을 가리키는 것으로 이것은 복잡한 생각을 이해하고 주변 환경에 유효하게 적용할 수 있으며, 경험으로부터의 학습과 사려 깊은 생각을 통해 장애물을 극복하는 능력과 관련되어 있다(Neisser et al., 1996).

그러나 최근에 와서는 인지지능이 인간의 여러 지능 중 한 부문에 불과한 것으로 단일한 고유의 능력이 아니라는 주장이 제기되었다. IQ 테스트로 측정되는 인지지능 또는 분석적 지능 외에도 실용지능(practical intelligence), 성공지능(successful intelligence) 등이 있을 수 있다. 실용지능은 문제해결의 숙련성과 관계가 있으며 감성지능은 자신과 남의 감정에 민감한 정도를 의미하고, 성공지능은 기업가에게 매우 유용한 것이다(Sternberg, 1985). 특히 실용지능은 일을 보다 효과적으로 잘 처리하는 방법을 고안하는 능력(Sternberg and Williams, 1996)으로 인지지능보다는 사업수행의 성공에 밀접한 관련이 있다고 하였다.

감성지능의 문제를 가장 먼저 체계적으로 언급한 사람은 손다이크(Thorndike)이다. 그는 지능에는 추상적 지능, 사회적 지능, 기계적 지능이 있음을 제시하고 이 중 사회적 지능(social intelligence)은 다른 사람들을 이해하고 관리하는 능력이며 인간관계에서 지혜롭게 행동하는 능력이라고 말하였다.

이후 보다 구체적으로 감성지능의 개념을 제시한 것은 하버드대학의 심리학과 교수인 하워드 가드너(Howard Gardner)로 그는 저서 『마음의 구조』에서 인간의 지적 능력이 언어능력, 공간이해능력, 논리수학능력, 음악능력, 운동능력, 개인 내 능력, 개인 간 능력 등 총 7가지의 요인으로 구성되어 있다는 다중지능이론(theory of multiple intelligence)을 제시하였다.

이 중 IQ는 언어능력과 논리수학능력을 주로 대변하고, 감성지능은 개인 내 능력과 개인 간 능력과 주로 관계가 많다. 특히 개인 내 능력과 개인 간 능력을 합쳐 인격지능(personal intelligence)이라고 불렀는데, 이는 손다이크의 사회적 지능(social intelligence)과 유사한 개념이다.

개인 내 지능(intrapersonal intelligence)이란 '자기 자신의 감성상태나 동기와 같은 마음의 내면을 잘 살필 수 있는 능력'을 말하는 것으로 이러한 능력이 높으면 자기 자신을 보다 정확하고 솔직하게 볼 줄 알고 감성적 측면에서 성숙한 것이므로 자신의 감정을 잘 살피고 관리하며 건강하게 잘 적응해 나갈 수 있다고 하였다. 또 개인 간 지능(interpersonal intelligence)이란 '남을 이끌어가는 지도력, 우정을 나누고 유지하는 인간관계능력, 갈등이나 분쟁을 해결하는 능력' 등을 포함하는 것으로 이 능력이 높으면 일하려는 이유를 알고 어떻게 하면 서로 협동하여 일할 수 있는가 잘 알게 된다고 하였다.

표 11-1 | 가드너의 다중지능

지능구분	내용
언어능력	언어를 이해하고 논증하고 해명하며, 주어진 이야기를 설명할 수 있는 능력
공간이해능력	퍼즐이나 지도상의 방향성을 인지하는 능력
논리수학능력	이성적 사고와 수학적 응용능력
음악능력	음악을 기억하고 연주하며 작곡하는 능력
운동능력	무용, 스포츠, 움직임, 숙련된 공구 사용능력
개인 내 능력	자신의 감정과 기분, 비이성적인 정신적 산물과 느낌을 파악하는 능력
개인 간 능력	타인의 기분, 동기, 의도 등을 공감하고 타인과 좋은 관계를 유지하는 능력

자료 : 이신철, 감성지능과 성과의 관계 연구, 고려대학교 경영대학원 석사학위논문, 2004, 17쪽.

이후 가드너는 감성지능을 문화에서 가치 있게 여기는 제품을 창조하거나 문제를 해결하기 위해 문화적 환경에서 활성화될 수 있는 정보를 처리하는 생물 · 심리학적 잠재력으로 정의하고 [표 11-1]과 같이 주장하였다(Gardner, 1990).

스턴버그(Sternberg, 1987)는 실용지능을 상황을 판단할 수 있는 지능, 규범적 지능, 대인관계지능으로 구분하였다.

감성지능이라는 개념을 처음 사용한 존 메이어와 피터 샐로베이(John Mayer and Peter Salovey, 1990)는 감성지능을 '자신과 타인의 감정과 느낌을 관찰 및 검토하고, 그것들을 식별하며, 생각과 행동을 유도하는 정보를 활용하는 능력'이라고 정의하였다.

메이어와 샐로베이의 감성지능 구성요소는 [표 11-2]와 같다.

표 11-2 | 메이어와 샐로베이의 감성지능 I

영역	요소
감정의 인식과 표현	자기감정의 언어적 인식과 표현
	자기감정의 비언어적 인식과 표현
	타인감정의 비언어적 인식과 표현
	감정이입
감정의 조절	자기감정의 조절
	타인감정의 조절
감정의 활용	융통성 있는 계획 세우기
	창조적 사고
	주의집중의 전환
	동기화

자료 : 이신철, 감성지능과 성과의 관계 연구, 고려대학교 경영대학원 석사학위논문, 2004, 18쪽.

그러나 이후 이들은 이상의 정의가 감정을 지각하고 조정하는 것만을 언급하고 감정에 대한 사고를 배제하고 있다는 이유로 '감성지능이란 감정을 정확히 지각하고 인식하여 표현하는 능력, 감정을 생성하거나 이용하여 사고를 촉진시키는 능력, 감정과 감정지식을 이해하는 능력, 감정발달과 지력발달을 촉진시키기 위해 감정을 조정하는 능력'으로 다시 정의하였다. 그것을 정리하면 [표 11-3]과 같다(Salovey and Mayer, 1997).

감성지능을 대중화시키는 데 지대한 공헌을 한 사람은 골먼으로 그는 '감성지능이란 좌절상황에서도 개인을 동기화시키고 자신을 지켜낼 수 있게 하고, 충동의 통제와 지연만족을 가능하게 하며, 기분상태나 스트레스로 인해 합리적인 사고를 억누르지 않게 하고, 타인에 대해 공감할 수 있으며 희망을 버리지 않는 능력'이라고 정의하였다. 특히, 그는 가드너, 메이어와 샐로베이의 견해를 포함하여 감성지능을 5가지의 요인으로 나누어 다음과 같이 설명하였다.

첫째, 감정의 인식능력으로 자신의 감정을 관찰하고 이를 살피는 능력이다.

둘째, 감정의 조절능력으로 자신의 감정을 적절하게 조절하고 관리할 줄 아는 능력이다.

셋째, 자신의 감정을 동기화시킬 수 있는 능력으로 목표에 충실하게 자신의 감정을 유도해낼 수 있고 욕구만족을 지연시키거나 충동을 조절할 줄 아는 능력이다.

넷째, 타인의 감정을 정확히 인지하여 공감할 줄 아는 능력으로 다른 사람의 감정이나 관심사를 민감하게 살피고 배려할 줄 아는 능력이다.

다섯째, 인간관계를 잘할 줄 아는 능력으로 감정표현을 잘 조절함으로써 인간관계를 보다 잘 유지할 줄 아는 능력이다.

표 11-3 | 메이어와 샐로베이의 감성지능 II

구분			내용
평가와 표현	자아	언어적	감정은 언어에 의해서 평가되고 표현된다. 이 영역에서는 자신의 감정에 대해서 언어적으로 정확하게 평가하고 표현하는 것을 말한다.
		비언어적	감정적 의사소통의 많은 부분은 비언어적 경로를 통해 일어난다.
	타인	비언어적	타인의 불쾌한 감정을 감지하는 능력뿐만 아니라 타인의 모든 감정을 인식하는 것을 말한다. 이 능력은 안면 표정을 통해서 나타난 감정을 해석하는 것으로 개인차를 알 수 있다.
		감정이입	타인의 감정을 이해하고, 자신의 내부에서 재경험해 보는 것이다. 타인이 느낀 감정이나 기분을 마치 자신이 느낀 것처럼 인식하는 것이다.
조절	자아		자신의 긍정적인 기분을 유지하고 지속시키려 하면서 좋지 않은 기분은 줄이려고 하는 것이다.
	타인		타인의 감정을 조절하고 바꾸려는 능력이다. 자신에 대해서 타인이 갖게 되는 인상을 조절하고 통제하기 위해 타인에게 보여주는 행동방식이다. 대인관계를 원활히 증진시키기 위해 타인과의 부정적인 대화를 억제하는 능력이다.
활용	융통성 있는 계획 세우기		기분전환을 통해 좌절상태에 있는 사람들이 미래에 대해 생각하는 것을 도와줄 수 있으며, 가능한 다양한 결과에 대해 고려할 수 있도록 한다.
	창의적 사고		감정은 기억 속의 정보를 조직하고 활용하는 데 영향을 줌으로써 문제해결을 도와줄 수 있다. 정보를 체계화함으로써 창조적인 문제해결에 도움이 된다.
	주의집중		부정적인 강한 감정이 생겼을 때 새로운 문제에 대해 관심을 갖게 되는 것이다. 사람들이 자신의 정서에 대해 의미를 두게 될 때 현재 진행 중인 문제로부터 벗어나 새롭고 더 중요한 문제에 더 관심을 갖게 된다.
	동기화		감정은 도전적인 과제를 지속할 수 있는 동기를 제공해 준다. 또한 사람들은 좋은 기분을 이용해서 자신의 능력에 대한 자신감을 증가시켜서 어려운 장애나 고통스러운 경험을 극복하고 활동을 지속시키도록 한다.

자료 : 이신철, 감성지능과 성과의 관계 연구, 고려대학교 경영대학원 석사학위논문, 2004, 19쪽.

이후 골먼(1998)과 샐로베이, 메이어, 카루소(1997)는 감성지능 자체만으로는 직무성과를 충분히 예측하지 못한다고 주장하였다. 이와 관련하여 골먼은 감성지능(emotional intelligence)과 감성역량(emotional competence)을 구분하였다. 감성역량은 '더 나은 직무성과를 달성하는 데 필요한 개인적 · 사회적인 기술을 뜻하는 것이며 감성지능에 기반을 둔 것'이라고 정의하였다.

표 11-4 | 골먼의 감성지능의 5가지 요소와 내용

구성요소	내용
자기인식	자신이 느끼는 감정을 재빨리 인식하고 알아차리는 능력으로 감성지능의 초석이 된다.
자기조절	자기조절은 인식된 자신의 감정을 적절하게 처리하고 변화시킬 수 있는 능력이다.
자기동기화	어려움을 참아내어 자신의 성취를 위해 노력할 수 있는 능력이다. 만족 지연과 낙관성 등을 말한다.
공감	타인이 느끼는 감정을 자신의 것처럼 느끼고, 타인의 감정을 읽어내는 능력이다.
사회적 기술	인식한 타인의 감정에 적절하게 대처할 수 있는 능력을 말하며, 적절한 감성표현력을 말한다.

자료 : 이신철, 감성지능과 성과의 관계 연구, 고려대학교 경영대학원 석사학위논문, 2004, 21쪽.

표 11-5 | 골먼의 감성역량군 I

감성지능	정의	25개 역량 군
자기인식	자신의 기분, 감정, 충동과 이것이 타인에 미치는 영향을 인식하고 이해하는 능력	감성인식, 자기확신, 정확한 자기평가
자기조절	혼란스러운 기분을 통제하고 새로운 방향으로 바꿀 수 있는 능력과 행동하기 전에 생각하고 판단을 보류하는 능력	자기통제, 신뢰감, 성실성, 적응성, 혁신성
동기부여	직위 상승을 위한 업무에의 열정과 정력과 끈기로 목표를 달성하는 능력	성취를 향한 추진력, 조직몰입, 주도성, 낙관주의
공감	타인의 감정구조를 이해하는 능력과 타인의 감정반응에 따라 그들을 다루는 기술	타인의 이해, 타인의 개발, 서비스지향, 다양성의 균형조절, 정치적인 인식
사회적 기술	인간관계와 인적 네트워크 관리에서 공통의 관심사를 발견하고 조화로운 관계를 구축하는 능력	영향력, 의사소통, 갈등관리, 리더십, 변화의 촉매역할, 연대감 구축, 협조와 협력, 팀능력

자료 : 이신철, 감성지능과 성과의 관계 연구, 고려대학교 경영대학원 석사학위논문, 2004, 22쪽.

골먼은 감성지능과 관련하여 기업조직의 맥락을 고려한 감성역량을 밝히고 있다. 즉 감성역량은 감성지능에 기반을 두고 학습할 수 있는 능력이며 뛰어난 성과로 이어질 수 있는 것으로 정의하고 5개의 감성지능요소를 25개의 하위역량들로 분류하여 제시하였다.

골먼은 위의 감성역량군을 나중에 다시 4개의 주요 감성지능요소와 20개의 역량들로 재편성하였다. 그것은 [표 11-6]과 같다.

표 11-6 | 골먼의 감성역량군 II

구분	자신 : 개인적 역량	타인 : 사회적 역량
인식 (recognition)	1. 자기인식(self-awareness)	3. 사회적 기술(social skill)
	감성인식	공감
	자기확신	서비스 지향
	정확한 자기평가	조직인식
규제 (regulation)	2. 자기조절(self-management)	4. 관계관리(relationship-management)
	감성의 자기통제	타인의 개발
	신뢰감	영향력
	성실성	의사소통
	적응성	갈등관리
	성취지향	리더십
	주도성	변화의 촉매역할
		연대감 구축
		팀워크와 협력

자료 : 이신철, 감성지능과 성과의 관계 연구, 고려대학교 경영대학원 석사학위논문, 2004, 23쪽.

마틴과 벡(Martin and Beck)은 감성지능의 요소로 자기감정의 정확한 인식, 감정의 조절과 통제, 타인과의 감정소통능력, 사회적 관계의 형성, 잠재능력의 개발 등 5가지를 제시하였다. 이것은 골먼이 언급한 내용과 거의 유사하며 특히 잠재능력의 개발은 항상 성실하게 일하고 즐거움과 자신감을 가지며 비록 실패를 경험해도 쉽게 벗어날 수 있는 능력이라고 하였다. 스웨그와 쿠퍼(Sawag and Cooper)도 감성지능의 구성요소를 [그림 11-1]과 같이 제시하면서 감성지능이 의사결정, 리더십, 전략적 또는 기술적인 돌파구, 개발되고 정직한 의사소통, 팀원들 간의 신뢰적 관계와 팀워크, 고객충성심, 창의력과 혁신 등에 영향을 미친다고 하였다.

그림 11-1 | 스웨그와 쿠퍼의 감성지능의 구성요소

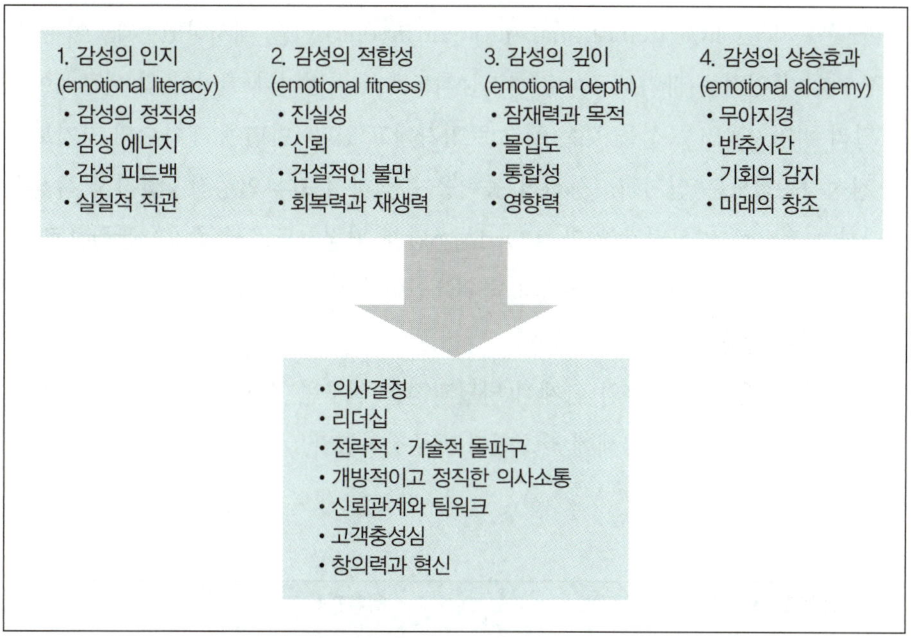

자료 : 이신철, 감성지능과 성과의 관계 연구, 고려대학교 경영대학원 석사학위논문, 2004, 24쪽.

[그림 11-1]을 설명하면 다음과 같다.

첫째, 감성의 인지는 자신의 감정을 알아차리는 것으로 자신의 감정에 솔직하고 감성 에너지와 감성의 피드백에 민감하며 실질적인 직관을 잘 활용하는 것과 관계가 있다.

둘째, 감성의 적합성은 개인의 진실성, 신뢰, 건설적인 불만, 회복력 및 재생력에 관한 것으로 감성이 적합한 사람은 우선 다른 사람을 신뢰하고, 건설적인 불만을 표출하며 실패에서 빨리 회복하여 이를 극복할 수 있다.

셋째, 감성의 깊이는 감성적 몰입의 정도를 의미한다.

넷째, 감성의 상승효과는 감성의 인지, 감성의 건강함, 감성의 깊이의 결과물로서 이는 감성의 나머지 세 요소의 결과이다. 기회를 감지하고 미래를 창조하며 직관적인 몰입 등을 가능하게 한다.

바-온(Bar-On, 1997)은 감성지능을 '개인을 심리적 안녕으로 이끌어주는 효과적인 감성 및 사회적 기능화'이며 '감성과 사회적 지식의 배열, 그리고 환경적 요구에 효과적으로 대처할 수 있는 전반적인 능력'이라고 하였다(Bar-On, 2000).

바-온은 또한 EQ-I(emotional quotient inventory)를 제시하였는데, 이는 실용적 가치가 인정된 자기보고식 감성지능척도로서 골먼이나 메이어 및 샐로베이와는 달리 비인지적인 특성을 갖는 것으로 평가되고 있다. 반면에 대다수의 자기보고식 감성지능척도는 인지적 · 정신적 능력을 측정하기보다 인성적 · 성격적 특성을 진단하는 것으로 인식되고 있다. EQ-I는 5단계 평정척도로서 총 133문항으로 구성되어 있으며, 5개 요인과 15개의 하위요인이 포함되어 있다. 이들을 표시하면 [표 11-7]과 같다.

또한 바-온은 감성지능의 단계적 발달과정을 연구한 결과, 16세에서 49세까지 지속적으로 증가하다가 50세에 감소한다고 주장하였다.

표 11-7 | EQ-I 구성

측정요소	하위요소
개인 내 EQ	자기인식, 안정성, 자기존경, 자아실현, 독립성
개인 간 EQ	공감, 대인관계, 사회적 책임
적응력 EQ	문제해결, 현실파악/분석, 유연성
스트레스관리 EQ	스트레스에의 저항력, 충동조절
일반적인 기분 EQ	행복감, 낙관주의

자료 : 이신철, 감성지능과 성과의 관계 연구, 고려대학교 경영대학원 석사학위논문, 2004, 25쪽.

쿠퍼(1996)는 감성지능을 '감정을 인적 에너지, 정보, 연결, 영향력 등의 원천으로서 감지하며 이해하고 효과적으로 권력을 획득하는 능력과 감정을 통찰하는 능력'이라고 정의하고, 자기보고식 감성지능척도인 EQ-Map을 개발하였는데 감성지능의 5개의 요인과 20의 하위요인을 [표 11-8]과 같이 제시하였다.

표 11-8 | EQ-Map의 구성요소

주요인	하위요인
현재 환경	일상생활로부터의 압력, 일상생활에 대한 만족
정서인식요인	감성의 자기인식, 감성의 표현, 타인의 감정 인식
EQ역량요인	국제성, 창의력, 복원력, 대인관계, 건설적 불만
EQ가치 및 태도요인	관점, 동정심, 직관, 신뢰범위, 개인권력, 완전한 자아

자료 : 이신철, 감성지능과 성과의 관계 연구, 고려대학교 경영대학원 석사학위논문, 2004, 26쪽.

한편, 사르니(Saarni, 2000)는 감성지능을 능력이라고 하기보다 기능 또는 역량에 가까우며 사회적 교류를 통해 학습·발달된다고 보았으며, 엡스타인(Epstein, 1998)은 감성지능을 구성적 사고로 규정하였다.

3. 감성지능의 구성요소

감성지능에 대한 이상의 내용을 종합한 감성지능의 구성요소는 다음과 같다.

1) 자기인식(self-awareness)

감성지능의 첫째 요소인 자기인식은 자신의 감정에 대한 강점, 약점, 필요, 동인(動因) 등에 대한 깊은 이해를 말한다. 자기인식이 높으면 과다하게 비판적이지 않으며 비현실적으로 희망적이지 않다. 자신과 다른 사람에 대해서 정직하기 때문에 자신의 감정이 자신과 다른 사람의 직무성과에 어떠한 영향을 주는지 이해하게 되고, 시간계획을 주의 깊게 세우고, 일을 앞당겨서 완수하고자 한다. 또한 고객의 요구에 맞추어 제대로 일을 수행할 수 있다. 이것은 고객이 자신의 기분에 영향을 미치는 것과 더불어 고객의 불만을 충분히 알 수 있고 고객의 불만을 건설적인 것으로 바꾸어 놓을 수 있기 때문이다.

또한 자기인식은 개인의 가치와 목표를 이해하는 능력이다. 자기인식수준이 높은 사람은 자신이 어디를 향해 가고 있는지, 왜 가고 있는지를 명확하게 이해할 수 있다. 자기인식이 낮은 사람이 곧 사라질 가치를 위해 쉽게 혼란에 빠지는 결정(예

: 단지 높은 임금수준만을 보고 근로계약을 하는 것)을 하는 데 비해 자기인식이 높은 사람은 자신의 가치에 비추어 판단한 후 그 결과로 자신에게 근본적인 활력을 주는 일을 찾는다.

자기인식이 높으면 자신의 감정과 일에 대한 감정의 영향을 정확하고 숨김없이 표현하며 겸손한 유머감각을 가진다. 그리고 자신의 한계와 강점을 잘 알고 그것을 말하는 데도 불안해하지 않으며, 종종 건설적인 비판도 표출하고 자기확신에 따라 주변을 이해하며, 자신의 역량에 대한 충분한 이해를 함으로써 스스로를 실패로 몰고 가지 않는다. 반면에 자기인식이 낮으면 자신을 향상시키는 데 필요한 외부의 메시지를 위협이나 실패의 증거로서 받아들이기 때문에 긍정적인 성과를 도출하기 어렵다. 또한 높은 자기인식은 남에게 적시에 도움을 요청할 줄 알고, 혼자 다룰 수 없는 도전을 하지 않으며, 항상 자신의 강점을 기반으로 활동하도록 유도한다. 이와 관련된 역량으로는 경험한 특정감정에 대한 정확한 식별, 감정이 개인의 목표와 가치에 어떻게 연계되는지에 대한 깊은 이해, 감정이 개인의 생각과 행동에 어떻게 연결되는지에 관한 이해, 감정이 성취에 어떻게 영향을 미치는가에 대해 분명히 아는 것 등이다.

그러므로 자기인식은 직무성과를 정교하게 조율하는 안내자이다. 자기인식을 통해 구체적으로 자신을 둘러싼 감정을 정확하게 측정하고, 흐트러지기 쉬운 감정을 관리하며, 스스로를 동기부여시키고, 일과 연계된 바람직한 감정적 기술을 개발하는 등 작업환경에서 요구되는 기본적인 감성지능을 갖출 수 있다(Mayer and Saloveg, 2000). 이렇게 되면 스스로의 행동을 관찰하고 감지하면서 자신에게 진정으로 이익이 되는 방향으로 일할 수 있다. 감성의 이해와 조정과정은 우선 감정적 정보가 필요할 때 일어나는데 먼저 개인적인 인식과 식별을 해야만 한다. 예를 들면 화를 조절하고 줄이기 위해서는 일단 자신이 화가 난 사실과 하찮은 것이라도 외부적인 사건이 계기가 되어 특정감정적 반응이 유발된다는 것을 알아야 하며, 나아가 동료와 관리자뿐 아니라 고객에까지 화가 전파될 수 있음을 알고 화를 진정시키며 보다 문제중심적으로 적응적인 태도를 보이도록 노력해야 한다.

골먼(1998)은 직장생활에서 다른 사람에 대한 감정의 조절에 감성지능이 특별히 중요하다고 말했다. 이는 사람들이 일반적으로 그들의 목표, 가치, 선호하는 것 등을 알기 위해서는 다른 사람들의 도움이 필요하기 때문에 그들을 도와서 스스로 돕

요하다. 특히 경영진은 중간간부급보다 더욱 감정조절이 필요하다. 이는 어떤 상황에서 나쁜 감정을 표출할 때 하위직급으로 미치게 될 여파까지 충분히 고려하는 것이 중요하기 때문이다(Boyatzis, 1982).

3) 자기동기화(self-motivating)

효과적인 리더들이 가지고 있는 실제적인 특성 중의 하나가 자기동기화이다. 대부분의 사람들이 외재적인 요소인 많은 연봉, 이름 있는 직위, 상류층 회사의 일원이라는 것으로 동기부여되나, 자기동기화가 높은 사람은 성취 자체를 위해 마음속 깊은 곳에 있는 욕구를 통해 동기부여된다. 이러한 리더를 찾는 방법 중의 하나가 일 자체에 대한 열정의 소유 여부이다. 그들은 창조적인 도전을 찾고, 학습을 즐기며, 직무를 제대로 잘 수행하는 것에 큰 긍지를 가지며, 상황을 개선하는 행위에 불굴의 노력을 기울인다. 또한 끊임없는 질문을 통해 다른 방법으로 일을 처리할 수 없는지 새로운 접근방법을 모색하고, 항상 성과기준을 계속 높인 후에 그것을 달성하려고 노력한다. 그래서 자신보다 우위수준의 인력에 대한 평가기준으로 자신의 성과기준을 변경해 줄 것을 요청하기도 한다.

자기인식과 자기동기화가 조화된 경우에는 자신의 한계를 잘 파악하고 있으므로 결코 달성하기 쉬운 목표를 설정하는 것을 원하지 않는다. 소위 추적해서 따라잡기와 같은 방식을 선호하는데 실제로 수익성 또는 시장점유율과 같은 지표를 따라잡기 위해 실적을 지속시키게 만드는 것이다. 한편 자기동기화가 높은 사람은 실적이 못 미치는 경우에도 낙관적일 수 있다. 즉, 자기조절과 자기동기화가 함께 작용하여 실패와 실패로부터의 좌절감을 함께 극복한다. 그들은 자신의 업무 자체를 사랑하는 사람들로 조직에 대한 몰입을 자주 느끼게 되므로 헤드헌터들이 고액연봉을 매개로 전직의 유혹을 제공할 경우에도 현재의 조직에 머물기를 원한다. 나아가 주위에 자신과 비슷한 특성을 가진 조직원들이 모여들도록 작용하기 때문에 리더십의 주요 요인이 된다.

4) 공감(empathy)

공감은 다른 사람의 감정, 욕구, 관심사, 관점 등을 아는 것으로 다른 사람이 말하지 않은 감정에 적절히 응대하는 것을 의미한다. 즉 다른 사람의 감정적인 신호를 수용하기 위해 잠시 동안 자신의 관심사는 접어두고, 다른 사람에게 감정적으로 주파수를 맞추는 것이다. 공감은 직장에서 성과의 질을 예측하는 의미 있는 요소로 가정되어 왔다. 공감의 정도가 높은 사람은 전문적인 조직에서 다른 사람과 협조하는 능력이 높다(Sternberg and Williams, 1996). 즉 공감은 다른 사람의 감정과 연결됨으로써 높은 목표, 계획, 전략 등의 수립에 중요한 역할을 한다. 공감은 다양한 종류의 사람들이 일하면서 발생되는 문제의 해결을 위한 의견조정에 필수적이다.

공감은 이타적인 행동 저변에 있는 요소를 동기부여하기 때문에 모든 직장생활에서 필요한 사회적 역량의 대표적인 기본기술이다. 또한 조직의 급격한 변화기간에는 그 변화를 받아들이고 내부화하며 행동하도록 유도하는 역할을 한다. 직장생활에서 다른 사람에 대한 관심의 표명은 상호신뢰와 이해의 기초를 형성하고 더 좋은 성과를 이끌어낸다. 이러한 결과가 불연속적인 상황에서 조직구성원들 간에 보다 나은 협력과 신뢰를 확보하도록 한다.

반대로 공감의 수준이 낮은 사람은 조직의 전후 정황에 대한 사회적인 행동을 가늠하는 능력이 결핍되어 있기 때문에 다른 사람의 욕구와 감정을 사회적으로 적절한 행동개념으로 변화시키는 것에 실패한다. 리더에게 있어서 공감은 조직원들의 감정과 그들을 즐겁게 하려는 단순한 적응적 태도가 아니고 조직원들의 감정에 대한 사려 깊은 숙고와 지적인 결정을 하는 과정의 일부이다. 또한 구조조정과 같은 상황에서도 공감이 높은 리더는 자신의 의사결정과 관련된 사항에 대한 걱정과 고민에 솔직하며, 모든 이들에게 공개적으로 대하면서 공정하게 처리할 것을 약속하기 때문에 그 조직은 우수한 인력들이 지속적으로 머물게 되어 변함없이 생산적인 조직으로 유지된다.

그러나 공감이 낮은 리더는 불투명한 공지를 하고 몇 명의 인력들이 곧 해고될 것만을 강조하여 인재유지 측면에 어려움을 겪게 된다. 공감이 리더십에서 중요한 요소인 이유는 다음과 같다.

첫째, 팀 활용성의 증대이다. 팀의 리더는 조직원 각각의 관점을 감지하고 이해할 수 있어야만 소규모 인원이라도 협력이 정착되고 의제에 대한 의견충돌이 소거된다.

둘째, 빠르게 진행되는 국제화가 새롭게 부각되기 때문이다. 범문화적인 의견교환 중에 종종 오해가 유발될 수 있는데 공감은 이러한 경우에 해독제와 같은 역할을 한다.

셋째, 요즘과 같은 인재전쟁시대에 우수인재의 유지 측면에 기여를 한다. 리더들은 항상 공감을 통해 효과적으로 우수인재를 유지하고 개발해야 하는데 그렇지 못할 경우에는 우수인재뿐만 아니라 회사의 지적자산도 같이 유출된다.

공감은 갈등조정에 필수적이다. 예를 들면 성공적인 협상가는 상대방 입장에서 가장 중요한 초점이 무엇인지를 감지하고 솔직하게 인정을 해주면서, 감정적인 것을 배제한 후에 실질적인 양보를 요구한다. 또한 공감의 가치는 유연성 확보에도 작용한다. 조직의 성과를 높이기 위해서는 조직 내 다른 사람들로부터 주어지는 미묘한 사회적 암시와 신호를 정확하게 읽는 능력이 필요하다. 공감은 이러한 능력을 향상시킨다.

5) 사회적 기술(social skill)

자기인식, 자기조절, 자기동기화가 자기관리기법이라면 공감과 사회적 기술은 대인관계를 유지하는 능력이다. 사회적 기술은 다른 감성지능의 정점(頂点)에 해당되므로 자신의 감정을 이해하고 조절하며 다른 사람의 감정에 공감함으로써 효과적인 인맥관리를 할 수 있도록 작용한다.

동기부여도 사회적 기술에 기여한다. 이는 성취지향적인 사람의 경우 실패와 좌절에도 불구하고 낙관적일 수 있으며 그러한 특성은 사회적인 의사소통에서 다른 사람에게 전달되기 때문이다.

오늘날 사회적 기술이 다른 감성지능요소에 비하여 리더십에 더욱 중요한 요소로 평가되는 것은 리더는 효과적인 대인관계를 기초로 다른 사람들을 통해서 일을 하기 때문이다.

결론적으로 회사의 성공은 전체를 위해 개개인이 얼마나 효과적으로 업무를 잘 수행하는가에 좌우된다. 조직원들이 자신의 감성과 행동을 조절하는 것과 더불어 동료들도 그럴 수 있도록 도와줌으로써 개개인 모두의 역량이 극대화되는 것이 중요하다.

사회적 기술에는 다음과 같은 두 가지 하위기술이 요구된다. 첫째, 다른 사람에게 영향력을 미치는 것으로 합의와 지지를 구축하기 위한 복합적인 전략의 활용과 정교하게 조율된 표현을 포함한다. 둘째, 효과적인 의사소통을 하는 것으로 감정의 유연성, 어려운 문제를 직접적으로 다루기, 경청하기, 정보공유 및 솔직한 대화의 촉진 등이 있다.

특히 갈등조정은 긴장된 상황에서 다루기 힘든 사람을 다루는 중요한 기술이다. 갈등해결을 위해서는 잠재적인 알력을 찾아내고, 토론을 촉진시키며, 상생의 해법을 모색하는 것뿐만 아니라 양측이 차분해지는 것, 감정의 방향을 전환시키는 것, 일을 풀려는 의도를 보이는 것, 평상적인 어조로 자신의 의도를 구술하는 것 등 논쟁을 해결하는 합리적인 방법을 모색하는 능력이 요구된다.

4. 감성지능과 관련된 이론모델

1) 사회적 지능이론 : 정서지능모형의 모체

지능을 전통적인 IQ검사가 측정하고 있는 것 이상의 다양한 능력을 포함하고 있는 것으로 광범위하게 정의할 경우 사회적 지능은 자신과 타인을 이해하고 인간관계를 효과적으로 다룰 수 있는 능력이다. 사회적 지능의 연구는 오랜 역사를 가지고 있다.

감성과 관련된 지능의 문제를 가장 먼저 제기한 사람은 손다이크(Thorndike)이다. 그 후 와인스타인(Weinstein)은 사회적 지능을 다른 사람의 반응을 다루는 능력이라고 하였다. 다시 말하면 사회적 지능은 다른 사람의 내적 상태, 즉 동기, 정서, 사고 등을 파악하고 이를 토대로 사람을 대하는 최선의 방법을 찾는 능력이다. 그러나 사회적 지능이 추상적 사고력, 공간적 조망능력, 언어능력과 같이 전통적인 지능검사에서 측정하고 있는 능력과 어떻게 명확하게 조작적으로 변별될 수 있는가에 대한 연구는 지지 부진하였다.

최근에 와서야 사회적 지능과 그 측정에 관한 연구가 부활되었다. 스턴버그(Sternberg) 등은 보통사람들이 생각하는 지능적인 사람의 특성에는 자신과 타인에 대한 수용과 관용 등 사회적 속성이 많이 내포되어 있음을 발견하였다. 포드

(Ford)는 사회적 능력지표를 개발하여 요인분석한 결과 사회적 능력요인은 일반적인 학업능력과는 다르다는 것을 발견하였다.

지능에 사회적 지능을 체계적으로 포함시킨 사람은 다중지능이론을 제창한 가드너(Gardner)이다. 그는 저서 『Frame of Mind』에서 지능이란 7가지 핵심기능을 가진 광범위한 스펙트럼이라는 것을 밝혔다. 그가 주창한 7가지 지능은 ① 탁월한 웅변가나 외국어 구사능력을 가진 사람의 언어적 지능(linguistic intelligence), ② 위대한 작곡가나 바이올리니스트가 가지는 음악적 지능(musical intelligence), ③ 탁월한 운동선수가 많이 지니고 있는 신체－운동적 지능(bodily－kinesthetic intelligence), ④ 전통적인 IQ검사에서 주로 다루고 있고 학업성취를 높여주는 논리－수학적 지능(logical－ mathematical intelligence), ⑤ 위대한 건축가들에게서 높이 나타나는 공간적 지능(spatial intelligence), ⑥ 성공적인 종교지도자, 정치지도자, 교사, 심리치료사 등에게 높이 나타나는 개인 간 지능(interpersonal intelligence), ⑦ 자신에 대한 진실한 느낌을 유지하고 생활을 조율하므로 스스로 만족감을 느끼게 하는 개인 내 지능(intrapersonal intelligence) 등이다.

가드너의 7가지 지능 중 인격지능(personal intelligence)이라 불리는 개인 간 지능과 개인 내 지능이 손다이크가 말한 사회적 지능과 일치한다. 가드너는 “개인 간 지능은 사람들 간의 차이를 변별하는 능력, 특히 사람들 간의 기분, 기질, 동기 및 의도의 차이를 변별하는 능력에 의존한다. 보다 진보된 형태로 이런 지능을 가진 성인은 다른 사람의 표현되지 않은 욕망과 의도를 파악할 수 있다”고 주장하여 사회적 지능이 감성을 다루는 능력, 즉 정서지능을 내포하고 있음을 시사하고 있다.

개인 내 지능은 자기 내부에 대한 지식으로서 자기 자신의 내적 감정생활을 살피고, 자기의 여러 정서들을 서열화하고, 이런 정서들 간의 차이를 변별하여 명명하고, 여기서 얻은 정보를 자신의 행동을 이해하고 안내하는 수단으로 활용하는 능력이다.

2) 정서지능모형

아리스토텔레스는 진리, 덕성 및 선한 생활에 대한 철학적 탐구서인 『니코마코스 윤리학』에서 감성은 거칠어지기 쉬운 것으로 지성으로 자신의 감성을 조절해야 한다고 주장하였다. 최근에 와서 정서지능에 관한 탐색적 초기 모형은 배런(Barron, 1988)에 의해 제시되었고 생리심리학의 발달로 감성과 이성 간의 생리적 메커니즘도 밝혀졌다. 정서지능의 존재에 대해 현대 생리심리학자들은 원초적인 정서반응이 생존의 본능에 의해 생성된다고 주장하였다. 공포는 근육에 많은 혈액을 공급하여 달릴 준비를 시키고, 놀람은 눈을 크게 뜨게 하여 시야를 넓혀 주고, 혐오감은 얼굴을 찡그려 콧구멍을 좁혀 고약한 냄새가 적게 들어오게 한다. 이와 같은 정서는 변연계(limbic system)라고 하는 뇌의 영역에서 나온다.

변연계 아래쪽에 있는 편도핵(amygdala)이 기쁨, 슬픔, 혐오, 공포, 분노 등을 관장한다. 정서적 기억은 해마가 담당한다. 따라서 정서는 해마와 편도핵에 의해 좌우된다. 대뇌의 신피질(neocortex)은 사고하고 판단하는 이성적 작용을 하며 정보를 분석하고 판단하여 해마와 편도 핵을 통제한다.

뇌손상으로 편도핵과 신피질 간의 연결이 끊어진 환자는 얼핏 보아 영리한 것 같아 보였지만 산만하고 일관성 없는 사고를 나타낸다. 편도핵 및 그 밖의 변연계 기관과 대뇌 신피질 간의 연결회로가 바로 정서가 효과적인 사고에 왜 중요하며 정서가 바람직하게 작용하기 위해 지능이 왜 필요한가를 설명해주는 부분이다. 생리학적으로 정서지능이란 바로 이 변연계의 기관과 대뇌 신피질 간의 연결회로의 강도이다.

그러나 메이어와 샐로베이는 이러한 생리학적 설명만으로는 감성을 다루는 능력의 존재만이 입증될 뿐이며 체계적이고 조작적으로 정서지능을 설명할 수는 없다고 보고 지금까지 산만하게 이루어진 정서지능관련 연구를 종합하여 보다 체계적인 모형을 제시하고 있다.

메이어와 샐로베이는 정서지능이란 사회적 지능의 부분집합이며 가드너가 말한바 인격지능의 일부라고 보았다. 그들은 정서지능을 자신과 타인의 정서에 대한 평가와 표현, 자신과 타인의 정서조절, 문제해결에 있어서 정서의 사용으로 보았다.

이와 같은 메이어와 샐로베이의 의견을 종합하여 골먼은 정서지능이 다음과 같은 5가지 요인으로 구성된다고 주장하였다

(1) 자기정서에 대한 이해

자기 자신에게 일어나는 느낌을 인식하는 능력이 정서지능의 핵심이다. 자신의

감정을 관찰하는 능력은 자신에 대한 심리적 통찰과 이해에 필수적이다. 이런 능력이 풍부한 사람은 자신의 인생을 보다 적절하게 이끌어가며 개인적 결정의 순간에 어떤 감정을 해야 할 것인지에 대한 정확한 감각을 가지고 있다.

(2) 정서의 조절

자기지각에 기초하여 자신의 느낌을 적절하게 전환하고 조절하는 능력으로 이런 능력이 풍부한 사람은 분노, 흥분, 우울, 불안을 쉽게 떨쳐버리고 좌절과 혼란에서 빨리 벗어날 수 있지만 부족한 사람은 늘 괴로운 느낌에 시달린다.

(3) 자기동기화

자신의 감정을 생의 목적에 적합하도록 정렬시키는 능력이다. 이런 능력은 주의집중, 동기부여, 자기정복, 창조 등에 필수적이다. 이런 능력이 높은 사람은 혼란스러운 상황에서도 보다 생산적이고 효율적으로 일을 할 수 있다.

(4) 다른 사람의 감정 인식

다른 사람이 느끼는 기분을 이해하고 그에 상응하는 정서적 경험을 하고 이를 표현하는 능력으로 소위 '사랑의 기술'이다. 공감적인 사람은 돌보는 직업, 가르치는 일, 판매, 관리와 같은 일에 능력을 발휘한다.

(5) 관계 다루기

다른 사람의 감정을 보다 바람직한 방향으로 변환하도록 하는 능력이다. 이런 것들은 인기, 지도력, 대인관계 효율성을 뒷받침하는 능력이다. 이런 기술이 잘 발달된 사람들은 다른 사람과 부드럽게 교류하는 사회적 스타이다.

3) AET(Affective Events Theory)모델

AET는 종업원들이 작업장에서 특정감성을 느끼고 그것을 표현하는 방식을 회상을 통해 얻어낸 데이터로 분석하는 것에 한계가 있다는 가정에서부터 출발한다. AET에 따르면 종업원들의 행동과 작업장에서의 성과는 순간순간 그들이 느끼는 감성에 영향받기 쉽다. 즉 작업장 조건이 개별적인 정서적 사건(affective events)을 야기시키고 이는 다시 기분이나 감성과 같은 종업원들의 정서적인 반응으로 이어진다는 것이다. 이런 감성들은 또한 충동적인 행동으로 이어질 수 있다. 이때 감성에 의한 행동으로 화, 슬픔 혹은 폭력과 같은 부정적인 감성의 폭발과 기쁨, 즐거움 혹은 이타적 행동과 같은 긍정적인 감성의 표현이 있을 수 있다. 장기적으로 기분이나 감성은 직무만족과 같은 좀 더 일관된 작업태도에 영향을 미치게 된다. 또한 이런 직무만족과 같은 태도는 직장을 그만두려는 의사결정이나 의도적이고 체계적으로 나타나는 반사회적 혹은 우호적 행동에 영향을 미치게 되고, 생산적으로 작업하려는 의사결정에도 영향을 미치게 된다. AET는 작업환경과 작업환경에 따른 종업원들의 태도와 행동으로 이어지는 블랙박스 안에서 어떤 일들이 벌어지고 있는지 설명해 줄 수 있는 이론이다(임지선, 2004).

[그림 11-2]의 AET모델에 따르면 직무의 본질과 감정노동에 요구되는 사항들이 종업원들의 행동과 직무태도에 영향을 미친다. 특히 직업현장에서 겪게 되는 일상적인 고충이 감정의 고조로 이어지게 될 때 일상적인 경험들이 긍정적인 감성과 부

그림 11-2 | AET 모델

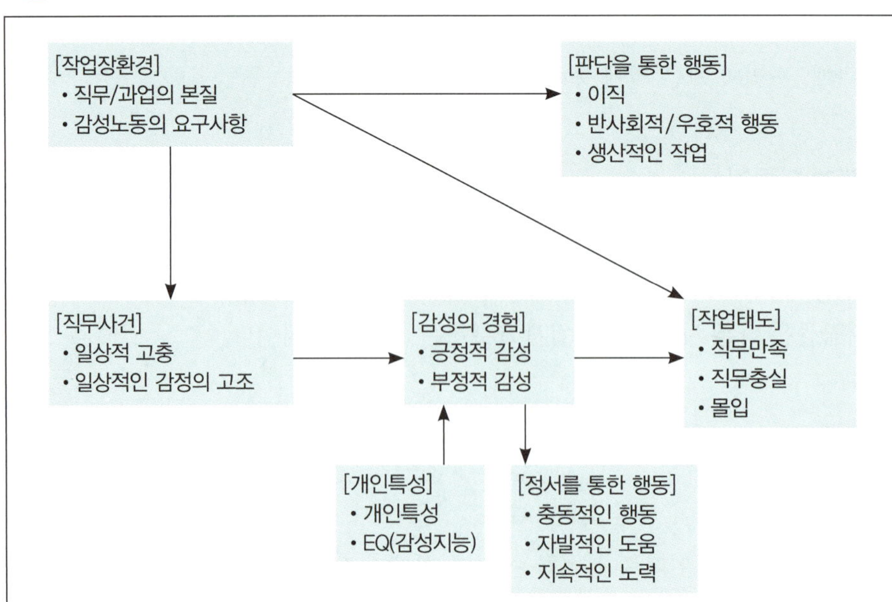

자료 : 이신철, 감성지능과 성과의 관계 연구, 고려대학교 경영대학원 석사학위논문, 2004, 6쪽.

정적인 감성을 야기시켜 그 결과 직무만족이나 직무몰입, 직무태도 등에 관련된 감정을 유발하는 행동을 이끌어낸다(이신철, 2004).

4) 감성조절(emotion regulation)모델

그로스(Gross)는 감성을 적응적인 행동적 · 생리적 반응성향이라고 정의 내렸다. 감성은 조절될 수 있는 반응성향이기 때문에 조절되고 관리될 수 있는 것이다. 여기서 감성조절이란 자신이 가진 감성을 경험하고 이런 감성들을 표현하는 것으로 이것은 감성지능의 개념과 비슷하다. 사람들은 그들의 감성을 조절하기 전에 그들 자신이 가지고 있는 감성을 잘 이해해야 한다. 대부분의 감성적 반응은 다른 사람들로부터 기인된 것이기 때문에 자신의 감성을 이해하는 것은 다른 사람의 감성을 이해하는 능력과 관련이 있다. 감성조절모델에 따르면 사람들은 감성을 어떻게 경험할지뿐만 아니라 그것들을 어떻게 표현할지 또한 조절할 수 있다는 것이다. 따라서 감성지능과 감성조절의 정의에 따르면 감성지능이 높은 사람일수록 그들의 반응성향을 조절하고 효과적인 감성조절과정을 가질 수 있다.

그로스(1998)에 따르면 감성적 반응성향은 시스템의 투입물을 변화시킴으로써 조절되거나 그 결과물을 변화시킴으로써 조절될 수 있다. 선행요인을 중심으로 한 감성조절은 4가지 단계에 따라 이루어진다. 첫째, 감성적 충격을 고려하여 어떤 상황이나 사람을 회피하거나 선택적으로 접근하는 상황선택을 들 수 있다. 둘째, 감성적 영향을 변화시키기 위해 환경을 변화시키게 되는 상황변경이다. 셋째, 감성에 영향을 미치기 위해 어떤 것으로부터 주의를 철수시키거나 주의를 기울이게 되는 주의배치가 있다. 넷째, 자신의 감성을 변화시키기 위해 자신이 처해 있는 상황을 관리하는 능력이나 상황 자체를 재평가하게 되는 인지적 변화이다. 반응중심의 감성조절 또한 여러 단계를 포함하고 있다. 즉, 사람들은 특정목적을 위해 지속적인 감성적 경험을 강화하거나, 감소시키거나, 연장하거나, 줄일 수 있다.

이런 모델을 조직적 맥락에 적용하면 종업원들은 작업환경에 대한 그들의 인식을 조절할 수 있다. 이러한 인식은 종업원들이 그들과 상호작용하게 될 사람들을 선택하고, 그들의 작업환경을 변화시키고, 작업환경의 특정부분에 초점을 맞추고, 작업환경에 대한 그들의 평가를 변화시키는 등 선행요인중심으로 감성을 조절하여 자신들의 감성에 영향을 미칠 수 있다. 또한 종업원들은 특정감성을 강화, 감소, 연장, 단축함으로써 반응중심의 감성조절을 할 수 있는데, 이를 통해 작업환경으로부터의 감성자극의 효과를 조절할 수 있다. 이때 감성지능이 높은 종업원들은 이와 같은 감성조절 기제를 효과적으로 사용하여 긍정적인 감성을 유발시키고 동시에 감성적 · 지적 성장을 촉진할 수 있다. 반면 감성지능이 낮은 종업원들은 선행요인중심 감성조절이나 반응중심 감성조절을 효과적으로 사용하지 못하기 때문에 감성의 성장이 어렵다.

제3절 감성리더십

2000년 관리자들 302명을 대상으로 리더십 스킬과 감성지능과의 관계를 연구한 CCL(Center for Creative Leadership)의 연구에서 감성지능이 높을수록 다음 영역에서 리더십 효과성이 좋다는 것을 밝혔다.

- 참여적 경영(Participative Management)
- 편안하게 해주기(Putting People at Ease)
- 자기인식능력(Self-Awareness)
- 일과 개인생활과의 조화(Balance Between Personal Life and Work)
- 안정감과 침착성(Straightforwardness and Composure)
- 관계구축 및 개선(Building and Mending Relationships)
- 역경에 굴하지 않는 추진력(Doing Whatever It Takes)
- 단호함, 확고함(Decisiveness)
- 문제 있는 직원들에 대한 공정한 처우(Confronting Problem Employees)
- 변화관리(Change Management)

이 연구결과는 직원들은 관리자가 충동이나 화를 억제할 줄 알고, 역경과 스트레스에도 굴하지 않으며, 행복한 개인생활을 누리면서, 그룹에 협조적인 구성원이기를 원함을 보여준다. 이러한 리더들이 더욱 참여적이고 자기인식을 잘하며, 균형 잡히고 침착하다고 여겨지고 있으며, 핵심적인 리더십 스킬은 감성지능과 관계가 있으며, 감성지능이 부족할 경우 경력에 손상을 가져올 수 있다는 것이다.

자료 : Leadership Skills and Emotional Intelligence, Center for Creative Leadership, Research synopsis Number 1, 2001.

1. 감성리더십의 의미

뇌와 뇌 사이, 그리고 사람과 사람 사이에 공감의 관계를 만들어내는 가장 강력하고도 직접적인 방법이 감성리더십이다. 공감이란 뇌의 기능 면에서 볼 때 사람들의 정서중추(中樞)가 일제히 긍정적인 방향으로 작동하는 것을 의미한다. 예를 들어 긴장된 상황에서는 가벼운 유머 한마디가 촌철살인의 정서적 힘을 발휘하여 팽팽한 긴장을 해소시키는 수도 있다. 유머와 열린 고리에 관한 신경생리학적 연구결과로 미루어 보건대 리더의 재치 있는 한마디 말은 구성원들의 정서중추를 긍정적인 활동영역으로 옮겨 놓는다. 그 덕분에 집단에서는 어떤 관리자의 잘못된 판단에 더 이상 마음을 쓰지 않고 바로 해결책에 대한 논의로 넘어갈 수 있다. 더구나 그 리더는 자신이 사람들을 긍정적인 방향으로 몰고 가겠다는 의도를 노골적으로 비치지 않고도 그와 같은 멋진 일을 해낼 수 있다.

뛰어난 감성에서 비롯되는 매끄러운 유머 구사능력은 최고의 리더십을 발휘하기 위한 열쇠이다. 결국 뛰어난 감성지능이야말로 훌륭한 리더십을 수행하기 위한 도구라고 할 수 있다. 성과가 높은 리더들은 기술적 · 인지적 능력과는 다른 감성지능의 능력이 있다. 목표를 성취하기 위한 강한 추진력, 일을 주도적으로 끌고 나가는 진취력, 협동과 팀워크를 이끌어내는 능력 등이 바로 감성지능에 기초한 리더십능력이다.

감성지능을 갖춘 리더의 역할이 아무리 중요하다고 해도 조직의 성패가 오로지 카리스마 있는 한 사람의 리더에 의해 좌우된다는 말은 아니다. 막스 베버(Max Weber)의 주장처럼 특정체제가 지속적으로 발전할 수 있는 것은 지도자 한 사람의 카리스마 때문이 아니라 리더가 자신의 체계 안에서 적합한 리더십을 개발했기 때문이다. 감성능력을 갖춘 리더는 타고나는 것이 아니라 후천적으로 학습되고 훈련되는 것이다. 감성지능을 향상시키기 위한 훈련을 받은 리더들은 업무성과가 현저히 향상된다.

리더라는 존재는 원래부터 사람들의 감정에 큰 영향을 미쳐 왔다. 초기 인류의 리더들, 즉 부족장이나 주술사 등이 많은 영역에서 자신들의 입지를 확보할 수 있었던 까닭은 그들의 리더십이 감성적 차원에서 권위를 가지고 있었기 때문이다. 어떤 집단에서든 리더는 구성원들의 감성을 좌우할 수 있는 최상의 힘을 갖추고 있는 존재이다.

위대한 리더십을 발휘할 수 있는 열쇠는 감성지능을 바탕으로 한 리더의 리더십이며 위대한 리더십을 갖추고 있는 리더는 구성원들의 감성을 올바른 방향으로 잘 이끌 수 있다. 리더십의 유효성은 리더가 자기 자신 및 구성원들과의 관계를 통제하는 능력에 달렸다는 말이다.

2. 뇌의 작용과 감성리더십

리더의 태도가 중요한 이유는 인간의 뇌구조와 기능에서 찾아볼 수 있다. 뇌기능에 있어서 감성중추인 대뇌 변연계는 열린 고리(open-loop)라는 특징을 가지고 있다. 인체의 순환계는 닫힌 고리(close-loop)가 자기조절 작용을 한다. 이것은 주변의 다른 유기체의 순환계에 어떤 문제가 생긴다 해도 그로 인해 순환계가 영향을 받지 않는다는 것을 의미한다. 반면 열린 고리 체계는 자신을 조절하는 데 있어서 외부의 영향을 크게 받는다. 그런 이유로 리더가 자신의 감성적 안정을 유지하기 위해서는 다른 사람들과의 관계를 관리해야 한다.

과학자들은 이러한 열린 고리를 대인적 변연조절이라고 부른다. 대인적 변연조절을 통해서 사람들은 다른 사람의 호르몬 농도와 심혈관기능, 수면리듬, 면역기능을 변화시킬 수 있다. 사랑의 관계뿐만 아니라 사회생활의 다른 모든 부분에서도 인간의 생리적 현상은 서로 뒤섞이며 한 사람의 감성이 그 사람과 관계를 맺고 있는 다른 사람의 영역으로 자동적으로 전이된다. 변연계의 열린 고리 구조가 시사하는 바는 리더가 다른 사람들의 생리적 현상과 감성을 변화시킬 수 있다는 것이다.

함께 일을 하는 특정집단 내의 사람들은 질투, 시기, 불안감, 그리고 행복감과 같은 주위 사람의 온갖 감정에 걸려들게 된다. 집단의 결속력이 클수록 서로의 기분과 감정, 그리고 심지어 마음속 깊이 간직하고 있는 생각 등을 공유하는 정도도 커진다. 집단구성원들 사이에서는 변연계의 열린 고리 구조가 지속적인 상호작용을 함으로써 감정의 수프 같은 것이 만들어지는데, 그것은 모든 구성원들이 자신의 취향대로 감정이라는 조미료를 넣어 한데 섞은 결과물이다. 그리고 그 수프에 가장 강한 맛을 내는 조미료를 넣는 사람이 바로 리더다. 감성지능을 갖춘 리더는 다른 사람들의 변연계에 매력이 넘치는 사람으로 행동할 수 있는 능력을 갖추고 있다. 즉 그는 감정을 주관하는 주변 사람들의 뇌에 영향력을 행사할 수 있다. 리더가 자신의 감정을 전달하는 능력이 뛰어나면 뛰어날수록 집단 내부에 그의 감정이 퍼지는 강도도 커진다. 리더가 열린 사람일수록 자신의 열의를 잘 표현하는 사람일수록 다른 사람이 그의 열정에 감염될 여지는 커진다.

감정은 마치 바이러스처럼 퍼지는 것이긴 하지만 모든 감정이 다 쉽게 퍼지는 것은 아니다. 즐거움과 열기는 아주 쉽게 퍼지는 반면 우울한 기분과 같은 감정은 쉽게 번지지 않는다고 한다. 특히 웃음은 열린 고리의 진가를 보여준다. 뇌의 열린 고리 체계는 유독 미소와 웃음을 잘 감지하도록 되어 있다. 인간의 모든 감정 중에서 전염성이 가장 강한 것은 미소이다. 웃음은 적대감이 없다는 것을 보여주는 징표로서 신뢰성을 줄 수 있는 것이다. 신경학적 의미에서 웃음은 두 사람의 거리를 가장 가깝게 단축시켜 주기 때문이다.

영어의 affection은 정서로 번역한다. 감정 혹은 감성은 emotion이고 기분은 mood이다. 정서는 감성과 기분을 합한 개념이다. 감정은 한순간 아주 격렬하게 생겼다 없어지는 것으로 종종 업무 진행에 혼란을 야기하기도 한다. 하지만 기분은 감정보다 덜 격렬한 반면 더 오래 지속되는 느낌으로서 직접적으로 일을 방해하지 않는다. 그리고 어떤 감정을 유발하는 일이 생기면 그에 상응하는 기분의 여운이 남게 마련이다. 일을 수행하는 차원에서는 감정과 기분이 하찮게 보일지 몰라도 실제로 일을 마무리하는 데 있어서는 매우 중요하다. 좋은 기분이든 나쁜 기분이든 그것은 한동안 지속되는 경향이 있다. 그 이유 중의 하나로 기분이 인지행위와 기억작용을 왜곡한다는 것을 들 수 있다. 그리고 이와 같은 인지적 왜곡뿐만 아니라 기분이 나쁠 때 분비되는 스트레스 유발 호르몬이 신체에 다시 흡수되어 없어지기까지는 많은 시간이 걸리기 때문에 구성원들은 상사와의 관계가 냉랭해지면 걱정에 사로잡히게 되고, 걱정에 사로잡힌 마음과 몸은 그것을 진정시킬 길이 없게 된다. 따라서 긍정적인 사람과 함께하고 있고 싶은 것은 인지상정이다. 그런 사람은 무엇보다도 마음을 편안하게 해주기 때문이다.

마음이 불편하면 정신활동이 위축될 뿐만 아니라 감성지능의 수준도 떨어진다. 자신의 감정이 격한 상태에 있으면 다른 사람의 감정을 정확히 읽어낼 수 없다. 결국 다른 사람의 마음에 공감할 수 있는 정서적 능력이 저하되고 사회적 관계에 필요한 능력도 약화된다. 일을 하는 과정에서 느끼는 감정이 업무환경의 질에 영향을 미친다. 기분이 좋으면 최선을 다해 일에 집중할 수 있다. 즐거운 기분은 윤활유와 같아서 정신활동의 능률을 높이고 정보판단을 정확하게 할 수 있도록 해주며, 사고의 유연성을 증가시키는 작용을 하고, 복잡한 판단을 내릴 때 중요한 원칙들을 제대로 활용할 수 있게 해준다. 집단 IQ, 즉 모든 사람들이 최대한 발휘하는 재능의 합은 그 집단의 감성지능에 의해 좌우된다고 할 수 있다.

3. 마음과 감성리더

두 사람 사이의 감정의 파장이 일치할 때, 그들이 동시에 뭔가 느낄 때 그들은 공감하고 있다고 할 수 있다. 그처럼 동시에 일어나는 감정의 반향은 긍정적인 감정을 지속시킨다. 사람들이 리더의 유쾌하고 열정적인 에너지에 부응하여 함께 움직이는 것이 공감을 불러일으키는 리더십이다. 공감은 특정 체제 내의 잡음을 줄여준다. 사람들을 한 팀으로 묶고 조직을 위해 헌신하도록 만드는 힘은 바로 그들이 느끼는 감정에 있다. 공감은 감성지능이 높은 리더에게서 자연스럽게 흘러나오는 것이다. 리더의 열정과 정력은 그룹 전체에 반향을 불러일으키기 때문이다.

불협화음이란 본래의 음악적 의미에서 볼 때 불쾌하고 귀에 거슬리는 소리를 말한다. 인격적 차원에 있어서 불협화음은 조화가 깨진 상태를 의미한다. 불협화음을 만들고 공감의 분위기를 만들지 못하는 리더가 있다면 그 집단은 감성적으로 뭔가 조화를 이루고 있지 못한다는 느낌을 준다. 그렇게 되면 집단 내 구성원들은 뭔가 계속 겉도는 느낌을 가질 수밖에 없다. 존 고트먼(John Gottman)은 극단적이고 모욕적인 말이 촉발하는 투쟁-도피반응(fight-flight reaction : 생리학자 월터 캐넌(Walter Cannon)이 제창한 개념으로 부담스러운 상황에 직면했을 때 나타나는 반응, 즉 교감신경계가 개체를 흥분시켜서 싸움이냐 도주냐 하는 전투태세를 만들어주는 반응을 말한다)의 격렬함을 가리켜 범람(flooding)이라는 용어를 사용했다. 과도한 스트레스를 받으면 심장은 분당 20~30회 이상 더 뛴다. 감정이 범람하면 다른 사람의 말을 왜곡해서 듣게 되고 온전한 정신으로 반응할 수 없다. 사고작용이 뒤죽박죽되어 거의 모든 반응, 즉 상황을 빨리 끝낼 수 있는 것이라면 무엇이든지 다 표현하는 반응을 함으로써 유치할 정도로 즉각적이 된다. 결국 다른 사람과 감성적 혹은 물리적 거리를 둠으로써 더 이상 다른 사람을 신경 쓰지 않으려 하거나 상대하지 않게 된다.

선동가는 다른 사람들의 공감을 유도하는 리더와 비교해 볼 때 아주 다른 형태의 감정적 메시지를 전달한다. 선동가는 사람들로부터 두려움과 분노로 점철된 부정적 감정을 끄집어낸다. 선동적 언어에는 부정적 감정이 실려 있다. 부정적 감정은 희망과 낙관주의뿐 아니라 진정한 혁신을 하지 못하도록 하며 창조적 상상력마저도 철저히 짓밟는다.

반면에 서로 공유하는 건설적 가치관을 바탕으로 한 리더십은 사람들의 감정이 긍정적 방향으로 반향되도록 한다. 대중의 공감을 불러일으키는 리더십은 공동의 염원을 만들고, 미래의 가능성을 이야기하는 언어적 청사진을 통해 사람들로 하여금 믿음을 갖게 한다.

한쪽 날개만으로 날 수 있는 새는 없다. 가슴과 머리, 감정과 지성이 어우러질 때 비로소 완전한 리더십이 발현되는 것이다. 감정과 사고는 새가 하늘 높이 비상하기 위해 갖춰야 할 양 날개와 같은 것이다. 아인슈타인은 지능을 신으로 받드는 일이 없도록 주의하라고 했다. 지능에는 강한 근육이 있지만 인격은 없다. 그것은 우리를 인도할 수는 없다. 지성을 관장하는 신경계와 감성을 관장하는 신경계는 다른 것이지만 이 둘은 서로 긴밀하게 얽혀 있다. 사고작용과 감정작용을 연결하는 뇌의 회로가 위대한 리더십의 신경학적 기반이라고 할 수 있다. 감성이 지능보다 더 강력한 힘을 갖고 있다. 위기가 닥치면 감정중추인 변연계가 뇌의 다른 부분을 통제하기 때문이다.

인간의 감정에 특별한 힘이 있는 까닭은 무엇일까? 감정은 생존을 위해 없어서는 안 되는 것으로, 뇌가 우리에게 위험을 알리고 즉각적인 행동, 즉 싸우거나 도망치거나, 얼어붙은 듯 꼼짝도 않거나 하는 등의 행동을 취할 수 있도록 해주는 통로역할을 한다. 변연계에서 진화된 뇌의 사고영역은 위협을 느끼거나 스트레스를 받을 때도 계속해서 그곳으로부터 명령을 받는다.

뇌의 변연계 부분에 해당하는 아미그달라(amygdala)는 시시각각 우리에게 일어나는 일을 감시하고 만일의 경우를 대비해서 우리에게 억누를 수 없는 감정을 솟구치게 하는 역할을 담당하고 있다. 감정의 위기상황을 감시하는 일종의 레이더인 아미그달라는 위협을 감지했을 때 즉각적인 행동을 취할 수 있도록 대뇌 신피질의 이성중추를 포함한 뇌의 다른 부분에 명령을 내린다. 감정의 충동은 아미그달라에서 출발해 뇌의 행동중추가 위치한 이마 안쪽의 전두엽에 이르는 긴 회로를 거친다. 전두엽은 순식간에 일어난 충동적 감정에 거부권을 행사하기도 하면서 우리가 좀 더 적절한 반응을 할 수 있도록 조절하는 역할을 한다. 거부권을 행사하지 않으면 결과는 감정의 하이잭(hijack : 감정이 특정상황의 분위기를 도중에 다른 방향으로 돌린다는 의미를 갖고 있다. 감정의 하이잭에는 긍정적인 것도 있고, 부정적인 것도 있다)으로 이어져 거기서 편도의 충동이 생겨날 것이다.

결국 감정의 폭발이 발생하는 것은 전두엽 부위의 회로가 감정의 충동을 제대로 감시하지 못하기 때문이다. 감성중추와 전두엽의 뉴런들 사이에 벌어지는 의사소통은 우리의 사고와 감정이 잘 조화되도록 하는 신경학적 슈퍼 하이웨이에 해당하는 기관을 통해 이루어지는 것이다. 리더십의 가장 중요한 요소 중 하나인 감성지능능력은 전두엽과 변연계 사이의 회로가 얼마나 원활하게 작용하느냐에 달려 있다.

4. 감성리더십의 차원

감성지능에는 자기인식, 자기관리, 사회적 인식, 관계관리의 4가지 영역이 있다. 4가지 모두 사람들과 공감하는 리더십을 발휘하기 위해서 필요한 능력이다. 자기인식은 감정을 공유하는 능력과 자기관리를 용이하게 만들어 준다. 이 2가지가 함께 어우러질 때 효과적인 관계관리가 가능하다. 따라서 감성지능리더십은 자기인식의 바탕 위에서 형성되는 것이라고 할 수 있다. 자기인식은 다른 모든 것의 바탕이다. 자신의 감정을 제대로 파악하지 못하면 그것을 다스릴 수가 없으며 다른 사람의 감정을 헤아리기도 어렵다. 사회적 인식은 특히 다른 사람의 감정을 헤아려 공감을 이끌어내야 하는 리더의 과업을 잘 수행할 수 있도록 해준다. 리더가 자신의 비전과 가치관을 이해하고 집단의 감성을 파악할 수 있으면 관계관리능력은 공감을 촉진시키는 쪽으로 나아가게 된다.

감성리더십의 차원을 표로 정리하면 [표 11-9]와 같다.

표 11-9 | 감성 리더십의 영역

개인적 능력 : 자신을 다스리는 능력

1. 자기인식능력
   - 감성적 자기인식능력 : 자신의 감정을 읽고 그것의 영향력을 깨닫는 것, 결정을 내리는 데 본능적인 감각을 이용한다.
   - 정확한 자기평가능력 : 자신의 장점과 한계를 아는 것
   - 자기확신능력 : 자신의 가치와 능력에 대해 긍정적으로 생각하는 것
2. 자기관리능력
   - 감성적 자기제어능력 : 파괴적인 감정과 충동을 통제하는 것
   - 솔직할 수 있는 능력 : 솔직히 있는 그대로를 보여주는 것, 진실함
   - 적응력 : 상황의 변화에 적응하고 장애를 극복하기 위해 유연하게 대처하는 것
   - 성취력 : 나름대로 정해놓은 최선의 기준을 충족시키기 위해 노력을 아끼지 않는 능력
   - 진취성 : 주도적으로 먼저 나서고 기회를 포착할 수 있는 능력
   - 낙천성 : 모든 사물을 긍정적으로 보는 능력

사회적 능력 : 관계를 다스리는 능력

3. 사회적 인식능력
   - 감정이입의 능력 : 다른 사람의 감정을 헤아리고 그들의 시각을 이해하며 그들의 생각에 적극적인 관심을 표명할 줄 아는 능력
   - 조직적 인식능력 : 조직단위에서의 흐름과 의사결정구조, 경영방식 등을 읽어내는 능력
   - 서비스능력 : 부하직원과 고객의 요구를 알아차리고 부응하는 능력
4. 관계관리능력
   - 영감을 불러일으키는 능력 : 확고한 전망으로 사람들을 이끌고 동기를 부여하는 능력
   - 영향력 : 다양한 설득의 기술을 구사할 줄 아는 능력
   - 다른 사람을 이끌어주는 능력 : 적절한 피드백과 지도로 다른 사람의 능력을 지지해 주는 능력
   - 변화를 촉진하는 능력 : 새로운 방향을 제안하고 관리하며, 사람들을 그곳으로 이끄는 능력
   - 유대형성능력 : 관계의 망을 만들고 유지하는 능력
   - 팀워크와 협동을 이끌어내는 능력 : 팀을 구성하고 협력체제를 조성하는 능력

감성지능을 갖춘 리더는 직관을 통해 축적된 삶의 지혜를 이용할 수 있다. 그리고 그러한 지혜가 전하는 목소리를 들으려면 자신의 내면의 소리에 귀 기울이게 하는 자기인식능력이 필요하다.

자기관리능력은 자기인식능력, 즉 자신의 감정을 헤아릴 줄 알고 자신이 무엇을 하고자 하는지 분명히 아는 것에서 비롯된다. 자기관리능력이란 리더가 목표를 성취하기 위해 갖춰야 할 보다 구체화된 힘이다. 자기관리능력은 꾸준히 자기 자신과 나누는 내면의 대화이며 리더가 감정의 노예가 되지 않도록 만들어주는 감성지능

의 한 요소이다. 리더십을 제대로 발휘하기 위해서는 자신의 흔들리는 마음을 다스리고 긍정적인 감정을 표현할 수 있어야 한다.

감정이입의 능력은 편도에 연결된 확장된 신경회로에서 비롯된 것으로, 다른 사람의 얼굴과 목소리를 통해 그 사람의 감정을 읽어내고 대화 도중에 상대방의 감정에 동조하는 능력을 말한다. 신경학적인 측면에서 과학자들은 이와 같은 동조현상을 일컬어 변연계 공명(서로 주고받는 가운데 내적으로 적응되는 조화의 과정)이라고 한다. 우리가 어떤 사람과 진정한 관계를 맺을 때 서로 동일한 파장에 놓여 있다는 느낌을 받는다. 이때 우리는 뇌의 차원에서 서로가 결합되어 있음을 경험한다. 점점 세계화되고 있는 오늘날의 경제체제 속에서 다양한 성향의 동료들과 호흡을 맞추고 서로 다른 문화권의 사람들과 거래를 하기 위해서는 감정이입의 능력이 무엇보다 중요하다. 감정이입은 바디랭귀지로 표현되는 미묘한 차이를 감지할 수 있도록 해주며 언어 이면에 감춰진 감성적 요소를 들을 수 있도록 해주기도 한다.

관계관리는 목적성이 뚜렷한 다정다감함이다. 목적성이란 시장전략에 동의한다거나 새로운 계획에 열의를 보이는 것과 같은 것이 아니라 사람들을 제대로 된 방향으로 이끄는 것을 말한다.

5. 감성리더십의 구축

감성리더십은 리더의 감정표현이 조직 전체에 미치는 영향을 명확히 인지하고 파괴적인 감정을 스스로 통제하는 자기통제의 단계로부터 조직구성원을 대상으로 조직 전반에 탄탄한 신뢰를 구축함으로써 감성리더십의 기반을 마련하는 조직 내 신뢰구축단계, 직원들에게 개별적인 관심을 보이고 배려를 함으로써 감동을 선물하고 신뢰 기반이 형성된 후에야 비로소 직원들에 대한 개별적 관심과 배려가 진가를 발휘하는 개별적 관심과 배려단계, 마지막으로 리더와 직원 간의 개별관계를 넘어 조직구성원 상호 간의 긍정적이고 협조적인 관계가 구축되는 긍정적 집단감성 형성단계를 거쳐야만 그 효과를 발휘할 수 있다.

그림 11-3 | 감성리더십의 구축단계

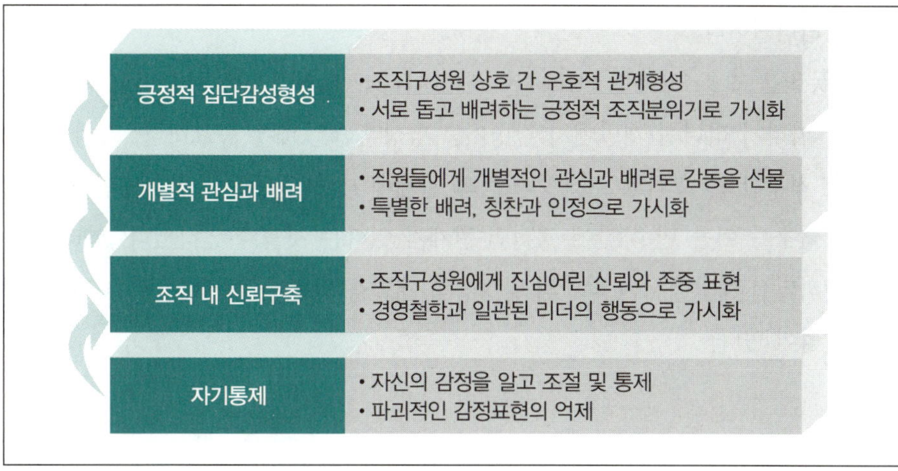

조조가 유비를 정벌하러 갔다가 허창으로 돌아가면서 고향땅 초현(縣)을 찾은 적이 있다. 고향을 둘러봐도 아는 얼굴이 적었다. 오랜 전란 때문에 많이 죽고 흩어졌기 때문이다. 그래서 조조는 유명한 포고령을 내린다.

'내가 의병을 일으킨 이래로 나를 따라다니다가 죽은 장사가 있으면 그 자녀에게, 자녀가 없으면 가까운 친척에게 논밭을 나누어 주고 그 자녀들에겐 학교와 선생을 두어 공부를 시키도록 하라'고 지시한다. 또 먼저 간 사람들을 위해 사당을 지어 제사를 지내주도록 했다. 조조는 그 포고령이 잘 시행되고 있는지 확인까지 했다. 이렇게 함으로써 조조는 고향 사람들을 감격시키면서 부하 장졸들의 마음을 사로잡는다. 바로 자신들의 일이기 때문이다.

자료 : 조조의 감성 리더십, Forbes Korea 2004년 9월호

제4절 요약

이상으로서 감성지능의 의미와 그 개념의 발전과정, 감성지능에 대한 국내외의 연구경향, 그리고 감성리더십에 대해서 살펴보았다.

감성지능은 자신과 타인의 감성을 평가하고 변별하여 사고와 행동을 인도하는 능력이다. 따라서 감성지능은 다른 사람들에게 영향력을 행사하는 리더에게는 필수적인 요건이다. 효율적인 리더십을 발휘할 수 있는 열쇠는 감성지능을 바탕으로 한 감성리더십이다.

감성능력을 갖춘 리더는 타고나는 것이 아니라 후천적으로 학습되고 훈련되는 것이다. 따라서 리더십 개발에서 감성지능 향상훈련은 매우 중요하다. 감성지능과 리더십, 직무만족, 그리고 조직성과 등의 관계에 대한 연구들을 살펴보면 거의 대부분의 연구가 이들 변수 간에 정적인 관계가 있다는 것을 확인하였다. 따라서 앞으로의 리더십 개발에서는 리더의 감성능력 개발을 인적자원관리의 전략으로 채택할 필요성이 있다.

참고문헌

김미자, 리더의 감성지능이 부하의 직무만족에 미치는 영향, 국방대학교 국방대학원 석사학위논문, 2003.

김용준 · 박세환, 감성지능의 측정도구 개발을 위한 연구, 성균관대 연구보고서, 1998.

김은희, 대학생의 성격특성과 감성지능간의 관계, 경상대학교 논문집, 1999.

박영기, 효과적인 리더십: 감성지능을 키워라, 하버드 비즈니스리뷰, 제93호, 94~113쪽, 2000.

박세환, 감성지능 측정 도구 개발을 위한 연구, 성균관대학교 대학원 경영학 석사학위논문, 1997.

변지은 · 이수정 · 유재호 · 이훈구, 개인의 인지적 종료욕구와 정서에 대한 인식 정도가 직무스트레스에 미치는 영향, 1997.

심성훈, 직무특성과 상사의 카리스마적 리더십이 구성원의 직무스트레스에 미치는 영향, 이화여자 대학교 대학원 경영학 석사학위논문, 2000.

양동훈, 감성은 리더십의 중요한 뿌리, 인사관리, 164호, 2003, 48~50쪽.

여창민, 상 · 하급 리더 간 친밀도가 조직유효성에 미치는 영향, 국방대학교 국방대학원 석사학위논문, 2001.

윤현석, 감성지능과 창의성의 관계에 관한 연구, 1997.

이신철, 감성지능과 성과의 관계 연구, 고려대학교 경영대학원 석사학위논문, 2004.

이재창 · 송관재 · 이훈구, 직무스트레스와 조직몰입과의 관계에 대한 연구, 한국심리학회지, Vol.10, No.1, 1997.

이주일 등 역, 캐빈 톰슨 지음, Emotional Capital, 새로운 제안, 2000.

이주일 · 민경환, 기업 구성원의 조직 시민행동에 미치는 인지, 정서 및 성격의 효과, 심리과학, Vol.4, No.2, 1995.

이현기, 조직몰입도와 감성지수가 조직시민행동에 미치는 영향에 관한 연구, 아주대학교 경영대학원 석사학위논문, 1997.

임지선, 종업원의 감성지능과 종업원 태도, 행동 간의 관계에 관한 연구, 고려대학교 대학원 경영학 석사학위논문, 2004.

장석훈 역, 다니엘 골먼 등 지음, 감성의 리더십, 청림출판, 2003.

하태인, 감성자본에 관한 실증 연구, 경상대학교 경영대학원 석사학위논문, 2002.

조조의 감성 리더십, Forbes Korea 2004년 9월호.

Leadership Skills and Emotional Intelligence, Center for Creative Leadership, Research synopsis Number 1, 2001.

Averill, J, *Anger and Aggression: An Essay on Emotion*, Springer-Verlag, New York, 1982.

Chi-Sum Wong, Kenneth S. Law, The Effects of Leader and Follower Emotional Intelligence on Performance and Attitude: An Exploratory Study, *The Leadership Quarterly* 13, 2002, pp.243~274.

Dasborough, Marie T. M. and Neal Ashkanasy, Emotion and Attribution of Intentionality in Leader-Member, *The Leadership Quarterly* 13, 2002, pp.610~634.

Goleman, D., *Working with Emotional Intelligence*, New York, Bantam, 1998.

Humphrey, Ronald H., The Many Faces of Emotional Leadership, *The Leadership Quarterly*. 13, 2002, pp.493~504.

McColl-Kennedy, Janet R. and D. Ronald Anderson, Impact of Leadership Style and Emotions on Subordinate Performance, *The Leadership Quarterly*, 13, 2002, pp.545~559.

Michie, Susan and Janaki Gooty, Values, Emotions, and Authenticity: Will the Real Leader Please Stand up?, *The Leadership Quarterly*, 13, 2005, pp.441~457.

Palmer, B., M. Walls, Z. Burges, and C. Stough, Emotional Intelligence and Effective Leadership, *Leadership & Organizational Journal*, 22, 2001, pp.1~7.

Pescosolido, Anthony T., Emergent Leaders as Managers of Group Emotion, *The Leadership Quarterly*, 13, 2002, pp.583~599.

Salovey, Mayer and Caruso, Emotional Intelligence as Zeitgeist, as Personality and as a Mental Ability, In R. Bar-On & J. Parker(Eds.), *Handbook of Emotional Intelligence: Theory, Development, Assessment, and Application at Home, School, and Work Place*, San Francisco, CA., Jossey-Bass, 2000, pp.92~117

Wolff, Steven B., T. Anthony Pescosolido, and Vanessa Urch Druskat, Emotional Intelligence as the Basis of Leadership Emergence in Self-Managing Teams, *The Leadership Quarterly*, 13, 2002, pp.505~522.

찾아보기

[국문]

ㄱ

ㄴ

ㅂ

ㅅ

ㅇ

ㅈ

ㅊ

ㅋ

ㅌ

| 저자약력 |

신구범
동의대학교 경영학과 교수
경북대학교 경영학 박사
저서로는 경영학원론, 조직행위론, 리더십이론의 실제, 마음과 경영, 긍정과 경영 외 다수

권혁기
동의대학교 경영학과 교수
동의대학교 경영학 박사
저서로는 지식경영과 벤처창업, 참부자이야기, 행동과학론, 현대경영의 이해, 경영학원론 등이 있다.

김경원
부산대학교 대학원 경영학과 졸(경영학석사, 경영학박사)
부산인적자원개발원 연구위원
동의대학교 경영학과 겸임교수

경영과 리더십

2014년 8월 20일 1판 1쇄 인쇄
2014년 8월 25일 1판 1쇄 발행

저　자　신구범 · 권혁기 · 김경원
발행인　이수영
발행처　도서출판 청람

㉾ 121-811
서울시 마포구 독막로 288(대흥동, 세양상가 109호)
TEL : 02)3272-2601(대)~2　FAX : 02)3272~2603
E-mail : crbooks@hanmail.net
http://www.crbooks.co.kr

등록 : 2000. 8. 26 제6-0509호

ISBN 978-89-5972-415-4 93320　[정가 28,000원]